山本 幸男（やまもと　ゆきお）

1953年、大阪に生まれる。1976年、岡山大学法文学部史学科卒業。1984年、大阪市立大学大学院文学研究科後期博士課程単位取得退学。2000年、博士（文学）。現在、相愛大学人文学部教授。
〔著書〕『写経所文書の基礎的研究』（吉川弘文館、2002年）、『続日本紀』１～４（共著、東洋文庫・平凡社、1986年～1992年）など。

奈良朝仏教史攷

二〇一五年一一月三〇日　初版第一刷発行

著　者　山本幸男
発行者　西村明高
発行所　株式会社　法藏館
京都市下京区正面通烏丸東入
郵便番号　六〇〇－八一五三
電話　〇七五－三四三－〇〇三〇（編集）
〇七五－三四三－五六五六（営業）

印刷・製本　亜細亜印刷株式会社

ISBN 978-4-8318-6228-0　C3021

索　引

＊文書・詩文・書状等は「I 件 名」に、伝・記・銘文や記録類は「II 書 名」にそれぞれ含めている。「III 人 名」では、姓（カバネ）を除いて表記し、必要に応じて役職名等を付した。「IV 研究者名」では、編者の採録は一部にとどめた。
＊付論1の「華厳宗関係章疏目録」、第十一章の「玄昉所持（将来）経典一覧表」は対象外とした。
＊漢字は、概ね正字体に従っている。

I 件 名

あ行――

さ行――

た行——

な行——

は行——

ま行——

や行——

ら行――

わ行――

Ⅱ　書　名

あ行――

か行——

さ行――

た行——

な行――

は行――

ま行――

や行――

ら行――

わ行――

Ⅲ 人 名

あ行――

か行——

さ行――

た行——

な行——

は行――

ま行——

や行——

ら行——

わ行――

Ⅳ　研究者名

あ行――

か行――

さ行――

た行――

な行――

は行――

ま行――

や行――

ら行――

わ行――

奈良朝仏教史攷

山本幸男著

法藏館

奈良朝仏教史攷＊目次

Ⅱ　政治と仏教

Ⅲ　信仰と写経

凡例

一、本文・註で言及もしくは引用する歴史関係資料のうち、『日本書紀』『懐風藻』は日本古典文学大系本（岩波書店）、『続日本紀』『万葉集』『日本霊異記』は新日本古典文学大系本（同）、律令条文は日本思想大系『律令』（同）、『日本後紀』は訳注日本史料本（集英社）、『続日本後紀』『日本文徳天皇実録』『日本三代実録』『日本紀略』『類聚国史』『類聚三代格』『扶桑略記』『日本高僧伝要文抄』『元亨釈書』『公卿補任』は新訂増補国史大系本（吉川弘文館）による。『寧楽遺文（訂正四版）』（辻善之助・久松潜一監修、竹内理三編、東京堂出版）『群書類従』（続群書類従完成会）『続群書類従』（同）に収載されるものは、それぞれの書名に巻名・輯数と頁数を付し示すことにする。その他は、註において提示する。

二、正倉院文書については、その種別（正集・続修・続修後集・続修別集・続々修・塵芥）と巻数もしくは帙・巻数、『大日本古文書（編年文書）』（東京大学出版会復刻）収載の巻・頁数を、続々修十八ノ六、『大日本古文書』十四ノ四〇七、のように表記し、行数が必要な場合は、四〇七ℓ4、のように示す。なお、正倉院文書が頻出する章では、書名の『大日本古文書』は省略に従っている。

三、仏教関係資料の場合は、『大正新脩大蔵経』（大正新脩大蔵経刊行会、大蔵出版）の収載巻・頁（上中下段を含む）数を、『大正蔵』二三ノ一〇八上、のように、『卍続蔵経』（蔵経書院版、新文豊出版公司影印）『大日本仏教全書』（名著普及会復刻）では冊・頁数を、『続蔵経』あるいは『大日本仏教全書』二三ノ一〇八、のように表記する。その他は、註において提示する。

四、仏教用語の理解は、主に中村元『仏教語大辞典（縮刷版）』（東京書籍、一九八一年）、中村元・福永光司・田村芳朗・今野透・末木文美士編集『岩波仏教辞典（第二版）』（岩波書店、二〇〇二年）による。経律論章疏等の概容については、小野玄妙編『仏書解説大辞典』（大東出版社、一九三二～三五年、一九七五～七八年）、鎌田茂雄・河村孝照・中尾良信・福田亮成・吉元信行編『大蔵経全解説大事典』（雄山閣出版、一九九八年）を参照している。

五、外国僧や後代の日本僧のうち、生没年のわかるものについては、各章の初出時に括弧内に併記する。

六、本文中の日付に干支を併記したものは、正史の記事にもとづく。

奈良朝仏教史攷

序章　本書の構成と梗概

本書に収めた一一編の論文と二編の付論を書くに至った経緯と、それぞれの梗概を以下に記しておく。

正倉院文書、とりわけ写経関係文書の整理と検討を進めていくと、これまでの仏教史研究ではあまり取り上げられなかった信仰の営為、たとえば、様々な経論疏類の奉請や貸借、学僧の動向などが見えてくる。それは断片的かつ限定的なものであって、全体像を描くには困難な素材といわねばならないが、そこに仏教学の成果を組み込めば、それらは未知の諸事象を語り出すのではないか。こんな期待感を持って、自己流に仏教を学び始めたのは二〇年近く前のことであった。もっとも、自らの力量という制約があるので、漢代から隋・唐代に至る中国仏教の展開を辿るのが精一杯であったが、それでも中国仏教の完成・成熟した宗派（学派）と評される華厳宗[1]に至る学統を把握できたことは、幸いであった。

奈良時代の仏教において、この『華厳経』を所依とする華厳宗の占める位置がいかに大きかったかは、盧舎那大仏の造立から見ても言を俟たないところであろう。仏書によれば、この華厳宗は唐僧の道璿（七〇二～七六〇）によってもたらされたと記されている[2]が、それを俗権が尊崇するに至った背景には、唐留学を終えて道璿と前後して

天平七年（七三五）に帰国した玄昉の存在があったように思われる。というのは、玄昉は、養老二年（七一八）に唐から帰国した道慈と同じく、則天武后の手懸けた大雲寺制や中宗の進めた龍興寺制、さらには武后が造立を助けた龍門大仏（盧舎那仏）や造立を発願した白司馬坂の大仏（銅仏）に関する情報をもたらし、これらを範として天平九年に国分寺の創建詔が、同十六年には盧舎那大仏の造立詔がそれぞれ出されたとされているが、こうした武后の施策に対する関心は、その治下で法蔵（六四三～七一二）によって大成され宣揚されていた華厳宗にも及んでいたはずだからである。それを証するのが、玄昉の指示を受けて良弁が天平十二年より金鐘寺（東大寺の前身）で開始した『華厳経』の講説である。[3]

盧舎那大仏造立の教理的研究をめざして始められたという『華厳経』講説については、堀池春峰氏の包括的な研究[4]があり、その全容が明らかにされている。Ⅰ「『華厳経』と学僧」の四論文（第一章～第四章）と付論1（第三章）は、この堀池氏の研究をふまえ、『華厳経』講説をめぐる学僧の動向や、東大寺華厳宗の学問状況などを考察したものである。以下、順に示すと次のようになる。

まず、第一章「天平十二年の『華厳経』講説」では、講説の様子を伝える『東大寺要録』収載の「東大寺華厳別供縁起」や『円融要義集』逸文などを検討し、京内の諸寺院の事情に通じていたはずの僧正の玄昉が、最初の講説の講師に、『華厳経』研究の最先端にあった大安寺の学僧ではなく、元興寺の厳智を指名した理由について考察を加えた。それは、当時の日本仏教に批判的であった道慈のいる大安寺よりも、光明皇后と繋がりの深い元興寺の学僧を優先したためであったが、この玄昉の思惑は当の厳智によって覆され、大安寺の審詳を講師に据えることになった。新羅留学生の審詳は、法蔵の『探玄記』（『華厳経疏』二〇巻）を用いて講説を進めたという。こうして大

安寺の華厳学は、新興の金鐘寺に伝えられることになったが、それにしても在唐中は法相宗第三祖の智周（六七八～七三三）に師事した玄昉が、聖武天皇の盧舎那仏造立の思いを察知してのこととはいえ、『華厳経』講説を推進するのは立場上、矛盾するところがあるといわねばならないであろう。それは、政治的な判断によるのか、それとも思想的な折り合いをつけてのものであったのかは興味深いところであるが、いずれも後考に委ねざるをえない。

第二章「『華厳経』講説を支えた学僧たち」では、正倉院文書を通して講説に関係した学僧たちの動向を考察した。対象としたのは、「五月一日経」書写のために底本として諸所から奉請した章疏等の収納・返送を記録する「律論疏集伝等本収納幷返送帳」で、学僧らの蔵書の貸借が集中する天平十六年（七四四）の状況を分析した。その結果、浮かび上がってきたのが、金鐘寺内における『華厳経』の〝研究会〟のような存在で、その中心にいたのは、審詳を講師に据えた最初の『華厳経』講説で複師を担当した慈訓であった。慈訓は、二回目の講説で講師を勤めるように華厳研究の碩学であり、本来は興福寺僧であったが、この頃には居を金鐘寺に移していたようである。この慈訓のもとには、金鐘寺僧の平栄・標瓊、元興寺僧の平摂らが集まり、慈訓の蔵する『華厳経』関係の章疏類を借用するなどして研鑽に励んでいた。この天平十六年には、『華厳経』講説に対する研究所的なものとされる勅定の「知識華厳別供」が創設されているが、その核になっていたのが、この慈訓らの〝研究会〟であったと考えられる。要は、大安寺の審詳によって金鐘寺に伝えられた華厳学は、慈訓らによって受け継がれ展開されていたのである。

第三章「東大寺華厳宗の教学と実践」では、正倉院文書に残る天平勝宝三年（七五一）の「華厳宗布施法定文案」と、それに貼り継がれる「章疏目録」をもとに、東大寺華厳宗の学問内容について検討を加えた。この「法定文案」と「章疏目録」には、華厳宗の学僧にとって必備とされる書目が記されており、経では『華厳経』とその別

行経、さらに『楞伽経』などの経典が、論では『華厳経』の注釈書の他に、如来蔵思想を説く『大乗起信論』と、それに関連する論書が挙げられている。章疏では、右の経論に対応するものが並ぶ。その中で最も多いのが『華厳経』関係で、法蔵の著作が半数近くを占め、次いで師の智儼（六〇二～六六八）のものが続く。それは、東大寺の華厳宗が法蔵の教学に基礎を据えていたからで、他には法蔵に影響を与えた先学・同学の著作が配される。章疏には『大乗起信論』『楞伽経』関係の著作が記されるが、その多くは新羅の元暁（六一七～六八六）の手にかかるものであった。法蔵は、唯識法相の五性各別説を克服するため『大乗起信論』の説く如来蔵思想を援用するが、その際に影響を受けたのが元暁の『大乗起信論』研究であったとされている。従って、法蔵教学は『大乗起信論』と不可分な関係にあるわけで、この書のもとになったという『楞伽経』やその論章疏が挙げられるのも故無きわけではないのである。

結局、東大寺華厳宗の学僧は、法蔵および法蔵に影響を与えた先学・同学の著作を学んで『華厳経』への理解を深めていくのであるが、修行・実践の面では、法蔵が依拠した天台宗智顗（五三八～五九七）の止観法が用いられたようである。こうした教学と実践の体系は、天平十二年に始まる『華厳経』講説を建策した良弁や、「知識華厳別供」の核になった慈訓らによって組み立てられていったのであろう。また、関係書目の収集にあたっては、大安寺の審詳や、天平八年に来朝した道璿に負うところが大きかったと見られる。

付論1「華厳宗関係章疏目録」は、奈良・平安前期における華厳教学研究の様相を知る上で不可欠となる華厳宗の関係章疏類を、第三章で取り上げた天平勝宝三年の「章疏目録」、延喜十四年（九一四）の「華厳宗章疏幷因明録」、鎌倉後期の「花厳宗経論章疏目録」をもとに一覧化し、併せて寛治八年（一〇九四）の『東域伝灯目録』、高麗宣宗七年（一〇九〇）の『新編諸宗教蔵総録』と照合し、後考に備えようとしたものである。

第四章「慈訓と内裏」では、天平勝宝八歳（七五六）五月二日の聖武太上天皇没時に「花厳講師」の肩書を持つ慈訓の動向を、正倉院文書を通して考察・分析した。対象としたのは、天平勝宝年間（七四九～七五七）の写経関係文書である。これらの分析より抽出された慈訓の姿を示すと次のようになる。

天平勝宝三年七月二十七日～同四年閏三月二十八日の間に「花厳講師」の地位に就いた慈訓は、内裏への華厳関係章疏の奉請に関与していた。それは、大仏開眼会を目前にひかえた内裏での『華厳経』への関心の高まりを受けてのもので、東大寺の華厳宗を代表する慈訓は、孝謙天皇や聖武太上天皇、光明皇太后らを前に『華厳経』の講説などを行なっていたと見られる。開眼会以降になると、慈訓のもとに秘密部の経典が多く奉請されるが、これは健康に不安のある聖武や光明らの治療や修法に用いられていたようである。こうした慈訓と内裏との親密な関係は、光明の引きによるもので、則天武后の施策に範を求める光明は、華厳学に秀でた慈訓を、武后が信任を厚くした法蔵に擬えていた可能性がある。

Ⅰの四論文で取り上げた『華厳経』および華厳宗に対する関心の高まりは、盧舎那大仏造立を発願した聖武太上天皇が没することで一段落するが、天平宝字年間（七五七～七六五）以降になると、新たな政治と仏教の関わりが生じてくる。次に示すⅡの三論文（第五章～第七章）と付論2（第六章）は、そうした様相の断面を切り取ったものである。

第五章「天平宝字二年の『金剛般若経』書写」では、天平宝字二年（七五八）六月から翌三年四月にかけて、光明皇太后の病平癒のため造東大寺司の写経所で実施された三度の御願経書写の中で、『金剛般若経』が合計一二〇〇巻書写された背景を考察した。当時、政権を掌握していた藤原朝臣仲麻呂の施策には、唐に先蹤を求めるものが

多くあるが、右の『金剛般若経』の大量書写も、その一環として捉えることができる。というのは、唐の同時代の皇帝である玄宗は『金剛般若経』を尊重し、御注を述作するとともに、その頒示と石刻を命じているからである。これは、『金剛般若経』を受持することで延命がはかられる、との信仰にもとづくもので、天平勝宝六年（七五四）に帰国した入唐廻使の一行が、こうした情報をもたらしたと見られる。この廻使には、留学を終えた仲麻呂の六男・藤原刷雄が帯同していたので、『金剛般若経』の重用策は、刷雄の知見をもとに進められていた可能性が高い。いずれにせよ、御願経書写には、唐の影響を受けて行なわれたものがあることを伝える事例として注意される。

第六章「孝謙太上天皇と道鏡」では、藤原仲麻呂が擁立する淳仁天皇と、道鏡と親密な関係にある孝謙太上天皇との間に隙が生じた天平宝字六年五月～八年十月の間に、孝謙・道鏡側でなされた仏事行為の様相について考察を加えた。正倉院文書によると、この間、法華寺に居所を定めた孝謙のもとに、奉写御執経所（内裏系統の写経機関）を介して造東大寺司から多数の経典が奉請されているが、八年八月になると三昧経典に特化した奉請が求められるようになる。これは、孝謙と道鏡が三昧の実践に強い関心を抱いていたからで、折から造東大寺司で進められていた『大般若経』一部六〇〇巻書写（孝謙発願）と併せて勘案すると、それは、『般若経』信奉者が三昧を修すれば、般若波羅蜜が守護呪となって四天王などの守護神を招来し信奉者を保護する、との教説にもとづく仏事行為ではなかったかと考えられる。翌九月には、仲麻呂の乱が起こっていることからすれば、孝謙・道鏡側は、これによって仏力による加護の体制を築こうとしていたのであろう。

付論2「法華寺と内裏」では、第六章で取り上げた関係文書の中で、孝謙太上天皇の居所を「内裏」と表記する事情について検討したが、天皇と太上天皇のそれぞれの居所が「内裏」と称されるのが一般であったかどうかについては、なお後考の余地があるように思われる。

第七章「早良親王と淡海三船」では、「大安寺碑文」の分析を通して、大安寺の再興を進めた早良親王と「碑文」の述作を依頼された淡海真人三船の関係を考察した。系譜的に天智天皇に繋がるこの二人は、天武天皇系の天皇治下では半ば雌伏を強いられたが、称徳天皇（孝謙が重祚）の没後、宝亀元年（七七〇）に早良の父・白壁王（光仁天皇）が即位すると、その境遇は好転した。東大寺にあって良弁から「華厳一乗」を付嘱された早良は、神護景雲二年（七六八）か三年に大安寺に移り、宝亀年間（七七〇〜七八一）になると天智ゆかりの伽藍修復に着手した。一方、童年に大安寺止住の唐僧・道璿に師事した三船は、宝亀二年以降に早良との知己を得、交流が始まった。この大安寺には、天平勝宝六年（七五四）に来朝した鑑真（六八八〜七六三）の高弟の思託も居住していたが、三船は思託の著わした「大唐伝戒師僧名記大和上鑑真伝」をもとに「唐大和上東征伝」を撰述するなど関係が深く、その交友は、もう一人の高弟・法進（七〇九〜七七八）や鑑真と縁由のある石上朝臣宅嗣や藤原刷雄らに及んでいたものと見られる。光仁天皇の愛子・早良が修復を進める大安寺は、当時の平城京にあって最も光彩を放つ寺院であった。その一角で、早良を中心に「文人之首」と称される三船と宅嗣、鑑真の高弟らが集う場が持たれていたとなれば、在家と出家者の関係を伝える貴重な事例として評価することができるであろう。

仏教信仰の最終目標は、仏の世界、すなわち浄土に往生を遂げることにあるが、従来、この問題については本格的な議論がなされてこなかった。それは、奈良時代では死者の追善のための浄土信仰が中心であって、生者による願生信仰は認められない、とするのが通説的であったからである。しかし、生者による浄土信仰は、『延暦僧録』収載の「居士伝」（いずれも逸文）を見ても明らかなように厳然として存在しており、その信仰の中心は現世利益にあったとしても、死後の往生への確証を得るための行為であったことは、言を俟たないところであろう。

Ⅲ「信仰と写経」に挙げる三論文（第八章～第十章）は、主に『延暦僧録』の「居士伝」をもとに、この願生信仰のあり方を抽出しようとしたものである。いずれも試論的ではあるが、往生の問題を議論の俎上に載せることができれば望外の喜びである。最後の論文（第十一章）は写経を主題とするが、信仰の営為を伝えるものとしてⅢに併収した。以下、各論文の梗概を示すと次のようになる。

第八章「文室浄三の無勝浄土信仰」では、『延暦僧録』の「沙門釈浄三菩薩伝」（逸文）と「仏足石記」の分析を通して、従二位大納言に昇った文室真人浄三には、『涅槃経』で説く無勝浄土への往生を願う信仰があったことを指摘した。この信仰は、六世紀後半から七世紀前半にかけて中国で盛行した涅槃宗にもとづくものと見られる。涅槃宗は、唐で玄奘（六〇二～六六四）に師事した道照によって日本にもたらされたが、それには仏足信仰が伴っていたらしく、道照の将来した経典類を収蔵する元興寺の禅院には仏跡図が安置されていた。禅院との縁由を得た浄三は、亡き妻のためこの仏跡図を模写して仏足石を作り、自らも無勝浄土への往生を願うが、その信仰は固く、大鎮となった東大寺での蓮華蔵世界への信仰や、法華寺での阿弥陀浄土信仰に触れながらも、無勝浄土への信仰は生涯ゆるぐことはなかった。

第九章「道璿・鑑真と淡海三船」では、『延暦僧録』の「淡海居士伝」（逸文）に見える「願㆑生㆓安楽㆒」の記述を受けて、石上宅嗣とともに「文人之首」と称される淡海三船の阿弥陀浄土信仰の内実を考察した。三船は童年に仏門に入り、以来三〇歳で還俗するまで道璿に師事していた。道璿は、律学・禅・天台学・華厳学を修した碩学であったが、その往生義は華厳にもとづいていたと見られる。華厳宗では、法蔵の師の智儼がこの往生義を説き、往生の本質を修行の後退を防ぐためと捉え、まず阿弥陀浄土に往生して不退の位を得、その後に真実の仏の国である蓮華蔵世界へと入るとした。つまり、阿弥陀浄土は前段の地であり、阿弥陀仏は蓮華蔵世界への導師にあたるとい

うのである。この智儼の往生義は弟子の法蔵らに継承されていくが、道璿も華厳寺に住した師の普寂（六五一〜七三九）からこの説を伝えられたと見られる。従って、三船の阿弥陀浄土信仰も華厳流のものであり、後に斎戒弟子となった鑑真の天台流の浄土信仰とは一線を画していたと考えられる。

第十章「石上宅嗣と『維摩経』」では、『延暦僧録』の「芸亭居士伝」（逸文）で語られる石上宅嗣の維摩詰（『維摩経』の主人公）への傾倒ぶりと、邸内に芸亭を造作した事情について考察を加えた。宅嗣の『維摩経』信仰は、藤原氏が中心となって催されていた維摩会の影響を受けるものではなく、天平勝宝六年（七五四）に来朝した鑑真との交流の中で得られたと考えられる。鑑真は天台にも造詣が深く、当時、湛然（七一一〜七八二）によって天台の再興がはかられていたことを受けて、天台の開祖・智顗の説をまとめた書籍を多数日本にもたらしたが、その中に『維摩経』の注釈書『四教義』も含まれていた。これは、智顗が四種浄土の説をなすにあたり『維摩経』から大きな影響を受けていたからで、鑑真自身も唐土で人口に膾炙する機会の多いこの経典に特段の敬意を払っていたと見られる。宅嗣は、天台との関わりで注目される『維摩経』への信仰を深めるが、それはまた宅嗣を老荘的な嗜好へと導くことになった。というのは、宅嗣のような文人であれば、その注釈書にも精通することになるが、なかでも必読とされる僧肇（三八四〜四一四?）らの『注維摩経』には老荘思想が取り込まれていたからである。芸亭を君主の幽居に見立て自らを維摩詰に擬えた宅嗣は、鑑真とともに帰国した遣唐使や留学生・僧らから最新の唐の文化情報を摂取しながら、平城京内に特異な空間を作り上げていくのである。

第十一章「玄昉将来経典と「五月一日経」の書写」では、光明皇后発願の「五月一日経」書写の底本に用いられた玄昉将来経典を一覧化し、その内容を検討するとともに写経方針について考察を加えた。この写経は、『開元釈教録』の入蔵録に見える一切経を目標に進められたが、玄昉が将来したのは部数でいえば全体の半数余りにすぎず、

開始当初から不足分の補塡を行なう必要があった。写経所では、大安寺や元興寺の禅院から相当数の経論を入手する一方、既写分も「五月一日経」に加えたが、それでも『開元釈教録』の部数には及ばず、天平十五年（七四三）五月からは章疏類も書写の対象とされることになった。この写経方針の変更には、玄昉の意見が反映されていた。玄昉は、経律論以外に多数の注釈書（章疏類）も将来しており、宮廷の信任もあって、「五月一日経」を当時の日本で入手しうる経律論章疏の一大集成に仕上げようとしたと見られる。

以上に挙げた各章の論文は、その折々の関心に即して書かれているため体系立ってはおらず、また内容にも重複するものが含まれている。今回一書をなすにあたり、これらを調整することも考えたが、それは時間的に叶わぬこと故断念し、本文の改訂は誤字やかな遣いなどの一部にとどめ、註の体裁を整えて公刊することにした。読者諸賢の御寛恕を請う次第である。

註

（1）高崎直道「華厳思想の展開」（平川彰・梶山雄一・高崎直道編集『講座・大乗仏教』三所収、春秋社、一九八三年）。以下、本章での註は最少限にとどめる。梗概部分については各章の註を参照されたい。
（2）『三国仏法伝通縁起』巻中の「華厳宗」の項参照（『大日本仏教全書』一〇一ノ一一五）。
（3）『続日本紀』天平九年三月丁丑条。天平十三年三月乙巳条には、僧寺・尼寺からなる国分寺建立の詔が見える。
（4）堀池春峰「華厳経講説よりみた良弁と審詳」（『南都仏教の研究』上・東大寺篇所収、法藏館、一九八〇年。初出は一九七三年）。

I

『華厳経』と学僧

第一章　天平十二年の『華厳経』講説

——金鐘寺・元興寺・大安寺をめぐる人々——

はじめに

『東大寺要録』[1]収載の「東大寺華厳別供縁起」によると、金鐘寺（東大寺の前身）の良弁は、天平十二年（七四〇）十月八日に聖朝のため新羅学生審詳を請じ、初めて『華厳経』の講説を行なったと記されている。これは三年に及び同十五年から二回目の講説が始まるが、同年の十月十五日（辛巳）に盧舎那大仏造立詔が出されていること[2]から、堀池春峰氏は、『華厳経』講説は同経の教主である盧舎那仏造立の教理的研究をめざすものであり、良弁は天皇に近侍する玄昉の指示を受けこれを行なうに至ったと指摘された[3]。当時、僧正の地位にあった玄昉の権勢は、この年（天平十二年）の八月二十九日（癸未）に大宰少弐藤原朝臣広嗣によって批判され、九月三日（丁亥）に起こった広嗣の乱の原因となっているので、堀池氏の想定が妥当とすれば、『華厳経』講説開始の背後には何らかの政治的な思惑があり、良弁はその中で審詳の招請や開講のための諸事に関わっていたことになるだろう。玄昉の思惑が奈辺にあったのかは明らかではないが、開講にあたっての良弁の行動や当時の『華厳経』研究の状況をふまえることで、ある程度の推測が可能になるのではないかと思う。

以下では、堀池氏の研究に導かれながら、良弁を願主とする『華厳経』講説が金鐘寺において開始されたことの

意味を検討することにしたい。

一　講説開始の経緯

まず、『東大寺要録』巻第五・諸宗章第六の「東大寺華厳別供縁起」に見える『華厳経』講説をめぐる記事を抄出しておく。

以レ方伏惟僧正良弁等、……(1)能天平十二年庚辰十月八日、金鐘山寺奉二為聖朝一、請二審祥師一初講二花厳経一、其年天皇御年四十満賀之設レ講、(2)初講時上現二紫雲一、帝光見喜、則施二綵帛千余疋一、天皇々后等施入、衆等不レ可二数量一、……逐以二天平十六年歳次甲申一、帰二命三宝一、降レ勅百寮肇建二知識華厳別供一、(3)僧正曾見レ夢、東方虚空沙弥来下立二僧正前一、其身着二紫袈裟青裳一、告言、請二厳智師一、羂索菩薩前、令レ講二華厳経一、(4)覚則至二元興寺一、請二厳智師一、其大徳云、我無智人、但屈二請新羅学生審祥大徳一、而講説、(5)則僧正三度、請二審祥大徳一、猶辞不レ向、遂僧正以聞二内裏一方向聞二開講一、(6)慈訓僧都、鏡忍僧都、円証大徳、請為二複師一、請二十六徳一為二聴衆一、三年講二六十巻経一、

ここでの内容を順にまとめると次の六点になる。

(1)　僧正良弁は天平十二年（七四〇）十月八日に金鐘山寺において聖朝のため審詳を請じ、初めて『華厳経』を講じた。

(2)　初講のとき紫雲が現われて天皇（聖武）や皇后（光明）から施入があり、天平十六年には勅によって「知識華厳別供」が建てられた。

(3)　かつて良弁の夢に「紫袈裟青裳」を着した沙弥が現われ、厳智を請じて羂索菩薩の前で『華厳経』を講じるよう告げた。

(4)　夢から覚めた良弁は元興寺の厳智を請じたが、厳智は新羅学生の審詳を屈請し講説するよう勧めた。

(5)　良弁は再三辞退する審詳を請じるため内裏に聞し、開講を実現することができた。

(6)　講説では審詳を講師に据えて慈訓・鏡忍・円証を複師とし、十六徳を請じて聴衆となし、三年で六〇巻を講じた。

話の順序としては、(3)(4)がまず最初にあり、次いで(5)(1)が来て(6)(2)へと続くのであろう。

右の記事を載せる『東大寺要録』は嘉承元年（一一〇六）の編纂であるが、延暦十年（七九一）頃の述作とされる『円融要義集』の逸文[4]にも同様の記述が存在する。

然今所レ伝華厳経者、従二唐朝一伝来、雖レ到二我本朝一、而経二多時一猶為二隠密一、由レ此一乗奥旨、未二曾興隆一也、茲僧正和上（良弁、引用者注）発心誓願、伝二説華厳経一、③夢裏已得二好相一、有二一紫衣青裙神僧一、従二東方虚空一下来云、汝欲レ講二演此一乗一、屈二請厳智一以作二座主一、④従レ夢覚悟、即向二厳智師所一、頂礼屈請、答云、我名是厳智、心非二是厳智一也、大安寺審祥師乃是厳智也、①仍以去天平十二年屈二請其師一、並集二京城名僧一、方始就二金鐘道場一、講二演此一乗一、②当レ時紫雲亘覆二春山一、天皇御覧奇嘆无量、天皇由レ是乃発二弘誓一、於二此一乗一極為二尊重一、特設二御知識華厳別供一、毎年不レ絶、恒盛講演、已逕二五十余年一、興二隆大法一元由、蓋如レ是乎、

ここには、『東大寺要録』の(1)〜(4)にほぼ対応する事柄（①〜④）が記されており、良弁の夢に現われた沙弥は「一紫衣青裙神僧」と表現され、審詳は大安寺の僧であったとされている。逸文では「毎年不レ絶、恒盛講演、已逕二五十余年一」とあって、天平十二年の開講以来『円融要義集』が執筆される頃まで五〇余年にわたって断絶する

ことなく『華厳経』の講説が行なわれたと伝えているので、右の(1)～(4)に対応する事柄は、その間に残された記録や関係者の口伝などをもとに叙述されたものと思われる。その意味で、『円融要義集』逸文や『東大寺要録』に収められる(5)(6)も含めた講説の開始をめぐる記事には信憑性があり、一部潤飾のある箇所（紫雲の出現や良弁の夢など）が認められるものの、概ね史実を伝えていると見てよいだろう[5]。

堀池春峰氏は、前記のように良弁が『華厳経』講説を始めたのは玄昉の指示によるとされているが、それは右の(3)や③に見える「紫袈裟」あるいは「紫衣」を着した沙弥（神僧）を玄昉と解することによる。

玄昉は、『続日本紀』天平十八年六月己亥（十八日）条の伝によると、霊亀二年（七一六）の遣唐使に従って入唐し、唐の天子（玄宗）からその学問を尊ばれて紫袈裟の着用が許されたと見え、天平七年の帰国時に経論五〇〇〇余巻と諸仏像をもたらすと皇朝（聖武天皇）からも紫袈裟を施され、僧正として内道場に安置されたと記されている。堀池氏はこの伝に注目し、天平十二年当時、紫袈裟を着せるような高僧は玄昉をおいて他になく、良弁の夢に現われた紫袈裟の沙弥とは玄昉を暗に示すものであるとし、玄昉と良弁が義淵の兄弟弟子と伝えられる[6]ことから、講説は玄昉が良弁に指示を与えて開始されたものと指摘された。夢の中の沙弥を玄昉と解されたのは卓見といわねばならず、本稿もそれに従うものであるが、良弁への指示が夢告のような形で暗示されたのは、玄昉のその後の失脚[7]もあって表立って語るのがはばかられたからであろう。

次に、玄昉が『華厳経』講説の必要性を認識した理由であるが、これについて堀池氏は、天平十二年二月の難波宮行幸時に河内国大県郡の知識寺で盧舎那仏を礼した聖武天皇が自らもその造立を思い立ち[8]、光明皇后も同様の考えを抱いたことを玄昉が察知したためとされている。

帰国後の玄昉は、天平八年二月七日（丁巳）に封一〇〇戸と田一〇町、扶翼童子八人を施され、同九年八月二十

六日（丁卯）には僧正に任じられ内道場に安置されたが、同年十二月二十七日（丙寅）になると、長らく幽憂に沈んでいた聖武天皇の母の皇太夫人藤原朝臣宮子を、皇后宮において聖武同席のもと看病し快癒させている。先の伝の中に「栄寵日盛、稍乖㆓沙門之行㆒」とある玄昉の全盛期は、こうした宮子の治療によって得られたものと思われる。その信任を厚くする玄昉に天平十二年二月の行幸後、天皇や皇后が盧舎那仏造立の思いを伝えたことは大いにありうることで、堀池氏の見方は妥当なものといえるだろう。

しかし、こうした聖武天皇と光明皇后の意を受けた玄昉であったが、『東大寺要録』や『円融要義集』逸文によれば、前記のように講師の選定に誤算があり、元興寺の厳智のもとに赴いた良弁は大安寺の審詳こそ適任者と教えられるに至っている。これよりすれば、玄昉は当時の学僧らの動向にさほど通じていなかったことになる。しかし、在唐一八年の間に当地における仏教研究の諸様相に肌身で接し、僧正として僧尼を統轄する立場にあった玄昉が、京内諸寺院の事情に疎かったとは考えにくい。むしろ、講師招請をめぐる動きの中からは玄昉の思惑を読み取るべきではなかろうか。

次節以降では、当時の『華厳経』研究の様相を概観し、元興寺僧の厳智が最初に講師に指名された理由を検討することにしたい。

二　元興寺の『華厳経』研究

『華厳経』、すなわち『大方広仏華厳経』には、仏陀跋陀羅（三五九～四二九）が四二〇年（東晋、元熙二年）に訳出した六〇巻本（『六十華厳』）と、実叉難陀（六五二～七一〇）が菩提流支（?～七二七）や義浄（六三五～七一三）

らと六九九年（唐、聖暦二年）に訳出した八〇巻本（『八十華厳』）がある。[9]『八十華厳』は、『続日本紀』養老六年（七二二）十一月丙戌（十九日）条に元正太上天皇の一周忌のために「敬写二華厳経八十巻、大集経六十巻、涅槃経卌巻、大菩薩蔵経廿巻、観世音経二百巻一」とあるのが初見で、これ以前に日本に伝来していたことが知られる。これに対して『六十華厳』の場合は明らかでないが、『八十華厳』よりも二八〇年近く前に訳出されているので、七世紀代にはすでに将来されていたものと見られる。[10]

この『華厳経』について先の『円融要義集』の逸文は、「従二唐朝一伝来、雖レ到二我本朝一、而経二多時一猶為二隠密一、由レ此一乗奥旨、未二曾興隆一也、茲僧正和上発心誓願、伝二説華厳経一」と述べ、伝来以来隠密の状態にあった一乗の奥旨が良弁発願の講説により興隆するに至ったとしている。しかし、『華厳経』の教説をめぐる研究は、本格的なものではないにしても、京内のいくつかの寺院で講説開始以前から行なわれていたと思われる。たとえば、天平十九年（七四七）二月十一日付の「元興寺伽藍縁起幷流記資財帳」には、三論衆・摂論衆といった『華厳経』と少なからぬ関係を持つ学衆が元興寺に設置されていたことが記されている。[11]

このうちの摂論衆（宗）は、白雉四年（六五三）の遣唐使に従って入唐し、斉明天皇七年（六六一）に帰国後は元興寺（法興寺）の東南隅に禅院を建て住したという道照によってもたらされたとされている。[12]天平九年三月十日付「太政官奏」[13]所引の「皇后宮職解」に、「元興寺摂大乗論門徒」は「始興之本、従二白鳳年一、迄二于淡海天朝一、内大臣割二取家財一、為二講説資一」と見えるように、元興寺の摂論衆は内大臣、すなわち藤原朝臣鎌足が白鳳から淡海朝にかけて家財を割取し講説の資とした伝統のある学衆であった。三論衆（宗）の場合はさらに古く、推古天皇三十三年（六二五）に来朝した高句麗僧慧灌が第一伝で、この慧灌が法興寺に住し三論衆を設けたとされている。[14]摂論衆（宗）は大安寺・興福寺に、三論衆（宗）は大安寺・法隆寺・東大寺にも設けられているが、[15]右に見た伝来の経緯

からすれば、元興寺のものが最も早く設置されていたことになるだろう。

この両衆（宗）の学統を見ると、いずれも『華厳経』との関係が窺われる。(16) まず、鳩摩羅什（三四四～四一三）が四〇四年（姚秦、弘始六年）に訳出した聖提婆（二～三世紀）の『百論』二巻、四〇九年（同十一年）訳出の龍樹（一五〇～二五〇頃）の『中論』四巻・『十二門論』一巻を所依とする三論宗の場合を見ると、三論学を江南に伝え学派興隆の基礎を築いた僧朗は『華厳経』の講説にも力を注ぎ、弟子の法朗（五〇七～五八一）や慧勇（五一五～五八三）も『華厳経』を講じたと伝えられている。また、法朗の弟子で三論の教学を大成した吉蔵（五四九～六二三）は『華厳遊意』一巻を著わし、自己の思想形成に『華厳経』から多くのものを吸収したとされている。一方、真諦（四九九～五六九）が五六三年（陳、天嘉四年）に訳した無着（三九五～四七〇頃）の『摂大乗論』三巻、世親（四〇〇頃～四八〇頃）の『摂大乗論釈論』一〇巻を所依とする摂論宗では、北地に摂論学を広めた曇遷（五四二～六〇七）に『華厳明難品玄解』の著作があり、法常（五六七～六四五）や道璨も『華厳経』の研究に従事したという。

このように、慧灌や道照によって設けられた元興寺の三論衆や摂論衆では、それぞれの教説を学ぶ上で『華厳経』との関わりが早くからあったものと思われる。(17)

元興寺と『華厳経』の関係を見る上でもう一つ注意されるのは、神叡の存在である。神叡は、持統天皇七年（六九三）に学問僧として弁通らと新羅に渡り、(18) 帰国後は養老元年七月二十三日（庚申）に律師となり、同三年十一月一日（乙卯）の詔では「服膺請レ業者、已知二実帰一、函丈挹レ教者、悉成二宗匠一」（『続日本紀』）と学徳を称えられ、道慈とともに封五〇戸を賜わっている。正史には神叡の学統を伝える記事は認められないが、『七大寺年表』(19) 天平九年条の少僧都神叡の項には入滅の記事に続いて「法相宗　元興寺」と見えているので、新羅に留学した神叡は法相宗を学び、帰国後は元興寺に止住し後進の指導にあたっていたようである。

神叡が留学した頃の新羅では仏教研究が隆盛し、唯識（法相）学では元暁（六一七〜六八六）・順璟・璟興・道証らが現われ、唐土においては玄奘（六〇二〜六六四）のもとで神昉・円測（六一三〜六九六）らが活躍していた。このうち元暁は、『華厳経』にも造詣が深く『華厳経疏』一〇巻や『大乗起信論疏』二巻を著わし、唐の華厳宗の大成者法蔵（六四三〜七一二）の教学に大きな影響を与えていた。また、元暁と並称される義湘（六二五〜七〇二）は、華厳宗第二祖の智儼（六〇二〜六六八）に法蔵とともに師事し、『華厳一乗法界図』一巻・『華厳十門看法観』一巻などを著わして新羅華厳の初祖と仰がれたが、弟子の義寂が『成唯識未詳決』三巻を述作して新羅唯識学の完成に貢献するように、唯識と華厳は兼学される傾向にあった。(20) 新羅での神叡の動向は不明であるが、唯識を学ぶ過程で元暁や義湘らの華厳学にも接していた可能性が高く、彼らの著作やその他の諸注釈書類を日本に持ち帰っていたのではないかと思われる。これは、『日本書紀』持統天皇十年十一月戊申（十日）条に「賜二大官大寺沙門弁通、食封卌戸一」と記される同学の弁通の場合も同じであろう。

新羅から帰国した留学僧には、この他に天武天皇十四年（六八五）の観常・霊観、持統天皇元年の智隆、同三年の明聡・観智、慶雲四年（七〇七）の義法・義基・摠集・慈定・浄達らがおり、新羅僧では行心や詮吉らが渡来していた。(21) 国内での動向が知られるのは、留学僧では和銅五年（七一二）九月十五日（辛巳）に律師となった観智、占術をよくすることから同七年三月十日（丁酉）に還俗させられた義法（大津連首）の二人にすぎず、新羅僧の行心は朱鳥元年（六八六）の大津皇子の変に坐し飛騨国に流されている。しかし、観智が律師に任命された日に弁通が少僧都となり、養老元年に神叡も律師として僧綱入りするように、唐仏教に比肩しうると評される新羅仏教を学んだ留学僧らが、日本の仏教界に大きな影響を与えていたことは否めないであろう。それが、『華厳経』の研究にどの程度の進展を与えたのかは検証する術がないが、唯識との兼学という点に留意すれば、「函丈挹レ教者、悉成二

宗匠二」と指導力と学徳を称えられた神叡のいる元興寺が、伝統的な三論衆・摂論衆の学問と相俟って『華厳経』研究を主導する立場にあったものと推測される。

良弁が『華厳経』講説の講師として最初に招請しようとした厳智は、このような元興寺の学問的環境の中にいたわけで、厳智自身、三回目の講説では講師を勤め（後述）、同じく元興寺僧の隆尊は、盧舎那大仏の開眼供養会において『華厳経』を講じるよう聖武天皇から求められている。[22]その意味で、夢に現われる玄昉の指示は妥当であったかのようである。しかし、厳智が大安寺の審詳の名を挙げるように、天平十二年当時の『華厳経』研究は新たな段階に入っていた。

三　大安寺と道慈

審詳は、天平十二年（七四〇）の『華厳経』講説を簡潔に伝える『華厳一乗開心論』[23]下巻（天長七年〈八三〇〉頃、普機述）に「青丘留学華厳審詳大徳」、『東大寺要録』には前記のように「新羅学生審祥大徳」と見えている。これより審詳を新羅僧とするのが一般のようであるが、表記のあり方からすれば新羅への留学僧と解した方がよいだろう。[24]凝然（一二四〇～一三二一）が応長元年（一三一一）に著わした『三国仏法伝通縁起』[25]巻中の「華厳宗」の項には、「新羅学生大安寺審祥」が「往二大唐一随二香象大師一学二華厳宗一」と述べられている。香象大師、すなわち法蔵の没年は七一二年（唐、太極元年）であるから、審詳が天平勝宝三年（七五一）頃まで生存したとしても、[26]二〇代に唐へ留学と見なせば没時の年齢は七〇代に収まり問題はなさそうである。ただ、青丘留学・新羅学生と冠されるのが気に懸るが、講説を最も早く伝える『円融要義集』逸文にはこの表記が使われていないので、これをもって審

詳の留学歴を限定する必要はないだろう。恐らく、審詳は新羅に留学して華厳学を学び、さらに新羅から唐に渡って法蔵に師事したのであろう。そしてその後、再び新羅に戻って日本に帰国した関係で後世に新羅留学という点が強調され、右のような表記が定着したのではないかと思われる。元興寺の厳智が大安寺の審詳を講師に指名したのは、義湘の華厳学のみならず、唐の華厳宗の大成者法蔵の学問にも精通していたからであろう。

この審詳のいる大安寺でも早くから『華厳経』の研究が行なわれていたらしく、天平十九年二月十一日付の「大安寺伽藍縁起幷流記資財帳」には、修多羅衆・律衆と並んで三論衆・摂論衆・別三論衆の存在が認められる(27)。このうち別三論衆は、古三論に対する新三論の系統で、三論宗第三伝の道慈がもたらしたものと解されている(28)。『続日本紀』天平十六年十月辛卯（二日）条の道慈の卒伝には、「大宝元年、随レ使入レ唐、渉二覧経典一、尤精二三論一、養老二年帰朝、是時、釈門之秀者、唯法師及神叡法師二人而已」と見えるが、在唐中の道慈については、神叡とともに封五〇戸を賜わった先の養老三年（七一九）十一月一日（乙卯）の詔の中で「遐遊二赤県一、研二妙機於秘記一、参二跡象竜一、振二英秦漢一」とあり、『懐風藻』の道慈伝には「時唐簡下于二国中一義学高僧一百人上、請三入宮中一、令レ講二仁王般若一、法師学業穎秀、預三入選中一、唐王憐二其遠学一、特加二優賞一」とあって、重要な仏典を奥深く研究し、高僧に師事してその能力が広く知れわたり、また唐の義学の高僧一〇〇人の中に選ばれ皇帝から褒賞を得たと伝えている。正史では、道慈の教学研究の内容は三論に精しいと記すのみであるが、『伝通縁起』中巻の「三論宗」には、三論宗第二伝の智蔵から法を授けられた道慈は在唐中に「大唐所有諸宗」を普く学び、帰国後は三論を本として法相宗・真言宗等の宗を弘めたとされている。『延暦僧録』の「智名僧沙門釈慶俊伝」の逸文(29)には、道慈の弟子慶俊が『華厳経』を講じたとあるので、道慈は華厳宗も後進に伝授していたと見ることができる。

このように、養老二年に帰国した道慈は、三論学の他に当時の唐において盛行していた法相学や華厳、伝来して

間のない真言（密教）[30]などを学び、関係経典や諸注釈書類を日本に持ち帰ったものと思われる。道慈の帰国は政界や仏教界に大きな影響を与えたようで、翌三年には前記のように神叡とともに学徳が称えられている。しかし、道慈は政権と一線を画したらしく、先の二つの伝によれば、性格は剛直で時の人に受け入れられず、『愚志』一巻を著わして範を中国に求め、日本の俗人・僧侶の仏教修行のあり方を批判したという。神亀五年（七二八）五月十五日付の長屋王の願文を持つ『大般若経』第二六七巻の奥書[31]には、書写された経文の検校者の一人に「藤原寺僧道慈」と見えるので、帰国後はこの藤原寺に止住したようである。しかし、天平元年になると道慈は大安寺に移り、伽藍の修営に従事することになった。

大安寺の前身である大官大寺は、霊亀二年（七一六）に藤原京から平城京に移建されていた[32]が、宝亀六年（七七五）四月十日付の「大安寺碑文」によると、平城に遷ってからも伽藍の構築は終わらず「粤以天平元年歳次己巳、詔遣二法師一（道慈、引用者注）修二営此寺一[33]」と見えている。道慈は、これを機に大安寺に居を定めたらしく、天平元年十月七日（甲子）に律師となったあと、同九年四月八日（壬子）には毎年大安寺で護寺鎮国のため調庸物を充てて『大般若経』六〇〇巻の転読を行なうことを言上し勅許されている。

元興寺の前身である法興寺が平城京に移建されたのは養老二年であった[34]が、この元興寺の神叡が「武智麻呂伝」（『家伝』下巻）の中で時政を輔ける僧綱として道慈と並称される[35]のは、道慈が大安寺に移った天平元年のことであった。新羅留学で法相を学んだ神叡の元興寺と、唐留学を通して三論を中心とする諸宗学を体得した道慈の大安寺は、まさに相拮抗する状態にあったといえるだろう。これは、兼学としていた『華厳経』の研究においても同様で、この分野で主導的な立場にあった元興寺の華厳学は、唐伝来の華厳学を備える大安寺と対峙するに至ったものと見られる。しかし、こうした状況は、天平八年に唐僧道璿（七〇二〜七六〇）と波羅門僧菩提僊那（七〇四〜七六

〇）が来朝するに及び大きく変化することになる。

神護景雲四年（七七〇）四月二十一日付の「南天竺波羅門僧正碑幷序」や宝亀十年二月四日の日付を持つ「唐大和上東征伝」によると、東都大福先寺の沙門であった道璿は、伝戒者として遣唐副使中臣朝臣名代の船に乗り、天平八年五月に同伴の林邑僧仏徹や波羅門僧菩提僊那らと大宰府に至り、八月には入京を果たしている。道璿は、「道璿和上伝纂」(36)に北宗禅の祖神秀（?～七〇六）の弟子普寂（六五一～七三九）に師事したと見えるが、東都の華厳寺に常在し「華厳尊者」といわれた普寂の影響もあって『華厳経』にも精通し、同経の菩薩戒思想を展開した『梵網経』の注釈書である『註菩薩戒経』三巻を日本で著わしたとされている(37)。また、『延暦僧録』の「高僧沙門釈道璿伝」逸文には「依二華厳浄行品一々依行」と修行ぶりが伝えられ、『伝通縁起』巻中の「華厳宗」には「璿公齎二華厳宗章疏一始伝二日本一」とあって華厳宗との関係が強調されている。菩提僊那も『華厳経』には造詣が深く、先の「碑幷序」には「僧正諷二誦華厳経一、以為二心要一」と見え、天平勝宝四年四月八日の盧舎那大仏の開眼会では、道璿が呪願であったのに対し菩提僊那は開眼師の大役を勤めている(38)。

この二人の秀れた華厳学者は、唐仏教に範を求める道慈の要請もあってか、いずれも大安寺に止住することになるが(39)、その結果、『華厳経』研究の分野では大安寺の方が元興寺よりも優位に立ち、関係書籍も充実させるに至ったと見られる。前記の審詳は、このような大安寺にいた華厳学を専攻する学僧であった。審詳の学問は、奈良末・平安初期に著わされた寿霊の『華厳五教章指事記』上巻本に「又此土古徳、訓僧都等、名高二一朝一、学普二六宗一、近受二詳法師一、遠依二蔵法師一、伝二彼一乗宗一」(40)とあり、名立たる慈訓が一乗宗（華厳宗）を伝えるにあたり法蔵とともに依拠したのが審詳であったと述べるように、後世への影響が大きかったことを窺わせる。審詳がいつ帰国したのかは明らかでないが、正倉院文書にその名が初見するのが天平十二年七月八日付「写経所啓」(41)であるので、

遅くとも同十一年までには留学を終えて日本に戻っていたものと思われる。この審詳が加わることで、大安寺の『華厳経』研究が一段と向上したことはいうまでもないだろう。

四　玄昉と光明皇后

天平十二年（七四〇）段階の『華厳経』研究の様相は以上に見た通りであるが、これを念頭にすれば、元興寺の厳智を『華厳経』講説の講師に招請するよう良弁に求めた玄昉の指示は、現実の研究状況にそぐわないものであったことが知られるであろう。招請するならば大安寺の華厳学僧であったはずである。しかし、玄昉はそれを承知の上で厳智を指名したのではないかと思われる。

この玄昉の動きを見る上で留意すべき点は、講説の開催された金鐘寺が光明皇后の所生子を供養する寺院であったことである。

『続日本紀』によると、神亀四年（七二七）閏九月二十九日（丁卯）に当時夫人であった光明が皇子を出産すると、十一月二日（己亥）に皇子の立太子詔が出され、同月二十一日（戊午）には食封一〇〇〇戸が光明に与えられているが、この記事に続いて十二月十日（丁丑）に「自二先帝御世一、迄二于朕代一、供二奉内裏一、無二一咎愆一、念斯若人、年徳共隆」として、僧正の義淵を褒賞する詔が出されている。皇太子は翌五年八月に発病し、仏力による加護を求めた甲斐もなく九月十三日（丙午）に没するが、翌十月二十日（壬午）の義淵の葬儀では三位以上に准じて治部省の官人が監護し、詔によって多量の賻物が贈られている。このように、皇太子の誕生後と没後には義淵への優遇措置が取られているが、これは、永年内裏に供奉していた関係で光明の出産と皇太子の看病の折に転読や礼仏などに尽

力し、聖武天皇や光明の信任を厚くしていたからであろう。

この義淵には、玄昉・行基・宣教・良敏・行達・隆尊・良弁ら七人の上足があり、道慈も義淵に従って法を学んだと伝えられている（『伝通縁起』中巻「法相宗」）。これらの弟子たちのいく人かは、義淵のとりなしで内裏に聞え、皇太子の供養のために創建された山房（金鐘寺）に止住する九人の智行僧の中にも加えられていたと見られる。良弁もそのうちの一人であったのであろう(42)。

良弁が正史に初見するのは、『続日本紀』天平勝宝三年（七五一）四月甲戌（二十二日）条の少僧都任命記事においてであるが、正倉院文書ではこれより早く「納櫃本経検定幷出入帳」の天平十五年三月二十三日と四月二日の項に金光明寺（金鐘寺）の上座として見えている(43)。恐らく、『華厳経』講説の始まる天平十二年においても同様の地位にあり、寺院運営の中心にいたものと思われる。この良弁のいる金鐘寺に、光明皇后が一方ならぬ思いを抱いていたことはいうまでもないが、崩伝に「創二建東大寺及天下国分寺一者、本太后之所レ勧也(44)」とあるように、その運営にも大きな影響力を持っていた。『延暦僧録』の「天平仁政皇后菩薩伝」逸文(45)によると、良弁は、聖武太上天皇の一周忌までに東大寺の荘厳化を終えるよう佐伯今毛人とともに光明から任を委ねられている。これは、天平勝宝八歳五月二日（乙卯）の聖武没後のことであるが、こうした光明との繋がりは、義淵の弟子として良弁が山房の智行僧となり、功を重ねて寺院運営の中心的な存在となっていた天平十二年頃には、すでに形成されていたのではないかと思われる。

光明皇后と金鐘寺の関係をこのように見ると、『華厳経』講説の発案は玄昉にあったとしても、金鐘寺での開催には光明の意向が反映され、良弁もそのもとで準備に携わっていたことになるだろう。

光明皇后はまた元興寺にも関心を寄せており、先の天平九年三月十日付「太政官奏」所引の「皇后宮職解」では、

祖父の藤原鎌足が元興寺摂論衆の講説の資に家財を割取したこと、父の不比等も財貨を割取して論衆を添助し、光明自身も資材を減じて論衆を増やしたと述べ、「再興二先祖之業一、重張二聖代之徳一、三宝興隆、万代无レ滅、欲レ令レ講二説興福寺一」として、元興寺の摂大乗論門徒を抽出し興福寺に住持させることを求め勅許されている。「鎌足伝」（『家伝』上巻）には「割二取家財一、入二元興寺一、儲二置五宗学問之分一、由レ是、賢僧不レ絶、聖道稍隆」[46]とあって、鎌足が元興寺の五宗の学衆に経済的な支援を与えていたことが記されている。右の「皇后宮職解」は、そのうちの摂論衆に言及したものであるが、鎌足によって築かれた元興寺と藤原氏の関係が、光明の時代になってもなお緊密であったことがこれより知られる。『興福寺流記』所引の「天平記」によれば、光明は藤原氏の氏寺である興福寺に天平二年に五重塔を造り、同六年には亡母県犬養橘宿禰三千代のために西金堂を建立し、翌年周忌供養を行なったと伝えられている。[47]摂論衆の設置もこうした興福寺の荘厳化の一環と見られるが、そこに元興寺僧を配したところに、同寺に対する光明の尊崇の念が読み取れるであろう。

『華厳経』講説の講師に厳智が指名された背景には、こうした光明皇后と元興寺の関係があったものと思われる。玄昉は、当時の学問状況を知りながら藤原氏と光明との関係に配慮して元興寺僧に的を絞ったと見られるが、玄昉にとってもそれは不都合な選択ではなかったようである。

天平七年に玄昉が帰国入京した時の僧綱には、僧正に弁静、少僧都に神叡、律師に道慈がいた。[48]『続日本紀』の伝に経論五〇〇〇余巻をもたらし天皇から紫袈裟を施されたと見える玄昉は、同九年八月二十六日（丁卯）の僧綱人事で弁静のあとを受けて僧正に直任されているが、この天平九年には、かつて道慈とともに学徳を称えられた神叡が没している。玄昉の下位に甘んじることになった道慈は、時代の変化を実感させられたらしく、同九、十年頃に律師を辞任している。[49]その後の道慈は、『懐風藻』の伝に「解レ任帰、遊二山野一、時出二京師一、造二大安寺一」とある

ように山野での修行に本腰を入れたようであるが、道慈の教えは慶俊らに受け継がれ、『続日本紀』の伝には「弟子伝レ業者、于レ今不レ絶」と記されている。

玄昉が道慈にどのような思いを抱いていたのかは定かでないが、日本の仏教のあり方を批判した道慈の手法は、宮廷に寵遇を得て栄達を遂げた玄昉になじむものではなかった。それゆえ、道慈は半ば引退していたとはいえ、その弟子たちが健在な大安寺から華厳学僧を選出するのははばかられたはずであり、光明皇后との関係を重視するという名目で元興寺の学僧厳智を指名するに至ったのであろう。

しかし、この思惑は当の厳智によって否定され、大安寺僧の審詳が講師を勤めることになった。厳智の学僧としての良識がそうさせたのであろう。結局、当初の目的は果たせなかったが、講説に連なる複師や講師の顔ぶれを見ると、玄昉と良弁の事後の策が奈辺にあったかが知られる。「東大寺華厳別供縁起」より順に挙げると、一回目の講説では慈訓・鏡忍・円証が複師となり、二回目はこの三人が交互に講師を勤め、三回目になると厳智が講師となって標瓊・性泰が複師、四回目は智璟が講師で澄叡・春福が複師となっている。それぞれの所属は、慈訓は興福寺、厳智は元興寺、残る七人はいずれも金鐘寺（東大寺）であったと思われる(50)。つまり、大安寺僧は最初の審詳のみで、他は光明皇后とゆかりの深い寺院の学僧であったわけである。なかでも慈訓は、その後華厳学僧として名をなし、天平勝宝八歳五月二十四日（丁丑）に行なわれた聖武太上天皇の看病禅師の褒賞時には「花厳講師」の肩書が付されている。前記のように、『華厳五教章指事記』では慈訓が一乗宗を伝えるにあたり法蔵とともに審詳に依拠したことが述べられているが、これは『華厳経』講説が、審詳の華厳学を金鐘寺・興福寺・元興寺の学僧らが学び取る場であったことを物語るものであろう。

思惑通りには進まなかったものの、結果的には、当時の日本で最高の水準にあった大安寺の華厳学を審詳を介し

て金鐘寺に移植することになったわけで、玄昉と良弁は、光明皇后の意を体しながら、知識寺行幸で聖武天皇が抱いた盧舎那仏造立計画の拠点寺院としてこの金鐘寺を育て上げようとしたのであろう。

天平十二年の『華厳経』講説開始の意味をこのように捉えておきたい。

おわりに

『華厳経』講説が開始されてから一二年後の天平勝宝四年（七五二）四月九日（乙酉）に、東大寺において盧舎那大仏の開眼供養会が行なわれた。当時、少僧都の地位にあった良弁の長年の努力がここに報われたのであるが、天平十五年（七四三）十月十五日（辛巳）の大仏造立詔は聖武天皇の行幸先である紫香楽宮で出され、同十六年十一月十三日（壬申）には甲賀寺で大仏の体骨柱が建てられることになるが、同十七年五月十一日（戊辰）に聖武が平城に帰還すると八月からは金鐘寺の寺地内で造立が再開される、[51]という具合に、紆余曲折を経た上での成就であった。藤原広嗣の乱以降、権勢が下降線を辿る玄昉は、同年十一月二日（乙卯）に筑紫観世音寺に左遷されているので、その後の大仏造立は光明皇后の力に負うところが大きかったと思われる。

一方、大安寺では、天平感宝元年（七四九）に盧舎那大仏の完成に先立って盧舎那仏画像の作成が進められており、[52]なお同寺の華厳学が高い水準にあったことを窺わせる。まさに東大寺（金鐘寺）と大安寺は、『華厳経』の研究をめぐって対峙していたわけであるが、この両寺がどのような関係のもとに研鑽を重ねていたのかを知ることは、奈良仏教の内実を見る上で今後の大きな課題となるであろう。

註

（1）筒井英俊校訂、再版、国書刊行会、一九七一年。
（2）『続日本紀』。以下、断らない限り、本文で日付（干支を併記）のある事項は『続日本紀』による。
（3）堀池春峰「華厳経講説よりみた良弁と審詳」（同『南都仏教の研究』上・東大寺篇、法藏館、一九八〇年。初出は一九七三年）。本文で言及する堀池氏の見解はこの論文による。
（4）谷省吾「円融要義集の逸文――華厳宗の草創に関する史料――」（『南都仏教』三、一九五七年）。逸文の読みは堀池前掲註(3)論文による。
（5）この他、天長七年（八三〇）頃に普機が述作した『華厳一乗開心論』下巻（『大正蔵』七二ノ一三中・下）にも簡潔な記述が認められる。
（6）『三国仏法伝通縁起』中巻「法相宗」（『大日本仏教全書』一〇一）。
（7）『続日本紀』天平十七年十一月乙卯条。
（8）『続日本紀』天平勝宝元年十二月丁亥、天平十二年二月甲子条。
（9）この他、四五品からなるチベット訳がある。伊藤瑞叡「華厳経の成立――大本の構想内容と集成意図および十地経の位置――」（平川彰・梶山雄一・高崎直道編集『講座・大乗仏教』三、春秋社、一九八三年）参照。
（10）後述する三論宗や摂論宗の伝来時に将来された可能性がある。なお、天平十二年の『華厳経』講説で取り上げられたのは、前掲の「東大寺華厳別供縁起」に「三年講二六十巻経一」とあるように『六十華厳』の方であった。
（11）『寧楽遺文』中ノ三九〇。
（12）田村圓澄「摂論宗の伝来」（同『日本仏教史』二、法藏館、一九八三年。初出は一九七〇、七四年）。
（13）『類聚三代格』巻二「経論幷法会請僧事」。
（14）田村圓澄「三論宗・法相宗の伝来」（同『日本仏教史』一、法藏館、一九八二年。初出は一九七四年）。
（15）天平十九年二月十一日付「大安寺伽藍縁起幷流記資財帳」（『大日本古文書』二ノ六三一。本章では煩を避け巻・頁数のみを示す）、同日付「法隆寺伽藍縁起幷流記資財帳」（『同』二ノ五八五）、「経疏出納帳」の天平勝宝三年二月二十八日条（『同』三ノ五四九）。興福寺の摂論衆は第四節で言及する。

(16) 以下に述べる三論宗・摂論宗両宗の中国での展開については、木村清孝『中国華厳思想史』第二章「『華厳経』の伝訳とその研究」（平楽寺書店、一九九二年。初出は一九七七年）による。
(17) この他に、摂論宗と関係の深い地論宗南道派の『華厳経』関係の著作が奈良時代に書写されているのが注意される。独立した学衆を形成しなかったものの、摂論衆で学ばれていた可能性がある（石田茂作『写経より見たる奈良朝仏教の研究』七六～八八頁〈財団法人・東洋文庫、一九六六年再版。初版は一九三〇年〉）。
(18)『日本書紀』持統天皇七年三月丙午条。
(19)『大日本仏教全書』一一一。
(20) 富貴原章信仏教学選集第三巻『日本唯識思想史』一〇七～一三五頁（国書刊行会、一九八九年。初版は一九四四年）、鎌田茂雄『朝鮮仏教史』七二～九〇頁（東京大学出版会、一九八七年）、同『新羅仏教史序説』三二五頁（大蔵出版、一九八八年）。
(21) 留学僧の帰国は『日本書紀』天武天皇十四年五月辛未、持統天皇元年九月甲申、同三年四月壬寅の各条および『続日本紀』慶雲四年五月乙丑条、新羅僧は『日本書紀』朱鳥元年十月己巳・丙申（持統天皇・称制前紀）、持統天皇四年二月戊午の各条を参照。なお、『日本書紀』持統天皇六年十月壬申条には「授二山田史御形務広肆一、前為二沙門一、学二問新羅一」と見えている。僧の還俗については、関晃「遣新羅使の文化史的意義」（同著作集第三巻『古代の帰化人』吉川弘文館、一九九六年。初出は一九五五年）を参照。
(22)『東大寺要録』巻第二・供養章第三所載、天平勝宝四年三月二十一日付「勅書」。
(23) 前掲註(5)参照。
(24) 堀池前掲註(3)論文。『日本書紀』持統天皇四年九月丁酉条、『続日本紀』天平八年二月丁巳条などを参照。
(25) 前掲註(6)参照。
(26) 堀池前掲註(3)論文。
(27)『大日本古文書』二ノ六三一。新羅に留学した大官大寺沙門の弁通の存在が注目されるが、大安寺に与えた影響は明らかではない。
(28) 井上光貞「南都六宗の成立」（同『日本古代思想史の研究』岩波書店、一九八二年。初出は一九六一年）。

(29)『日本高僧伝要文抄』第三。『延暦僧録』の逸文は断らない限り同書による。
(30)鎌田茂雄『中国仏教史』第五巻七一～一〇〇頁（東京大学出版会、一九九四年）参照。
(31)『大日本古文書』二十四ノ五～六。
(32)太田博太郎「大安寺」（同『南都七大寺の歴史と年表』岩波書店、一九七九年）。
(33)藤田経世編『校刊美術史料』寺院篇・上巻八七頁（中央公論美術出版、一九七三年）。
(34)太田前掲註(32)論文。
(35)『寧楽遺文』下ノ八八六、沖森卓也・佐藤信・矢嶋泉『藤氏家伝　鎌足・貞慧・武智麻呂伝　注釈と研究』三六三～三八一頁（吉川弘文館、一九九九年）。
(36)以上三点、『群書類従』五ノ五六六、『同』五ノ五二七、『寧楽遺文』下ノ八八九。
(37)『東域伝灯目録』には「註梵網経三巻道璿師於日本撰之」と見える（高山寺典籍文書綜合調査団編『高山寺本東域伝灯目録』三八ウ〈東京大学出版会、一九九九年〉）。
(38)前掲註(22)参照。『続日本紀』では、開眼会は同年四月乙酉（九日）条に見える。
(39)『校刊美術史料』寺院篇・上巻八七頁。
(40)『大正蔵』七二ノ二二下。島地大等「東大寺寿霊の華厳学に就て」（同『教理と史論』明治書院、一九三一年。初出は一九二三年）、石井公成「奈良朝華厳学の研究――寿霊『五教章指事記』を中心として――」（『華厳学研究』一、一九八七年。後に速水侑編『論集・奈良仏教』第一巻〈雄山閣、一九九三年〉に再録）。
(41)『大日本古文書』七ノ四八六～四九一。
(42)『続日本紀』神亀五年十一月乙未・庚申条。堀池春峰「金鐘寺私考」（前掲註(3)著書。初出は一九五五年）参照。
(43)『大日本古文書』二十四ノ一七八～一七九。堀池前掲註(42)論文参照。
(44)『続日本紀』天平宝字四年六月乙丑条。
(45)『東大寺要録』巻第一・本願章第一収載。
(46)『寧楽遺文』下ノ八八〇、沖森・佐藤・矢嶋前掲註(35)著書二五三～二五六頁。
(47)『大日本仏教全書』興福寺叢書一。

(48)『続日本紀』天平元年十月甲子、同二年十月乙酉条。
(49)中井真孝「道慈の律師辞任について」(『続日本紀研究』二〇〇、一九七八年)。
(50)鏡忍と標瓊は『三国仏法伝通縁起』巻中「華厳宗」に良弁の弟子と記される。性泰・智璟・澄叡・春福は写経所文書にその名が見えることからの推定である(『大日本古文書』十七ノ一九、三ノ三二、十八ノ四六〇、四ノ三四三)。円証は他に見えないが、初講時の複師として鏡忍に続いて挙げられるので金鐘寺僧と解しておきたい。慈訓については佐久間竜「慈訓」(同『日本古代僧伝の研究』吉川弘文館、一九八三年。初出は一九五七年)および本書第四章を参照。
(51)『東大寺要録』巻第一・本願章、天平十七年八月二十三日条。
(52)天平感宝元年閏五月十一日付「大安寺造仏所解」(『大日本古文書』三ノ二三七〜二三八)。

補註

審詳は、仏書等では審祥と記される場合が多いが、以下では、同時代史料の正倉院文書での事例に従い、審詳と表記する。

第二章　『華厳経』講説を支えた学僧たち

――正倉院文書からみた天平十六年の様相――

はじめに

　天平十二年（七四〇）に金鐘寺（東大寺の前身）で始まる『華厳経』講説の経過について、『東大寺要録』[1]巻第五・諸宗章第六収載の「東大寺華厳別供縁起」は次のように伝えている。新羅学生の審詳[2]を講師に迎えた初講では、慈訓・鏡忍・円証を複師に据え、十六徳を請じて聴衆とし、三年で『華厳経』六〇巻（旧訳、東晋・仏陀跋陀羅訳）を講じた（一回目）。審詳が使命を終えると、慈訓以下の三複師が交互に講師を勤めてそれぞれ二〇巻を講じ（二回目）、次いで元興寺僧の厳智が講師、標瓊・性泰が複師となって再び六〇巻を講じ（三回目）、さらに智憬が講師、澄叡・春福が複師となり六〇巻とその疏二〇巻を講じた（四回目）。これ以降、『華厳経』の旧訳六〇巻と疏、新訳八〇巻（唐・実叉難陀訳）と疏を講演することが繁多であったという。『三国仏法伝通縁起』[3]でも同様の記述がなされているが、ここでは初講の審詳を大安寺僧とし、『探玄記』（法蔵『華厳経疏』二〇巻）を用いて『華厳経』六〇巻を講じたとしている（巻中「華厳宗」）。

　この『華厳経』講説については、『円融要義集』逸文[4]や『華厳宗一乗開心論』下巻[5]にも書き留められているが、いずれの所伝も仏書にとどまり、正史等の官製史料には記されていない。しかし、正倉院文書を見ると、天平十六

年という限られた年次ではあるが、講師・複師を担当した審詳・慈訓・標瓊らの華厳関係章疏の奉請をめぐる記録が残されており、講説を支えた学僧たちの動向の一端を具体的に伝えている。本稿の目的は、こうした記録（帳簿）の分析検討を通して学僧らの相互の関係を考察し、当時の『華厳経』研究の様相に迫ることにあるが、それはまた、仏書とは異なる視点から講説の内実を捉え直す試みともなるであろう。(6)

一　華厳関係章疏の貸借状況

『開元釈教録』巻一九・二〇に見える入蔵録収載の一切経一〇七六部五〇四八巻を目標に、天平八年（七三六）九月から開始された光明皇后発願の「五月一日経」書写事業は、同十四年十二月になると底本（本経）の入手が困難となってほぼ休止状態になるが、翌十五年五月からは、『開元釈教録』に載せられない章疏等も書写の対象とし続行されることになった。(7)その結果、写経所では、諸所から奉請した章疏等の収納と返送を記録する帳簿が作成されるようになる。(8)天平十五年五月から始まる「律論疏集伝等本収納幷返送帳」(9)（以下、「収納幷返送帳」と記す）はその中心的なもので、本稿が分析検討の対象とする帳簿であるが、ここに記された内容を整理して一覧化すると**表1**のようになる。

これによると、天平十五年の収納は『四分律』『毗尼律』に始まり、『法花経』の章疏類と唯識関係がそれに続き、元興寺からは北宅一切経内の律論集伝章等が一二帙分一三六巻まとめて納められているが、(10)翌十六年になると華厳章疏と、華厳学で重視される『大乗起信論』の注釈書が目立つようになる。順に挙げると、法蔵（六四三～七一二）の著作である『花厳経疏（華厳探玄記）』二〇巻が閏正月・五月・七月、『花厳経疏一乗教分（華厳五教章）』三巻が

表1 律論疏集伝等本収納幷返送帳

年月日	納入者(所蔵者)	経典名(一部に著者名)・巻数	記事(主に返送関係)
[天平一五年] 五月一日	金光明寺僧等	四分律一部六巻	以七月四日返送四巻受平栄師二巻受安敬尼使辛国人成
六月二日	良弁大徳所	毗尼律二巻中下	以十五年十一月十五日返送使辛国人成
一三日	良弁師所	毗尼律二巻	以十五年十一月十五日返送高屋令史御手
同日	律師行信師所	法花玄賛三巻第一・四・五	以十五年八月十五日返送使葛野古万呂
七月二一日	玄昉僧正所	智周・法花摂釈一部四巻	以十五年十月十二日返送使檜前万呂
八月四日	玄昉僧正所	法花経一部八巻	以十五年十二月十八日返送使紀少鯖万呂
一五日	置元興寺北宅一切経内	律論集伝章等合一三六巻帙一二枚	細名注別紙
二〇日	興福寺西仏殿内	成唯識論一部一〇巻欠第一 法花経一部八巻	並唐本　呉竹帙各一枚
九月二八日	善摂師所	四分律二巻第一・三	以三月十三日返送使酒主
一一月九日	慈訓師所	(成唯識論)枢要一部四巻 金剛三昧論一部三巻	以十六年十月二日返送本所付使沙弥明一 此論以十五日送長官宮御所使三綱
一二月四日	安寛師所	六巻抄三巻第四・五・六	以十六年四月十五日返送使人成
[天平一六年] 閏正月一四日	平栄師所	法蔵・花厳経疏第二帙一〇巻	以十六年四月十五日返送本主審祥師所使石村鷹万呂
二〇日	平栄師所	法蔵・華厳経疏第一帙一〇巻	第四第五新写合四巻者以十六年二月九日返送平栄師使人成 以同年六月十一日返送受酒主
二月五日	平栄師所	元暁・花厳経疏八巻欠第八・一〇未請	第五以同月九日返送平栄師所使人成六月十一日返受酒主 第一（孔目也）第六又新写第六（反一）合三巻同月十二日送平摂師（平栄師所）受教

			演沙弥 以十六年七月二十九日且返進第一二三四八九合六巻 受慈訓師
九日	平栄師所	慧遠・起信論疏二巻上下	以同年四月一日送平摂師所受標瓊沙弥
一〇日	元興寺北宅経内	観无量寿経一巻	
二三日	平摂師所	元暁・起信論別記一巻	以同年四月一日返送受洞信沙弥
二四日	平摂師所	法蔵・花厳経疏一乗教分三巻 真聖・(華厳)孔目二巻第二・四	以天平十六年六月二十七日返請平摂師所受使鏡厳沙弥八月十五日受人成 以十六年八月二十五日返送平摂師所受慈訓師使人成 以同年三月十九日返送平摂師所受慈訓師使人成
二六日	慈訓師所	花厳論四七巻第一帙欠第一第三帙欠第一・九	以十九年二月十一日返送慈訓師所 使明一師
五月一〇日	従信楽宮給出	法蔵・花厳経疏一部二〇巻	
二七日	依令旨従審詳大徳所	元暁・摩訶衍起信論別記一巻	以十六年七月十一日依長官宮宣借請善摂師所　同月十二日返已訖 以十六年八月四日還送受使御弟子善戒師
六月一一日	平摂師御所	元暁・花厳経疏二巻第八・一〇 (元暁・花厳経疏)第一	反慈訓師所 此別帙内者
同日	慈訓師御書従平摂師御手	真聖・(華厳)孔目四巻第一・二・三・四	以十六年八月二十五日返送平摂師所受慈訓師使人成
同日	従慈訓師所返請	金剛三昧経一巻	但未知其来由并本主 以十六年六月二十三日借請平摂師受教演沙弥
三〇日	慈訓師御書	金剛三昧経論一巻中	又先奉請二巻上下 以八月十一日依長官宮宣本所返送書四巻　新写二巻 本二巻並上中

			又以九月九日返送下巻　右依長官宮宣慈訓師所送件書如前
七月一二日	借進甲加宮	盂蘭瓫経四巻	二巻宮一切経内　一巻山階寺　一巻辛国堂 十六日返送　使宇万呂
二二日	長官宮御書	起信論二巻上下	十七年八月二十三日奉返受専宮進酒主
二九日	慈訓師御書	法蔵・花厳疏第一巻	
八月一〇日	従信楽宮給出	十一面神呪心経義疏一巻	以十六年八月二十九日付高向太万呂進納甲加宮
二三日	従装潢等御辛櫃 主蔵令史書	弁中辺論一部三巻 肇論一巻	
二四日	主蔵令史書	起信論疏二巻 肇論疏三巻	
※二五日		元暁・花厳疏四巻第一・五・七・一〇	依慈訓師口状返送如件　受使平摂師
九月九日	慈訓師所御書	花厳論第一巻	以十七年五月十五日返送如前受使明壱沙弥
二〇日	法永師所	理趣経疏一巻	以十七年六月三日借受善摂師長官宮宣使沙弥証明 以七月二十八日返納已訖 十八年二月二十四日返上本所　使阿刀宅足
二七日	岡寺本	八巻金光明経疏一部八巻	以十七年四月十二日借請慈訓師所長官宮宣　入白木書函一合是則主蔵令史之函者付使佐都麻 以天平十八年五月一日返送岡寺上座所　使仕丁鵜甘子君
一〇月二一日	元興寺一切経内	疏本九六巻帙一三枚	
※三〇日		新翻薬師経四巻二巻宮一切経内二巻外	依甲加宮宣奉請本経并紙等如件使凡海石足 十六年十二月一日返納已訖　黄麻紙二百枚
[天平一七年] 四月五日	元興寺一切経内	疏本六六巻帙一二枚	

五月二五日	慈訓師御書・従長官宮御所	金剛三昧経論疏下巻	
六月一五日	慈訓師御書・従長官宮御所	金剛三昧経論疏中巻	
七月四日	慈訓師御書・従長官宮御所	金剛三昧経論疏上巻	
一五日	長官宮御書	法門名義集一巻	返送本所
八月三日	元興寺書	金光明最（勝）王略賛一部五巻	以同月五日進信勝尼御所　受蔵人養徳御勝　使辛国人成
五日	自信勝尼御所給出	六巻抄六巻	以同月進納内裏写并本十二巻使長官王
一九日	元興寺書	十二巻章一部一二巻帙一 仏地経論述記一部四巻帙	
一〇月一日	元興寺本	大因明論疏二巻 円知師章一帙四巻 法花疏四巻帙一 雑集増一法数一巻 七処八会論一巻 海印三昧論一巻 抄大乗論一巻 判比量論一巻	
一一月五日	長官王御所	梵網経二巻並下巻　一巻	以十七年十二月二十四日依長官王宣令請道宣所付山口沙弥万呂
［天平一九年］三月	唐道宣師	六巻抄一部一九巻 「又一之二巻」	以二十年二月十二日返奉如前　使他田水主 以天平二十一年三月三日返送　使他田水主　専受納慧雲師
九月一五日	大安寺本	法花経吉蔵師疏一部一二巻 四分戒本一巻	以二十年二月十一日返奉如前 使他田水主　大伴装万呂
一一月二三日	敬俊大徳書	止観法門一巻	以二十年正月二十四日付使舎生王若長返送如前

二五日	聖諦師書	成唯(識)論第一巻 温室経疏一巻	以二十年正月二十四日付使舎生王若長返送如前
二七日	敬俊師所	勝鬘経疏三巻宝窟	以二十年正月二十四日付使舎生王若長返送如前
二八日	花厳講師敬俊師書	勝鬘経疏三巻	以二十年正月二十四日返奉如前　使壬生君長
※一二月七日		成唯識論九巻第一巻常欠　唐書	内裏奉請如前　使高屋古令史
[天平二〇年] 正月一八日		六巻鈔六巻第一・二・三・四・五・六	以四月三日返奉了
二月三日	性泰師	最勝王経慧沼師疏六巻	以同年三月十日返奉如前　使呉金万呂　受性泰師
六日	市原宮本	花厳経開脈義記一巻 (華厳)心遊法界記一巻 (華厳)玄義章一巻 雪情澄神章一巻 華厳発蘊心一巻	以二十年三月二十日返奉如前
七日	金光明寺遠照師	八十花(厳)経二帙第四巻	以二月十七日返奉如前　使壬生君長

＊本表は、「律論疏集伝等本収納并返送帳」(典拠は本文の註(9)を参照)の日毎の記事を項目別に整理し、日付順に一覧表にしたものである。この帳簿には、本主への返送あるいは他所への奉請のみの記事も含むが、それには※印を付して他と区別した。なお、天平十八年の記事は認められない。

二月、元暁(六一七〜六八六)の著わした『華厳経疏』一〇巻が二月・六月、『起信論別記』[11]一巻・『摩訶衍起信論別記』一巻が二月・五月、慧遠(五二三〜五九二)の『起信論疏』二巻が二月、智儼(真聖、六〇二〜六六八)の『(華厳)孔目』四巻が二月・六月、霊弁(四七七〜五二二)の著作と見られる『花厳論』四八巻が二月・九月、訳者・著者が定かでない『起信論』二巻が七月、『起信論疏』二巻が八月に、それぞれ収納されている。

こうした華厳関係の章疏[12]は、その後も天平十七年十月に『七処八会論』一巻・『海印三昧論』一巻が収納され、

二十年二月に『花厳経開脈義記』一巻・『（華厳）心遊法界記』一巻・『（華厳）玄義章』一巻・『華厳発蘊心』一巻が奉請されているが、小部の章疏が中心であり、主要なものは十六年閏正月から九月にかけて集中的に収納されていたと見ることができる。この期間に写経所が入手した章疏の大半は個人からのもので、僧では平栄・平摂・慈訓・審詳、俗人では長官宮（市原王）・主蔵令史らの名が挙げられている。これらの人々から納められた章疏は、写経所で書写の底本に供されるわけだが、「収納幷返送帳」（**表1参照**）には、書写終了後に返送された章疏が当初の持主とは別の人物に受け取られたり、写経所から他所へ借請されたことなどが記され、章疏が僧らの間で貸借されていた様子を伝えている。以下では、書目別にその経緯を示し、当該期（天平十六年閏正月～九月）においてこれらの華厳関係の章疏を、僧らがどのように扱っていたのかを検討しておくことにする。(13)

(1) 法蔵『花厳経疏』二〇巻

天平十六年閏正月十四日に第二帙一〇巻、同月二十日に第一帙一〇巻がいずれも「平栄師所」より納められている。このうち、第二帙については「以十六年四月十五日返送本主審祥師所」（八ノ一八八）とあるので、この一〇巻は審詳の蔵書であったことが知られる。第一帙の一〇巻も審詳の所蔵と見られるが、これについては「第四第五者新写合四巻者以十六年二月九日返送平栄師使人成／以同年六月十一日返送受酒主」（八ノ一八八）と注記されている。意味するところは、第四巻と第五巻は底本（「平栄師所」から納められた審詳本）と新写分合わせて四巻を、二月九日に使の人成（辛国人成）に付して「平栄師」のもとに返送したが、六月十一日になると写経所へ返送されたので酒主（阿刀酒主）が受け取った、となるだろう。(14) ただし、六月十一日に返送されたのは、この四巻すべてではなかった。「五月一日経」書写（常写）の「常本充帳」(15)では、第一帙の第四巻と第五巻の充当記事の頭に「寺」と付

して両巻の所在を金鐘寺とする[16]（八ノ四三三）ので、平栄は新写分を手元に留め審詳本を写経所へ返送したものと見られる[17]。審詳本を全巻借用していた平栄は、写経所の求めに応じて奉請したものの、第一帙の第四・五巻が必要となりその返送を要請したが、写経所側はこの二巻を新写分とともに送付し、底本用の審詳本は用済み後に返送するよう求めていたのである。写経所側は、第二帙と同じく第一帙も一括して審詳のもとへ送る予定であったのであろう。

　五月十日になると、信楽宮から給出された一部二〇巻が納められているが、「間本充帳[18]」によればこれは「令旨」にもとづく書写の底本であり、同月十二日に全巻が経師に充当され、さらにそれに続いて、もう一部の書写が進められている（八ノ三六六〜三六七、二十四ノ二七六〜二七八、八ノ四六六）。「収納幷返送帳」には、常写だけでなく、間写用の底本の収納も記されているのである。

　この他に、七月二十九日に「慈訓師御書」の第一巻が納められている。これが常与に供されたのかどうか明らかではないが、慈訓も本書を所持していたことを伝えるものとして注意される。

(2)　元暁『花厳経疏』一〇巻

　二月五日に八巻（第八・一〇巻は欠）が「平栄師所」から、六月十一日に残る二巻（第八・一〇巻）と第一巻が「平摂師所」からそれぞれ納められている。このうち、最初の八巻の収納記事には次のような注記が付されている（八ノ一八八、内容別に①〜③の番号を付して示す[19]）。

①第五以同月九日返送平栄師所使人成*六月十一日返受酒主

②第一第六〔孔目也〕又新写第六合三〔反一〕巻同月十二日送平摂師〔平栄師所*〕受教演沙弥　知人成

③以十六年七月廿九日且返進第一二三四八九合六巻受慈訓師　勘進酒主

その内容は、

①第五巻は収納後間もない二月九日に使の人成に付して写経所から「平栄師所」へ返送されたが、六月十一日に再び写経所へ返されたので酒主が受け取った。

②第一巻（「孔目也」）と底本の第六巻（「平栄師所」から納められたもの）それに新写の第六巻は、二月十二日に「平栄師所」（「平摂師」を訂正）へ送り教演沙弥が受け取った。[20]

③底本として使用した第一〜四・八・九巻の六巻は七月二十九日に返進し、「慈訓師」が受け取った。

となるだろう。

まず①の第五巻の「平栄師所」への返送と同所からの写経所への返送は、(1)で見た法蔵『花厳経疏』第一帙第四・五巻と同じ日になされている。それは、平栄が本書と法蔵の疏を同時に手元に置く必要があったためで、ここでも底本と新写分が送られており、「常本充帳」の当該箇所には前記のような体裁で「寺」（ただし後に抹消）と注記されている（八ノ四二九）。しかし、六月十一日に返されたのは新写の方であって、底本用のものは留められたらしく、七月二十九日に返送された六巻の中には、この第五巻が含まれていない（③を参照）。[21]

次に②を見ると、第一巻には「孔目也」と記されているが、これは本書の代わりに誤って『(華厳)孔目』の第一巻を「平栄師所」が写経所へ送っていたためで、二月十二日に必要があって求められた第六巻の底本と新写分とともに「平栄師所」へ送られたわけである。この第六巻の場合は、底本・新写とも写経所へは返送されておらず、先の「常本充帳」の当該箇所には「寺」と付記され（八ノ四二九）、七月二十九日の返進六巻には第六巻は含まれていない。なお、本書の第一巻は、四カ月余り後の六月十一日に「平摂師御所」から納められている。

③では、六巻分を一括して返進したと記すが、これが二月五日に収納した八巻（第八・一〇巻は欠）に対するものとすれば、第八巻は第七巻の誤記と見た方が整合的である。残る二巻は、六月十一日に「平摂師御所」より前記の第一巻とともに写経所へ納められている。八巻（実質は七巻）の方は「平栄師所」からであるので、写経所は本書を二カ所から入手していたことになる。しかし、この二巻（第八・一〇巻）は「慈訓師所」へ返され、六巻の方は③にあるように「慈訓師」が受け取っているので、これら八巻は慈訓の蔵書であったと考えられる。①②で見た「平栄師所」へ返された第五・六巻も同様に解してよいだろう。つまり、慈訓が所蔵する本書は、平栄と平摂のもとに分割して貸し出され、それがそのまま写経所の求めに応じて納められていたのである。ここに、慈訓を介した平栄と平摂の関係が認められることに注意しておきたい。

八月二十五日になると、「慈訓師口状」により第一・五・七・一〇巻が写経所から返送され、使の「平摂師」が受け取っているが、これは写経所側の求めにより再び慈訓のもとから送付されていたためと見られる。ただし、この四巻の収納記録は残っていない。

(3)　慧遠『起信論疏』二巻　付・元暁『起信論疏』二巻

二月九日に「平栄師所」から納められている。この日、同所へ法蔵『花厳経疏』第一帙第四・五巻、元暁『花厳経疏』第五巻が写経所より人成に付して返送されている(1)(2)ので、人成は折り返し本書を受け取り写経所へ持ち帰ったものと見られる。これより平栄のもとに華厳関係の章疏が集められていたことが知られるが、四月一日の本書の返送先は「平摂師所」であり、標瓊沙弥が受け取っている。平栄と平摂の関係がここでも認められる。先の(2)の②において、元暁『華厳経疏』第六巻の送り先を「平摂師」と記したあと「平栄師所」と写経所側が訂正する

のは、両者が近しい関係にあったことによるのであろう。

「常本充帳」によると、本書に先立って元暁の『起信論疏』二巻が経師らに充当されている（八ノ四二九～四三〇）。これは、「常疏校帳」[22]「常疏充装潢等帳」[23]においても同様で（八ノ三七九、三三九）、「収納幷返送帳」には記されないものの、写経所では本書の収納以前に当該書を入手していたことを伝えている。「常本充帳」では元暁『花厳経疏』一〇巻に続いてこの元暁疏が見えるので、それは二月五日から九日の間と想定される。「収納幷返送帳」では、閏正月十四日から二月九日の間はすべて「平栄師所」からの華厳関係章疏の収納となっているので、この元暁の疏も「平栄師所」からのものであった可能性が高い。

(4) 元暁『起信論別記』一巻

二月二十三日に「平摂師所」から納められ、四月一日に返送されたときには洞信沙弥が受け取っている。返送先は記さないが、(3)の慧遠『起信論疏』の送付と同日になされているので「平摂師所」宛と解される。同所には、標瓊(3)、鏡厳（後述(5)）、教演（後述(6)）といった複数の沙弥がいるが、洞信もその中の一人なのであろう。

天平十九年六月四日付「経疏検定帳」[24]には次のような記述がなされている（九ノ三八二）。


起信論別紀（ママ）一巻　元暁師撰　以十六年二月廿三日依辛国人成状奉請平摂師所　使標瓊沙弥

つまり、「平摂師所」から本書が写経所へ納められたその日に、「辛国人成状」により「平摂師所」へ本書が奉請されたというのである。「検定帳」が経櫃内の既写経典を書き上げる帳簿であることから推せば、この日「平摂師所」へ奉請されたのは、同所から写経所に納められたものではなく、これ以前に書写されていた方で、本書が急に入用となった平摂は人成を介してこの既写分を入手したということであろう。

五月二十七日になると「審詳大徳所」から請来したものが納められているが、これは「令旨」にもとづく間写用の底本と見られる。ただし、同じ元暁の著作であっても、ここでは『摩訶衍起信論別記』(25)と題されており、「平摂師所」本とは系統を異にしていたらしい。そのためであろうか、七月十一日になると長官宮宣により「善摂師所」へ借請されている（返送は同月十二日）。この『摩訶衍起信論別記』は八月四日に還送され「御弟子善戒師」（審詳の弟子と思われる）が受け取っている。

(5)　法蔵『花厳経疏一乗教分』三巻

二月二十四日に、後述の智儼『（華厳）孔目』二巻（⑥）とともに「平摂師所」から納められている。注記によれば、本書は六月二十七日に使の鏡厳沙弥に付して「平摂師所」へ返送されたあと、八月十五日に写経所へ戻され、さらに同月二十五日に「平摂師所」へ返送されて「慈訓師」が受け取っている。(2)の元暁『花厳経疏』一〇巻の貸借関係から推せば、本書も慈訓の蔵書であり、平摂に貸し出されたものが写経所に納められ、それが返送されると持主の慈訓が手元に納めたということであろう。

(6)　智儼（真聖）『（華厳）孔目』四巻

二月二十四日に、(5)の法蔵『花厳経疏一乗教分』三巻とともに「平摂師所」から納められている。ただし、全巻ではなく第二・四巻だけであった。この二巻は、三月十九日に「平摂師所」へ返送され「慈訓師」が受け取っている。六月十一日になると、「慈訓師御書」の全巻（四巻）が「平摂師御手」より納められている。これは、八月二十五日に「平摂師所」へ返送されるが、ここでも受け取りは「慈訓師」となっている。本書の第一巻は、(2)の②で

見たように平栄の手元に置かれていた。二月二十四日に平摂が本書の全巻を写経所へ送れなかったのは、その一部（恐らく第一・三巻）が平栄のところにあったためで、その後、全巻を慈訓から入手した平摂は、改めてこれらを写経所に納めたのであろう。慈訓の蔵書が、平栄と平摂に分割して貸し出されていた様子が、ここでも読み取ることができる。

(7)　霊弁『華厳経論』四八巻(26)

二月二十六日に「慈訓師所」から四七巻が納められている。このとき、第一帙第一巻と第三帙第一・九巻が欠けていたが、第一帙第一巻の方は九月九日に収納された。そこには「慈訓師所御書」とあるので、本書四八巻は慈訓の蔵書と見ることができる。「慈訓師所」へ返送されたのは、第一帙第一巻が天平十七年五月十五日、残る四七巻は同十九年二月十一日で、いずれも使の明壱沙弥・明一師が受け取っている(27)。(1)〜(6)に比べると随分長く写経所に留められていたことになるが、それは本書が、(2)元暁『花厳経疏』一〇巻・(5)法蔵『花厳経疏一乗教分』三巻・(6)智儼『（華厳）孔目』四巻のように、平栄・平摂らに必要とされる書目ではなかったからであろう。

二　審詳と慈訓

前節では、「律論疏集伝等本収納幷返送帳」（**表1**）をもとに、天平十六年（七四四）閏正月から九月にかけて写経所に書写用の底本として収納された華厳関係章疏を取り上げ、その所蔵者および貸借関係を中心に検討を加えたが、そこでの確認点（一部推測を含む）を書目別にまとめると**表2**のようになる。このうち、(3)慧遠『起信論疏』

表2　華厳関係章疏の所蔵と貸借関係

	著者・書目名	**貸借関係**
審詳蔵書	(1)法蔵・花厳経疏二〇巻	審詳→平栄→写経所→審詳／写経所⇄平栄
	(4)元暁・摩訶衍起信論別記一巻	審詳→写経所→審詳
慈訓蔵書	(1)法蔵・花厳経疏第一巻	慈訓→写経所
	(2)元暁・花厳経疏一〇巻	慈訓→平栄→写経所→慈訓／写経所⇄平栄 慈訓→平摂→写経所→慈訓
	(5)法蔵・花厳経疏一乗教分三巻	慈訓→平摂→写経所→平摂・受慈訓／写経所⇄平摂
	(6)智儼・(華厳)孔目四巻	慈訓→平栄→写経所→平栄 慈訓→平摂→写経所→平摂・受慈訓
	(7)霊弁・花厳経疏四八巻	慈訓→写経所→慈訓
平栄師所	(3)慧遠・起信論疏二巻	平栄→写経所→平摂
	(3)元暁・起信論疏二巻	(平栄→写経所)
平摂師所	(4)元暁・起信論別記一巻	平摂→写経所→平摂

二巻・元暁『起信論疏』二巻は「平栄師所」から、(4)元暁『起信論別記』一巻は「平摂師所」から、それぞれ写経所が収納したものであるが、これをもってその所蔵者を平栄、平摂と見なすのは、(1)法蔵『花厳経疏』二〇巻や(5)法蔵『花厳経疏一乗教分』三巻の例からしても無理がある。むしろ、(2)元暁『花厳経疏』一〇巻や(6)智儼『(華厳)孔目』四巻の貸借関係から窺われる慈訓と平栄・平摂の繋がりを念頭にすれば、右の三書も慈訓の所蔵であったと見た方がよいだろう。[28] つまり、当該期間に写経所が収納した華厳関係章疏のほとんどが、慈訓の蔵書であったと考えられるのである。

慈訓は、前記のように講師に審詳を据えて天平十二年から開始された最初の『華厳経』講説では複師を勤めた華厳学の碩学であり、[29]『東大寺要録』の「東大寺華厳別供縁起」には「慈訓僧都、鏡忍僧都、円証大徳、請為㆓複師㆒、請㆓十六徳㆒為㆓聴衆㆒、三年講㆓六十巻経㆒」と記されている。同十五年からの二回目の講説では「則㆔複師請㆓講師㆒

各尽二廿巻経一了」とあって、前回に複師を勤めた三人が交互に講師を担当しているが、その順序は、右の複師の表記に従えば、慈訓、鏡忍、円証の順にそれぞれ二〇巻ずつ毎年講説を行なっていたと解される。[30]つまり、慈訓は天平十五年の担当であったわけであり、翌十六年二月から慈訓所蔵の華厳関係章疏が写経所に収納されだすのは、この講師の任期と関係するものと思われる。

最初の講説で講師を担当した審詳は、当時の『華厳経』研究の第一人者であったが、[31]注意すべきは、「収納幷返送帳」では審詳の蔵書は⑴法蔵『華厳経疏』二〇巻と⑷元暁『摩訶衍起信論別記』一巻にとどまり、⑴は「平栄師所」から写経所が受け取り、⑷は「令旨」を受けての奉請という体裁になっている点である。これは、写経所が書写の底本を直接審詳から求めていなかったことを意味する。これに対し、慈訓の蔵書が多く収納されているのは、華厳関係章疏の底本は慈訓に大きく依拠していたためで、恐らく写経所では慈訓の講説終了を待って、これらの章疏の書写を進める予定になっていたのであろう。[32]

審詳が華厳関係の章疏を多く所蔵していたことは、堀池春峰氏の明らかにされたところであるが、[33]慈訓もそれに劣らない蔵書家であったように思われる。**表3**は、天平勝宝三年（七五一）五月二十五日付「華厳宗布施法定文案」（続々修四十一ノ二、十一ノ五五七〜五六八）に付された東大寺華厳宗の「章疏目録」[34]から華厳関係の章疏を抽出し、審詳と慈訓の蔵書との対応を示したものである。この「章疏目録」からの抽出分には、唐の華厳宗第三祖で華厳教学の大成者である法蔵の著作が一一点、弟子の宗一・慧苑（六七三?〜七四三?）の著作が各一点、法蔵の師で華厳宗第二祖の智儼の著作が三点、華厳宗以前では霊弁、曇延（五一六〜五八八）、それに地論宗南道派の慧遠、摂論学派の曇遷（五四二〜六〇七）の著作が各一点、新羅関係では、法蔵の教学に大きな影響を与えた元暁の著作が五点、新羅華厳の初祖と仰がれる義湘（六二五〜七〇二）と大衍、表員の著作が各一点となっている。[35]

表3 審詳と慈訓の蔵書（華厳関係章疏）

華厳宗章疏目録	審詳蔵書	慈訓蔵書
霊弁・華厳経論一部五〇巻	華厳経論一部六五巻	花厳経論四八巻
法蔵・華厳経疏（華厳探玄記）一部二〇巻	花厳経疏二〇巻	花厳経疏第一巻
慧苑・華厳経疏（華厳刊定記）一部一六（二四）巻		
宗一・華厳経疏一部二〇巻		
元暁・華厳経疏一部一〇巻	華厳経疏一〇巻	花厳経疏一〇巻
智儼・華厳経方軌一部五巻		
法蔵・起信論疏一部二巻	起信論疏二巻	
延（曇延）・起信論疏一部三巻		
曇遷・起信論疏一部一巻		
青丘大衍・起信論疏一部一巻	起信論疏一巻	
元暁・起信論疏一部二巻	大乗起信論疏二巻	起信論疏二巻
慧遠・起信論疏一部二巻	起信論疏一部二巻	起信論疏二巻
元暁・起信論別記一巻	摩訶衍起信論別記一巻	起信論別記一巻
法蔵・華厳経旨帰一巻	華厳旨帰一巻	
法蔵・華厳綱目一巻		
法蔵・華厳関脈義記一巻		
法蔵・華厳遊心法界記一巻	発菩提心義遊心法界記幷一巻	
法蔵・華厳玄義章一巻		
法蔵・華厳発菩提心義一巻	発菩提心義遊心法界記幷一巻	
法蔵・華厳七処八会（華厳経文義綱目）一巻		
表員・華厳文義要決一巻		

ここには、東大寺の華厳宗に必備とされた書目が掲げられ、当時の『華厳経』研究の様相を伝えているが、審詳と慈訓も主要な章疏を所持していたことがこの表から読み取ることができる。具体的に見ると、華厳教学の無尽縁起思想に先駆する一面が認められるという霊弁『華厳経論』五〇巻（四八巻、六五巻）と『華厳経』六〇巻（旧訳）の重要な注釈書の一つである元暁『華厳経疏』一〇巻、智儼の晩年の作で法蔵の教相判釈（教判）論に影響を与えた『華厳孔目』四巻（六巻）は両者とも有しており、『華厳

法蔵・華厳一乗教分記（華厳五教章）一部三巻		華厳経疏一乗教分記三巻
元暁・一道義章一巻	一道義一巻	
元暁・二障義章一巻	二障章一巻	
智儼・華厳問答一巻		
智儼・華厳孔目一部四巻	華厳経孔目六巻	孔目四巻
（義湘）・一乗法界図一巻	一乗法界図一巻	
法蔵・華厳伝一部五巻		

＊1　「華厳宗章疏目録」は、天平勝宝三年五月二十五日付「華厳宗布施法定文案」（続々修四十一ノ二、十一ノ五五七〜五六八）に付された東大寺華厳宗の「章疏目録」から『華厳経』と『大乗起信論』に関わる章疏を掲載順に抄出したものである。著者名と経典名は、当該目録の表記に従ったが、石田茂作『写経より見たる奈良朝仏教の研究』（財団法人東洋文庫、一九六六年再版。一九三〇年初版）の付録「奈良朝現在一切経疏目録」を参照し、著者名と経典の別称を補ったものがある。

＊2　「審詳蔵書」は、堀池春峰「華厳経講説よりみた良弁と審詳」（同『南都仏教の研究』上・東大寺篇、法蔵館、一九八〇年。初出は一九七三年）に示された「大安寺審詳師経録」より抄出し、併せて山下有美「東大寺の花厳衆と六宗」（正倉院文書研究会編『正倉院文書研究』八、吉川弘文館、二〇〇二年）の付表「審詳所蔵経一覧」を参照した。

＊3　「慈訓蔵書」は本文での検討結果をもとに掲出している。

経』のもう一つの重要な注釈書である法蔵『華厳経疏』二〇巻は審詳が、華厳教学の綱要書である法蔵『華厳一乗教分記』三巻は慈訓が、それぞれ所蔵する。『華厳経』と同じく如来蔵（すべての衆生に具わる悟りの可能性）を説く『大乗起信論』一巻（旧訳、梁・真諦訳）の三疏と称される慧遠『起信論疏』二巻・元暁『起信論疏』二巻・法蔵『起信論疏』二巻の場合は、審詳はすべてを有し、慈訓は法蔵疏を欠くが、元暁疏の草稿である『起信論別記』一巻は両者とも所蔵となっている。限られた記録からの比較なので、慈訓が法蔵『華厳経疏』の第一巻しか所持せず、審詳が法蔵の『華厳一乗教分記』を有しないなど不審な点があるが(36)、審詳・慈訓とも『華厳経』研究と法蔵教学の理解に不可欠な書目を所蔵していたことは認めてもよいであろう。

表3に示したように、審詳は元暁・義湘・大衍といった新羅の学僧の著作も所蔵していたが、これは『華厳宗一

乗開心論』下巻に「青丘留学華厳審詳大徳」、『東大寺要録』の「東大寺華厳別供縁起」に「新羅学生審祥大徳」とあるように、新羅留学の経験があったことによる。唐に留学して智儼に師事した義湘は、その後、兄弟子の法蔵から『華厳探玄記（華厳経疏）』二〇巻・『一乗教分記』三巻・『起信論義記（起信論疏）』二巻などの著作を贈られている[37]ので、審詳はこうした中国華厳学の主要な書物を留学時に入手できたはずであり、また『三国仏法伝通縁起』巻中の「華厳宗」の項に「往二大唐一随二香象大師一学二華厳宗一」とある記事に信を置くならば、審詳は、新羅からさらに唐へ渡り華厳学の研鑽を積んだと見ることもできる。いずれにしろ、審詳の蔵書は、こうした留学の成果を伝えるものといえるであろう。

では、慈訓の場合はどうであろうか。慈訓の師である興福寺の良敏[38]は法相の碩学であったが、当時の法相学が華厳を兼学する傾向にある[39]ことからすれば、慈訓の華厳研究は師の手ほどきを受けて始められたと考えることができる。しかし、それは法相唯識学を理解するための補助的な研究であり、法相学を克服して登場する華厳宗の教学とは異質であったと見なければならないであろう。つまり、華厳教学を学ぶには智儼や法蔵の著作を手元に備え、さらにそれに精通した先学に師事する必要がある。慈訓の勤めた複師の役割は、講師と同じく経文を講じ、講師の所説を顕揚するところにあった[40]。従って、華厳に対する学殖は、講師に比して遜色があってはならず、その講師の審詳が、前記のように法蔵の『探玄記』（『華厳経疏』）をもとに講説したとなれば、慈訓も法蔵の華厳学に十分通じていなければならないのである。要は、こうした慈訓を育む環境が当時の興福寺や法相学僧らの間にあったのかどうかであるが、現存の史料を見る限り華厳との兼学を伝えるのみで、法蔵華厳学との接点を見出だすことはできない。それ故、慈訓の華厳学の師は法相外に求めた方がよいであろう。

この慈訓には渡唐説があって、『元亨釈書』[41]巻一の伝に「偕二審祥法師一踰レ海入レ唐、謁二賢首国師法蔵一稟二華厳深

旨二」と記されている。しかし、これには疑義が出されており、慈訓の渡唐説は奈良末平安初期に寿霊が著わした『華厳五教章指事記』に見える「又此土古徳、訓僧都等、名高二一朝一、学普二六宗一、近受二詳法師一、遠依二蔵法師一、伝二彼一乗宗一」[42]（上巻本、傍点引用者）との記事の誤読（傍点の部分）によるものと指摘されている[43]。従って、慈訓には渡唐経験はなかったと見るべきであろう。

となると、慈訓の華厳学の師は国内にいたことになるが、これについては右の『華厳五教章指事記』の記事に「近受二詳法師一、遠依二蔵法師一、伝二彼一乗宗一」とある点が参考になる。つまり、慈訓（訓僧都）が審詳（詳法師）と法蔵（蔵法師）の学問にもとづき華厳宗（一乗宗）を伝えたとある点を念頭にすれば、慈訓は審詳に師事して華厳教学を学び、関係章疏の提供を受けて書写を行なっていたとの想定が可能になるからである。しかし、そのためには、慈訓は最初の講説から複師を勤めているので、それまでに華厳学を修得しておかねばならず、審詳との交渉も長きにわたることになるが、その審詳の帰国時は定かでなく、記録にその名が初見するのは天平十二年七月になってからであるから[44]、『華厳経』講説の開始前に果たして両者の間にこうした学問上の関係が形成されていたのかどうかは疑問とせざるをえない。それ故、慈訓が審詳に学んだのは、天平十二年から始まる講説の場においてであったと解した方がよいであろう。そこで注意されるのは、『三国仏法伝通縁起』で「瓌公賷二華厳宗章疏一始伝二日本一」（巻中、「華厳宗」）と評される唐僧の道璿（七〇二～七六〇）の存在である[45]。

「唐大和上東征伝」によると、東都大福光寺の道璿は、日本への戒師招請をめざす栄叡・普照らの要請を受けて遣唐副使中臣朝臣名代の船に同乗し、天平八年に来日している[46]。吉備朝臣真備作の「道璿和上伝纂」は「集註菩薩戒経三巻[47]」を、永超撰の『東域伝灯目録』は「註梵網経三巻[48]」を、それぞれ来日後の道璿の著作と記し、戒師としての資質の高さを伝えているが、『華厳経』にも造詣が深く、『延暦僧録』の「高僧沙門釈道璿伝」逸文には「依二

華厳浄行品二々依行」と見えている。[49]鑑真（六八八～七六三）の例[50]を出すまでもなく、道璿も来日にあたっては自らの学問領域を中心に多くの典籍を持参したはずであり、先の『伝通縁起』にいう「華厳宗章疏」もその中に含まれていたものと思われる。

この道璿の招請に尽力したのが右記の栄叡と普照であったが、もう一人、玄昉にも注目する必要がある。養老元年（七一七）度の遣唐使に同行した玄昉は、栄叡・普照らを随伴した天平五年度の遣唐使とともに帰国することになっていたが、在唐歴一八年、皇帝の玄宗から学業を称賛された玄昉[51]は、唐の仏教事情にも通じていた。入唐後間のない留学僧の栄叡と普照が、戒師の適任者を選定して招請するのは困難な作業であったはずで、そこに玄昉の助力が求められる余地があったと思われる。[52]この三人が、いずれも興福寺僧という縁由[53]を勘案すれば、その可能性は高いといえる。玄昉は、遣唐大使多治比真人広成の船に下道朝臣真備とともに乗船し、道璿よりも一年早く天平七年に帰朝している。[54]道璿とのその後の関係は明らかでないが、同学の真備が「道璿和上伝纂」を著わすように道璿との交流を持っているので、玄昉の場合も何らかの交渉があったものと見てよいだろう。

天平十二年から金鐘寺で始まる『華厳経』講説は、聖武天皇と光明皇后の抱いた盧舎那仏造立の思いを、当時、僧正の地位にあって天皇の信任を厚くしていた玄昉が察知し、良弁に指示を与えて実現したものとされている。[55]盧舎那仏を教主とする『華厳経』の教理的研究をめざしたこの講説の講師任命に、玄昉の思惑が働いていたことは別稿[56]で考察を加えたところであるが、複師の場合も、慈訓は玄昉と同じく興福寺の所属、鏡忍は良弁の弟子と伝えられる[57]ことからすれば、同様の事情があったのではないかと思われる。『七大寺年表』によれば、慈訓は良敏の弟子、良敏は玄昉・良弁と同じく義淵の弟子で、良敏と良弁は「同法」とされている。[58]つまり、複師のうち二人は玄昉と同門の良弁・良敏の弟子が担っていたわけで、複師の人選にも玄昉の意向が反映されていたと解されるので

ある。(59)

留学経験のない慈訓が、どのようにして華厳教学の研鑽を積み、『華厳経』研究に不可欠な章疏を入手したのかという問題は、結局、同じ興福寺僧で当時権勢の著しかった玄昉との関係の中で解く必要があるだろう。(60)

来日後の道璿は大安寺西塔院に止住していたが、(61)道璿のもとには、最新の中国仏教の成果や情報に接するため、様々な学僧が諸寺院から参集していたものと見られる。慈訓もそのうちの一人であったが、慈訓の場合は、玄昉の仲介もあって道璿から華厳教学を学ぶとともに、その関係章疏の提供を受けて書写を行なう便宜がはかられていたのではないかと想像される。(62)

憶測にわたったが、慈訓の華厳関係の蔵書は、道璿のもたらした「華厳宗章疏」(63)をもとに形成されていたと見なしておきたい。

三　慈訓と平栄・平摂

初回の講説の複師選定にも玄昉の意向が反映されていたとすれば、同じく玄昉の主導下に方針も新たに章疏も対象として続行された「五月一日経」の書写事業に、(64)慈訓の蔵書が活用されるのは、いわば理の当然といえるであろう。しかし、ここで注意しておきたいのは、その慈訓の蔵書の多くが「平栄師所」「平摂師所」から写経所へ収納され、写経所からの返送も同所へなされることがあったという点である。つまり、慈訓は、この平栄と平摂のもとに蔵書を貸与していたのであるが、この関係をどう評価するのかである。そのためにもまず、平栄と平摂の動向について触れておくことにする。

平栄の史料上の初見は、「律論疏集伝等本収納幷返送帳」の冒頭記事（表1参照）に求められる。そこには、天平十五年（七四三）五月一日に「金光明寺僧等」から納められた『四分律』一部六巻が、同年七月四日に写経所から返送されたときに「四巻受平栄師二巻受安敬尼」（八ノ一八六）と記され、平栄が金光明寺（金鐘寺）僧であったことを伝えている。これ以降、平栄は前記のように「収納幷返送帳」の天平十六年閏正月十四日から二月十二日にかけての記事に登場するが、華厳学との関わりはこの期間に限って認められる。その後の平栄は、天平十九年二月二十四日付「東大寺寺家牒」（続々修四十ノ四裏、九ノ三四二）に自署を加え、同年十二月二十二日付「息長真人真野売婢売買券文」(65)の署名部分に、買得寺三綱都維那僧の法正とともに知事僧として見えるので、天平十九年になると寺務の運営に従事しだすようである。

平摂の場合は、年未詳の「優婆塞貢進文」（続修二十八、二ノ三一七～三一八）に「師主元興寺僧平摂」と記されている。年紀のある史料では、写経所の「納櫃本経検定幷出入帳」(66)の第六櫃と第十一櫃の項に、上坐（良弁）大徳宣により天平十五年三月二十三日に出奉された『仏蔵経』等三部六巻、『四分律』等五部一七八巻を「受平摂師」とある（二十四ノ一七八、一九四～一九五）のが初見で、同じく良弁大徳宣で同年五月二十七日に出された『大般泥洹経』六巻、『根本雑律』四〇巻も平摂が受けたことが第四櫃と第十一櫃の項に記されている（二十四ノ一六五、一九五）。これに続くのが、前記の「収納幷返送帳」の記事であるから、平摂は遅くとも天平十五年三月までに金鐘寺の良弁の知遇を得て経典入手の便宜を受け、さらに慈訓の蔵書にも触れるようになったのであろう。

平摂と華厳の関わりは長く、天平感宝元年（七四九）五月まで認められる(67)が、もう一点、平栄と異なるのは、平摂のもとには複数の沙弥がいたことである。「収納幷返送帳」に、章疏等を受ける使や「平摂師所」へ返送された章疏の受け取り人として現われる沙弥で、標瓊・洞信・鏡厳・教演の名が記されている。いずれも、この「収納幷

返送帳」で初出する人々である。ここでいう沙弥は、具足戒を受ける前の二〇歳未満の見習僧の意であろうから、師とされる平摂の雑用をこなす一方、学問や仏道修行上の指導も受けていたものと見られる。その意味で注意されるのは、標瓊の存在である。

標瓊は、天平十八年から始まる三回目の講説では、講師厳智の複師を性泰とともに勤めているので、若年ながら華厳学に長けた学僧であったことが知られる。『三国仏法伝通縁起』巻中の「法相宗」の項には、標瓊は良弁の弟子で「華厳法相兼学」と記されているが、当時にあっては平摂のもとで学問上の指導を仰いでいたのであろう。平摂との関係は、標瓊が正式の僧となってからも続き、天平十九年二月に『蔵法師料簡』等六部七巻が「平摂師所」へ奉請されたときに、その使となっている。(68) 残る洞信・鏡厳・教演については明らかではないが、いずれも標瓊と同じ身分で同様の仕事を行なっているので、この三人も金鐘寺僧であったと考えられる。(69)

平摂の雑用に従事する沙弥をこのように見ると、彼らが関わる「平摂師所」とは、金鐘寺内にあった平摂の居所ということになるだろう。平摂が元興寺から金鐘寺に移るのは、前記の良弁宣による経典受領からさほど遡らない天平十五年初めあたりであろうか。「平栄師所」も金鐘寺内であるから、平摂と平栄は同寺内にあって慈訓の蔵書の貸し借りを行なっていたわけである。

「慈訓師所」にも沙弥はいたが、この時期に確認されるのは明一（明壱）だけである。明一と慈訓の関係は長く、天平十六年十月から二十一年三月にかけて、明一が正式の僧になってからも続いている。(70)『日本紀略』延暦二十二年（八〇三）三月己未条の行賀卒伝には明一を「東大寺僧」とし、『三国仏法伝通縁起』では東大寺法相宗の僧と記す（巻中「法相宗」）ので、「慈訓師所」も金鐘寺内にあったと解される。慈訓が興福寺から金鐘寺へ移るのは天平十二年の講説開始の折と見られるが、その後も二回目の講説で講師を担当したこともあって、金鐘寺に活動の拠

点を置いていたのであろう。なお、「審詳師所」の場合は、弟子の善戒がいるので、その所在は大安寺であったと考えられる。

このように、天平十六年の金鐘寺には平栄、平摂、慈訓らがいて、慈訓の華厳関係章疏の貸借を行なっていたのであるが、その目的は、慈訓を中心とした『華厳経』さらには華厳教学の研究にあったといえるであろう。とりわけ平摂と慈訓の関係は密であり、「平摂師所」へ返送された章疏を慈訓が受け取ったり、「慈訓師御書」を「平摂師御手」より写経所が受けるなどの例が認められる（第一節を参照）。恐らく、両者の居所も近接していたのであろう。正史や仏書に平摂に関する記述は残らないが、こうした慈訓との関係、さらに標瓊沙弥の存在などからすれば、平摂は相当な華厳学者であったのではないかと思われる。

平摂が華厳関係章疏を借用する事例は、「収納幷返送帳」以外の史料にも現われる。それは、先にも言及した天平十九年六月四日付「経疏検定帳」の中に見えるもので、順に挙げると、①元暁『起信論別記』一巻を十六年二月二十三日に「辛国人成状」により奉請（使は標瓊沙弥）、②元暁『花厳経疏』一〇巻と③法蔵『花厳経疏』二〇巻を同年八月二十四日に「高屋令宣」により奉請、④慧遠『起信論疏』二巻を十七年四月十五日の「田辺口《ママ》」により奉借、⑤元暁『起信論疏』二巻を十七年に奉請（九ノ三八二〜三八三）となる。このうち、①については第一節で取り上げ、慈訓の蔵書と目される同書を写経所へ納めたその日に再び奉請するのは、急に入用となったため写経所の既写分を入手したのであろうと指摘したが、「常疏充装潢等帳」によれば、十六年八月二十三日までに書写・校正済みの②〜⑤のほぼ全巻が仕上げの装潢に付されている（八ノ三三八〜三四一）ので、平摂のもとに奉請されたこれらの章疏は、いずれも写経所で書写されたものと見ることができる。つまり、平摂は、慈訓の蔵書のみならず写経所での新写分も、その居所に取り寄せていたのである。

これらの章疏は、長らく平摂の手元に留められたらしく、「平摂大徳之所」に宛てた天平二十年三月二十四日付「写一切経所牒案」（続々修十六ノ四、八ノ一六九）では、右の①～⑤の書目を書き上げ、「右、自天平十六年二月廿三日始、十七年／四月十五日所奉請疏等、今急《速》進内裏仰給、仍所返奉如前／専受使沙弥標瓊、鏡厳、教演」と記し、返奉を求めている。写経所から「平摂師所」への①～⑤の奉請には、標瓊の他に鏡厳と教演も使となっていたことが知られるが、平摂からの返送がこのように遅延したのは、慈訓の蔵書は私物であるため長期にわたる借用は叶わなかったからであろう。つまり、平摂には、『華厳経』研究に不可欠なこれらの章疏を書写等のために常備しておく必要があったのである。

こうした華厳関係章疏へのこだわりは平栄にも認められるところで、写経所に納めた法蔵『花厳経疏』二〇巻の第一帙第四・五巻、元暁『花厳経疏』一〇巻の第五・六巻を新写分と合わせて取り寄せていたことは、第一節で見た通りである。平栄の場合は、後に寺務の運営に転じるので華厳との関わりは短期間であったが、平摂とともに慈訓の蔵書を借用するように、『華厳経』研究に傾倒していたことは明らかであろう。

慈訓を中心に平栄と平摂さらに沙弥の標瓊らが関与する『華厳経』研究の集まりのようなものが、「収納幷返送帳」の天平十六年閏正月から九月にかけての記事から抽出されるが、といって、この時期になってそれが開始されたというわけではない。慈訓の講師の任期が終わって、その所蔵の章疏を写経所が書写用の底本として使用できるようになるのが十六年になってからであり、その関係で「収納幷返送帳」に関連記事が現われるからである。『華厳経』研究を目的とするこうした集まりは、前年から、恐らく平摂が金鐘寺へ移った頃から始まるのではなかろうか。華厳との長期の関わり、金鐘寺の複数の沙弥の存在、華厳関係章疏の常備といった点を勘案すれば、いわばこの〝研究会〟の運営役は平摂に、会合の場は「平摂師所」にそれぞれ求められるであろう。慈訓は〝研究会〟の代

表といったところであろうか。

平摂が金鐘寺に移った理由は定かでないが、華厳に長けていたことを念頭にすると、そこには同じ元興寺僧の厳智の影響が想定される。「東大寺華厳別供縁起」によれば、良弁は『華厳経』講説の講師役に当初厳智を指名したが、厳智は審詳こそ適任者と述べ辞退したという。しかし、厳智は、天平十八年から始まる三回目の講説の講師を担当するので、華厳学に対する造詣はかなりのものであったといわねばならない。最初の講説は、十六徳を請じて聴衆とし進められたと伝えられる。厳智もこの聴衆の中にあり、講説の進捗に貢献したのであろうが、華厳に関心を寄せる他の元興寺僧もこれ以降、金鐘寺へ出向する機会が増えたものと見られる。平摂は、こうした厳智の影響下に講説に連なり、良弁との知遇を得て天平十五年になると金鐘寺へ居所を移すことになるのであろう。

以上、慈訓をめぐる平栄と平摂の動向を考察し、この三者に沙弥の標瓊も加えた『華厳経』の〝研究会〟のようなものを抽出したが、では当時の金鐘寺内において、それはどのような位置を占めていたのであろうか。次節では、『華厳経』講説を伝える仏書を手懸りに、この〝研究会〟の意義について検討を加えることにしたい。

四　「知識華厳別供」の創設

『東大寺要録』の「東大寺華厳別供縁起」は、『華厳経』講説の初講時に奇瑞（紫雲）が出現したことを記したあとに、「敬惟勝宝感神皇帝、出二斉朝一乗レ軋握レ紀、紹隆為レ務、救済為レ心、遂以二天平十六年歳次甲申一、帰二命三宝一、降レ勅百寮肇建二知識華厳別供一」と続け、天平十六年（七四四）に「知識華厳別供」が創設されたことを述べている。同様の事柄は、延暦十年（七九一）頃の述作とされる『円融要義集』[73]の逸文にも見えるが、そこでは「当

レ時紫雲亘覆二春山一、天皇御覧奇嘆无量、天皇由レ是乃発二弘誓一、於二此一乗一極為二尊重一、特設二御知識華厳別供一」とあって、創建の年を挙げていない。一方、天長七年（八三〇）頃に普機が著わした『華厳宗一乗開心論』の下巻には、「以二天平十六年歳次甲申一帰二命三宝一、降二勅百寮一肇建二知識別供一、施二入水田一百余町一、故号為二御知識華厳別供一」と記されている。これより、『東大寺要録』（嘉承元年〈一一〇六〉編纂）は、普機の記述をもとに「知識華厳別供」の創設を天平十六年としていることが知られる。

最も古い記録である『円融要義集』に創建年の見えない点が気に懸るが、『続日本紀』の天平十五年から十六年にかけての記事を見ると、金鐘寺や大仏造立に関する重要な施策が出されており、当時の宮廷には仏教的な高揚感があったことを伝えている。[74] 以下、順に挙げると、天平十五年正月十二日（癸丑）には、仏法宣揚のため各地で七日を限って『金光明最勝王経』を転読させ、大養徳国金光明寺（大和国金鐘寺）には天下の模範となる殊勝会を設けるとする聖武天皇の詞が出されている。このとき、聖武は、同十二年十二月に平城から遷都された恭仁宮にあったが、同十五年七月二十六日（癸亥）になると紫香楽宮に行幸し、十月十五日（辛巳）にこの地において「発二菩薩大願一、奉レ造二盧舎那仏金銅像一軀一、尽二国銅一而鎔レ象、削二大山一以構レ堂、広及二法界一、為二朕智識一」とする大仏発願の詔を出し、同月十九日（乙酉）には行基とその弟子らも参加して大仏造立のための寺地（甲賀寺）が開かれた。聖武は、十一月二日（丁酉）に恭仁宮へ還ったあと、翌十六年閏正月十一日（乙亥）に難波宮へ行幸、さらに二月二十四日（戊午）に再び紫香楽宮に行幸し、三月十四日（丁丑）には金光明寺（金鐘寺）から運ばせた『大般若経』を紫香楽宮の安殿に置き、僧二百人に転読させている。こうして大仏造立の地に戻った聖武は、七月二十三日（甲申）に諸国別に正税四万束を割き、その利稲を国分寺・国分尼寺の造営料に充てる詔を出し、十一月十三日（壬申）には、聖武親《みずか》ら縄を引いて盧舎那仏像の体骨柱が甲賀寺に建てられた。そして、十二月八日（丙申）の夜に

なると、金鐘寺と朱雀路[75]に灯が一万杯燃されたという。

右の一連の記事の中で、中心となるのは天平十五年十月の大仏発願詔であるが、ここに見える「発二菩薩大願一、奉レ造二盧舎那仏金銅像一躯一」との衆生救済の願いは、『円融要義集』逸文の「発二弘誓一、於二此一乗一極為二尊重一」に、「広及二法界一、為二朕智識一」とする智識の拡大は、『華厳宗一乗開心論』下巻の「降二勅百寮一肇建二知識別供一」にそれぞれ通じるものがある。その意味で、「知識華厳別供」の創設は、聖武天皇の大仏造立への思いが高揚する中で出されたと見るのが穏当で、平城を離れた聖武が殊勝会等で特別視する金鐘寺（金光明寺）は、これによって『華厳経』を宗旨とする寺院と位置づけられるに至ったのである。「知識華厳別供」の創設は、『華厳宗一乗開心論』が伝えるように天平十六年のことと解してよいであろう。

この「知識華厳別供」の内実について、堀池春峰氏は、天平二十年九月九日付「華厳供所牒」（続々修六ノ一、十ノ八二～八三、後掲）に見える「花厳供所」と同一と推定され、「花厳供所」を『華厳経』講説に対する研究所的なものであったと想像されている。[76]「知識華厳別供」を『華厳経』講説と関わらせて捉える見方は、右の「牒」の署名者から見ても首肯できるところである（この点は後述）が、もう一歩進めて、当時の金鐘寺内での『華厳経』研究の様相に眼を向けるならば、前節で指摘した平摂が運営する〝研究会〟との関連が想起されるのである。

この〝研究会〟は、講説の複師・講師を勤めた慈訓を中心に、その蔵書を借用する平栄と平摂らによって構成されるもので、天平十五年にはすでに存在していたと推測される。金鐘寺内には、慈訓と同様の経歴を持つ鏡忍がいたが、当時の動きを伝える記録は残っていない。それは、慈訓のように写経所との関係を持たなかったためであるが、鏡忍自身もその学殖を生かして『華厳経』をめぐる〝研究会〟のようなものを進めていた可能性がある。しかし、慈訓と異なるのは、光明皇后発願の「五月一日経」書写との接点を持たなかったことであり、それが鏡忍に、

時の権勢との関係において慈訓に遅れをとらせていたと思われる。従って、金鐘寺内での有力な『華厳経』研究の組織となると、慈訓・平栄・平摂らのものが第一となり、その金鐘寺に「知識華厳別供」が創設されるとなれば、その運営は慈訓らの〝研究会〟が担うということになるであろう。

この点を前記の「華厳供所牒」をもとに検討を加えておく。全文を挙げると次のようになる。

花厳供所　牒写一切経司
合紙壱仟陸拾張五十張凡紙　筆壱拾参箇　墨壱拾廷
右、為写新経之疏一部料、奉送如
前、今以状牒、
　　　天平廿年九月九日維那僧標瓊
　　　　　　　　　僧「性泰」（自署）
　　　　　　都維那僧「法正」（自署）
　上件疏、早速令写、其写人等食物
　別注申之、毎日常食短籍載之告
　王　　　判官田辺真人」
「告写書所（異筆）

これは、「花厳供所」が「写一切経司」宛に「新経之疏」、すなわち『華厳経』八〇巻（新訳）の注釈書である慧苑の『華厳刊定記』（『続華厳経略疏刊定記』）一部一六巻の書写料（紙・筆・墨等）送付を伝える「牒」の正文で、左側の余白には、書写を命じる「写書所」宛の「告」が記されている。「牒」の署名部分に見える都維那僧法正は東

大寺（金鐘寺）の三綱の一人であるが、維那僧標瓊は「花厳供所」の世話役[77]、僧性泰もそれに准じる立場の人物であったと思われる。

この「花厳供所」に配されていた標瓊と性泰は、天平十八年から始まる三回目の『華厳経』講説では講師厳智の複師を勤めていた。「花厳供所」が講説に対する研究所的なものと考えられる所以であるが、標瓊については、前節で指摘したように慈訓らの〝研究会〟との繋がりを持っていた。具体的には、会の運営役と見られる平摂のもとにあって雑務に従事していたが、この平摂との関係は天平十九年二月頃まで認められる[78]。

一方、性泰の史料上の初見は、「律論疏集伝等本収納并返送帳」（**表1**参照）の天平二十年二月三日の項に、写経所が書写用の底本として「性泰師」から慧沼（六五〇～七一四）の『最勝王経疏』六巻を奉請したとあるのがそれで、その後、二十年九月から翌年四月にかけて行なわれた右の『華厳刊定記』書写の関係史料の中に[79]、標瓊とともに散見する[80]。平摂との関係は、天平感宝元年（七四九）五月二十三日付「僧平摂性泰返抄」（続々修十五ノ十、三ノ二二〇～二二二）に平摂と自署を加える例が認められる。また、『華厳刊定記』の書写時に、「性泰師所」のもとに書写済み経巻を送る使となった沙弥薬智が[81]、「一切経散帳」（続修後集二十五、十一ノ二二三～二二七）では、天平感宝元年閏五月三日と同年六月十五日に「平摂師所」へ経典が奉請される際の使となっている。この薬智が「性泰師所」と「平摂師所」のいずれにいたのか定かではないが、両者の雑用をほぼ同じ頃に務めているのは、性泰と平摂の関係がこの時期に密であったことを窺わせる。

標瓊と性泰には、慈訓や平栄との関わりを示す記録は残らないが、標瓊は平摂と天平十六年以来の繋がりを持ち、性泰も平摂との関係を有するとなれば、この「花厳供所」、すなわち「知識華厳別供」は、慈訓・平栄・平摂らの〝研究会〟と無縁であったとはいえないであろう。むしろ、標瓊の沙弥から複師への成長ぶりを念頭にすれば、こ

の〝研究会〟が核となって「知識華厳別供」の活動が展開していくのではないかと考えられる。

おわりに

以上、天平十六年という限られた年次ではあるが、正倉院文書を通して『華厳経』講説を支えた審詳や慈訓を中心とする学僧たちの動向を検討してきた。

これを要するに、彼らのめざす『華厳経』研究の方向は、審詳の講説が法蔵の『探玄記』をもとに進められたという所伝や、平栄と平摂によって展開される審詳や慈訓の蔵書をめぐる貸借関係よりすれば、華厳宗第三祖で華厳教学の大成者である法蔵の学問の摂取にあったといえるであろう。元暁・義湘といった新羅の華厳学者も重要であるが、その学問が法蔵に与えた影響を勘案すれば、この二人の著作の研究も、結局は法蔵教学の理解に供されていたと解されるのである。従って、天平十二年（七四〇）に金鐘寺で始まる『華厳経』講説は、法蔵教学の宣揚の場でもあり、審詳や慈訓らはその分野に長けた華厳学者であったと評価することができる。天平十六年に創設された「知識華厳別供」は、慈訓らの〝研究会〟に代表されるように、講説の開始以降、金鐘寺に根付きつつある法蔵教学の研究を保護育成する、いわば勅定の研究機関であったわけである。

講説が始まる以前の『華厳経』研究の内実は明らかではないが、慈訓の研鑽期間を念頭にすれば、法蔵教学に対する関心の高まりがそれ相応にあったことは認めねばならないであろう。その意味で、天平八年に「華厳宗章疏」を日本に将来したとされる道璿の存在は重要なのであるが(82)、残念ながら関係史料はわずかしか残らず、『華厳経』研究の進展に及ぼした影響を具体的に知ることはできない。

註

（1）筒井英俊校訂『東大寺要録（再版）』（国書刊行会、一九七一年）。
（2）『東大寺要録』等の仏書では審祥と記されるが、同時代の史料である正倉院文書では審詳とするのが大半であるので、以下ではこれに従い審詳と表記する。
（3）『大日本仏教全書』一〇一。
（4）『円融要義集』逸文は、谷省吾「円融要義集の逸文――華厳宗の草創に関する史料――」（『南都仏教』三、一九五七年）で紹介されたものによる。
（5）『大正蔵』七二ノ一三中・下。
（6）『華厳経』講説をめぐる基礎的な研究は、堀池春峰「華厳経講説よりみた良弁と審詳」（同『南都仏教の研究』上・東大寺篇、法蔵館、一九八〇年。初出は一九七三年）でほぼ尽くされており、本稿での講説の理解もこの堀池論文による。その後、正倉院文書の分析を通して講説に言及したものに、宮﨑健司「東大寺の『華厳経』講説」（同『日本古代の写経と社会』塙書房、二〇〇六年。初出は一九九八・九九年）、山下有美「東大寺の花厳衆と六宗――古代寺院社会試論――」（正倉院文書研究会編『正倉院文書研究』八、吉川弘文館、二〇〇二年）などがあるが、講説に関与した学僧らの動向には十分な検討が加えられていない。
（7）皆川完一「光明皇后願経の書写について」（坂本太郎博士還暦記念会編『日本古代史論集』上巻、吉川弘文館、一九六二年。後に日本古文書学会編『日本古代文書学論集』三〈吉川弘文館、一九八八年〉に再録）。「五月一日経」書写の関係史料については、この皆川論文による。
（8）「五月一日経」書写を担当する皇后宮職系統の写経機関を、以下では写経所と称す。この写経機関の変遷については、栄原永遠男「初期写経所に関する二三の問題」（同『奈良時代の写経と内裏』塙書房、二〇〇〇年。初出は一九八四年）、山下有美『正倉院文書と写経所の研究』第一章第一節（吉川弘文館、一九九九年）などを参照。
（9）正倉院文書の種別および本帳が収載される『大日本古文書』の巻・頁数を、東京大学史料編纂所編纂『正倉院文書目録』一～五（東京大学出版会、一九八七～二〇〇四年）に示された復原結果をもとに簡略化して挙げると次のようになる（各断簡の接続情報については省略。この点は以下に掲出する他の文書の場合も同じ。詳細は『正倉院

文書目録』を参照されたい)。正集三十三裏・八ノ一八五～一八八ℓ11・二十四ノ二五八・八ノ一八八ℓ12～一九三、正集二十一裏・九ノ三六五～三六七、続修八裏・三ノ一六一～一六三、正集一裏・十ノ五五三～五五四(『正倉院文書目録』一では、このあとに塵芥二十四裏・二十四ノ五〇九～五一〇の接続を推定するが、『同』五ではこの言及がない)。なお、文書名は『大日本古文書』『正倉院文書目録』に従い、正倉院文書の種別や『大日本古文書』収載の巻・頁数を、以下では右のように記す。各文書の復原は『正倉院文書目録』による。

(10) 経典名は当該史料に即して表記し、必要に応じて括弧内に語句を補い別称等も併記する。

(11) 摩訶衍は、マハーヤーナ Mahāyāna の音訳で大乗と訳される。従って、『摩訶衍起信論別記』は『大乗起信論別記』の意で、**表1**に見える『起信論別記』と同一と解される。『大乗起信論』については平川彰『仏典講座二二・大乗起信論』(大蔵出版、一九七三年)を参照。

(12) 天平勝宝三年五月二十五日付「華厳宗布施法定文案」(続々修四十一ノ二、十一ノ五五七～五六八)に付された東大寺華厳宗の「章疏目録」には、『入楞伽経』『如来蔵経』『不増不減経』『十地論』『无差別論』『宝性論』などの章疏、『金剛三昧論』『十地五門実相論』『十門和諍論』などが挙げられているが、本稿では講説を検討の対象としているので、『華厳経』と『大乗起信論』の章疏に限定して「華厳関係章疏」と称することにする。

(13) 本稿の目的は学僧の考察にあるので、長官宮・主蔵令史といった俗人の動向については言及していない。

(14) 当時の写経所では、「五月一日経」の書写を「常写」、それ以外の書写を「間写」と称し、両者を区別していた。これについては薗田香融「南都仏教における救済の論理(序説)——間写経の研究——」(日本宗教史研究会編・日本宗教史研究四『救済とその論理』法藏館、一九七四年)を参照。

(15) 続々修二十七ノ四・八ノ四九五～四九七、続修三十三裏・八ノ四三二ℓ4～四三三・四二八～四三二ℓ3、正集九裏・二十四ノ二六四～二六五、続々修六ノ十二・二十四ノ一六一～一六二、正集九裏・二十四ノ二六二～二六四。

(16) 般若寺三綱所に宛てられた天平十四年十月三日付「金光明寺写経所牒(案)」(続修別集七、二ノ三一三)から知られるように、当時の写経所は金光明寺(金鐘寺)と緊密な関係にあったので、写経所の帳簿に単に「寺」と記す場合は、金鐘寺の意と解して問題はないと思われる。金光明寺写経所については、山下前掲註(8)著書第一章第二節に詳しい。なお、『東大寺要録』巻第七・雑事章第十収載の安居を命じる天平十四年七月十四日付「太政官符」

には、「称金光明寺 本名金鐘寺」とあって、金鐘寺はこの天平十四年頃から金光明寺と称されるようになる。しかし、『続日本紀』の同十六年十二月丙申、同十八年十月甲寅の各条では、なお本名の金鐘寺（金鐘寺）の称が使用されているので、本稿もこれに従って表記し、帳簿等に金光明寺の称が見られる場合は適宜括弧内に金鐘寺と注記することにしたい。

(17) 「常本充帳」では、第一帙第三巻の充当記事にも「寺」と記されるが、これは抹消されている（八ノ四三三）。単なる誤記なのかもしれない。

(18) 続修三十二裏・八ノ三六九〜三七〇・三六七〜三六八・三六五〜三六七、正集三十二裏・二十四ノ二七六〜二七八、正集三十三裏・八ノ四六六、正集三十二裏・八ノ二七八〜二八〇。

(19) ①②の記述は途中で紙の下端に至ったため、＊印以下の文字は左から右へ横書きされている。

(20) この部分は、最初「送平摂師受教演沙弥」と書かれ、後に「平摂師」のところが「平栄師所」と訂正されている。従って「教演沙弥」は「平摂師」との関係で記されていたことになる。教演は、後述のように「平摂師所」にいた沙弥の一人なので、本来ならば訂正の筆はこの「教演沙弥」にまで及ぶべきではなかったかと思われる。

(21) 「常本充帳」の当該巻充当記事に付された「寺」が抹消されるのは、写経所に返送されたためと解される。

(22) 続々修二十六ノ三・八ノ三七八〜三八六、正集十三裏・八ノ五六五〜五六七・二ノ四三六・八ノ五六四〜五六五、続々修二十六ノ五・八ノ二一〇、正集二十一裏・二十四ノ三一一〜三一二、続々修二十六ノ五・八ノ二一〇〜二一二、続修十裏・九ノ二〇二〜二〇六、続々修二十六ノ五・八ノ二一二〜二一六、続修四十二裏・二十四ノ四一四〜四一六、正集二裏・二ノ六七五〜六七七・六八一〜六八二、正集四裏・二ノ七二八〜七三〇。

(23) 続々修二十八ノ五・八ノ三三八〜三五〇、正集二十一裏・二十四ノ三一三〜三一四、続々修二十七ノ三・八ノ五八八〜五九〇、静岡県立美術館所蔵断簡（『大日本古文書』未収）、続修十二裏・九ノ二五八〜二六〇、佐佐木信綱氏旧蔵断簡・十九ノ四一八、（この間復原情報なし）、続々修二十三ノ五・九ノ四二七ℓ2〜ℓ6、正集一裏・三ノ一五四〜一五六、続々修二十八ノ十三・十一ノ四二二〜四二七。

(24) 正集四十一裏・九ノ三八二〜三八五、続修七裏・二十三ノ一六四。

(25) 前掲註(11)を参照。

(26)　本書の著者を霊弁としたのは、東大寺華厳宗の「章疏目録」(前掲註(12)参照)に、『華厳経論』一部五〇巻が「霊弁師述」と記されていることによる。
(27)　明一と明壱は同一人物。天平十七年は沙弥であったが、同十九年には正式の僧となって師と称されていた。
(28)　(1)法蔵『花厳経疏』二〇巻の例に留意すれば、審詳の蔵書であった可能性もある。しかし、審詳の場合は、慈訓のように平栄・平摂との関係を伝える記録は残らず、その根拠に乏しい。
(29)　『三国仏法伝通縁起』巻中の「華厳宗」の項には、「言二講師一者、読二経論文一初開二義途一立レ理顧レ旨窮三尽綱目一、言二複師一者、講師初開二義理一之後、別時如レ前講レ文立レ義顕三揚荘三厳講師所説一、講師所説如二如来初転法輪一、複師重敷如二舎利弗第二転法輪一」と記されている。これによると、複師は講師と同じく経論文を講じ、講師の所説を顕揚して荘厳することにその役割があるので、華厳の学殖が相当でなければ勤まらないのは明らかであろう。
(30)　初講は三年で六〇巻を講じたとあるので、これ以降の講説も同じく三年で終了したものと解されている。
(31)　審詳については堀池前掲註(6)論文を参照。
(32)　『華厳宗一乗開心論』下巻および『東大寺要録』収載の「東大寺華厳別供縁起」は、初講の開始を天平十二年十月八日としている。「別供縁起」はさらに毎年二〇巻を講じたと伝えるので、この日から始まった講説は年内には終了していたことになる。翌年以降、これを前例として進められたとすれば、毎年の講説は十月から十二月の間に行なわれていたと想定することができる。
(33)　堀池前掲註(6)論文の「大安寺審詳師経録」を参照。
(34)　「華厳宗布施法定文案」については、黒田洋子「「布施勘定帳」の基礎的分析」(『正倉院文書研究』六、一九九九年)に詳しい。「章疏目録」については本書第三章を参照。
(35)　本文で言及する『華厳経』をめぐる教説や学僧の著作などについては、鎌田茂雄『中国華厳思想史の研究』第一〜三章(東京大学出版会、一九六五年)、同『中国仏教史』第六巻・第四章第五節(同、一九九九年)、同『朝鮮仏教史』第三章(同、一九八七年)、木村清孝『中国華厳思想史』第一〜五章(平楽寺書店、一九九二年)を参照した。
(36)　記録には認められないものの、これら法蔵の重要な著作は両者とも所持していた可能性が高い。

(37) 神田喜一郎「唐賢首国師真蹟「寄新羅義湘法師書」考」(『南都仏教』二六、一九七一年)、鎌田茂雄『新羅仏教史序説』第二部第四章一(大蔵出版、一九八八年)。
(38) 『七大寺年表』天平十七年条(『大日本仏教全書』一一一)。
(39) 富貴原章信仏教学選集第三巻『日本唯識思想史』一八三～一八六頁(国書刊行会、一九八九年。初版は一九四四年)。
(40) 前掲註(29)を参照。
(41) 新訂増補国史大系本(吉川弘文館)による。
(42) 『大正蔵』七二ノ二二二下。『華厳五教章指事記』については、石井公成「奈良朝華厳学の研究――寿霊『五教章指事記』を中心として――」(『華厳学研究』一、一九八七年。後に速水侑編『論集・奈良仏教』第一巻〈雄山閣、一九九三年〉に再録)を参照。
(43) 佐久間竜「慈訓」(同『日本古代僧伝の研究』吉川弘文館、一九八三年。初出は一九五七年)。
(44) 天平十二年七月八日付「写経所啓」(続々修十四ノ一、七ノ四八六～四九一)に、「審詳師本」として『花厳論』四九巻・『取因論』一巻・『花厳経修慈分』一巻が挙げられている。
(45) 『三国仏法伝通縁起』巻下の「律宗」の項にも、「大唐道璿律師来朝、此時多齎二華厳章疏及律宗行事鈔等一来朝」と見える。
(46) 『群書類従』五ノ五二七。
(47) 『内証仏法相承血脈譜』所載(『伝教大師全集』巻一、世界聖典刊行協会、一九七五年復刻)。この他に『寧楽遺文』下ノ八八九。
(48) 高山寺典籍文書綜合調査団編『高山寺本東域伝灯目録』三八ウ(東京大学出版会、一九九九年。)「集註菩薩戒経三巻」と「註梵網経三巻」は同一と見られる。
(49) 『日本高僧伝要文抄』第三。
(50) 「唐大和上東征伝」には、鑑真の将来した経律論疏が具体的に書き上げられている(『群書類従』五ノ五三八～五三九)。

(51)『続日本紀』天平十八年六月己亥条の玄昉伝には、「霊亀二年、入唐学問、唐天子、尊レ昉、准二三品一、令レ着二紫袈裟一、天平七年、随二大使多治比真人広成一還帰、齎二経論五千余巻及諸仏像一来、皇朝、亦施二紫袈裟一着レ之、尊為二僧正一、安二置内道場一」と見える。

(52) 玄昉の在唐時の動向や日本に将来した経典については、山本幸男「玄昉将来経典と「五月一日経」の書写（上・下）」（相愛大学『研究論集』二二・二三、二〇〇六・〇七年。本書第十一章）を参照。

(53)『日本高僧伝要文抄』第三に引載される『延暦僧録』の「高僧沙門釈栄叡伝」「高僧沙門普照伝」には、それぞれ「住二興福寺一」と記されている。玄昉の場合は、『七大寺年表』天平九年条に「法相宗、興福寺」と見える。

(54) 前掲註(51)参照。

(55) 堀池前掲註(6)論文。

(56) 山本幸男「天平十二年の『華厳経』講説——金鐘寺・元興寺・大安寺をめぐる人々——」（続日本紀研究会編『続日本紀の諸相』塙書房、二〇〇四年。本書第一章）。

(57)『三国仏法伝通縁起』巻中の「法相宗」の項に、「良弁弟子或有二華厳法相兼学一、如二安寛律師、標瓊律師、鏡忍律師等一」とある。

(58)『七大寺年表』の神亀元年・天平九年・同十七年の各条を参照。

(59) もう一人の複師である円証の所伝は残らないが、こうした複師の人選のあり方や、「東大寺華厳別供縁起」では鏡忍に次いでその名が挙げられている点などからすれば、円証も金鐘寺僧で良弁の弟子ではなかったかと推測される。

(60) 前記の『元亨釈書』の慈訓伝には「初事二興福寺良敏玄昉二師一学二相宗一」と記されているが、玄昉との師弟関係については、推定年齢などからすれば考え難いとされている。佐久間前掲註(43)論文参照。

(61)『七大寺年表』天平勝宝三年条。

(62) 慈訓の華厳教学への接近は、玄昉の指示というよりは本人の向学に負うものであろう。道璿との出会いによって華厳教学に傾倒し、さらに玄昉の仲介で章疏の貸与を受け書写するに至ったというのが、筆者の想像するところである。慈訓と同じく複師と講師を勤めた鏡忍と円証も、道璿に受学していた可能性がある。

(63)『三国仏法伝通縁起』には、前記のように「華厳宗章疏」の日本への将来者は道璿であったと記しているが、現状では審詳も含めた新羅からの帰国留学生によって順次もたらされたとの見方もあり、簡単には判断できない。しかし、道璿の「華厳宗章疏」の将来が初伝でなかったとしても、後世の記憶に留められるような一つの画期をなしていたことは認めねばならないであろう。道璿と華厳章疏の関係については、結城令聞「華厳章疏の日本伝来の諸説を評し、審祥に関する日本伝承の根拠と、審祥来日についての私見」(『南都仏教』四〇、一九七八年。後に平岡定海・山崎慶輝編『南都六宗』〈日本仏教宗史論集二、吉川弘文館、一九八五年〉に再録)を参照。

(64)山本前掲註(52)論文参照。

(65)『大日本古文書(家わけ十八・東大寺文書三)』東南院文書第三巻一八五~一八七頁。

(66)本文書で復原されているのは次の箇所である。正集三十五裏・二十四ノ四〇七~四〇九、続々修十五ノ三・二十四ノ一七四~一七七、続修別集四十七裏・二ノ二六〇~二六一。他の部分は『大日本古文書』の掲出順に示すと次のようになる。続々修十五ノ二・二十四ノ一六三~一七〇、続々修十五ノ三・二十四ノ一七〇~一七四・一七七~一八四、続々修十五ノ二裏・二十四ノ一八四、続々修十五ノ三・二十四ノ一八五~一九三、続々修二十六ノ十裏・二十四ノ一九四、続々修十五ノ三・二十四ノ一九四~二〇〇。

(67)「内裏疏本奉請注文」(続々修十五ノ五、十ノ二七八~二七九)。

(68)前掲註(67)に同じ。

(69)洞信は洞真と同一人かもしれない。洞真は、天平勝宝四年八月二十四日付「東大寺三論宗牒」(続々修十五ノ四裏、十二ノ三五二~三五三)に、少学頭として自署を加えている。

(70)「律論疏集伝等本収納幷返送帳」(**表1**)の天平十五年十一月九日の項の書き込みに、「慈訓師所」から納められた経典の返送に際し「以十六年十月二日返送本所付使沙弥明一」(八ノ一八七)とあるのが慈訓との関係を伝える初見。「本経疏奉請帳」(続々修十五ノ二、十一ノ九~一六)に、「慈訓師所」への経典奉請に際し「依長官宮天平廿一年三月十七日宣、奉請慈訓師所、使僧明/一」(十一ノ九)とあるのが最後になる。

(71)平栄は「審詳師所」から法蔵『花厳経疏』二〇巻を借用していた(**表1**、**表2**を参照)が、それは何らかの事情で慈訓の蔵書が使用できなかったためではないかと思われる。慈訓の場合は、同書の第一巻の所持しか認められな

い（表2参照）が、講説に不可欠な書物であるので全巻を手元に備えていたはずである。審詳からの借用は、この法蔵疏のみである。

(72) 前掲註(24)参照。

(73) 谷前掲註(4)論文。

(74) 以下に示す月日を付した事項は『続日本紀』による。

(75) この金鐘寺と朱雀路は、紫香楽ではなく平城京の寺地と路と解される。堀池春峰「金鐘寺私考」（前掲註(6)著書、初出は一九五五年）を参照。

(76) 堀池前掲註(75)論文。

(77) 佐久間竜「慶俊」（前掲註(43)著書、初出は一九五七年）では、維那を、大学頭・小学頭の下にあって宗または衆と呼ばれる学問研究グループ等の世話役と考えられる、と述べる。

(78) 前掲註(67)参照。

(79) この写経事業については、森明彦「大伴若宮連大淵と天平二十年花厳疏の書写（上・下）」（『和歌山市史研究』一四・一五、一九八六・八七年）、宮﨑前掲註(6)論文を参照。

(80) 「寺華厳疏本幷筆墨紙充帳」（続々修六ノ一、十ノ八二～一〇九）の末尾にある「送書」（十ノ一〇七～一〇九）など。

(81) 「寺華厳疏本幷筆墨紙充帳」の「充紙送本等注文」（十ノ八七～八九）。

(82) 道璿と同年に来日した婆羅門僧菩提僊那も重要である。「南天竺波羅門僧正碑幷序」には「僧正諷二誦華厳経一以為二心要一」（『群書類従』五ノ五六七）と記され、『東大寺要録』巻第二・供養章第三収載の天平勝宝四年三月二十一日付「勅書」では盧舎那大仏の開眼会に際し開眼師の役を請われている。しかし、菩提僊那も関係史料に乏しく、その動向を明らかにすることはできない。

第三章　東大寺華厳宗の教学と実践

――天平勝宝三年の「章疏目録」を通して――

はじめに

天平二十一年（七四九）二月二十二日（丁巳）に陸奥国から黄金貢上の報を受けた聖武天皇は、四月一日（甲午）になると東大寺へ行幸し、盧舎那仏像（大仏）に北面して左大臣橘宿禰諸兄に「三宝乃奴止仕奉流天皇羅我命盧舎那仏像能大前仁奏賜部止奏久」と始まる勅で、黄金の産出を仏に伝えさせた[1]。聖武はその後、同年の天平感宝元年閏五月二十日（癸丑）に、大安寺・薬師寺・元興寺・興福寺・東大の五寺と法隆寺以下の七寺に種々の物と懇田地を施入する詔を出し、さらに「太上天皇沙弥勝満」として次のように発願し、二十三日（丙辰）になると薬師寺宮へと遷御した。

以㆓花厳経㆒為㆑本、一切大乗小乗経律論抄疏章等、必為㆓転読講説㆒、悉令㆓尽竟㆒、遠限㆓日月㆒、窮㆓未来際㆒、今故、以㆓茲資物㆒、敬捨㆓諸寺㆒、所㆑冀、太上天皇沙弥勝満、諸仏擁護、法薬薫質、万病消除、寿命延長、一切所願、皆使㆓満足㆒、令㆓法久住㆒、抜㆓済群生㆒、天下太平、兆民快楽、法界有情、共成㆓仏道㆒、

右の願文で三蔵の根本に据えられた『華厳経』は、出家を遂げた聖武が[2]「三宝乃奴」として仕える盧舎那仏を教主に頂く経典であった。『東大寺要録』には、天平十二年から東大寺の前身である金鐘寺において、旧訳の『華厳経』六〇巻の講説が、良弁によって始められたことが記されているが[3]、これは、同十五年十月十五日（辛巳）に詔

される盧舎那仏造立の教理的研究をめざすものであったと解されている(4)。この『華厳経』講説では三年で六〇巻が講じられ、これ以降、同様の形式で三回行なわれたと伝えるので、盧舎那大仏の開眼供養会の前年（天平勝宝三年）まで、それは継続していたことになる。つまり、東大寺では、聖武が傾倒する『華厳経』の研究を天平十二年以来深化させていたわけである。

当時の『華厳経』研究については、石田茂作氏が正倉院文書から華厳関係章疏の書写状況を調査され、元暁（六一七〜六八六）を中心とする新羅系の華厳学、慧遠（五二三〜五九二）を中心とする地論宗系の華厳学、法蔵（六四三〜七一二）によって組織された正統派の華厳学が併せて研究され、そのなかで本幹をなしていたのは法蔵の説であったと指摘されて久しい(5)が、その後この分野の研究は、ほとんどといってよいほど進んでいない。それは、当時の華厳学僧の著作が残っておらず、研究の手懸りが摑みにくいためで(6)、従って東大寺における『華厳経』研究の内容も、石田氏の指摘の域をなかなか出ないのが実情である。しかし、近年の仏教学では、華厳教学をめぐる研究の進展は著しく、大仏開眼会に至る頃の『華厳経』研究の様相を知る上でも有益な成果が提示されつつある(7)。

本稿は、こうした仏教学の研究に学びながら、「三宝乃奴」聖武の『華厳経』宣揚とその出家を教理的に支えたと見られる東大寺の華厳学のあり方を考究しようとするものであるが、その際の分析の対象として、正倉院文書に残る天平勝宝三年（七五一）五月二十五日付「華厳宗布施法定文案(8)」を取り上げることにする。これは、その頃、東大寺に設置されていた華厳宗の僧らが、華厳関係の経論章疏の書目とその書写用紙および講説を担当する講師・複師以下の布施額を書き上げたもので、当時の『華厳経』研究の様相を見る上で基本となる史料である。

以下では、この「布施法定文案」に掲げられた書目の内容と相互関係を検討し、後世の記録ではあるが、延喜十四年（九一四）に東大寺の円超が勅を受けて録上した「華厳宗章疏幷因明録(9)」、同じく東大寺の凝然（一二四〇〜一

三二一）の作とされる「花厳宗経論章疏目録」[10]と適宜比較しながら、東大寺華厳宗の特質の一端に触れたいと思う。

一　華厳宗に配備された経・論

東大寺の華厳宗が史料上に初見するのは、前記の天平勝宝三年（七五一）五月二十五日付の「布施法定文案」においてであるが、造東大寺司写経所の「経疏出納帳」によれば、同年五月三日に「為定六宗布施法」として大乗の『目録』一巻が東大寺三綱所へ奉請されているので[11]、華厳宗は他の五宗（法性・律・倶舎・三論・成実）とともに、この頃には設置されていたことが知られる。ただし、宗としての組織がこの天平勝宝三年になって成立したとしても、『華厳経』の継続的な研究は前記のように天平十二年（七四〇）の講説から始まり、同十六年には講説に対する研究所的なものと想像される勅定の「知識華厳別供」が創設されたと伝えられるので[12]、この華厳宗は一二年に及ぶ研究蓄積の上に整えられた学団組織と見ることができる。他の五宗の学問状況については定かでないが、華厳宗の場合は、このようないわば前史が横たわっているのである。従って、「布施法定文案」に掲げられる書目から、当時の東大寺華厳学の到達点を読み取ることができるように思われる。

この「布施法定文案」は四紙からなるもので[13]、冒頭には「華厳宗僧等謹解《ムム》　申行定布施法事」とあり、以下、経三二部二三五巻と論八部三七巻の書目と用紙数および講師・複師以下の布施額を書き上げたあと、「右経幷論等、所定施法、顕注如前、仍録状、謹解」とその主旨を記し、日下に「唯那僧」、左側に「大学頭僧」と「少学頭僧」の署名欄がそれぞれ設けられている。右端裏には「華厳宗布施法文案」とあるので、これは華厳宗の控えの案文ということになるだろう。

本文書の左側には、華厳関係の章疏四五部二二六巻の書目と著者名およびその用紙数と布施額を記し、末尾に「華厳宗」と書き止める二紙からなる注文が貼り継がれている。書式は両者ともほぼ同じで、「布施法定文案」の第三紙に「已上第一櫃」、注文の第二紙に「已上第二櫃」と、それぞれ経並びに論章疏を収納する櫃の番号が朱筆で書かれ、また経論章疏を一〇巻前後ずつまとめる帙の通し番号が、「布施法定文案」では一〜六、注文では七〜十と主に朱筆で打たれているので、この両者は一連のものとして貼り継がれていたことが知られる。恐らく、経論の「布施法定文案」が先に作られ、それに続いて章疏の分もまとめられた関係で、このような体裁になったのであろう。以下では、二紙からなる注文を「章疏目録」と称することにする。

表1は、「布施法定文案」に記された書目を記載順に用紙数とともに掲出し、それぞれに必要な事項を加えて整理したものである。[14]

まず経について見ると、1〜16と1819は『開元釈教録』巻一九・二〇に収載される入蔵録[15]の大乗経華厳部の経典と名称・記載順がともに一致するので、経名の欠失する17は『如来興顕経』四巻であったことが知られる。ただし、この華厳部に載せられる次の七部七巻、すなわち『大方広入如来智徳不思議経』一巻・『大方広仏華厳経不思議仏境界分』一巻・『大方広如来不思議境界経』一巻・『大乗金剛髻珠菩薩修行分』一巻・『大方広普賢所説経』一巻・『菩薩十住行道品』一巻・『大方広仏華厳経続入法界品』一巻は未将来であったらしく、ここには含まれていない。華厳部に収められる二六部一八七巻のうち、中心となるのは旧訳の1『大方広仏華厳経』六〇巻（以下、『六十華厳』と称す）と新訳の2『大方広仏華厳経』八〇巻（以下、『八十華厳』と称す）の二部で、残りはその諸品の別行（**表1**参照）であるから、それらが完備しなくても大本さえあれば研究に支障が生じることはないと思われる。しかし、細部の内容確認や解釈等で疑問が生じた場合は、別行経との比較研究が必要になるので、その点からすれば不

表1 華厳宗の経論

	経論名（巻数）	紙数（張）	分類	備考	『大正蔵』
1	大方広仏華厳経六〇巻	一一〇三	華厳経	旧訳	九ノ三九五上～七八八中
2	大方広仏華厳経八〇巻	一五六二	華厳経	新訳	一〇ノ一上～四四四下
3	信力入印法門経五巻	一〇二	華厳経	別行	一〇ノ九二八上～九五九上
4	度諸仏境界智光厳経一巻	一八	華厳経	別行	一〇ノ九一二上～九一七中
5	仏華厳入如来徳智不思議境界経二巻	二四	華厳経	別行（4と同本異訳）	一〇ノ九一七中～九二四中
6	大方広仏華厳経修慈分一巻	九	華厳経	別行	一〇ノ九五九上～九六一上
7	荘厳菩提心経一巻	七	華厳経		一〇ノ九六一中～九六三中
8	大方広菩薩十地経一巻	八	華厳経	別行（7と内容が類似）	一〇ノ九六三中～九六五中
9	〔兜〕沙経一巻	六	華厳経	別行（如来品・光明覚品）	一〇ノ四四五上～四四六中
10	〔菩薩〕本業経一巻	一三	華厳経	別行（浄行品・十住品等）	一〇ノ四四六中～四五〇下
11	諸菩薩求仏本業経一巻	一一	華厳経	別行（10の別訳）	一〇ノ四五一上～四五四上
12	菩薩十住経一巻	五	華厳経	別行（十住品）	一〇ノ四五六下～四五八上
13	漸備一切智徳経五巻	一一四	華厳経	別行（十地品）	一〇ノ四五八上～四九七中
14	十住経四巻	一一三	華厳経	別行（十地品）	一〇ノ四九七下～五三五上
15	等目菩薩所問三昧経二巻	六二	華厳経	別行（十定品）	一〇ノ五七四下～五九一下
16	〔顕無辺仏土〕功徳経一巻	二	華厳経	別行（寿命品）	一〇ノ五九一下～五九二上
17	〔如来興顕経四〕巻	七〇	華厳経	別行（性起品）	一〇ノ五九二下～六一七中
18	度世品経六巻	一三七	華厳経	別行（離世間品）	一〇ノ六一七中～六五九下
19	羅摩伽経三巻	八四	華厳経	別行（入法界品）	一〇ノ八五一下～八七六上
20	楞伽阿跋多羅宝経四巻	一〇九	如来蔵	宋訳	一六ノ四八〇上～五一四中
21	注楞伽阿跋多羅宝経七巻	一八七	如来蔵	※表2へ	
22	入楞伽経一〇巻	一八七	如来蔵	魏訳	一六ノ五一四下～五八六中
23	大薩遮尼乾子所説経一〇巻	一五一	如来蔵		九ノ三一七上～三六五下
24	諸法無行経二巻	三四	如来蔵		一五ノ七五〇上～七六一中

25	入法界体性経一巻	一二	華厳経		一二ノ二三四上～二三七上
26	大方等如来蔵経一巻	一一	如来蔵		一六ノ四五七上～四六〇中
27	十住断結経一〇巻	二七三	華厳経	別行	一〇ノ九六六上～一〇四七中
28	不増不減経一巻	七	如来蔵		一六ノ四六六上～四六八上
29	金剛三昧経二巻	二七	如来蔵		九ノ三六五下～三七四中
30	菩薩纓絡（瓔珞）本業経二巻	四五	華厳経		二四ノ一〇一〇中～一〇二三上
31	法界体性无分別経二巻	三二	華厳経		一一ノ一四三上～一五〇下
32	大方広如来性起微密蔵経二巻	六一	華厳経	別行（名号品・性起品）	（1旧訳の抄出）
33	十住毗婆沙論一四巻	二九九	華厳経	十地品の注釈書	二六ノ二〇上～一二二中
34	十地経論一二巻	二八二	華厳経	十地品の注釈書	二六ノ一二三中～二〇三中
35	一乗仏性権実論三巻	一〇四	如来蔵	（一乗究竟宝性論の代替か）	
36	大乗起信論一巻	二六	如来蔵	旧訳	三二ノ五七五中～五八三中
37	大乗起信論二巻	二九	如来蔵	新訳	三二ノ五八四上～五九一下
38	法界無差別論一巻	八	如来蔵		三一ノ八九二上～八九四中
39	入大乗論二巻	四七	如来蔵		三二ノ三六上～四九下
40	三无性論二巻	四一	如来蔵		三一ノ八六七中～八七八中

＊1　本表は、天平勝宝三年五月二十五日付「華厳宗布施法定文案」（左側に付された「章疏目録」も含む。続々修四十一ノ二、『大日本古文書』十一ノ五五七～五六八）に記載された経論を、紙数とともに順に整理したものである。

＊2　「経論名」に（　）を付したものは、「布施法定文案」において欠失している文言に相当する。

＊3　「分類」に示した華厳経は『華厳経』関係の、如来蔵は如来蔵系のそれぞれ経論に相当することを意味する。本文第一節を参照。

＊4　「備考」に示した『華厳経』の別行については、鎌田茂雄・河村孝照・中尾良信・福田亮成・吉元信行編『大蔵経全解説大辞典』（雄山閣出版、一九九八年）の各経典の項、木村清孝『中国華厳思想史』第一章「華厳経典の成立と流布」（平楽寺書店、一九九二年）、法蔵『華厳経伝記』巻一「支流」（『大正蔵』五一ノ一五五中～一五六中）をそれぞれ参照した。

＊5　経論名の照合には、適宜、石田茂作『写経より見たる奈良朝仏教の研究』（㈶東洋文庫、一九六六年再版。初版は一九三〇年）の附録「奈良朝現在一切経疏目録」を参照した。また、経論の所在は、『大正蔵』の巻・頁数で示したが、不明の場合は空欄にしている。

備な側面があるといわねばならないであろう。なお、凝然の時代の「花厳宗経論章疏目録」（以下、「凝然録」と称す）には、右の七部の別行経はすべて掲出されている。(16)

これら華厳部の経典に続いて、同じく入蔵録の五大部（般若・宝積・大集・華厳・涅槃）外から20と22〜29が記載順に、また大乗律から30がそれぞれ挙げられているが、31と32は『開元釈教録』では不入蔵となっている経典からの摘出である。このうち、27『十住断結経』一〇巻と32『大方広如来性起微密蔵経』二巻は『華厳経』の別行経（**表1**参照）、30『菩薩瓔珞（瓔珞）本業経』二巻は菩薩の位階と修行を説く『華厳経』の流れを引く経典、(17)20『楞伽阿跋多羅宝経』四巻・22『入楞伽経』一〇巻・23『大薩遮尼乾子所説経』一〇巻・24『諸法無行経』二巻・26『大方等如来蔵経』一巻・28『不増不減経』一巻・29『金剛三昧経』二巻は、如来蔵思想（すべての衆生に如来となる可能性が具わると見る考え方）を説く経典である。(18)25『入法界体性経』一巻と31『法界体性无分別経』二巻の位置は定かでないが、その内容が仏と文殊菩薩の問答が中心となっていることから推せば、『六十華厳』に即していうと、文殊菩薩が登場する第二普光法堂会の〔3〕「如来名号品」から〔8〕「賢首菩薩品」にかけての六品、あるいは第八逝多園林会の〔34〕「入法界品」(19)に関連するものとして挙げられたのではないかと想像される。残る21『注楞伽阿跋多羅宝経』七巻は20の注釈書であるので、仏説である経の項にこれがあるのは不審といわねばならない。掲出するならば、「章疏目録」においてであろう。

以上に見た21を除く三一部二三八巻は、Ⓐ『華厳経』とその別行経および内容的に『華厳経』に繋がる経典と、Ⓑ如来蔵系の経典に二分することができるが、この点は、論においても同じような傾向を示す。すなわち、33『十住毗婆沙論』一四巻は『華厳経』の十地品に相当する『十地経』（13・14の異訳）の初地と第二地の詳細な注釈書、34『十地経論』一二巻も『十地経』の注釈書で、この両者はⒶに、36『大乗起信論』一巻（旧訳）・37『大乗起信論』

二巻（新訳）・38『法界無差別論』一巻・39『入大乗論』二巻・40『三无性論』二巻は、いずれも如来蔵思想を説くのでⒷに、それぞれ分類することができる。35『一乗仏性権実論』三巻の内容は不明だが、「布施法定文案」では如来蔵思想の代表的な論書である『一乗究竟宝性論』四巻を抹消して挙げられている点からすれば、これもⒷに入るものと見られる。

このように、「布施法定文案」に記載された経・論（**表1**）は、その内容より右のように二分される。Ⓐは華厳宗の基本となる経論典であるから当然として、問題となるのはⒷの方であろう。如来蔵系の経論には、この他に『法華経』『勝鬘経』『涅槃経』『央掘魔羅経』『大法鼓経』『大乗密厳経』『金光明経』『大乗荘厳論』『摂大乗論』『宝積経論』『仏性論』などがあるのに、何故にⒷのものがここで選ばれているのかを問う必要があるからである。これについては「章疏目録」が手懸りになるので、次に華厳宗に必要とされた章疏類を取り上げることにする。

二　『華厳経』の章疏

表2は、「章疏目録」に挙げられた書目を記載順に提示し、それぞれに必要な事項を加えて整理したものである。68 69 81を除く四二部二二六巻は「布施法定文案」に見える経・論（**表1**）に対する注釈書で、その内訳は『華厳経』（1 2）が二一部一六二巻（41〜46 57 67 70〜78 82〜85）と最も多く、次いで『大乗起信論』（36 37）が九部一四巻（58〜64 79 80）、『楞伽経』（20 22）の場合は、先の21『注楞伽阿跋多羅宝経』も加えると九部五〇巻（47〜54 21）になる。残る四部七巻は、26『大方等如来蔵経』・28『不増不減経』・29『金剛三昧経』・38『法界無差別論』にそれぞれ対応している。[20]

このうち『華厳経』の章疏を著者別に示すと、法蔵が一〇部（42 70〜76 78 85）、智儼（六〇二〜六六八）が三部（46 82 83）で、霊弁（四七七〜五二二）・慧遠・慧苑（六七三?〜七四三?）・宗一・元暁（六一七〜六八六）・表員・義湘（六二五〜七〇二）・十地五門師は各一部（41 43 44 45 57 67 77 84）となる。周知のように著作の最も多い法蔵は華厳教学の大成者で、智儼はその師、慧苑と宗一は法蔵の弟子、義湘は新羅から唐に渡って智儼に師事し法蔵とは兄弟弟子の間柄という具合に、この五人は学統上の繋がりを持っている。(21) その中心に位置するのが、いうまでもなく法蔵であるから、東大寺の華厳宗は法蔵の華厳教学を核に据える学団であることを、配置された書目の上からまず確認することができる。法蔵の著作は、延喜十四年（九一四）に円超が録上した「華厳宗章疏并因明録」（以下、「円超録」と称す）では、右の一〇部に加えてさらに九部挙げているから、(22) 未将来のものが相当あったことになるが、「章疏目録」（**表2**）には42『華厳経疏（華厳経探玄記）』・70『華厳経旨帰』・71『華厳綱目（華厳経文義綱目）』・78『華厳一乗教分記（華厳五教章）』といった主要な著作（後述）が含まれているので、法蔵の教学を知る上での支障はなかったものと見られる。

1　法蔵の著作

では、これらの『華厳経』の章疏は、それぞれどのような連関を持ってここに掲載されているのであろうか。まず、法蔵の著作の概要を作成順に示すと次のようになる。(23)

最初期の著作とされる78『華厳一乗教分記（華厳五教章）』三巻は、華厳教学の綱要書として尊重されるもので、ここには五教判と十宗判が提示され、『華厳経』の優越性が強調されている。

中国では、多くの経典がその成立の順序とはほぼ無関係に次々と伝訳されたため、諸経典の教相（教説の内容）

や教時（釈迦の教説時）などをもとに、それらを系統的に整理して解釈する教相判釈（教判）が発達した。代表的なものに、すべての経典は釈迦一代の教説と認め、それらを五つの時期に分けて体系づける五時教、経典の内容に即して漸教（浅い教えから深い教えへと順に説いた教え）と頓教（仏が悟りを開いた直後に説いた教え）に分ける漸頓二教判、この漸頓に円教（完全な教え）を加えた漸頓円の三教判などがある。釈迦の成道後二七日（第二週目）の説法（初説）とされ、唯心思想を説く『華厳経』は、二教判では頓教、三教判では円頓教と見なされ、高い評価を受けていた。

法蔵の師である智儼は、46『華厳経方軌（華厳経捜玄記）』五巻・『五十要問答』（82『華厳問答』一巻）[24]・83『華厳孔目』四巻の中で複数の教判を用いているが、その中で注意されるのは、右の三教判をもとに漸教を小乗・初教・終教（熟教）に区分し、頓教・円教（一乗）を加えた五教判（83）と、一乗円教の立場から立てられる智儼独自の同教（人々の資質に応じた方便の教え）と別教（究極の教え）の二教判（46 83）である。[25]『華厳経』は、五教判では円教に配され完全な教えを説く経典と位置づけられる。また、二教判でもそれは究極の教えである別教と判定されているが、同教には衆生を導くあらゆる教説を備えた『法華経』が配され、『華厳経』と同等の価値を有する経典と解された。

法蔵は、78『華厳五教章』において智儼の五教判をもとに、㈠小乗教・㈡大乗始教・㈢大乗終教（㈡㈢は漸教）・㈣頓教・㈤円教の五教判を確定し、同別二教判では別教のみを円教とし『華厳経』を宣揚するに至るが、その一方で経論や現実の宗派を分判するために、法相宗を創設した基（六三二〜六八二）の八宗に倣って十宗を提起した。[26]基は『解深密経』に見える三時教を法相宗の教判に取り入れ、第一時の有教に四『阿含経』を、第二時の空教（方便の教え）に『般若経』などを、第三時の中道教（真実の教え）に『華厳経』『解深密経』『法華経』や唯識の教え

表2 華厳宗の章疏

	著者名・章疏名（巻数）	紙数（張）	対象経論	分類	審詳録	『大正蔵』
41	霊弁・華厳経論一部五〇巻欠二巻	一二七五	1・2華厳経	華厳経	○	△〔*5の①〕
42	法蔵・華厳経疏（華厳経探玄記）一部二〇巻	一〇五七	1・2華厳経	華厳経	○	三五ノ一〇七上~四九二中
43	慧苑・華厳経疏（続華厳経略疏刊定記）一部二四巻	一〇四四	1・2華厳経	華厳経		続五ノ一~六四〇
44	宗一・華厳経疏一部二〇巻	八〇〇	1・2華厳経	華厳経		
45	元暁・華厳経疏一部一〇巻	二九六	1・2華厳経	華厳経	○	△八五ノ二三四下~二三六上
46	智儼・華厳経方軌（華厳経捜玄記）一部五巻	一九九	1・2華厳経	華厳経		三五ノ一三中~一〇六下
47	元暁・入楞伽経疏一部八巻	二六〇	20・22楞伽経	起信論	○	
48	尚徳・入楞伽経疏一部一二巻	六二一	20・22楞伽経	起信論		
49	菩提留支・入楞伽経疏一部五巻	二二五	20・22楞伽経	起信論		
50	杜行鎧・四巻楞伽経疏一部八巻	三四五	20・22楞伽経	起信論		
51	菩提達摩・四巻楞伽経疏一部五巻	一八一	20・22楞伽経	起信論		
52	菩提達摩・四巻楞伽科文一部二巻	七六	20・22楞伽経	起信論		
53	（元暁）・楞伽宗要論一巻		20・22楞伽経	起信論	○	
54	四巻楞伽抄一部二巻	六九	20・22楞伽経	起信論		
55	衍法師（曇衍）・如来蔵経疏一部二巻	二五	26如来蔵経	起信論		
56	元暁・不増不減経疏一巻	三一	28不増不減経	起信論	○	
57	慧遠・十地論疏（十地経論義記）一部七巻	四八三	1・2華厳経	華厳経	○	△続七一ノ二六七~五二四
58	法蔵・起信論疏（大乗起信論義記）一部二巻	一〇〇	36・37起信論	起信論	○	四四ノ二四〇下~二八七中
59	延法師（曇延）・起信論疏一部三巻	一二〇	36・37起信論	起信論		△続七一ノ五二八~五六〇
60	曇遷・起信論疏一巻	四〇	36・37起信論	起信論		
61	青丘大行・起信論疏一巻	二〇	36・37起信論	起信論	○	
62	元暁・起信論疏一部二巻	七五	36・37起信論	起信論	○	四四ノ二〇二上~二二六上
63	慧遠・起信論疏（大乗起信論義疏）一部二巻	八一	36・37起信論	起信論	○	四四ノ一七五上~二〇一下
64	元暁・起信論別記一巻	三八	36・37起信論	起信論	○	四四ノ二二六上~二四〇下
65	法蔵・无差別論疏（大乗法界無差別論疏幷序）一巻	五〇	38無差別論	起信論	○	四四ノ六一上~七六中
66	元暁・金剛三昧経論一部三巻	一七〇	29金剛三昧経	起信論	○	三四ノ九六一上~一〇〇八上
67	十地五門師・十地五門実相論一部六巻	一二〇	1・2華厳経	華厳経	○	
68	元暁・十門和諍論一部二巻	六〇		起信論	○	△〔*5の②〕

69	遷禅師（曇遷）・大乗止観論一部二巻	七〇		起信論		
70	法蔵・華厳経旨帰一巻	二一	1・2華厳経	華厳経	○	四五ノ五八九下～五九六下
71	法蔵・華厳綱目（華厳経文義綱目）一巻	二五	1・2華厳経	華厳経		三五ノ四九二中～五〇一下
72	法蔵・華厳関脈義記一巻	九	1・2華厳経	華厳経		四五ノ六五六上～六五九中
73	法蔵・華厳遊心法界記一巻	一九	1・2華厳経	華厳経	○	四五ノ六四二下～六五〇下
74	法蔵・華厳玄義章一巻	一六	1・2華厳経	華厳経		
75	法蔵・華厳発菩提心義一巻	一二	1・2華厳経	華厳経	○	四五ノ六五一上～六五六上
76	（法蔵）・華厳七処八会一巻	三一	1・2華厳経	華厳経		（三五ノ四九二中～五〇一下）
77	表員・華厳文義要決（華厳経文義要決問答）一巻	一四	1・2華厳経	華厳経		続一二ノ六四九～七一六
78	法蔵・華厳一乗教分記（華厳五教章）一部三巻	六七	1・2華厳経	華厳経		四五ノ四七七上～五〇九上
79	元暁・一道義章一巻	四〇	36・37起信論	起信論	○	
80	元暁・二障義章一巻	五〇	36・37起信論	起信論	○	〔＊5の③〕
81	元暁・宝性論宗要一巻	四〇		起信論	○	
82	智儼・華厳問答（華厳五十要問答）一巻	五〇	1・2華厳経	華厳経		四五ノ五一九上～五三六中
83	智儼・華厳孔目一部四巻	五四	1・2華厳経	華厳経	○	四五ノ五三六下～五八九中
84	（義湘）・一乗法界図一巻	一三	1・2華厳経	華厳経	○	四五ノ七一一上～七一六上
85	法蔵・華厳伝（華厳経伝記）一部五巻	四九	1・2華厳経	華厳経		五一ノ一五三上～一七三上
21	注楞伽阿跋多羅宝経七巻	一八七	36・37楞伽経	起信論		

＊1　本表は、天平勝宝三年五月二十五日付「華厳宗布施法定文案」に付される「章疏目録」（**表1**の＊1参照）に記載された章疏およびその著者名を、紙数とともに順に整理したものである。

＊2　「著者名・章疏名」の項に（　）を付したものは、いずれも筆者による補足である。

＊3　「対象経論」は、**表1**に掲出した経論の注釈書であることを、「分類」は第三節での検討結果をもとに、各章疏が『華厳経』関係、『大乗起信論』関係のいずれであるかを、それぞれ示したものである。

＊4　「審詳録」の項に付した○印は、「大安寺審詳師経録」（堀池春峰「華厳経講説よりみた良弁と審詳」〈同『南都仏教史の研究』上・東大寺篇、法藏館、一九八〇年。初出は一九七三年〉）にも認められる章疏であることを示す。

＊5　各章疏の所在は『大正蔵』および『続蔵経』（続と略記）の巻・頁数で示したが、部分的な残存の場合は△を付した。不明の場合は空欄になっている。なお、①②③を付した三書の所在については次の通り。①木村清孝『中国華厳思想史』（平楽寺書店、一九九二年）の第二章の註59に現存する一二巻の所在が詳述される。②鎌田茂雄「『十門和諍論』の思想史的意義」（『仏教学』一一、一九八一年）に残存文が紹介される。③大谷大学に写本が存在。福士慈稔『新羅元暁研究』第一章「序論」（大東出版社、二〇〇四年）参照。

を配したが、この仏説の教判とは別に大小乗各学派の教説を八宗に配列し、第一〜六宗を小乗の仏教（有教）、第七の勝義皆空宗を空教、第八の応理円実宗を中道教とし、自らの法相宗をここに位置づけた。法蔵は、この八宗の第一〜六宗をそのまま採用して小乗教とし、第七を一切皆空宗（始教）、第八を真徳不空宗（終教）とそれぞれ名称を変更し、新たに第九相想倶絶宗（頓教）と第十円明具徳宗（円教）を加上して、『華厳経』にもとづく教説を第十宗に配当した。その上で、法相宗が唯識の立場から現象世界の説明に用いる三性説を36『大乗起信論』の如来蔵思想をもとに分析し、遍計所執性（分別性、迷いの世界のあり方）・依他起性（依他性、縁起のすがた）・円成実性（真実性、悟りの世界のあり方）の三性には、それぞれ同異の二義があり、本質（理）と現象（事）は妨げあうことなく通じあい融合すると述べ、こうした理事無礙を説く華厳一乗は三乗仏教（法相宗）を包摂する究極の教えであると主張した(27)。

　このように法蔵は、師の智儼の説を継承しつつ法相宗の教判や三性説などを改変して独自の教説を定立し、『華厳経』の優越性を強調するに至るが、それは後述するように、当時の仏教界において隆盛を誇っていた法相宗に対抗するためでもあった。

　この78『華厳五教章』に続いて著わされたのが70『華厳経旨帰』一巻で、ここでは『六十華厳』の要点が一〇の主題に分けて示されている。後掲の85『華厳伝（華厳経伝記）』巻五の⑽雑述の中で本書を挙げ、「各以㆓十義㆒解釈、通并㆓百門㆒以顕㆓軽意㆒、遂令㆔浩汚之旨、宛在㆓目前㆒」(28)と述べるように、法蔵はこれに『六十華厳』の概説書的な役割を与えている。日本では、延暦二十五年（八〇六）正月二十六日付「太政官符」で宗ごとの年分度者数を定めた折に、華厳業の二人は「並令㆑読㆓五教指帰綱目㆒」(29)とされ、本書は78『華厳五教章』・71『華厳綱目』とともに必読の書と位置づけられた。

74『華厳玄義章』一巻は、『華厳雑章門（華厳経明法品内立三宝章）』二巻の内とされる。[30]『華厳雑章門』では、三宝・流転・法界縁起・円音・法身・十世・玄義の七章を立て華厳教学の基本的な問題を解釈するが、本書はこのうちの玄義章が単行化したものであろうか。法蔵は、先の85『華厳経伝記』の(10)雑述で71『華厳綱目』・78『華厳五教章』とともに本書を挙げ、「右幷二大章疏一之外、随二人所一レ問、随レ義而説、録以成巻、並顕二此経意一」[31]と述べている。なお、「円超録」にもこの74を載せるが、『華厳雑章門』の方は認められない。

75『華厳発菩提心義』一巻は、発菩提心の観点から華厳宗における実践のあり方を述べたものであるが、内容の一部に、智儼の師である杜順（五五七～六四〇）の『華厳法界観門』一巻と完全に対応する箇所がある。また本書の内容は、法蔵の『華厳三昧章』一巻と同じであることから、両者はもとは同本であったと考えられている。[32]

85『華厳経伝記』五巻は、(1)部類・(2)隠顕・(3)伝訳・(4)支流・(5)論釈・(6)講解・(7)諷誦・(8)転読・(9)書写・(10)雑述の一〇項目からなる。(1)～(5)では、『華厳経』の出現に至る経緯や中国への伝訳、華厳関係の別行経典、インド・中国における注釈書などが解説され、(10)では『華厳経』を理解するための基本的な文献が挙げられている。また(6)～(9)では、『華厳経』の講釈・諷誦・転読・書写にすぐれた人々の伝を列記し、併せてそれにまつわる霊験が語られる。[33]全体を通して見ると、『華厳経』の研究と信仰のための入門書のような体裁をとっており、日本の学僧には至便の書ではなかったかと思われる。

71『華厳綱目（華厳経文義綱目）』一巻は、『六十華厳』の経文の要義を概説したもので、前記のように九世紀初の日本では70『華厳経旨帰』・78『華厳五教章』とともに華厳宗の基本書とされていた。本書は、76『華厳七処八会』一巻と同一とされるが、[34]「章疏目録」（**表2**）ではそれぞれ単独の書として挙げられている。紙数が二五張、三一張と相違する点より推せば、内容は同じとしても76『華厳七処八会』には付加的な記事があり、単行本として流

布していたのではないかと想像される。

42『華厳経疏（華厳経探玄記）』二〇巻は、法蔵が智儼の46『華厳経捜玄記』に倣って著わした『六十華厳』の注釈書で、『華厳経』をめぐる次の一〇項目、すなわち⑴教起所由（この世に現われた理由）・⑵蔵部明摂（経典内における位置）・⑶立教差別（教判）・⑷教所被機（受持できる者の資格）・⑸能詮教体（教えの本質）・⑹所詮宗趣（根本趣旨）・⑺釈経題目（題目の解釈）・⑻部類伝訳（種類・異訳・感応など）・⑼義理分斉（教えの内容）・⑽随文解釈（個々の経文の解釈）からなる。[35] ⑴〜⑼の玄談（華厳学の概論）は巻一に収められ、78『華厳五教章』で説かれた五教十宗判が深化されるとともに、究極の教えである『華厳経』の特質が理論的に解明され、続いて⑽が『華厳経』は円教との立場から巻二〜二〇において展開される。天平十二年（七四〇）から金鐘寺で開始された『華厳経』講説は、本書をもとに進められたと伝えられるが、[36] 右に示した構成よりすれば、まず玄談部分が講師によって語られ、それが終わると経文の解釈が本書の⑽に即して行なわれたものと見られる。

73『華厳遊心法界記』一巻では、五教止観にもとづいて華厳の観門が述べられている。本書は、華厳の五教観門による修道の次第を説いた杜順の『華厳五教止観』一巻の草稿本の趣きを持つという。[37]

72『華厳関脈義記』一巻は、『華厳経』を四勢（展転無尽勢・巻摂相無勢・展巻無礙勢・問答取文勢）によって簡潔に解釈しようとする。はじめ『六十華厳』を対象とするものが成立し、その後改訂版として『八十華厳』を対象とするものが現われたという。[38]「章疏目録」に挙げられるのは改訂版の方なのかどうかは、不明とせざるをえない。

以上、法蔵の著作を概観してきたが、これを分類すると、①華厳教学の綱要書になるのが78『華厳五教章』と42『華厳経探玄記』、②概説書が70『華厳経旨帰』・74『華厳玄義章』・85『華厳経伝記』・71『華厳綱目』・76『華厳七処八会』・72『華厳関脈義記』の六部、③実践（観法）のための書が75『華厳発菩提心義』と73『華厳遊心法界記』

になるだろう。未将来のものがあるとしても、法蔵の主要な著作（42 70 71 78 85など）が「章疏目録」に挙げられており、華厳教学研究の環境は整っていたと見ることができる。

2　法蔵以外の著作

次に、法蔵と学統の繋がる四人の著作を取り上げる。

智儼の46『華厳経捜玄記』五巻と83『華厳孔目』四巻では、前記のように独自の教判論が展開され、『華厳経』を完全な教えを説く経典と位置づけている。法蔵はこの説を継承して五教判を確立するのであるから、46と83は法蔵の教学を知る上で不可欠の書ということになる。智儼のもう一つの著作82『華厳問答』一巻は、『華厳経』の要義を五三に分けて述べる『華厳五十要問答』二巻を指すものと思われる(39)。ただし、巻数は一巻で上下のいずれかを欠くようなので全体の理解は叶わないが、法蔵の師の著作であることから、「章疏目録」に掲出されたのであろう。

法蔵の高弟の一人である慧苑の43『華厳経疏（続華厳経略疏刊定記）』二四巻は、『八十華厳』を注釈したものである。巻一冒頭の序によれば、はじめ法蔵が『八十華厳』の注釈を進めていたが、〔1〕妙義品から〔21〕十行品の途中までと、〔27〕十定品の一部を釈したところで没したので、慧苑がそのあとを引き継ぎ、残りの部分を注釈するとともに体裁を整えてまとめたのが本書であるという(40)。慧苑の手が加わるとはいえ、法蔵による経文解釈の一部がここから読み取れるのである。慧苑は、本書の玄談部分（巻一）で法蔵とは異なる四教判を立てたため、後に澄観（七三八〜八三九）から批判を受けることになるが、「章疏目録」が作成された頃の日本の華厳学僧が、慧苑のこの教判を認知していたかどうか、興味深い問題である。

もう一人の弟子、宗一の著わした44『華厳経疏』二〇巻は散佚して残らないが、「円超録」では本書に「新経」

と注記するので、これも『八十華厳』の注釈書であったことが知られる。43『続華厳経略疏刊定記』を承けてのものと見られるが、詳細は不明である。

義湘の84『一乗法界図』一巻は、『華厳経』の趣旨を七言十句の詩偈にまとめ、それ（二一〇文字）を回文形式に碁盤の目のように配した法界図と、その釈文からなる。ここでは智儼の同別二教判が継承されているが、師のように同教と別教を対等とは見ずに、別教一乗（『華厳経』）をより重視する姿勢が示されている。法蔵の別教一乗を絶対とする立場は、この義湘に啓発された面が強いとされている。(41) 法蔵が義湘に宛てた書簡（「寄新羅義湘法師書」）(42)の中で、「和尚」（智儼）の章疏を解釈して「義記」（『華厳五教章』）を著わしたので、これを抄写して勝詮に託す故、「上人」（義湘）に率直な批判をしてほしいと頼む(43)ように、法蔵は義湘に兄事し、その学殖に全幅の信頼を置いていた。

このように、智儼・慧苑・宗一・義湘の著作は法蔵の教学と密接に関連するものであり、法蔵が果たせず弟子らによって継承された『八十華厳』の注釈書が二部ここに認められるのが注意される。

では、この他の五人の著作はどうであろうか。

霊弁の41『華厳経論』五〇巻（欠二巻）は一部分しか現存しないが、その思想には確実に華厳教学の無尽縁起の思想に先駆する一面が認められると指摘されている。(44) 法蔵は、85『華厳経伝記』の(5)論釈の中で龍樹（一五〇～二五〇頃）の『大不思議論』『十住毘婆沙論』『十住論』、世親（四〇〇頃～四八〇頃）の『十地論』、劉謙之（～四七七頃～）の『華厳論』、慧遠の『華厳経疏』とともに本書を挙げ、(45)『華厳経』の重要な注釈書として注目している。ここに付された霊弁の伝によれば、本書は神亀三年（五二〇）に完成し、弟子らはその流布に努めたが、都の長安にもたらされたのは永淳二年（六八三）になってからであったという。(46)

慧遠の57『十地論疏（十地経論義記）』七巻は、『華厳経』の十地品に相当する8『十地経』を注釈した世親の34『十地経論』を具さに解釈するものである。法蔵は、42『華厳経探玄記』の中で34『十地経論』を頻繁に引用する(47)ので、その注釈に本書が重用されたのであろう。慧遠は『十地経論』を所依とする地論宗南道派の学問の大成者で、その著書『華厳経疏』は、前記のように法蔵の注目するところであった。智儼の華厳学は、霊裕（五一八〜六〇五）—彭淵（五四四〜六一一）—智正（五五九〜六三九）という地論宗南道派の系譜に連なるため(48)、法蔵も同派の学問から影響を受けるところが多くあったと見られる。

元暁の45『華厳経疏』一〇巻は『六十華厳』の注釈書であるが、現存するのは一部分にとどまる。『三国遺事』巻四・義解第五の元暁不覊条には、「曾住㆓芬皇寺㆒纂㆓華厳疏㆒、至㆓第四十廻向品㆒、終乃絶㆑筆」(49)と伝えるので、本書は未完であったらしい。法蔵は、42『華厳経探玄記』の玄談の(3)立教差別の中で古来十家のうちに元暁を数え、「唐朝海東新羅国元暁法師造㆓此経疏㆒、亦立㆓四別㆒」「釈㆓此四別㆒、如㆓彼疏中㆒」(50)と記して本書の存在に注目している。法蔵は、この元暁の思想に大きな影響を受けているが、詳細は次節で取り上げることにする。

表員の77『華厳文義要決（華厳経文義要決問答）』は、「章疏目録」（**表2**）では一巻になっているが、「円超録」は五巻、「凝然録」は四巻とする。恐らく全巻がまだ伝来していなかったのであろう。表員は新羅皇龍寺の僧で、本書では『八十華厳』を典拠に諸師の著述を用いて『華厳経』の教義を解説するが、なかでも法蔵からの引用が最も多いと指摘されている(51)。端本でありながら「章疏目録」に挙げられるのは、『八十華厳』を理解する上で有益な書と見なされていたからであろう。

右の四人は、法蔵と学統上の繋がりを持たないが、霊弁・慧遠・元暁の場合は、その著作や学問が法蔵によって高く評価されており、華厳教学を理解する上で、それぞれ重要な位置を占めていたことを窺わせる。表員の著作は、

先の慧苑や宗一のもののように『八十華厳』の経文解釈に供されたのであろう。

残る67『十地五門実相論』六巻は現存せず、著者の十地五門師も明らかではないが、「円超録」も本書を載せ、「釈十地論」と注記している。

3　小結

以上、『華厳経』の章疏二一部について内容等を概観したが、それらをまとめると次の三点になる。

㈠半数を占める法蔵の著作は、華厳教学の体系が把握できるように綱要書・概説書・実践書から構成されていた。

㈡華厳教学の理解を深めるために、法蔵の師智儼や兄弟子の義湘の著作が配され、さらに法蔵が果たせず弟子らによって継承された『八十華厳』の注釈書も用意されていた。

㈢学統外からは、法蔵が重視する霊弁・慧遠・元暁の著作が並び、『八十華厳』の解説書も端本ながら備えられていた。

これを要するに、「章疏目録」に掲げられた『華厳経』の章疏は、法蔵の華厳教学を理解し摂取するためのものであった点に尽きるであろう。法蔵は、『六十華厳』をもとに教学を大成した関係で、『八十華厳』への言及は部分的なものにとどまっているが、それを補うかのように弟子らの注釈書が揃うのは、まさに法蔵主義的な様相を呈しているといわねばならない。

三　『大乗起信論』『楞伽経』等の章疏

『華厳経』の章疏が法蔵の教学を摂取するためのものであったとすれば、『大乗起信論』や『楞伽経』等の章疏の場合はどのように解せばよいのであろうか。これが次の課題であるが、これも法蔵との関わりの中でまず把握する必要があるだろう。とりわけ『大乗起信論』の如来蔵思想は、法蔵が法相宗に対抗する理論を構築する上で、重要な役割を果たしているからである。

1 『大乗起信論』と法蔵

馬鳴の作とされる『大乗起信論』は、唯識思想を巧みに取り込みながら、如来蔵思想の立場から大乗仏教の根本思想を解明した論書で、一心・二門・三大を綱格としている(52)。一心とは衆生心（一般の凡人の心）のことで、その本性は仏陀（如来）になりうる素質を具えた純粋清浄なものであり、如来蔵に相当する。この一心を心真如門と心生滅門の二方向から見るのが二門である。第一の心真如門は、永遠の相（すがた）において心を理解する方法で、それによれば心の変化・多義性は消え失せ、平等の実在である真如（仏陀の心）のみが得られるが、第二の心消滅門、すなわち現実の時間の世界からこれを見ると、真如は無明（煩悩の根源）と和合して如来蔵となり、様々な迷い（妄）を生み出しているという。このように衆生心には真と妄が併存するが、これを本体・様相・作用の面から法身（仏陀）・如来蔵であることを証するのが三大で、衆生心の本体である真如は、凡夫であっても仏陀であっても平等で増減がなく（体大）、如来の一切の功徳を蔵し（相大）、その諸徳の働きは偉大である（用大）とする。『起信論』の目的は、このような綱格のもとに、凡夫に自己の心、すなわち衆生心（大乗）は煩悩に覆われた自性清浄心（如来蔵）であると目覚めさせる（起信）ところにあるが、その衆生心のあり方を説くために導入されたのが、瑜伽行派の打ち出した唯識思想であった。

唯識とは、自己と自己を取り巻く全世界の存在は、自己の意識の最深層に位置する阿黎耶識（第八識）から生じたものとする見方を指す。この唯識の思想は、無着（三九五～四七〇頃）と世親によって組織体系化され、中国では阿黎耶識縁起説として地論宗や摂論宗に受容されていくが[53]、『起信論』の論者は、この阿黎耶識を如来蔵と同一と見なして真妄の和合識と捉え、その識としての主体的な働き（修行）を通して不覚（無明妄念）の中から諸種の煩悩を滅して始覚（段階的にあらわれる悟りの智慧）を生み出し、さらに和合識そのものを破して本覚（仏陀）に至る過程を理論的に体系づけようとしたのである。

如来蔵思想の淵源を辿れば、『六十華厳』の〔32〕宝王如来性起品に、唯識思想の場合も同じく〔22〕十地品に、それぞれ行き着くとされている[54]。この両思想をもとに構成された『起信論』は、その意味で『華厳経』と密接な関係を持ち、華厳宗にとっても重要な論書となるわけだが、法蔵の眼には、教学上のみならず、法相宗に対抗する上でも有効な手立てを提供してくれる書と映ったようである[55]。

基によって創設された法相宗も、世親の唯識説にもとづくものであった。しかし、所依となる『唯識三十頌』一巻の注釈書である『成唯識論』一〇巻は[56]、中インドの那爛陀寺（ナーランダ寺院）で戒賢（五二九～六四五）から唯識説を学んだ師の玄奘（六〇二～六六四）が持ち帰った梵本の中に含まれていたもので、その新訳から導き出された法相唯識教学では、阿頼耶識（阿黎耶識）[57]は妄識と位置づけられ、如来蔵との関係は否定されていた。つまり、阿頼耶識は、あくまでも衆生の種子（あらゆる存在を生ずる力）を貯える場であると規定するのである。法相宗によれば、その種子の素質（性）は決定的に確定していて、次の五種、すなわち①声聞定性、②独覚定性、③菩薩定性、④不定性、⑤無種性に分類される。これが五性（姓）各別説で、①②③は悟りの果が決まっている決定性、④はそれが決まっていないもの、⑤は悟りの可能性のないもので、成仏しうるのは③と④のみであるとする。また、出世

間にある決定性に対しては、①声聞の悟りは阿羅漢であり、②独覚が菩薩の修行をしても果を得るのは不可能で、成仏しうるのは③菩薩だけとする三乗説を唱えた。

この一分不成仏を主張する法相宗の教義は、当時の中国仏教界に大きな衝撃を与えた。というのは、同じ唯識思想を継受する地論宗や摂論宗では、如来蔵説にもとづき一切の衆生の成仏を是認する一乗仏教の立場にあったからである。この一乗という点では、鳩摩羅什（三四四～四一三）によって漢訳された龍樹の『中論』『十二門論』とその弟子聖提婆（二～三世紀）の『百論』にもとづく三論宗や、『法華経』を所依とする天台宗においても同じであったから、法相宗の基は、玄奘が那爛陀寺で伝授されたという権威ある学説に裏打ちされた五性各別説でもって、既存の諸宗派を否定しようとしたわけである。

法蔵は、前記のように一乗仏教の立場にあったから、自らの教説を定立するには右の法相宗に対峙しなければならなかった。そこで執筆されたのが、58『起信論疏（大乗起信論義記）』二巻であったという(58)。

本書は、⑴教起所因・⑵諸蔵所摂・⑶顕教分斉・⑷教所被機・⑸能詮教体・⑹所詮宗趣・⑺釈論題目・⑻造論時節・⑼翻訳年代の玄談部分と⑽随文解釈からなるが、このうちの⑶において「現今東流一切経論、通二大小乗一、宗途有レ四」として四宗判が提示されている(59)。それは、小乗諸部を㈠随相法執宗、般若等の経と中観等の論を㈡真空無相宗、解深密等の経と瑜伽等の論を㈢唯識法相宗、楞伽密厳等の経と起信宝性等の論を㈣如来蔵縁起宗と判釈するもので、『起信論』は『楞伽経』『密厳経』『宝性論』とともに如来蔵縁起宗に収められ、法相宗よりも上位に置かれている。⑽の中で「此論文句雖レ少、普摂二一切大乗経論旨一(60)」と述べるように、法蔵はこの『起信論』には大乗仏教のあらゆる経論の趣旨が含まれていると見なし、高く評価するのである。

法蔵は、78『華厳五教章』や42『華厳経探玄記』の中で五教判と十宗判を明らかにしているが、それは『華厳

経』や華厳教学を円教と論立するための教判であり、五教判では『起信論』を第三の大乗終教と見なしていた。[61]これに対して四宗判では、如来蔵縁起宗を最高位に据えるように、法蔵は、この如来蔵思想でもって現今東流の経論を所依とするあらゆる教説を包摂できると考えたのである。従って、五教判では大乗終教とされても、『華厳経』と密接に関係する『起信論』は円教に繋がる要素を持った論書として重要視されたわけである。

この四宗判で注意されるのは、法相唯識を如来蔵縁起の下位に置くことである。つまり、法相宗のように阿頼耶識を妄識とは捉えずに真妄和合の阿黎耶識と見なし、それはまた如来蔵そのものであるとの主張がここには込められている。その理由について法蔵は、58『大乗起信論義記』の(4)教所被機の中で次のように述べている。[62]

仏説には権教（真実が完全に明されていない教え）と実教（真実の教え）があるが、一分不成仏を認める五性各別説は権教であり、一切の衆生の成仏を認めるのが実教に相当する。権教でいう無性有情（仏となる素質のないもの）とは、『仏性論』や『宝性論』に説く成仏までに無量時を要する大乗の誹謗者に対して付されたもので、実際には成仏しないものは存在しない。それは『楞伽経』でも説かれている。すべての衆生が成仏するとなると、衆生そのものが減じ菩薩の利他行や仏の利他功徳が叶わなくなるとの非難が出そうであるが、それは大邪見である。『不増不減経』がいうように、一切の衆生が一時に成仏したとしても仏界や衆生界には増減はない。なぜなら衆生即法身であり法身即衆生であるからである。

法蔵は、このように論じて一切の衆生の成仏こそ聖教の真意であり、五性各別説は権教にすぎないと指摘する。その上で、三乗説で不成仏とされた定性二乗（声聞と独覚）の廻心（小乗から大乗に入ること）に言及し、『仏性論』『無上依経』『勝鬘経』『宝性論』『法華論』『涅槃経』『楞伽経』『法華経』などに教証を求めて次のように述べる。

ⓐ二乗の無余涅槃は有余のある不完全なものであるから、大乗の無余涅槃（完全な解脱）に入ってから後に廻心が

可能になる。ⓑ二乗の人が無余涅槃に入ったと思っても、それは分段生死（凡夫の生死）を超えたにすぎず、自然と現われる不思議変易生死（身体と寿命を自由自在に変化させることのできる菩薩の生死）の果報を得て、大乗の無余涅槃に入ることを知らないのである。ⓒ二乗の人の廻心には、その機根に利鈍があるため遅速を生ずるが、その後は大乗の道を修めて成仏することになる、と。

結局は、権教である法相唯識は実教である如来蔵縁起に包摂されることを、法蔵は諸経論を博捜して論証するのである。

65『无差別論疏（大乗法界無差別論疏幷序）』一巻は、堅慧が如来蔵思想を組織的に説いた自著『究竟一乗宝性論』中の一切衆生如来蔵品第五を中心に論じた38『大乗法界無差別論』を注釈したものであるが、ここでも四宗判が提示されている。その執筆時期は58『義記』とさほど離れないので、法蔵は『起信論』と同じく如来蔵縁起宗に位置づける『宝性論』中の如来蔵思想を研究し、自らの教説の糧としたのであろう。[63]

このように、法蔵の『起信論』および如来蔵縁起の研究は、華厳教学を構築する上で重要な役割を果たしたのであるが、この法蔵の著作、とりわけ58『義記』に大きな影響を与えたのが元暁の62『起信論疏』であった。

2　元暁の著作

海東疏と称される62『起信論疏』二巻が著わされるまでに、元暁は、『大乗起信論』研究の成果として64『起信論別記』一巻・79『一道義章』一巻・80『二障義章』一巻を述作し、またそれとの関連で『瓔珞本業経疏』三巻・47『入楞伽経疏』八巻・56『不増不減経疏』一巻・『無量寿経疏』一巻・『中辺分別論疏』四巻・『涅槃経宗旨』一巻などをまとめ、62『起信論疏』以後では66『金剛三昧経論』三巻を著わしたとされている。[64]「章疏目録」（表2）

には、『起信論』の解釈に直接関わる著作四部（62 64 79 80）はすべて含まれており、それと関連して生み出されたものも三部（47 56 66）認められるが、53『楞伽宗要論』一巻が47『入楞伽経疏』の要約版とするならば、これも加えて四部になる。以下ではこれらの著作の内容を概観しておく。

最も早い時期の作とされる64『起信論別記』では、『起信論』の綱格（一心・二門・三大）が提示される立義分と、その解釈がなされる解釈分が取り上げられている[65]。本書は、(1)述論大意と(2)依文消息からなるが、(1)において元暁は、『起信論』を「諸論之祖宗、群諍之評主也」「衆典肝心一以貫レ之者、其唯此論乎」[66]と述べ、諸宗派の対立を調停する書、諸経典の肝要部分を収める書として高く評価している。またこの(1)では、従来の注釈は論主の意に近づくものではないと指摘し、「今直依二此論文一属三当所レ述経本一、略挙二綱領一」[67]と述べて、『起信論』が依拠した経本を重視する姿勢を示し、次の(2)では『楞伽経』を頻繁に引用する。これは、後述する慧遠の63『起信論疏』の中で、「出二馬鳴菩薩一、愍三傷衆生拕二非人流一、感三頹仏出極意潜没一、依二楞伽経一造三出起信論一巻一也」[68]とあるのを受けてのことと見られる。ただし、元暁の場合は、必要に応じて求那跋陀羅（三九四～四六八）訳の四巻経（20『楞伽阿跋多羅宝経』四巻）と菩提流支（?～五二七）訳の十巻経（22『入楞伽経』一〇巻）を分別して引用し、両者で内容を異にするときは、「此二経文、基本是一、但翻訳者異故、致三使語有二不同一耳」[69]として会通を試みている。

元暁は、本書の(2)の中で、『起信論』の綱格をめぐって「心法雖レ一、而有二二門一、真如門中、有二大乗体一、生滅門中、亦有二相用一、大乗義雖レ多、莫レ過二体相用一、故依二一心一顕二大乗義一」[70]と述べるように、一心（衆生心・如来蔵・阿黎耶識）に注目し、個々の論文の解釈を進めていく。そして、真妄が和合するこの一心を根拠に、唯識とりわけ法相教学と『起信論』との会通を行なうのである[71]。つまり、元暁にとって、成仏に種々の方法があるとしても、それらは相互に対立するのではなく、融会しうるものであったからである。玄奘らによって漢訳された諸経論（新

訳）が新羅に伝来し、旧訳との関係をめぐって次々と論争が起こる中、元暁は『起信論』に出会ったという。[72] 如来蔵思想の立場から唯識思想を取り込み、大乗仏教の思想を体系づけたこの『起信論』から、元暁は新興の法相唯識教学を相対化し会通する根拠を見出だしていくのである。

このように元暁は、64『起信論別記』を起点に自らの思想を深化させるが、その過程で著わされたのが79『一道義章』と80『二障義章』、さらには47『入楞伽経疏』・53『楞伽宗要論』・56『不増不減経疏』であった。このうち、現存する80『二障義章』では、悟りの妨げとなる煩悩礙（煩悩障）と智礙（所知障）の離断の問題が取り上げられ、『起信論』を代表とする旧訳の経論と新訳の経論の説を示し、両者の会通を試みている。[73] この他に、『究竟一乗宝性論』の注釈書と見られる81『宝性論宗要』一巻も『起信論』研究の一翼を担うのであろうが、これも現存していない。

慧遠の63『起信論疏』、法蔵の58『大乗起信論義記』とともに『起信論』の三疏と称される62『起信論疏』は、こうした著作のあとを受けて登場する。本書は、(1)標宗体・(2)釈題名・(3)依文顕義からなるが、(1)では造論の目的を「為レ欲レ総二摂如来広大深法無辺義一故、応レ説二此論一」と述べ、「開則無量無辺之義為レ宗、合則二門一心之法為レ要、二門之内、容二万義一而不レ乱、無辺之義、同二一心一而混融」として一心に注目する点、「今直依二此論文一属二当所レ述経本一」[74] と指摘して所依となる経本を重視する点、さらに(3)において一心を根拠に法相唯識と『起信論』の会通を試みる点は、64『起信論別記』の場合と同じである。異なるのは、64では取り上げなかった修行信心分に解釈を施すことである。この修行信心分では、まだ正信に入らない衆生のために信心と修行が説かれており、『起信論』の中では最も実践的な方法論が展開されるところである。ここでは、一切の乱想を止め心を寂静に帰す止と、真理や諸法を観察する観の修法が強調されており、止と観の双運によって信心が成就するとしている（この点は後

述）。元暁は、この止観の修行を釈するに際して一心二門の綱格を適用し、「依㆓真如門㆒修㆓止行㆒、依㆓生滅門㆒而起㆓観行㆒、止観双運、万行斯備、入㆓此二門㆒、諸門皆達」[75]と述べて、真如門による止行と心生滅門による観行を双運すれば、一切の行は一心に総摂されるという独特の止観法を説いている[76]。元暁にあっては、実践の面においても一心が大きな拠り所となっていたのである。

この62『起信論疏』に続いて著わされた66『金剛三昧経論』では、⑴述大意・⑵弁経宗・⑶釈題名・⑷科文解釈の構成のもとに、如来蔵説に立って大乗の主要な教義を網羅する29『金剛三昧経』に、『起信論』研究の成果をもとに解釈を施す。ここでは、29のいう諸仏如来が一覚をもって入る唵摩羅識（第九識、自性清浄心）を一心・本覚・如来蔵と同義と見なし[77]、唵摩羅識に入るための二入（理入と行入）をめぐって、理入は道理を理解した段階で、その証理は修行の実践により道に至る行入によって得られると述べ、行入の重要性を指摘する。本書には元暁自身の解脱実践観が説かれるという[78]。

以上が元暁の『起信論』関係の著作であるが、「章疏目録」にはもう一部68『十門和諍論』二巻が挙げられている。現存する断簡では、空と有、仏性の有無などをめぐる諍論の会通がなされているので[79]、これまで概観した著作の中でも認められる会通の思想が、より具体的に展開された書と見ることができる。従って、これも一連の『起信論』研究の中に位置づけることができるであろう。

3　元暁と法蔵

「章疏目録」には、『大乗起信論』の章疏が、法蔵と元暁のものの他に四部（59 60 61 63）挙げられている。そのうちの曇延（五一六～五八八）の59『起信論疏』三巻は、現存する最古の注釈書で、現状では上巻のみしか残らない

が、注釈の態度は簡潔で要を得ており、後の諸注釈書における解釈法の原型を示すものと評価されている。この曇延疏では、真諦（四九九〜五六九）が訳出した無着の『摂大乗論』三巻と、その世親釈（『摂大乗論釈』一五巻）に準拠して注釈がなされており、『楞伽経』を重視する元暁疏（62 64）の場合とは趣きを異にする。(80)

曇遷（五四二〜六〇七）の60『起信論疏』一巻は残らないが、真諦の開いた『摂大乗論』『摂大乗論釈』を所依とする摂論宗に繋がる人物であるので、その注釈の態度は、右の曇延疏に近いのではないかと想像される。

これに対して、地論宗南道派の学問の大成者である慧遠の著わした63『起信論疏（大乗起信論義疏）』二巻では、前記のように『起信論』は、『楞伽経』に依り造出されたと指摘している。これは、両者がともに阿黎耶識と如来蔵を同一視することから導かれたものと見られ、元暁疏でも同様の立場をとっている。ただ、元暁の場合は、論文の解釈は曇延疏の方を参照しており、慧遠疏を参酌したという明文はないという。(81)

残る61『起信論疏』一巻は現存せず、また著者の青丘大行も明らかではないが、青丘（新羅）とあることからすれば、元暁疏と何らかの関係を持つのかもしれない。この大行疏は、新訳（37）の注釈書であった可能性がある。(82)

これらの章疏は、『起信論』の理解に不可欠とされていたために、「章疏目録」に掲出されたわけだが、これを法蔵もしくは元暁との関係で捉え直すと、曇延・慧遠両疏の継承という点を勘案すれば、やはり元暁との繋がりが重視されたのではないかと見られる。これは、『起信論』をめぐる著作が、法蔵の場合は二部であるのに対し、元暁は関連作も含めると一〇部に及ぶことからも首肯できるであろう。つまり、『起信論』の理解は元暁の研究（著作）を中心に進めるとの意図が、ここから読み取れるのである。この点は、法蔵の姿勢にも通じるところがある。

前記のように法蔵は、58『大乗起信論義記』を著わすに際し、元暁の62『起信論疏』から大きな影響を受けていた。法蔵は、この著書の中で元暁の名を一度も記していないが、(83)元暁疏は全面的に58『義記』の母胎となったもの

であり、注釈上の科分と語句の解釈はほとんどが元暁の創案であると指摘されている[84]。

法蔵が58『義記』を執筆したのは、長安の魏国西寺にいた頃（六八七〜六九一）で、そのときに元暁疏を参照できたのは、新羅に戻った義湘から便に託して当該書が贈られていたためと見られている[85][86]。当時の法蔵は、78『華厳五教章』を完成させ、42『華厳経探玄記』の撰述を進めていたが、自らの教学を定立するには法相唯識との対峙が不可避となっていた。目的が異なるとはいえ、同じく法相唯識を強く意識する元暁疏（62）から、法蔵は多くの示唆を受けるとともに、『起信論』を通して法相宗を超克する手立てが得られる確信を抱くに至ったのであろう。その意味で、元暁疏は法蔵の導きの糸となったのである。

元暁が法蔵に与えた影響は、この58『義記』にとどまらず、78『五教章』や42『探玄記』でも認められるという[87]。しかし、元暁の名は、42『探玄記』の玄談部分に一度だけ現われるにすぎない[88]。それが、法蔵の叙述方式なのか、それとも意識的にそうした結果なのか定かではないが、いずれにせよ法蔵にとって元暁がいかに大きな存在であったかを窺わせる事実として留意しておく必要があるだろう。

4 『楞伽経』等の章疏

次に、『楞伽経』等の章疏を見ておく。

『楞伽経』は、瑜伽行派の唯識説に由来する三性説や八識説などを主要な教理とするが、その特長は、第八識の阿黎耶識を如来蔵と同一視する点や、菩薩こそ大悲をもって衆生を永久に救済し続ける一闡提とする大悲闡提の説、釈尊は悟りを開いてから涅槃に入るまで一字も法を説かなかったとする一字不説などに求めることができる。漢訳本には、求那跋陀羅訳の『楞伽阿跋多羅宝経』四巻（以下、『四巻楞伽』と称す）、菩提流支訳の『入楞伽経』一〇巻

（『十巻楞伽』と称す）、実叉難陀（六五二〜七一〇）訳の『大乗入楞伽経』七巻がある。(89)「章疏目録」（表2）には、このうちの前二者（20 22）が掲出されているが、章疏は最も古い訳本である『四巻楞伽』の方が多く、表2に挙げた21『注楞伽阿跋多羅宝経』(90)も含めて五部（21 50 51 52 54）になり、『十巻楞伽』の場合は四部（47 48 49 53）となる。

これは、禅宗の開祖とされる菩提達摩（?〜五三〇?）が一字不説の『四巻楞伽』を伝持したためで、『続高僧伝』巻一六（習禅初）の僧可（慧可）伝には、その経緯を「初達摩禅師以二四巻楞伽一授レ可曰、我観二漢地一惟有二此経一、仁者依行自得二度世一、可専附二玄理一如二前所レ陳」と記し、弟子の慧可（四八七〜五九三）も「使下那満等師常齎二四巻楞伽一以為中心要上」(91)とあるように、弟子の那や満らに『四巻楞伽』を心要と為さしめたという。また、『続高僧伝』巻二五増補（感通篇中）の法沖伝には、菩提達摩—慧可の系統に繋がる二六人の『楞伽経』の宣揚者の名が載せられており、(92)その盛行ぶりを伝えている。

「章疏目録」に、菩提達摩の著作が51『四巻楞伽経疏』五巻と52『四巻楞伽科文』二巻の二部挙げられるのは、こうした『四巻楞伽』を重視する禅宗の影響があったからであろう。この他に、杜行鎧の50『四巻楞伽経疏』八巻、著者名未記入の54『四巻楞伽抄』二巻、21『注楞伽阿跋多羅宝経』七巻があるが、いずれも系統が定かでなく、現存するものは認められない。

『十巻楞伽』の方は、前記の元暁の47『入楞伽経疏』八巻・53『楞伽宗要論』一巻の他に、尚徳の48『入楞伽経疏』一二巻と菩提留支（菩提流支）の49『入楞伽経疏』五巻が見える。尚徳は、右の法沖伝に「不レ承二可師一自依二摂論一者、遷禅師出四巻疏尚徳律師出入楞伽疏十巻」(93)と記される人物、菩提流支は『十巻楞伽』の訳者であるが、いずれの書目も現存しない。

これらの『楞伽経』の章疏が「章疏目録」に挙げられているのは、『大乗起信論』との関係によるのであろう。

前記の慧遠・元暁両疏（63 62 64）にあるように、『起信論』は『楞伽経』に依り造出されたと見なされていたからである。もっとも、『起信論』は『勝鬘経』との関係も深い(94)ので、研究を進展させるには『勝鬘経』の章疏も必要になるが、それが認められないということは、『起信論』研究はあくまで慧遠・元暁の立場から、さらにそれを継受する法蔵の観点から行なうという姿勢が定立されていたのであろう。これだけの『楞伽経』の章疏が揃うのは、この「章疏目録」の特色といってよく、後の「円超録」では法蔵の『楞伽心玄記』一巻、「凝然録」ではこれに加えて元暁の『楞伽経宗要』一巻が挙げられるにすぎない。「章疏目録」に右の法蔵の著作が載らないのは、その頃にはまだ将来されていなかったためと見られる。

衍法師の55『如来蔵経疏』二巻は現存しないが、26『如来蔵経』が如来蔵説をはじめて宣言した経典であり、この教説が『勝鬘経』や28『不増不減経』に継承されていく(95)ことからすれば、これも『起信論』との関連で掲出されたのであろう。著者の衍法師とは、法蔵の78『華厳五教章』や42『華厳経探玄記』の玄談の中で、今古の諸賢十家に数えられる大衍法師(96)曇衍（五〇三～五八一）を指すものと見られる。曇衍は、地論宗南道派を形成した慧光（四六八～五三七）門下の人で、85『華厳経伝記』巻二の曇衍伝には、『華厳経疏』七巻を造り、慧光の死後は華厳大教を再盛した(97)と記されている。

次に69『大乗止観論』二巻について。これも現存しないが、著者の遷禅師は60『起信論疏』を著わした曇遷に相当するのであろう。『続高僧伝』巻一八（習禅三）の曇遷伝では「遷禅師」と表記し、その著作について「所レ撰摂論疏十巻」「又撰二楞伽起信唯識如実等疏九識四月等章華厳明難品玄解総二十余巻一、並行二於世一(98)」と記している。先の法沖伝で、『楞伽経』の疏を出したとされる「遷禅師」も、この曇遷と同一人と見られる。

「章疏目録」では、この『大乗止観論』の紙数を記した下に、朱で「一巻顗禅師述／一巻曲杈禅師述」と追筆し

ている。このような注記はここだけに認められるもので、『大乗止観論』を挙げたものの底本が入手できず、この二巻をもって代替としたとの意であろう。となると、その書名が問題になるが、「顗禅師述」の場合は、天台宗の開祖である智顗（五三八～五九八）の著作を指すものと解される。智顗の止観関係の書には、『摩訶止観』二〇巻・『釈禅波羅蜜次第法（次第禅門）』一二巻・『六妙法門』一巻・『修習止観坐禅法要（天台小止観）』一巻などがあるが、[99]当時においては『天台小止観』の異本とされる「斉国沙門浄弁私記」の『略明開朦初学坐禅止観要門』一巻の書写例が「写経目録」に認められる[100]だけなので、右の朱筆でいう智顗の述作一巻とは、この『略明開朦初学坐禅止観要門』のことではないかと思われる。これに対して、「曲杈禅師述」の方は「杈」が授と読めるならば、「写経目録」の「大乗止観法門一巻南嶽思禅師曲授以明心道[101]」との記事が注意される。副題部分は、〝南嶽慧思禅師が曲さに授け以って心道を明かす〟と読めるので、この曲授が強調されて南嶽慧思に代わって「曲授禅師」と称された可能性がある。ここでは、この一巻を『大乗止観法門』のことと推測しておきたい。

69『大乗止観論』の代替と見られる『天台小止観』の異本がここに挙げられているのは、元暁の62『起信論疏』との関連ではないかと思われる。というのは、元暁は『起信論』の修行信心分中の止観を釈するに際し『天台小止観』[102]を大幅に引用しており、法蔵も58『大乗起信論義記』で右の元暁疏をほとんどそのまま使って止観を解釈しているからである。当時の日本には『天台小止観』が伝来していなかったので、その異本でもって不足を補おうとしたのであろう[103]。一方、『大乗止観法門』は、『起信論』の思想を取り入れて成立した書で、天台の立場から大乗止観の依止を論じ止観の実践を説いているが、その記述は明らかに『起信論』仕立ての法門であると指摘されている[104]。

このように、代替と見られる二書が『起信論』と関連することからすれば、69『大乗止観論』も同系統の書であったことになるだろう。

5　小結

本節では、『大乗起信論』『楞伽経』等の章疏について、それぞれの内容を概観してきたが、これを要約するならば、これらの章疏は『起信論』を中心とする構成になっていたと評価することができるであろう。その理由は、半数近くを占める元暁の著作が『起信論』をめぐる一連の研究成果として把握できること、『楞伽経』は『起信論』のもとになった経典と位置づけられているので、その章疏も『起信論』の理解に供されるものであったこと、如来蔵関係の経典の章疏や止観関係も『起信論』との繋がりが認められること、などによる。

前節では、『華厳経』の章疏を概観し、それらは法蔵の華厳教学を理解し摂取するためのものであったと指摘したが、これを右の点と関連させて考えると、結局、法蔵の58『大乗起信論義記』に行き着くように思われる。法蔵は、『起信論』の思想をもとに法相唯識の包摂を試み、自らの教学を定立させたのであるから、元暁以下の章疏は『義記』の理解のために配されていたと解されるのである。

四　教学と実践

前二節では、「章疏目録」（表2）に掲載された書目の内容を概観し、それぞれの相互関係などについて考察を加えてきたが、これをもとに東大寺華厳宗の学問の様相を推考してみると次のようになるだろう。

綱要書や概説書などが揃う法蔵の著作を読破し、教学の体系を把握するとともに、その基礎となる経論（表1参照）への理解を深める。さらに、法蔵に影響を与えた諸先学の著作にも眼を向けて『華厳経』研究の経緯を

辿り、教学の総合的な摂取をめざす。

これは、一二年に及ぶ『華厳経』講説を通して培われた華厳教学研究の方法といえるであろう。華厳宗の学僧らは、講説の講師や複師を勤めた碩学から経論章疏の解読の手解きを受け、日々の研鑽に励みながら『華厳経』の奥義に近づこうとしたと見られるが、ここで注意したいのは、このような学僧らに必読とされた章疏の中に元暁の著作が多く含まれていることである。これらは、『大乗起信論』をめぐる一連の研究から生み出されたもので、とりわけ62『起信論疏』が法蔵の教学定立に大きな影響を与えていたとなれば、それは当然の措置といえるであろう。しかし、前記のように、元暁と法蔵とでは研究のめざす方向が異なっていた。すなわち、元暁は、『起信論』を通して対立する諸説を融和させる会通あるいは和諍の方法を探求し、仏教界で大きな影響力を振っていた法相宗の相対化を試みたのであるが、法蔵の場合は、『起信論』の解釈を元暁に委ねながら、核となる如来蔵思想をもとに五性各別・三乗説を唱える法相唯識を権教と見なし、実教である華厳教学の優位性を強調しようとしたのである。従って、華厳宗の学僧にとっての元暁の著作とは、主に『起信論』等の論文解釈とその理解に供されるものであり、会通や和諍の思想は副次的な扱いを受けていたのではないかと思われる。

この点は、元暁の学問からもいえるところで、元暁は、「章疏目録」から知られる『華厳経』『起信論』『楞伽経』『不増不減経』『金剛三昧経』『宝性論』への注釈の他に、『無量寿経』『般舟三昧経』『阿弥陀経』『金剛般若経』『法華経』『解深密経』『瑜伽論』『摂大乗論』『広百論』『因明論』『成唯識論』『中観論』などにも解釈を施しており、その研究領域は広範に及んでいた。(105) それ故、元暁は、法蔵のように華厳学の専門家とはいえず、また会通や和諍の思想も汎仏教的な性格を持ち、法蔵の教学とは相容れない側面も認められるので、学僧らの元暁への接近は、論文解釈のような限定的なものにとどまっていたと考えられるのである。

元暁の著作への対応が右のようなものであったとすれば、ここに浮かび上がってくるのは修行、すなわち実践の問題である。というのは、元暁は62『起信論疏』の中で『起信論』の一心二門の綱格を用いた独特の止観法を説き、66『金剛三昧経論』では解脱実践のための行入の重要性を論じているからである。

仏教の最終的な目的は、煩悩を絶ち切り悟りを得る（成仏）ことにあるので、成仏を願うものは真理（真の道理）にもとづく修行を実践しなければならない。そのため各宗派では、独自の真理の体系（教学）を構築し、それに即した修行実践法を打ち出すことになる。これを、華厳宗の大成者である法蔵の場合に見ると、主に78『華厳五教章』や42『華厳経探玄記』で教学を提示し、75『華厳発菩提心義』・73『華厳遊心法界記』や58『大乗起信論義記』で実践を説くのであるが、前者の教学の面では華厳一乗思想の定立のために独創的な理論を展開するのに対し、後者の実践法では独自性に乏しく、75と73は杜順の『華厳法界観門』『華厳五教止観』に、58は元暁の62『起信論疏』に、それぞれ依拠するところがあることは、先に述べた通りである。この実践の問題は、法蔵自身が、58『義記』の中で修止を元暁疏（62）を参照しながら釈したあとで、「広如㆓天台顗禅師二巻止観中説㆒也、今略総説故言㆓端坐㆒也」(106)と述べて智顗の止観法に委ねるように、新たな修法創出の必要性を認めなかったからであろう(107)。

『起信論』の修行信心分では、信心を成就するための五門、すなわち⑴布施門・⑵持戒門・⑶忍耐門・⑷精進門・⑸止観門の修行が説かれているが、その中心となる⑸止観門の内容を略記すると次のようになる(108)。

まず、止を修行するために結跏扶坐して坐禅を行なう。それに習熟すれば真如三昧（真実のあり方をのみひたすら念ずる禅定）に入り止が完成する。しかし、それのみでは心が沈み進取の力が後退するので、正観を習修し大悲（他人の苦しみに同情する心。仏の心）を失わないようにする。そして、日常生活において禅定（止）と正観を双修すれば信心は成就し、悟りの道へ入ることができる、と。

また、この五門を修せない衆生は心を専ら念仏に向ければ、死後、仏（阿弥陀仏）の浄土に生まれ、仏の加護のもと修行を続けることで信心が成就すると説く。

教学がいかにすぐれていても、それに見合った修行法がなければ机上の論に終わってしまう。法蔵は、この修行法を右のような『起信論』に託したものと見られる。法蔵は、85『華厳経伝記』の智儼伝の中で、死期の迫った智儼が門人に「吾此幻軀従縁無性、今当下暫往二浄方一、後遊中華蔵世界上、汝等随レ我、亦同二此志一」(109)と告げたことを紹介している。ここでいう、しばらく西方浄土（阿弥陀仏の極楽浄土）へ往き、後に華厳蔵世界に遊ぶとの往生観には、現世での修行の他に、念仏によって死後阿弥陀仏の浄土に生まれ、信心を成就して悟りの道に入る方法があるとする右記の『起信論』の所説に通じるものがある。生涯の大半を修行に費やしたとされる智儼には、『起信論疏』の著作があったと伝えられるので、あるいはそれは『起信論』に裏打ちされたものであったのかもしれないが(110)、師から「汝等随レ我亦同二此志一」と告げられた法蔵は、『起信論』に説かれる修行実践法の重要性を改めて認識したのではないかと思われる。しかし、この分野では、すでに元暁が『天台小止観』などを用いて周到な解釈を加え、さらに行入の重要性を論じていた。それ故、法蔵は、あえて参入する余地はないと見たのであろう。

このように、「章疏目録」の中に多数の元暁の著作が含まれているのは、法蔵教学の理解の他に、修行の実践に際し大きな便宜が得られたからだと考えられる。この実践という点では、69『大乗止観論』の代替と目される『略明開矇初学坐禅止観要門』（『天台小止観』の異本）や『大乗止観法門』も有益であったはずで、止観法の習修にあたり適宜参照されたのではないかと想像される。また、『起信論』の経本と位置づける『楞伽経』でも、(1)愚天所行禅・(2)観察義禅・(3)真如攀縁禅・(4)如来禅の四種禅を説いている(111)。『楞伽師資記』の菩提達摩伝には、「菩提師又為二坐禅衆一、釈二楞伽要義一一巻、有二十二三紙一、亦名達磨論也(112)」とあり、達摩が坐禅衆のために『楞伽経』の要義を

釈したと伝えるので、この『楞伽経』の章疏も止観法に供されていた可能性がある。[113]

以上、東大寺の華厳宗には、教学のみならず実践の面でも関係の書籍が揃えられ、学僧らに提供されていたことを指摘した。

では、このような仕組みを作り上げた主体は、どのように評価されるのであろうか。これについては、寺院運営の中心にあり、『華厳経』講説を開始した良弁の名をまず挙げねばならないが、その学問実績からすれば、良弁によって最初の講説の講師として招請された大安寺の審詳に求めるべきであろう。[114]「青丘留学華厳審詳大徳」[115]「新羅学生審祥大徳」[116]と称される審詳には新羅への留学経験があり、また唐に渡って法蔵に師事したとの所伝も残る。[117]その関係からか蔵書は相当あったらしく、正倉院文書には審詳の経論章疏を奉請もしくは書写した事例が散見する。堀池春峰氏は、これらをもとに「大安寺審詳師経録」を作成されているが、[118]それによると審詳の所持する書目は論章疏を中心に一七〇部六四五巻に及び、華厳のみならず法性・唯識・法華・律など広範な分野にわたっている。なかでも注目されるのは、元暁・義寂・玄一・義湘・大行・憬興といった新羅学匠の著作が並ぶ点で、元暁の場合は三二部七八巻と最も多い。

先の**表2**「章疏目録」には、審詳の蔵書との対応関係も示しておいたが、これをまず『華厳経』の章疏について見ると、主要なものは所持するとしても、智儼の46『華厳経捜玄記』・82『華厳問答（華厳五十要問答）』、法蔵の71『華厳綱目』・72『華厳関脈義記』・74『華厳玄義章』・76『華厳七処八会』・78『華厳五教章』・85『華厳経伝記』などがここには認められない。史料的な制約があるので、「経録」に漏れた蔵書があることを考慮しなければならないが、それでも法蔵の著作が「章疏目録」に比して少ない点には留意する必要がある。この他に、『八十華厳』の注釈書である慧苑の43『続華厳経略疏刊定記』や宗一の44『華厳経疏』、表員の77『華厳文義要決』も認められな

いが、この三書は審詳の留学時に入手できなかった可能性がある。次に、『起信論』『楞伽経』等の章疏の場合は、元暁の著作がすべてと、新訳『起信論』の注釈書と見られる大行の61『起信論疏』を蔵する点が特筆される。これらは新羅留学の成果といえるであろう。しかし、『楞伽経』の章疏は元暁疏以外はなく、また止観関係の書も認められない。

このように、審詳は、元暁の著作を除けば、華厳宗に必備とされた章疏をさほど所持していなかったようであるが、といって『華厳経』講説開始以前の東大寺（金鐘寺）に審詳に匹敵するような華厳学匠がいたとの所伝も残らないので、東大寺における本格的な『華厳経』研究の基礎は、この審詳によって作られたと見なして誤りはないだろう。『三国仏法伝通縁起』巻中（華厳宗）には、最初の講説は法蔵の42『華厳経探玄記』を用いて進めたと記されている。つまり、それは法蔵教学に即した講説であったというのであるが、これは審詳の蔵書に照らしても問題のないところである。しかし、ここで注意しなければならないのは、元暁の著作がどのように扱われていたのかという点である。「章疏目録」に挙がる元暁の著作をすべて蔵していたとなれば、これらの華厳宗への配備には、審詳の影響があったと解されるからである。

これについては憶測の域を出ないが、まず法蔵の教学が元暁の影響を受けていることからすれば、その理解を深めるために、これらの著作が参照されていたことは否めないであろう。もう一点は実践である。審詳の蔵書にはこの分野のものが乏しいが、関心が薄かったわけではない。「凝然録」には、審詳の著作として『花厳起信観行法門』一巻が挙げられている。現存しないものの、書名から推して、華厳関係の観門書や『起信論』などから止観法に関する記述を抄出し、それぞれに解説を加えたものと見られる。このような書が作られたのは、前記の『略明開朦初学坐禅止観要門』や『大乗止観法門』、それに菩提達摩や尚徳らの著わした『楞伽経』の章疏などが、入手できな

かったからであろう。審詳の実践に寄せる関心の強さを、こうした抄出本から読み取ることができる。恐らく、元暁の62『起信論疏』や66『金剛三昧経論』を通して得た実践法の重要性を、審詳なりに会得するために、このような書が作られたのではなかろうか。教学だけではなく、実践を重視する姿勢も審詳によって植えつけられたと考えられるのである。

とはいえ、審詳の蔵書だけでは十分といえなかったので、良弁は講説に関わった学匠らとともに、別途教学や実践に必要な章疏の収集に従事したものと見られる。その際、彼らにとって重要な存在となったのが、審詳と同じく大安寺に止住し、『三国仏法伝通縁起』に「賷二華厳宗章疏一始伝二日本一」（巻中、華厳宗）、「多賷二華厳章疏及律宗行事鈔等一来朝」（巻下、律宗）[119]と伝えられる道璿であった。

天平八年（七三六）に来朝した道璿（七〇二〜七六〇）については、『延暦僧録』の「高僧沙門釈道璿伝」（逸文）に「依二華厳浄行品一々依行」「与二華厳浄行品一理相扶会」[120]と記され、『華厳経』の浄行品に依拠した修行を実践したことが強調されている。一方、『内証仏法相承血脈譜』[121]の「大唐大光福寺道璿和上」の項には、天平宝字年中（七五七〜七六五）の「吉備朝臣真備纂」から「和上毎誦二梵網之文一」「遂集二註菩薩戒経一三巻」と引用し、さらに「自余行迹、具載二碑文一」としてその「前序」を引き、「昔三蔵菩提達磨、天竺東来至二於漢地一、伝二禅法於慧可一、可伝二僧璨一、璨伝二道信一、信伝二弘忍一、忍伝二神秀一、秀伝二普寂一、寂即我律師所レ事和上也」と記している。「纂」にある「集二註菩薩戒経一三巻」とは、『東域伝灯目録』に載せる「註梵網経三巻道璿師於日本撰之」を指すのであろう。[122]『梵網経』は『華厳経』の菩薩戒思想を発展させた梵網戒を説く経典であるから、「伝」逸文にいう『華厳経』への傾倒と通じるものがある。その意味で、『伝通縁起』に見える日本に華厳章疏をもたらせたとの記述は、信が置けそうである。また、「碑文」の「前序」から、道璿が達摩に始まり弘忍（六〇二〜六七五）―神秀（?〜七〇六）―普

寂（六五一～七三九）と続く北宗禅の系統に属することが知られるが、これより禅宗関係の書籍も相当将来していたことを窺わせる。

光明皇后発願「五月一日経」書写の底本収納や返送等を記録するために、東大寺造営機関の写経所で作成された「律論疏集伝等本収納幷返送帳」には、天平十七年十二月二十四日に長官宮宣により『梵網経』二巻が「道宣所」へ奉請され、同十九年三月には「唐道宣師」より『六巻抄』一部一九巻を奉請したことが記されている。[123]ここに見える「道宣」「唐道宣」とは、道璿を指すのであろう。当時の写経所では、書写用の底本を各所に求めていたが、多数の章疏類を将来していたと見られる道璿のもとにも探索の手は及んでいたのである。これは、写経所のみならず学僧にとっても便宜が期待できるものであったはずで、良弁らは『華厳経』研究の環境を整備するために、必要な章疏を道璿に求めていたものと思われる。とりわけ、実践修行に関する書は重要であり、弘忍門下の慧能（六三八～七一三）に始まる南宗禅で『金剛般若経』が重用されるなか、北宗禅ではなお伝持されたという『楞伽経』[124]の章疏の大半は、道璿の蔵書に依ったと見られるのである。

華厳宗に必備とされる章疏類は、まず審詳の蔵書をもとに構成され、さらに道璿の将来した章疏をもって補完しつつ、「章疏目録」のような体裁に整えられていったと考えられる。[125]もちろん、この両者以外からの補塡もあったであろうが、それは少数部にとどまったであろう。

おわりに

本稿では、天平勝宝三年（七五一）五月二十五日付の「華厳宗布施法定文案」とそれに付された「章疏目録」に

記載される華厳関係の経論章疏を検討し、東大寺華厳宗の学問は法蔵の教学を核に据えるものであり、それに即した実践修行のあり方にも注意が払われていたことなどを指摘した。

法蔵の教学は、法相宗との対峙の中から生み出されたが、それは唐の仏教界でのことであり、当時の日本において華厳と法相の間に深刻な対立が生じていたわけではなかった。両者は六宗の宗派として並存し、いずれも国家（天皇）への奉仕に専念することを目的としていたからである。しかし、そのなかで、法相宗の後に登場した華厳宗には、『華厳経』を至上とする教義のもとに、既存の諸宗派を包摂して序列化する独特の理論の体系が構築されていた。従って、六宗の一つに数えられるとしても、華厳宗は他宗よりも優位な立場にあったことを認めねばならない。華厳宗が所依とする『華厳経』が円教（完全な教え）であるならば、仏教に関心を寄せる世俗の権力はこれへの依存を強めることになる。聖武天皇による盧舎那仏（大仏）の造立、『華厳経』を三蔵の根本に据えるとの宣言は、まさにその具体例といえるであろう。[126] 東大寺の華厳宗と、それに先行する「知識華厳別供」に連なる人々は、こうした聖武の意を受けて法蔵教学の摂取に励むとともに実践面でも研鑽を積み、聖武の出家後は、来るべき華厳蔵世界への往生のために修行実践を支えていったものと見られる。

このように、東大寺の華厳宗は聖武の動向と密接な関係にあったが、審詳や道璿それに大仏開眼供養会で開眼師となった菩提僊那[127]（七〇四〜七六〇）の止住する大安寺、『華厳経』講説の講師を勤めた厳智[128]や開眼供養会で『華厳経』を講じた隆尊[129]のいる元興寺の場合は、東大寺に比して聖武との距離がある分、その華厳学の内容は異なっていたように思われる。もちろん、両寺とも「布施法定文案」や「章疏目録」に載せられる経論章疏の多くは所蔵していたであろうが、『華厳経』研究の伝統という点では東大寺に勝るところがあり、[130] 新羅仏教の摂取も含めてその蓄積は相当なものになっていたはずである。東大寺では法蔵教学の理解や実践法に供されたと見られる元暁の『華厳

経』『大乗起信論』研究の成果が、大安寺や元興寺でどのように受容されていたのかは興味深い問題で、恐らくこの点が、東大寺の華厳学との相違を生み出していたのではないかと想像される。(131)

東大寺の華厳宗は、天平勝宝四年四月九日（乙酉）の大仏開眼供養会で一つの頂点に達し、同八歳五月二日（乙卯）に聖武が没すると、(132)当面の役割を終えることになる。その後の華厳宗は、いわば施主から解き放たれた形で展開するものと見られるが、その具体的な様相は杳として定かでないのが実情である。

註

（1）『続日本紀』。日付の干支も同じ。「はじめに」で年月日を付した事項および引用史料は、断らない限り『続日本紀』による。

（2）聖武天皇の出家については、岸俊男「天皇と出家」（同編『まつりごとの展開〈日本の古代・七〉』中央公論社、一九八六年）を参照。

（3）『東大寺要録』巻第五・諸宗章第六収載「東大寺華厳別供縁起」。筒井英俊校訂・再版（国書刊行会、一九七一年）による。

（4）堀池春峰「華厳経講説よりみた良弁と審詳」（同『南都仏教史の研究』上・東大寺篇、法藏館、一九八〇年。初出は一九七三年）。

（5）石田茂作『写経より見たる奈良朝仏教の研究』第二編第二章第一節「花厳宗」（㈶東洋文庫、一九六六年再版。初版は一九三〇年）。

（6）奈良末平安初期の華厳教学研究については、石井公成『華厳思想の研究』第一部第六章「日本の初期華厳教学――寿霊『五教章指事』の成立事情――」（春秋社、一九九六年）、高原淳尚「寿霊『五教章指事』の教学的性格について」（『南都仏教』六〇、一九八八年）で考察が加えられている。なお、薗田香融「最澄の論争書を通じて見た南都教学」（同『平安仏教の研究』法藏館、一九八一年。初出は一九六〇年）では、天平期の華厳教学隆盛の背後

には、救済論的側面を重視する唯識研究があったと述べられていて示唆的であるが、本稿では華厳数学に限定して考察を試みることにする。

(7) 吉津宜英『華厳禅の思想史的研究』(大東出版社、一九八五年、a)、同『華厳一乗思想の研究』(大東出版社、一九九一年、b)、木村清孝『中国華厳思想史』(平楽寺書店、一九九二年)、鎌田茂雄『華厳学研究資料集成』(大蔵出版、一九九三年再版。初版は一九八三年)、石井前掲註(6)著書、李恵英『慧苑撰『続華厳経略疏刊定記』の基礎的研究』(同朋舎、二〇〇〇年)、中村薫『中国華厳浄土思想の研究』(法藏館、二〇〇一年)、大竹晋『唯識説を中心とした初期華厳教学の研究──智儼・義湘から法蔵へ──』(大蔵出版、二〇〇七年)など。この他の研究は以下で適宜言及する。

(8) 続々修四十二ノ三、『大日本古文書』十一ノ五五七~五六二。この「布施法定文案」とこれに付された「章疏目録」(後述)に掲出される書目について、堀池春峰氏は「この華厳関係の論疏は、何んといっても華厳研究の動向を示唆する書目であり、翌年の大仏開眼供養会に充当すべく完成を急がれた六宗厨子に納置すべく、前年より書写を進めた華厳宗厨子収納の意図をもつものであったろう」と指摘されている(前掲註(4)論文、四〇一頁)。「布施法定文案」の詳細については、鬼頭清明「南都六宗の再検討」(笹山晴生先生還暦記念会編『日本律令制論集』上巻、吉川弘文館、一九九三年)、黒田洋子「「布施勘定帳」の基礎的分析」(正倉院文書研究会編『正倉院文書研究』六、一九九九年)、中林隆之『日本古代国家の仏教編成』第四章第二節一「花厳宗の性格」(塙書房、二〇〇七年)を参照。

(9) 『大正蔵』五五ノ一一三二下~一一三五中。

(10) 『大日本仏教全書』一ノ二四七~二五六。この「花厳宗経論章疏目録」には撰者名が記されていないが、謙順が寛政二年(一七九〇)に著わした『諸宗章疏録』巻二の中に、「戒壇院国師凝然撰集」として「華厳章疏目録二巻」を挙げる(『同』一ノ一一六)ので、凝然の作と解されている。

(11) 続修後集三十八、『大日本古文書』三ノ五四八。

(12) 堀池春峰「金鐘寺私考」(前掲註(4)著書。初出は一九五五年)、山本幸男「『華厳経』講説を支えた学僧たち──正倉院文書からみた天平十六年の様相──」(『南都仏教』八七、二〇〇六年。本書第二章)。「知識華厳別供」

創設の所伝は「東大寺華厳別供縁起」（前掲註（3）参照）による。本稿では、東大寺華厳宗を華厳学僧によって構成される学団の意として使用している。こうした学団の実態については、山下有美「東大寺の花厳衆と六宗――古代寺院社会試論――」（『正倉院文書研究』八、二〇〇二年）で考察が加えられている。

（13）「布施法定文案」と次に掲げる注文の紙数は、宮内庁正倉院事務所頒布の正倉院古文書マイクロフィルム紙焼写真による。

（14）「布施法定文案」に記される布施額や合点・櫃数・帙数等の注記は、この表では除いている。この点は後掲の**表2**でも同じである。なお、本文中で使用する経論章疏名は、『華厳経』『法華経』のように通称を主に用いることにする。また、別称がある場合は括弧内に示し、長い名称は略記することがある。

（15）『大正蔵』五五ノ六八〇上～七〇〇下。五八九中～五九〇下も参照。

（16）ただし、「凝然録」には、3『信力入印法門経』五巻・7『荘厳菩提心経』一巻が記載されていない。

（17）経論章疏の内容は、小野玄妙編『仏書解説大辞典』（大東出版社、一九三二～三五年、一九七五～七八年）、鎌田茂雄・河村孝照・中尾良信・福田亮成・吉元信行編『大蔵経全解説大事典』（雄山閣出版、一九九八年）によるが、個別研究を参照している場合は適宜その旨を記す。なお、仏教用語の理解は、中村元『仏教語大辞典（縮刷版）』（東京書籍、一九八一年）、中村元・福永光司・田村芳朗・今野透・末木文美士編集『岩波仏教辞典・第二版』（岩波書店、二〇〇二年）による。

（18）如来蔵系の経典については、高崎直道「如来蔵思想の歴史と文献」（平川彰・梶山雄一・高崎直道編集『講座・大乗仏教』六、春秋社、一九八二年）を参照。

（19）新旧の『華厳経』の構成は、木村前掲註（7）著書第一章「華厳経典の成立と流布」を参照。

（20）Ⓑに分類した経論のうち、23『大薩遮尼乾子所説経』一〇巻・24『諸法無行経』二巻・35『一乗仏性権実論』三巻・39『入大乗論』二巻・40『三无性論』二巻には対応する章疏が認められないが、他の経論章疏の所説を解する上で必要と見なされたのであろう。『仏書解説大辞典』によると、この五部に対応する章疏は、その当時においては存在しなかったようである。

（21）法蔵をめぐる人々については、木村清孝「華厳経の受容と法蔵の生涯」（鍵主良敬・木村清孝『人物中国の仏

教・法蔵』大蔵出版、一九九一年）を参照。

(22) 掲載順に挙げると、『華厳問答』二巻・『華厳翻梵語』一巻・『華厳梵語及音義』一巻・『華厳三昧観』一巻・『華厳唯識章』一巻・『華厳法界義海』一巻・『華厳三宝礼』一巻・『華厳讃礼』一巻・『金師子章』一巻になる。

(23) 法蔵の著作には作成時不明のものが多いが、ここでは吉津宜英前掲註(7)b著書第二章「法蔵の伝記と著作」、木村前掲註(21)論文を参照して配列を試みた。

(24) 82『華厳問答』が智儼の『五十要問答』にあたることは、石井公成前掲註(6)著書第一部第二章「智儼の華厳教学」一六二～一六三頁を参照。

(25) 智儼の教判論は、木村前掲註(7)著書第四章「華厳教学の形成」八四～九〇頁による。この他、吉津前掲註(7)b著書第一章「智儼の同別二教論」を参照。

(26) 『華厳五教章』に示される教判論については、吉津前掲註(7)b著書第三章第三節「『華厳五教章』における五教判の確立」、鎌田茂雄『仏典講座二八・華厳五教章』一三六～一五四頁（大蔵出版、一九七九年）を参照。

(27) 木村前掲註(7)著書第五章「華厳教学の大成」一四三～一四五頁。

(28) 『大正蔵』五一ノ一七二中。

(29) 『類聚三代格』巻二「年分度者事」。

(30) 石田茂作前掲註(5)著書附録「奈良朝現在一切経疏目録」（以下、石田目録と称す）。

(31) 『大正蔵』五一ノ一七二中。

(32) 木村前掲註(21)論文。

(33) 『華厳経伝記』は、吉津前掲註(7)b著書第二章第四節「『華厳経伝記』撰述の意義」で詳細な検討が加えられている。

(34) 石田目録。前掲註(30)参照。

(35) 吉津前掲註(7)b著書第四章「『華厳経探玄記』における一乗大乗批判」では、『探玄記』の玄談部分を中心に詳細な考察が加えられている。

(36) 凝然の『三国仏法伝通縁起』巻中・「華厳宗」には、「首尾三年講㆓六十経㆒、一年二十巻、三年之中終㆓六十巻㆒、

以二探玄記一講二六十経一」と見える（『大日本仏教全書』一〇一ノ一一六）。
(37) 木村清孝前掲註(21)論文。
(38) 木村前掲註(21)論文。
(39) 前掲註(24)参照。
(40) 『続蔵経』一ノ一。木村前掲註(7)著書第七章「華厳教学の革新」二〇八～二〇九頁参照。
(41) 吉津前掲註(7)b著書第一章第五節「義湘の教学と同別二教」九五頁。
(42) 神田喜一郎「唐賢首国師真蹟「寄新羅義湘法師書」考」（『南都仏教』二六、一九七一年）。
(43) 書簡の解釈は、鎌田茂雄『新羅仏教史序説』第二部第四章一「義湘にあてた法蔵の書簡」による。
(44) 木村前掲註(7)著書第二章「『華厳経』の伝訳とその研究」四四頁。
(45) 『大正蔵』五一ノ一五六中～一五七中。
(46) 『大正蔵』五一ノ一五七中～下。
(47) 『仏書解説大辞典』第五巻「十地経論」の項の指摘による。
(48) 竹村牧男「地論宗・摂論宗・法相宗――中国唯識思想史概観――」（『講座・大乗仏教』八、一九八二年）。
(49) 『三国遺事』は古典刊行会景印本（学習院東洋文化研究所刊、一九六四年）による。
(50) 『大正蔵』三五ノ一一〇下～一一一中。
(51) 福士慈稔『新羅元暁研究』第五章第二節「新羅時代諸師の元暁著述の引用」二四八～二五六頁（大東出版社、二〇〇四年）。
(52) 以下に述べる『大乗起信論』の概要は、平川彰『仏典講座二二・大乗起信論』（大蔵出版、一九七三年）の本文解説を参照している。『起信論』は、序分（帰敬序）・正宗分・流通分（廻向頌）から構成され、本論にあたる正宗分は因縁分・立義分・解釈分・修行信心分・勧修利益分からなる。一心・二門・三大の綱格は立義分で提示され、解釈分で詳細な解説が施されていく。
(53) 中国における唯識思想の受容については、竹村前掲註(48)論文を参照。
(54) 高崎直道「華厳思想の展開」（『講座・大乗仏教』三、一九八三年）。

(55) 以下に述べる法蔵が対峙することになった法相宗の動向については、木村宣彰「法蔵における『大乗起信論義記』撰述の意趣」(井上克人編『『大乗起信論』の研究(関西大学東西学術研究所研究叢刊十五)』関西大学出版部、二〇〇〇年。初出は一九九五年)に負うところが大きい。

(56) 『成唯識論』は、護法(五三〇~五六一)の説を正義とし、十大論師の別釈を参糅翻訳したものとされている。結城令聞『唯識学典籍志』三〇八~三〇九頁(大蔵出版、一九六二年)参照。

(57) 玄奘以前の旧訳経典では阿黎耶識(阿梨耶識)と表記されるが、その内容は阿頼耶識と異なるため、以下では両者を使い分けることにする。

(58) 木村宣彰前掲註(55)論文。吉津宜英氏は、法蔵の『大乗起信論義記』執筆の意図を、『起信論』と玄奘仏教の和会や一心観によって『華厳経』と『起信論』とを一体視する元暁への批判に求めている(前掲註(7)b著書第七章「『大乗起信論義記』の成立と展開」五五八~五六一頁)が、木村氏はこの論文の「おわりに」で、「たとえが必ずしも適切ではないが、法蔵にとってまさに正面の敵は法相宗であり、元暁への批判は返す刀で十分であろう。筆者としては法蔵が単に元暁への批判として『起信論義記』を撰述したとはとうてい考えられない」と述べる。元暁の『起信論』研究、元暁と法蔵の関係については、本節の2と3で取り上げる。

(59) 『大正蔵』四四ノ二四三中。

(60) 『大正蔵』四四ノ二五〇上。

(61) 鎌田前掲註(26)著書一三九頁。

(62) 『大正蔵』四四ノ二四三下~二四四下。木村宣彰前掲註(55)論文では、(4)教所被機に対する詳細な検討がなされている。以下の(4)をめぐる叙述は、この木村論文を参照している。

(63) 木村清孝前掲註(21)論文。

(64) 石井公成前掲註(6)著書第一部第三章第二節「元暁の教学」一九五~一九七頁。この他、福士前掲註(51)著書第三章第四節「元暁の著述の撰述年次」でも著述順が検討されている。

(65) 『起信論』の構成については前掲註(52)を参照。

(66) 『大正蔵』四四ノ二二六中。

(67)　前掲註(66)に同じ。
(68)　『大正蔵』四四ノ一七六上。
(69)　『大正蔵』四四ノ二三〇上。
(70)　『大正蔵』四四ノ二二六下。
(71)　吉津宜英前掲註(7)b著書第七章五〇〇～五〇二頁。
(72)　石井前掲註(6)著書第三章第二節一九三～一九五頁。
(73)　石井前掲註(6)著書第三章第二節二〇六～二〇七頁。
(74)　『大正蔵』四四ノ二〇二中。
(75)　『大正蔵』四四ノ二〇四中。
(76)　前掲註(71)に同じ。
(77)　元暁は『起信論』で説く第八識の阿黎耶識（真妄和合識）を重視したが、ここでは『金剛三昧経』で説かれる第九識の唵摩羅識を根本識と捉えている。鎌田茂雄「新羅元暁の唯識思想」（伊藤真城・田中順照両教授頌徳記念『仏教学論文集』東方出版、一九七九年）によれば、教学史的には地論宗北道派の影響のあることを物語るという。
(78)　金勲『元暁仏学思想研究』第五章「帰一心源」一一九～一二四頁（大阪経済法科大学出版部、二〇〇二年）。
(79)　鎌田茂雄「『十門和諍論』の思想史的意義」（『仏教学』一一、一九八一年）。
(80)　柏木弘雄『大乗起信論の研究――大乗起信論の成立に関する資料論的研究――』第二章「起信論伝播直後の三部作」一八五～一九四頁（春秋社、一九八一年）、吉津前掲註(7)b著書第七章四九四～四九八頁。
(81)　吉津前掲註(7)b著書第七章四九八～五〇〇頁。
(82)　高山寺本の『東域伝灯目録』（高山寺典籍文書綜合調査団編『高山寺本東域伝灯目録』、東京大学出版会、一九九九年）によると、「起信論」の項に「同論疏一巻青丘大衍師古訳／同論疏一巻大衍師新訳」（四九ウ）と記されている。この三行後には「同記一巻大衍《行》集」（五〇オ）とあり、大衍は大行とも称されたようなので、大行には新旧の『起信論』の注釈書があったことが知られる。「章疏目録」に挙がるのは、このうちのいずれであるのか定かではないが、慧遠・元暁・法蔵の三疏（いずれも旧訳の注釈書）とあえて併記されていることから推せば、新訳のものであった可能性

がある。
(83) 福士前掲註(51)著書第四章第二節「華厳宗諸師の元暁著述の引用」一八八～一八九頁。
(84) 柏木前掲註(80)著書「序論」三三頁。
(85) 木村前掲註(21)論文。
(86) 鎌田前掲註(43)著書第二部第四章一、四三一頁。
(87) 鎌田前掲註(43)著書第二部第四章一、四二八頁、福士前掲註(51)著書第四章第二節一八七～一九三頁。
(88) 前掲註(83)に同じ。
(89) 『楞伽経』の概要については、高崎直道『仏典講座一七・楞伽経』一三～六二頁（大蔵出版、一九八〇年）を参照。
(90) 石田目録では、21『注楞伽阿跋多羅宝経』を残冊の現存する智厳述『楞伽経注』（『続蔵経』一ノ九〇）に比定し、この智厳を法蔵の師の智儼と見なしている。しかし、『仏書解説大辞典』第一一巻の「楞伽経注」の項では、智厳と名乗る複数の人物が存在することから、その特定には研究の余地を残すと指摘するので、ここではこれに従って智儼説はとらず、著者名無記入の書目として扱っている。
(91) 『大正蔵』五〇ノ五五二中～下。
(92) 『大正蔵』五〇ノ六六六中～下。
(93) 『大正蔵』五〇ノ六六六中。
(94) 平川前掲註(52)著書一九頁。
(95) 高崎前掲註(18)論文。
(96) 鎌田前掲註(26)著書一二〇～一三五頁、『大正蔵』三五ノ一一〇下～一一一中。
(97) 『大正蔵』五一ノ一五九下。
(98) 『大正蔵』五〇ノ五七四中。
(99) 『大蔵経全解説大事典』の「修習止観坐禅法要」の項による。浄弁（慧弁）は、摂山止観寺僧詮の四友といわれる門人の一人で、『天台小止観』を筆受した人物と想定されている。関口真大『天台止観の研究』第三章三「天台

宗と禅宗の交渉」二一六頁（岩波書店、一九六九年）参照。
(100)「奉写章疏集伝目録」、続々修十三ノ三、同十三ノ二、『大日本古文書』十二ノ五一六、五二五。いずれも天平勝宝五年五月七日に類収されている。
(101) 前掲註(100)に同じ。
(102) 福士前掲註(51)著書第四章第二節一八九〜一九三頁。
(103)『天台小止観』は鑑真によって将来されたのであろう。「唐大和上東征伝」によると、鑑真によって内裏に進上された書目の中に「小止観一巻」が見える（『群書類従』五ノ五三九）。
(104) 平川前掲註(52)著書附録・柏木弘雄「『起信論』のテキスト、及び研究書」三九六〜三九七頁。
(105) 福士前掲註(51)著書第三章第三節「蔵書目録にみられる元暁著述」一六二〜一六七頁。
(106)『大正蔵』四四ノ二八三中。
(107) 鎌田茂雄氏は、法蔵が具体的な止観の実践法をほとんど説くことがなかったのは、『天台小止観』が存在していたからであると指摘する（同『中国仏教史』第六巻第四章第五節「華厳宗」六八二頁〈東京大学出版会、一九九九年〉）。
(108) 止観門および専修念仏の理解は、宇井伯壽・高崎直道訳注『大乗起信論』二七三〜二八六頁（岩波文庫、一九九四年）による。
(109)『大正蔵』五一ノ一六三下。
(110) 義天の録した『新編諸宗教蔵総録』巻三の「大乗起信論」の項には、智儼述として義記一巻、疏一巻を挙げる（『大正蔵』五五ノ一一七五上）。智儼の往生観については、本書第九章を参照。
(111) 高崎前掲註(89)著書三五頁。
(112)『大正蔵』八五ノ一二八五中。
(113) 柳田聖山集第六巻『初期禅宗史書の研究』第六巻第三節「禅と禅宗――その二――」四四八頁（法藏館、二〇〇〇年。初版は一九六七年）。
(114) 審詳については堀池前掲註(4)論文を参照。

(115)『華厳一乗開心論』下巻（『大正蔵』七二ノ一三下）。
(116)「東大寺華厳別供縁起」（前掲註(3)参照）。
(117)『三国仏法伝通縁起』巻中「華厳宗」（『大日本仏教全書』一〇一ノ一一六）。
(118)堀池前掲註(4)論文。山下前掲註(12)論文でも審詳の所蔵経論疏（推定を含む）が一覧化されているが、ここでは堀池論文に従った。
(119)『大日本仏教全書』一〇一ノ一一五、一一二。
(120)『日本高僧伝要文抄』第三。
(121)『伝教大師全集』巻一（世界聖典刊行協会、一九七五年復刻）。
(122)『高山寺本東域伝灯目録』三八ウ（前掲註(82)参照）。末木文美士「奈良時代の禅」（同『日本仏教思想史論考』大蔵出版、一九九三年。初出は一九八八年）参照。
(123)正集二十一裏、『大日本古文書』九ノ三六六、同一裏、『同』十ノ五五三～五五四。この帳簿については本書第二章を参照。
(124)高崎前掲註(89)著書一三頁、柳田前掲註(113)著書第二章「北宗に於ける灯史の成立」八七～九七頁。
(125)道璿は、天平八年に来朝すると、道慈により新建中の大安寺の僧坊に居を構えたと推定されている（堀池春峰「婆羅門菩提僧正とその周辺」〈同『南都仏教史の研究』遺芳篇、法藏館、二〇〇四年。初出は一九八八年〉）。将来した章疏類は、内裏へ進上されたあと道璿のもとに戻されたと見られるので、同十二年から始まる『華厳経』講説の講師を勤めた審詳は、その蔵書を参照し、さらに借請して書写もできた可能性があるが、「大安寺審詳師経録」（堀池前掲註(4)論文）を見る限り、華厳や禅関係への道璿の影響は読み取りにくい。
(126)森本公誠「東大寺と華厳経――聖武天皇による華厳経止揚への過程を追って――」（『南都仏教』八三、二〇〇三年）では、聖武天皇は『金光明最勝王経』でもって律令国家の護持をはかるとともに、『華厳経』の説く十方世界の観念（普遍的世界観）をもとに天然痘と災異によって疲弊した日本国家の再生と繁栄を構想したと指摘する。
(127)『東大寺要録』巻第二・供養章第三所載、天平勝宝四年三月二十一日付「勅書」。菩提僊那の大安寺止住は「南天竺波羅門僧正碑幷序」（『寧楽遺文』下ノ八八七～八八八）による。

(128)『東大寺要録』巻第五・諸宗章第六収載「東大寺華厳別供縁起」。
(129) 天平勝宝四年三月二十一日付「勅書」（前掲註(127)参照）。隆尊が元興寺僧であることは、『延暦僧録』逸文「高僧沙門釈隆尊伝」（『日本高僧伝要文抄』第三）による。
(130) 元興寺と大安寺での『華厳経』研究の様相については、山本幸男「天平十二年の『華厳経』講説――金鐘寺・元興寺・大安寺をめぐる人々――」（続日本紀研究会編『続日本紀の諸相』塙書房、二〇〇四年。本書第一章）を参照。
(131) 吉津宜英氏は、新羅では太賢のように元暁の一心観に立って法蔵の別教一乗を一乗大乗と同じてしまうような教学（元暁・法蔵融合形態）が現われ、それが審詳によって日本へもたらされ東大寺造営や大仏建立に影響を与えた、との仮説を提示されている（吉津前掲註(7)b著書第七章五五一～五六一頁、同「全一のイデア――南都における「華厳宗」成立の思想史的意義――」〈鎌田茂雄博士古稀記念会『華厳学論集』大蔵出版、一九九七年〉）。その成否については、今後の研究の進展に俟つところが多いが、大安寺や元興寺の華厳学を考える上では有益な視点になるように思われる。
(132) 大仏開眼供養会と聖武の没した日付は『続日本紀』による。

付論1　華厳宗関係章疏目録
——勝宝録・円超録を中心に——

ここに提示する「華厳宗関係章疏目録」（以下、本表と称す）は、奈良・平安前期における華厳教学研究の様相を知る上で不可欠な華厳宗の関係章疏類を、天平勝宝三年（七五一）五月二十五日付「華厳宗布施法定文案」に貼り継がれる「章疏目録」(1)（以下、「勝宝録」と称す）、「華厳宗章疏幷因明録」(2)（円超著、延喜十四年〈九一四〉。以下、「円超録」と称す）、「花厳宗経論章疏目録」(3)（凝然〈一二四〇～一三二一〉著。以下、「凝然録」と称す）をもとに一覧化し、併せて『東域伝灯目録』(4)（永超著、寛治八年〈一〇九四〉。以下、「永超録」と称す）、『新編諸宗教蔵総録』(5)（義天著、高麗宣宗七年〈一〇九〇〉。以下、「義天録」と称す）との照合結果を示したものである。現存する目録は、「勝宝録」が東大寺の華厳宗僧らが華厳関係の経論四〇部を書き上げた「布施法定文案」に付された注文(6)、「円超録」と「凝然録」の著者が東大寺僧という具合に、いずれも東大寺の華厳宗に関わるものであるが、興福寺僧永超の手になる「永超録」冒頭の弘経録一・華厳部が「円超録」をもとに作成されるように(7)、これらは華厳学研究のための基本的な章疏目録として他寺院の僧らに把握されていたようである。

次に本表の凡例を示しておく。

㈠章疏類の著者は、「勝宝録」「円超録」に掲載されるものに限定している。従って、「凝然録」に見える宗密

（圭峰大師）・恵英・紹元・本嵩・宗順ら以下の著作は、ここに掲載していない。なお、「円超録」に併記される和書および因明疏記は除いている。

㈡全体を、『華厳経』関係、『大乗起信論』『楞伽経』関係、[8]その他、に大別し、それぞれに分類される著作を、華厳宗外、華厳宗、新羅、年代・著者不明、の順に示している。配列は概ね年代順であるが、学統関係がある場合は必ずしもこれに従っていない。

㈢書名と巻数は各目録の記述に拠るが、異動のある場合および注記が必要な場合は括弧内に示した。この点は著者名も同じである。

㈣「凝然録」の末尾には、「自下所レ列、或在二唐土一、或行二高麗及新羅等一、不レ伝二日本一。或伝二此国一、而逸不レ行。而今惣列レ之、顕二宗師之章疏名字一矣」として五一部の論章疏を挙げている。本表では、そのうちの四一部が該当するので、それぞれに＊印を付しておいた。

㈤「永超録」は弘経録一の華厳部に、「義天録」は巻一の『大華厳経』の項にそれぞれ挙げられる章疏を対象とするが、三目録との照合のために他の部や経論に分類されるものも含んでいる。なお、『華厳経』『大乗起信論』『楞伽経』の章疏の場合は「永超録」「義天録」にのみ見えるものも掲出している。

㈥三目録との照合に「永超録」を用いたのは、「凝然録」では「円超録」に次いで「花厳経章疏録一巻出二東域伝録上巻中一」と記され、華厳関係の章疏目録として重視されていることによる。「義天録」は、中国各地で収集された諸宗の章疏の目録で、[9]「永超録」と近接した時期に編纂されている。当時の日本と高麗における華厳関係章疏の伝存状況を比較する上で有益である。

華厳宗の所依とする経論は一覧化していないが、各目録での掲出状況を示すと次のようになる。

「勝宝録」が貼り継がれる「布施法定文案」には、『開元釈教録』巻一九に収載される入蔵録の大乗経華厳部二六部の中から一九部の経典、さらに『楞伽阿跋多羅宝経』四巻・『入楞伽経』一〇巻・『大薩遮尼乾子所説経』一〇巻・『諸法無行経』二巻・『入法界体性経』一巻・『大方等如来蔵経』一巻・『十住断結経』一〇巻・『不増不減経』一巻・『金剛三昧経』二巻・『菩薩瓔珞（瓔珞）本業経』二巻・『法界体性无分別経』二巻・『大方広如来性起微密蔵経』二巻、論では『十住毗婆沙論』一四巻・『十地経論』一二巻・『一乗仏性権実論』三巻・『大乗起信論』一巻・『大乗起信論』二巻・『法界無差別論』一巻・『入大乗論』二巻・『三无性論』二巻を挙げる。[10]

「円超録」では経はなく、論では『十住毗婆娑論』一六巻・『十住論』一〇巻・『十地論』一〇巻・『法界無差別論』一巻・『大乗起信論』一巻・『大乗起信論』二巻・『宝性論』六巻・『仏地論』七巻の八部である。

「凝然録」では、経は入蔵録の大乗経華厳部から二四部、これに加えて『花厳経』四〇巻・『度諸仏境智厳経』一巻・『十地経』九巻・『普賢行願讃』一巻・『花厳入法界品四十二字観門』一巻・『入法界品頓証法身字輪瑜伽儀軌』一巻、論は『十地論』一二巻・『十住毗婆娑論』一四巻・『十住論』一〇巻の三部である。

「永超録」と「義天録」には経論は認められない。

註

（1）　続々修四十一ノ二、『大日本古文書』十一ノ五五七〜五六八。
（2）　『大正蔵』五五ノ一一三二下〜一一三五中。
（3）　『大日本仏教全書』一ノ二四七〜二五六。
（4）　高山寺典籍文書総合調査団編『高山寺本東域伝灯目録』（東京大学出版会、一九九九年）。
（5）　『大正蔵』五五ノ一一六五下〜一一七八下。

（6）「勝宝録」と「布施法定文案」については、山本幸男「東大寺華厳宗の教学と実践――天平勝宝三年の「章疏目録」を通して――」（『南都仏教』九一、二〇〇八年。本書第三章）で検討を加えているので参照されたい。
（7）末木文美士「『東域伝灯目録』の諸問題」（前掲註（4）書所収）。
（8）大別にあたり『大乗起信論』『楞伽経』関係を加えた事情については、山本前掲註（6）論文を参照。
（9）鎌田茂雄『朝鮮仏教史』一六四～一六七頁（東京大学出版会、一九八七年）。
（10）『大正蔵』五五ノ六八〇上～六九一上。

華厳宗関係章疏目録

〔華厳経関係〕

（華厳宗外）

	書名・巻数	年代・著者	天平勝宝三年（七五一）	延喜十四年（九一四）	鎌倉後期	寛治八年（一〇九四）	高麗宣宗七年（一〇九〇）
1	華厳旨帰二巻	東晋　法業		円超録	凝然録	永超録	
2	華厳論六〇〇巻	北魏　劉謙之		円超録	凝然録*	永超録	
3	華厳斎記一巻	斉　竟陵文宣王		円超録		永超録	
4	華厳疏四巻	北魏　慧光（光統・光縁）		円超録	凝然録*	永超録	義天録
5	華厳入法界品鈔一巻	北魏　慧光（光統）		円超録	凝然録*	永超録	
6	古華厳経疏八巻	北魏　慧光（光統）			凝然録*		
7	華厳経疏一〇巻	北魏　慧光（光縁）					義天録
8	華厳経広釈義章一巻	北魏　慧光（光統・光縁）			凝然録*		義天録
9	華厳経論五〇巻（一〇〇巻）	北魏　霊弁	勝宝録	円超録	凝然録	永超録	義天録
10	華厳疏七巻（一〇巻）	北魏　智炬		円超録		永超録	
11	華厳疏五巻	北斉　僧範		円超録		永超録	
12	華厳疏七巻	北斉　曇遵		円超録		永超録	

（華厳宗）

13	華厳疏七巻	北斉　曇衍		円超録		永超録	
14	華厳疏八巻	隋　霊裕		円超録		永超録	
15	華厳旨帰一巻	隋　霊裕		円超録		永超録	
16	華厳文義記六巻	隋　霊裕			凝然録		
17	華厳義疏一〇巻	隋　慧蔵		円超録		永超録	
18	華厳疏七巻（八巻）	隋　慧遠		円超録		永超録	義天録
19	十地論疏（十地経論義記）七巻（一四巻）	隋　慧遠	勝宝録	円超録	凝然録＊	永超録	義天録
20	華厳疏七巻	隋　洪遵		円超録		永超録	
21	蓮華蔵世界海観及弥勒天宮観一巻	隋　霊幹		円超録		永超録	
22	華厳普礼法一巻	隋　智顗		円超録	凝然録＊	永超録	
23	華厳明難品疏一〇巻	隋　曇遷		円超録		永超録	義天録
24	華厳経記一巻	隋　曇遷					義天録
25	華厳十地品疏一〇巻	隋　慧覚		円超録		永超録	
26	華厳遊意一巻	唐　吉蔵		円超録		永超録	
27	華厳疏一二巻	唐　霊弁		円超録			
28	華厳鈔（華厳義抄）一〇巻	唐　霊弁		円超録		永超録	
29	華厳章三巻	唐　霊弁		円超録			
30	華厳疏七巻	唐　法敏		円超録		永超録	
31	華厳疏一〇巻（二二巻）	唐　智正		円超録		永超録	義天録
32	華厳疏一〇巻	唐　光覚		円超録		永超録	
33	華厳善財童子諸善知識録一巻	唐　彦琮		円超録		永超録	
34	華厳骨目一巻	唐　湛然			凝然録		
35	華厳教分記一巻（三巻）	唐　杜順		円超録	凝然録＊	永超録	
36	華厳十玄章一巻	唐　杜順・智儼		円超録	凝然録	永超録	義天録
37	華厳法界観一巻	唐　杜順		円超録	凝然録	永超録	義天録
38	華厳経十門実相観一巻	唐　杜順					義天録

39	五経心観一巻	唐　杜順			凝然録		
40	華厳経方軌（華厳経捜玄記）五巻	唐　智儼	勝宝録	円超録	凝然録	永超録	義天録
41	華厳疏一三巻	唐　智儼		円超録			
42	華厳孔目章四巻	唐　智儼	勝宝録	円超録	凝然録	永超録	義天録
43	華厳問答（華厳五十要問答）二巻	唐　智儼	勝宝録	円超録	凝然録	永超録	義天録
44	華厳玄明要決一巻	唐　智儼		円超録	凝然録*	永超録	
45	華厳供養十門儀式一巻	唐　智儼		円超録	凝然録*	永超録	
46	華厳経六相章一巻	唐　智儼			凝然録*		義天録
47	華厳経入法界品鈔一巻	唐　智儼			凝然録*		義天録
48	華厳経十玄无果章一巻	唐　智儼			凝然録*		
49	華厳経探玄記二〇巻	唐　法蔵	勝宝録	円超録	凝然録	永超録	義天録
50	華厳綱目（華厳経文義綱目）一巻	唐　法蔵	勝宝録	円超録	凝然録	永超録	義天録
51	華厳七処八会一巻	唐　法蔵	勝宝録				
52	華厳経旨帰一巻	唐　法蔵	勝宝録	円超録	凝然録	永超録	義天録
53	華厳問答二巻	唐　法蔵		円超録	凝然録	永超録	
54	華厳三教対弁懸談（一巻）	唐　法蔵		円超録	凝然録*	永超録	
55	華厳翻梵語一巻（古経）	唐　法蔵		円超録	凝然録*	永超録	義天録
56	華厳梵語及音義一巻（二巻）（新経）	唐　法蔵		円超録	凝然録*	永超録	義天録
57	華厳三昧観一巻	唐　法蔵		円超録	凝然録*	永超録	義天録
58	華厳一乗教分記（華厳五教章）三巻	唐　法蔵	勝宝録	円超録	凝然録	永超録	義天録
59	華厳玄義章一巻	唐　法蔵	勝宝録	円超録		永超録	
60	華厳八会章一巻	唐　法蔵		円超録			
61	華厳唯識章一巻	唐　法蔵		円超録		永超録	
62	華厳法界義海一巻	唐　法蔵		円超録	凝然録	永超録	義天録
63	華厳遊心法界記一巻	唐　法蔵	勝宝録	円超録	凝然録	永超録	
64	華厳発菩提心義一巻	唐　法蔵	勝宝録	円超録	凝然録	永超録	

65	華厳関脈義記一巻	唐　法蔵	勝宝録	円超録	凝然録	永超録	
66	華厳仏名二巻	(唐　法蔵)		円超録	凝然録*	永超録	義天録
67	華厳菩薩名一巻	(唐　法蔵)		円超録		永超録	
68	華厳三宝礼一巻	唐　法蔵		円超録	凝然録	永超録	
69	華厳讃礼一巻	唐　法蔵		円超録	凝然録*	永超録	
70	華厳伝（華厳経伝記）五巻	唐　法蔵	勝宝録	円超録	凝然録	永超録	義天録
71	金師子章一巻	唐　法蔵		円超録	凝然録	永超録	義天録
72	華厳伝音義一巻	唐　法蔵			凝然録*	永超録	
73	華厳経還源観一巻	唐　法蔵			凝然録	永超録	義天録
74	華厳一乗法界図一巻	唐　法蔵			凝然録*	永超録	
75	華厳七処九会頌一巻	唐　法蔵			凝然録	永超録	
76	華厳経略疏一二巻	唐　法蔵					義天録
77	華厳経普賢観行一巻	唐　法蔵			凝然録		義天録
78	華厳経色空観一巻	唐　法蔵					義天録
79	華厳経華厳世界海観一巻	唐　法蔵			凝然録		義天録
80	華厳経策林一巻	唐　法蔵			凝然録		義天録
81	華厳経華厳雑章門一巻	唐　法蔵					義天録
82	華厳経三宝別行記一巻	唐　法蔵			凝然録*		義天録
83	華厳経纂霊記五巻	唐　法蔵・慧苑			凝然録		義天録
84	寄海東華厳大徳書一巻	唐　法蔵			凝然録		義天録
85	華厳経七科章一巻	唐　法蔵			凝然録		
86	華厳序注巻一巻	唐　法蔵			凝然録*	永超録	
87	新華厳経略疏一二巻	唐　法蔵			凝然録*		
88	梵網経疏三巻	唐　法蔵		円超録	凝然録	永超録	義天録
89	続華厳経略疏刊定記二四巻（一六巻）	唐　法蔵・慧苑	勝宝録	円超録	凝然録	永超録	義天録
90	華厳施復章（一〇巻）	唐　慧苑		円超録		永超録	

91	新華厳経音義二巻	唐　慧苑		円超録	凝然録	永超録	
92	華厳経刊定別章二巻	唐　慧苑					義天録
93	華厳経九会章一巻	唐　慧苑					義天録
94	随聞要科自防遺忘集一〇巻	唐　文超		円超録		永超録	義天録
95	華厳経開脈一巻	唐　文超					義天録
96	華厳経疏二〇巻	唐　宗一	勝宝録	円超録		永超録	義天録
97	華厳疏三〇巻（二〇巻）	唐　澄観		円超録	凝然録	永超録	義天録
98	華厳法界観玄鏡一巻	唐　澄観		円超録	凝然録	永超録	義天録
99	華厳普賢行願品疏一巻	唐　澄観		円超録	凝然録	永超録	義天録
100	華厳随疏演義鈔三〇巻（四〇巻）	唐　澄観			凝然録	永超録	義天録
101	華厳受菩提心戒一巻	唐　澄観			凝然録*	永超録	義天録
102	華厳経科（大疏科文）七巻	唐　澄観			凝然録*		義天録
103	華厳経貞元疏一〇巻	唐　澄観			凝然録		義天録
104	華厳経三聖円融観一巻	唐　澄観			凝然録		義天録
105	華厳経五蘊観一巻	唐　澄観			凝然録		義天録
106	華厳経十二因縁観一巻	唐　澄観			凝然録		義天録
107	華厳経了義一巻	唐　澄観			凝然録*		義天録
108	華厳経心要一巻	唐　澄観			凝然録		義天録
109	華厳経略策一巻	唐　澄観			凝然録		義天録
110	華厳経綱要三巻	唐　澄観			凝然録		義天録
111	華厳経三品別行疏二巻	唐　澄観			凝然録*		義天録
112	華厳経三品随疏演義鈔五巻科一巻	唐　澄観			凝然録*		義天録
113	華厳入法界十八問答一巻	唐　澄観			凝然録		
114	華厳疏科文一巻	唐　澄観			凝然録*		
115	華厳経疏三一巻	唐　法銑					義天録
116	華厳経刊定記纂釈二一巻	唐　法銑・正覚					義天録

（新羅）

117	梵網経疏二巻	唐 法銑			凝然録		
118	華厳経会釈論一四巻	唐 李通玄		円超録	凝然録	永超録	
119	華厳経論四〇巻（四巻）	唐 李通玄			凝然録		義天録
120	華厳経修行次第決疑論四巻	唐 李通玄			凝然録		義天録
121	華厳経略釈一巻	唐 李通玄			凝然録*		義天録
122	華厳経十門玄義一巻	唐 李通玄			凝然録*		義天録
123	華厳経十二縁生解述顕智成悲論一巻	唐 李通玄			凝然録*		義天録
124	華厳経眼目論一巻	唐 李通玄			凝然録		義天録
125	華厳経会釈両巻	唐 李通玄					義天録
126	華厳経十明論一巻	唐 李通玄			凝然録		
127	華厳論音義一巻	唐 李通玄			凝然録		
128	華厳経疏一〇巻	新羅 元暁	勝宝録	円超録	凝然録	永超録	義天録
129	華厳綱目一巻	新羅 元暁		円超録		永超録	
130	華厳経大乗観行一巻	新羅 元暁					義天録
131	本業瓔珞経疏二巻（三巻）	新羅 元暁			凝然録	永超録	義天録
132	梵網経疏二巻	新羅 元暁			凝然録	永超録	義天録
133	梵網経持犯要記一巻	新羅 元暁			凝然録	永超録	義天録
134	一乗法界図一巻	新羅 義湘	勝宝録		凝然録		義天録
135	華厳経十門看法観一巻	新羅 義湘					義天録
136	華厳経入法界品鈔記一巻	新羅 義湘			凝然録*		義天録
137	華厳経一乗問答二巻	新羅 道身					義天録
138	海印三昧論一巻	新羅 明晶		円超録	凝然録	永超録	義天録
139	華厳文義要決（華厳経文義要決問答）五巻（四巻）	新羅 表員	勝宝録	円超録	凝然録		
140	華厳要義問答三巻	新羅 表員			凝然録		
141	華厳孔目記六巻	新羅 珍嵩		円超録		永超録	
142	一乗法界図一巻	新羅 珍嵩			凝然録		

（年代・著者不明）

	書名・巻数	年代・著者	天平勝宝三年（七五一）	延喜十四年（九一四）	鎌倉後期	寛治八年（一〇九四）	高麗宣宗七年（一〇九〇）
143	註十地論二〇巻			円超録		永超録	
144	十地五門実性論六巻	十地五門師	勝宝録	円超録			
145	華厳文義略纂一巻	顕法師		円超録		永超録	
146	華厳廻心義一巻			円超録		永超録	
147	華厳十会一巻			円超録		永超録	
148	華厳品会名図一巻			円超録		永超録	
149	華厳会請賢聖文一巻			円超録		永超録	
150	綱目記二巻			円超録		永超録	

〔大乗起信論・楞伽経関係〕

（華厳宗外）

	書名・巻数	年代・著者	天平勝宝三年（七五一）	延喜十四年（九一四）	鎌倉後期	寛治八年（一〇九四）	高麗宣宗七年（一〇九〇）
151	四巻楞伽経疏五巻	北魏　菩提達摩	勝宝録				
152	四巻楞伽科文二巻	北魏　菩提達摩	勝宝録				
153	入楞伽経疏五巻	北魏　菩提留支	勝宝録				
154	大乗起信論玄文二〇巻	陳　真諦		円超録		永超録	
155	如来蔵経疏二巻	北斉　曇衍	勝宝録				
156	起信論疏三巻	隋　曇延	勝宝録	円超録		永超録	
157	大乗起信論義疏二巻	隋　慧遠	勝宝録	円超録		永超録	義天録
158	止観二巻	隋　智顗		円超録			
159	起信一心二門大意一巻	隋　智顗			凝然録		
160	楞伽経疏六巻	隋　曇遷					義天録
161	起信論疏一巻（三巻）	隋　曇遷	勝宝録	円超録	凝然録＊	永超録	義天録
162	大乗止観論二巻（一巻）	唐　曇遷	勝宝録	円超録		永超録	

163	起信疏三巻	唐　慧明		円超録		永超録	
	（華厳宗）						
164	注楞伽経七巻	唐　智儼					義天録
165	大乗起信論義記一巻	唐　智儼			凝然録*		義天録
166	大乗起信論疏一巻	唐　智儼			凝然録*		義天録
167	入道禅門秘要一巻	唐　智儼			凝然録*		義天録
168	楞伽心玄記一巻	唐　法蔵		円超録	凝然録	永超録	
169	大乗起信論義記二巻	唐　法蔵	勝宝録	円超録	凝然録	永超録	義天録
170	起信別記一巻	唐　法蔵		円超録	凝然録	永超録	義天録
171	法界無差別論疏一巻	唐　法蔵	勝宝録	円超録	凝然録	永超録	義天録
	（新羅）						
172	金剛三昧経論三巻（六巻）	新羅　元暁	勝宝録	円超録	凝然録	永超録	義天録
173	入楞伽経疏八巻（七巻）	新羅　元暁	勝宝録	円超録		永超録	義天録
174	入楞伽経宗要論一巻	新羅　元暁	勝宝録		凝然録	永超録	義天録
175	起信論疏二巻	新羅　元暁	勝宝録	円超録	凝然録	永超録	義天録
176	起信論別記一巻	新羅　元暁	勝宝録	円超録	凝然録	永超録	義天録
177	起信私記一巻	新羅　元暁		円超録		永超録	
178	大乗起信論宗要一巻	新羅　元暁					義天録
179	大乗起信論大記一巻	新羅　元暁					義天録
180	大乗起信論料簡一巻	新羅　元暁					義天録
181	一道義章一巻	新羅　元暁	勝宝録	円超録	凝然録		義天録
182	二障義章一巻	新羅　元暁	勝宝録	円超録	凝然録		
183	宝性論宗要一巻	新羅　元暁	勝宝録				
184	宝性論料簡一巻	新羅　元暁			凝然録	永超録	
185	不増不減経疏一巻	新羅　元暁	勝宝録		凝然録	永超録	義天録
186	十門和諍論一巻	新羅　元暁	勝宝録	円超録	凝然録	永超録	義天録
187	起信論疏一巻	新羅　大行（大衍）	勝宝録	円超録			
188	起信疏一巻（古訳論）	新羅　大衍（大行）		円超録		永超録	

（年代・著者不明）

	書名・巻数	年代・著者	天平勝宝三年（七五一）	延喜十四年（九一四）	鎌倉後期	寛治八年（一〇九四）	高麗宣宗七年（一〇九〇）
189	起信記一巻	新羅　大衍（大行）		円超録		永超録	
190	四巻楞伽経疏八巻	杜行鎧	勝宝録				
191	入楞伽経疏一二巻	尚徳	勝宝録			永超録	
192	四巻楞伽抄二巻		勝宝録				
193	注楞伽阿跋多羅宝経七巻		勝宝録				
194	起信綱要二巻			円超録		永超録	

〔その他〕

（華厳宗外）　（華厳宗）

	書名・巻数	年代・著者	天平勝宝三年（七五一）	延喜十四年（九一四）	鎌倉後期	寛治八年（一〇九四）	高麗宣宗七年（一〇九〇）
195	法華疏六巻（八巻）	梁　雲法		円超録		永超録	
196	大品玄文四巻	陳　真諦		円超録			
197	九識論二巻	陳　真諦		円超録			
198	大乗義章二〇巻（一四巻）	隋　慧遠		円超録		永超録	義天録
199	肇論呉集解三巻	隋　慧遠			凝然録		
200	仏地論疏六巻	唐　靖邁		円超録		永超録	
201	最勝疏八巻	唐　勝荘		円超録		永超録	
202	会諸宗別見頌一巻	唐　杜順		円超録	凝然録*	永超録	
203	金剛般若経疏一巻	唐　智儼			凝然録		義天録
204	摂大乗論無性釈論疏四巻	唐　智儼			凝然録*		義天録
205	密厳経疏四巻	唐　法蔵		円超録	凝然録	永超録	
206	般若心経疏一巻	唐　法蔵		円超録	凝然録	永超録	義天録
207	十二門論疏一巻	唐　法蔵		円超録	凝然録	永超録	義天録
208	無常経疏一巻	唐　法蔵			凝然録*		義天録

（新羅）

209	摩耶経疏一巻	唐　法蔵			凝然録		
210	大乗権実論二巻	唐　慧苑		円超録		永超録	
211	維摩経疏六巻	唐　法銑		円超録			
212	勝鬘経疏二巻	新羅　元暁		円超録	凝然録	永超録	義天録
213	中辺分別論疏四巻	新羅　元暁		円超録	凝然録	永超録	義天録
214	法華宗要一巻	新羅　元暁		円超録	凝然録	永超録	義天録
215	判比量論一巻	新羅　元暁			凝然録	永超録	義天録
216	金剛般若経疏一巻（三巻）	新羅　元暁			凝然録	永超録	義天録
217	般舟三昧経略一巻	新羅　元暁			凝然録	永超録	義天録
218	両巻無量寿経宗要一巻	新羅　元暁			凝然録	永超録	
219	阿弥陀経疏一巻	新羅　元暁			凝然録	永超録	義天録
220	涅槃経宗要一巻（二巻）	新羅　元暁			凝然録	永超録	義天録
221	実性論料簡一巻	新羅　元暁			凝然録	永超録	
222	弥勒上生経宗要一巻	新羅　元暁			凝然録		義天録
223	遊心安楽道一巻	新羅　元暁			凝然録		
224	上生経疏一巻	新羅　元暁			凝然録		
225	大般若経宗要一巻	新羅　元暁			凝然録		
226	六根懺悔法一巻	新羅　元暁			凝然録		

第四章　慈訓と内裏

――「花厳講師」の役割をめぐって――

はじめに

『続日本紀』によると、天平勝宝八歳（七五六）五月二日（乙卯）に聖武太上天皇が崩ずると、三七日にあたる二十二日（乙亥）に山陵に仕えることを望んだ左衛士督従四位下坂上忌寸犬養と右兵衛率従五位上鴨朝臣虫麿を褒賞する勅が、翌二十三日（丙子）には山陵での大乗経の転読を願い出た看病禅師法栄の名を後世に伝える勅が、それぞれ出されているが、二十四日（丁丑）になると、さらに次のような勅のもとに、聖武の看病のため屈請された禅師らの褒賞がなされている。(1)

勅、奉二為先帝陛下一、屈請看病禅師一百廿六人者、宜レ免二当戸課役一、但良弁・慈訓・安寛三法師者、並及二父母両戸一、然其限者、終二僧身一、又和上鑑真・小僧都良弁・花厳講師慈訓・大唐僧法進・法華寺鎮慶俊・或学業優富、或戒律清浄、堪二聖代之鎮護一、為二玄徒之領袖一、加以、良弁・慈訓二大徳者、当二于先帝不予之日一、自尽二心力一、労二勤昼夜一、欲レ報二之徳一、朕懐罔レ極、宜下和上・小僧都拝二大僧都一、花厳講師拝二小僧都一、法進・慶俊並任中律師上、

ここには、同六年に来日した鑑真（六八八～七六三）とその弟子法進(2)（七〇九～七七八）をはじめとする当代一流

の禅師の名が挙げられ、聖武の看病体制の様子が伝えられているが、その中に、僧綱でもなく寺院の役職でもない「花厳講師」の肩書を持つ慈訓が、良弁とともに昼夜労勤したことを称えているのが注目される。

この「花厳講師」とは、『華厳経』講説の講師の意と解されている[3]。しかし、和上鑑真・少僧都良弁・法華寺鎮慶俊らと比肩される慈訓の地位を、講説時に付される臨時的な職名でもって説明するのは適切とはいえないであろう。ここでいう「花厳講師」には、講説の講師以上の職務、つまり慈訓の力能に即した固有の役割が付与されていたように思われる。

本稿は、このような「花厳講師」の内実を考察し、当時の慈訓の立場に検討を加えようとするものであるが、以下ではまず、関係史料を提示し、先行研究に導かれながら考察の糸口を摑むことにしたい。

一　「花厳講師」の関係史料

慈訓が「花厳講師」であったことを伝える記事は、『続日本紀』では前記の勅だけであるが、正倉院文書には次のような事例が認められる。

(1)天平勝宝四年（七五二）閏三月二十八日付「造東寺司請経論疏注文案」（続々修二ノ十一、十二ノ二五八〜二六二）[4]

（一九部一七七巻の経典に対して。経典名は後掲の**表1**を参照）

三年七月廿七日

右、奉請講師慈訓師所

(2)「外嶋院来牒継文」（塵芥三十五裏、四ノ三三二〜三三八）

a「花厳講師所返抄」

花厳講師所
菩薩蔵経疏十巻白紙牙籤　黄標未題　綺帯　梨軸　綵裏緋裏錦縁
右疏、倹領已訖、即付還使報知
使丸馬主
天平勝宝六年二月廿七日遠江員外少目上毛野君「栗（粟）守」（自署、以下同じ）

b「花厳講師所奉請文」
花厳講師所
新花厳経一部八十巻業行大徳進内者
右、依牒旨奉度、随事了早返上
天平勝宝六年三月廿四日付工石主
遠江員外少目上毛野君「栗守」

(3)天平勝宝七歳二月九日付「外嶋院一切経散帳」（続々修二ノ十、十三ノ一二二～一三二）
（以下、経典名は略。後掲の**表2**を参照）
イ　右六経九巻同帙　*（朱筆、以下同じ）「並請留花厳講師所」(5)
ロ　右*「経一巻請留花厳講師所」
ハ　*「自陀羅尼集（経脱カ）迄六字神呪王経並請花厳講師所」
ニ　*「已上二経
並請上

同講師所」

ホ　丹波員外目日置造正又証本可見

花厳大徳証

ヘ　*「右四経奉請花厳講師所」

ト　*「已上二経並上同講師所」

チ　十二櫃六　奉請花厳講師所

七年二月二日使畠賢達又沙弥常輪

リ　請留花厳講師所為写継

(4)「経疏帙籤等奉請帳」(続々修十五ノ四、十三ノ一九二～二〇一)

離苦慧菩薩所問礼仏経一巻　未曾有経一巻

大方等修多羅王経一巻　造塔功徳経一巻

右、依判官上毛野君(真人)去七歳五月十二日宣、令奉請宮中講師慈訓師所、使馬長庭

(5)「写経所請経注文」(続々修十六ノ六、十三ノ一五一)

長阿含十法経二巻一切経内

右、以去七月二日、請宮中講師所使山口広成

仏本行集経六十巻　薩遮尼乾子経十巻已上並図書寮者

右、以同月五日、(請脱)奉同講師所使馬長庭

弥勒来時経一巻一切経内

右、以今月十一日、奉請同講師（所脱カ）使都保大人

(1)では「講師」とだけあるが、このときに「慈訓師所」のもとに奉請された経典がいずれも華厳関係である（後述）ことから、この「講師」は「花厳講師」に相当すると解されている。(6) ただし、ここでは「講師」の二文字が消されているので、この「講師」は「注文案」の作成時の知識にもとづいて記されたものと見なし、天平勝宝三年七月二十七日の時点では「講師」の地位にはなかったと考えられている。つまり、慈訓は、この日から「注文案」の日付である同四年閏三月二十八日までの間に「花厳講師」になったというわけである。(7)

(2)では慈訓の名が記されていないが、aの「返抄」は(4)「経疏帙籤等奉請帳」の次の記事（十三ノ一九五）に、

菩薩蔵経疏十巻白紙黄表綺帯梨軸綵帙錦縁緋裏牙籤

右、依次官佐伯宿禰去天平勝宝六年二月廿六日宣、奉請慈訓師所使小長谷金村

bの「奉請文」は「間本納返帳」(8)の次の記事（九ノ六一三）に、

花厳経一部八十巻黄紙及表綺緒白檀軸竹綵帙牙籤　一軸端折 辛手者

右、為用本、自慈訓師之所、奉請如前使工石主

天平勝宝六年三月廿四日上馬養

それぞれ経目と日付、内容が対応しているので、両者に見える「花厳講師所」とは「慈訓師所」を指すものと判断される。この二通の「花厳講師所」の文書に署名をする遠江員外少目上毛野君粟守は、その後、同六年七月二十八日付「外嶋院経巻奉請状」（続修四十二、四ノ一四）と同年八月十五日付「外嶋院広百論本奉請文」（続々修十六ノ三、十三ノ一〇〇〜一〇一）、さらに(3)の「外嶋院一切経散帳」にそれぞれ署名を加えている。これは、六年七月までの間に粟守の出仕先が変更されたためなのかもしれないが、いずれにせよ「花厳講師所」、すなわち「慈訓師所」が

法華寺の外嶋院と何らかの関係を有することを伝える史料といえる。

(3)に示した九点の記事は、「外嶋院一切経散帳」の本文注記（ホチリ）と後に追筆されたもの（イ～ニヘト）である。ここで記される「花厳講師所」は、(2)のそれと名称が一致すること、また時間的にもさほど離れていないことから推せば、これも「慈訓師所」に相当と思われる。ホの「花厳大徳」も慈訓を指すのであろう。[9] この「外嶋院一切経散帳」に記される「花厳講師所」は、外嶋院にあったと解されている。[10]

(4)には「宮中講師慈訓師所」と記され、慈訓が「宮中講師」であったことを伝えるが、これは慈訓に対する聖武太上天皇や光明皇太后らの信任の厚さを物語るものとされている。[11]

(5)の三つの奉請記事にも「宮中講師所」とあるが、このうちの七月五日の分は、「図書寮経散帳」[12]の次の記事（十三ノ一七五）に対応する。[13]

正法念所経七十巻　仏本行集経六十巻　諫王経一巻　薩遮尼乾子経十巻

右、依判官石川朝臣七歳七月五日判、令請慈訓師所使馬長庭

従って、この「宮中講師所」も「慈訓師所」に相当し、年紀も(4)と同じく天平勝宝七歳であったことになる。日付の近接する(3)や前記の勅よりすれば、(4)(5)の「講師」も「花厳講師」の意であろう。

以上に見た(1)～(5)の史料の解釈より導かれるのは、次のような点である。天平勝宝三年七月二十七日から四年閏三月二十八日の間に「花厳講師」となった慈訓は、その後、法華寺内の外嶋院に居を定めて活動し、遅くとも七歳五月には「宮中講師」として聖武や光明の信任を厚くし、内裏に活動の場を得た。

これは、天平勝宝年間（七四九～七五七）の慈訓の動向を見る上で、通説的な理解となっている。[14] ただ、(3)(4)(5)から知られる七歳の慈訓は、「宮中講師」と称されながら外嶋院の「花厳講師所」にいたことになり、この関係を

どう評価するかが問題になる。これについては、慈訓は外嶋院に拠点を置いて宮中（内裏）で活動したと解せなくもないが、(1)や(3)の記事を他の奉請関係史料から検証してみると、通説的な理解とは異なる慈訓の動きが浮かび上がってくる。以下では、この点をめぐって検討を加えることにする。

二　「慈訓師所」と華厳関係経典

前節で(1)として挙げた天平勝宝四年（七五二）閏三月二十八日付「造東寺司請経論疏注文案」は、天平十八年（七四六）から天平勝宝三年にかけて、一六度にわたって奉請された経・論・疏・目録・経帙などの内訳を書き上げたもので、冒頭に「造東寺司／可奉請経論并疏五百十一《卌四》巻」、末尾に「以前、所奉請一切経内経論疏等、顕注如前」とあり、日付の次の署名欄には「次官正五位上兼行下総員外介佐伯宿禰（今毛人）」と記されている。この「注文案」は、同様の奉請記録を載せる同二年十二月二十八日付「造東寺司未返経論注文」（続々修四十ノ二裏、十一ノ四四九～四五三）を受けて作成されているので、これとの比較より、奉請されたのは「宮一切経内」の経論疏であり、いずれもこの「注文案」作成時に造東大寺司に「未返請」のものであったことがわかる[15]。

この「注文案」で注意されるのは、奉請先が記されているのは前節で掲出した「講師慈訓師所」への分だけであるという点である。これ以外の一五度には奉請先が記されていないが、一一度分については、他の史料との照合より、いずれも内裏への奉請であったことが知られる。**表1**は、その対応関係を示したものである。残る四度（6 8 15 16）については明確な対応記事は認められないが、6の場合は、前記の「未返経論注文」では次官佐伯宿禰今毛人の宣が出されたのが天平十九年十月二十九日になっている。この日付であれば、『中論疏』六巻の奉請先は内裏

であることが、他の史料から確認できる。[16]「未返経論注文」でも4〜10の順に奉請記事が掲げられているため、「注文案」の作成時に、宣者が共通することから8の日付を誤って6に記入したのではないかと思われる。とすれば、この奉請先も内裏になる。

次に8の場合は、『一切経音義』一九巻が、この天平二十年のⒶ九月二十一日とⒷ十二月十八日に、それぞれ造東大寺司次官（大倭少掾）佐伯宿禰今毛人の宣を受けて内裏へ奉請されているのが注意される。[17]その様子を示すと、Ⓐでは全二五巻のうち第一八・二〇〜二三・二五巻を欠く一九巻が「並未題无緒又无軸二巻」という状態で、Ⓑでは「綵帙二枚」に納められた一九巻がそれぞれ奉請されている。恐らく内裏では『一切経音義』が早急に必要となったため、書写がなされたものの題名の記入や緒・軸の装着を終えていない一九巻をひとまず奉請し（Ⓐ）、用済みの後にこれらを返送して各経巻の仕上げを行なわせ、改めて綵帙に収納された一九巻を奉請した（Ⓑ）ということであろう。書写の底本には宮一切経が用いられたと見られるが、その宮一切経本が8の十二月四日宣で奉請された場所といえば、当時『一切経音義』に関心を寄せていた内裏であった可能性が高い。

15では、天平勝宝三年十一月十一日付の「紫微中台牒」を受けて、七部九一巻の華厳関係等の章疏類が奉請されている。奉請先は紫微中台と見なせなくもないが、12の同年八月十六日の場合は、同じような体裁をとりながら二部六巻の章疏は内裏へ奉請されている。この12を11の同年七月二十六日の奉請と考え合わせると、当時の内裏では華厳関係の章疏が集められており、紫微中台もこれに関与していたことになるだろう。その意味で、15でも同類の章疏を奉請するのが注意されるわけで、日付もさほど離れていない点を勘案すれば、これも内裏宛ではなかったかと解される。

残る16は不明であるが、奉請先を記さない一五度のうち一四度までが内裏宛と確認もしくは推定されることから

すれば、これも同様に見なして問題はないように思われる。

以上、「注文案」に記された「慈訓師所」以外の奉請先は、いずれも内裏であったことを指摘した。造東大寺司では、これを承知していたので「内裏」の二文字をあえて記入しなかったのであろう。となると、何故に「慈訓師所」への奉請分がここに併記されているのかが問題になるが、それは「慈訓師所」が内裏と緊密な関係にあったからではないかと考えられる。以下ではこの点を、奉請された経典をもとに検討を加えておくことにする。

まず、**表1**に示した14の天平勝宝三年七月二十七日に「慈訓師所」へ奉請された一九部一七七巻の経目を見ると、それらは、東大寺の華厳宗が自宗に必要な経・論・疏とその書写料（布施）を書き留めた同年五月二十五日付「華厳宗布施法定文案」（続々修四十一ノ二、十一ノ五五七～五六八）(18)の経目録の部分、すなわち『大方広仏華厳経』六〇巻から『羅摩伽経』三巻に至る一九部の経目と記載順ともに一致するのが注目される。『開元釈教録』巻一九の入蔵録(19)によれば、これらは華厳部の経典に相当するが(20)、「慈訓師所」は、東大寺の華厳宗に配備されたのと同じ経典を造東大寺司から奉請しているのである。

この天平勝宝三年には、**表1**にあるように、華厳関係の章疏類がいわば集中的に内裏へ奉請されている（11・12・15）。日付順に挙げると、右の「慈訓師所」への奉請がなされる前日の七月二十六日には、少僧都良弁の宣によって、いずれも法蔵（六四三～七一二）の著作である『花厳経疏（華厳経探玄記）』一部一〇巻(21)・『花厳旨帰』一巻・『花厳八会章（華厳経文義綱目）』一巻・『花厳一乗教分義（華厳五教章）』一部三巻が、八月十六日には「紫微中台牒」により、同じく法蔵の『花厳伝（華厳経伝記）』一部五巻・『（華厳）遊心法界記』一巻がそれぞれ奉請されている。十一月十一日の「紫微中台牒」も内裏への奉請を求めるものと推定されるので、ここに見える『華厳論』一部四八巻、『十地論』一部一二巻、『十住毗婆沙論』一部一四巻、智儼『華厳方軌（華厳経捜玄記）』一部五巻、義湘『一乗法界

表1　天平勝宝四年閏三月二十八日付「造東寺司請経論疏注文案」（続々修二ノ十一、十二ノ二五八～二六三）

	日付・宣者等／奉請された経論疏	**他の奉請史料との照合（『大日本古文書』）**
1	天平二十年十一月十八日　判官安倍真道宣 賢愚経一部一六巻　雑宝蔵経八巻　大唐西域記一部一二巻　衆経要集七巻 勝荘・最勝王経疏一部八巻　憬興・最勝王経疏一部五巻	奉請内裏 A　十二ノ三八四～三八五
2	天平感宝元年五月二十七日　次官佐伯宿禰今毛人宣 解深密経五巻　疏一〇巻	奉請内裏 B　十三ノ一九三
3	（天平感宝）元年七月二十三日　前主典葛井根道宣 決定毗尼経一巻	奉請内裏 B　十三ノ一九三
4	（天平）十八年五月二十日　備中国守市原王宣 百論疏三巻	奉請内裏 C　十ノ二八六～二八七
5	（天平）十九年九月二十三日　故尼師宣 判比量論一巻　掌珍論二巻　唯識論九巻　摂大乗論釈論一〇巻　大乗法苑林章七巻 円弘章四巻　基・大乗義林章一二巻　円測・唯識論疏一〇巻　唯識枢要四巻　基・法花経疏一〇巻 掌珍論疏二巻　基・因明疏三巻　円測・因明論疏二巻	奉請内裏 C　十ノ二八六 D　十一ノ三五九
6	（天平）二十年十二月四日　次官佐伯宿禰今毛人宣 中論疏六巻	
7	（天平）二十年十一月九日　積組内侍宣 因明入正理論一巻	奉請内裏 B　十三ノ一九三
8	（天平）二十年十二月四日　次官佐伯宿禰今毛人宣 一切経音義一九巻	
9	（天平）二十一年二月八日　備中国守市原王宣 慧沼・最勝王経疏六巻	奉請内裏 B　十三ノ一九三
10	天平勝宝二年正月二十四日　前主典葛井根道宣 摂大乗論一〇巻　弁中辺論三巻　因明論一巻	奉請内裏 B　十三ノ一九三

11	(天平勝宝)三年七月二十六日　少僧都良弁師宣 法蔵・花厳経疏一部一〇巻(二〇巻ヵ)　法蔵・花厳旨帰一巻　花厳八会章一巻 法蔵・花厳一乗教分義一部三巻	奉請内裏 B　十三ノ一九四 E　十二ノ一七四～一七五
12	(天平勝宝)三年八月十六日　紫微中台牒 法蔵・花厳伝一部五巻　遊心法界記一巻	奉請内裏 B　十三ノ一九四
13	(天平勝宝)三年七月二十四日　沙弥尼定海宣 最勝王経一部一〇巻　千臂千眼経一巻　陀羅尼集経一部一二巻　大威徳陀羅尼経一部二〇巻	奉請内裏 F　二十五ノ三八
14	(天平勝宝)三年七月二十七日「奉請講師慈訓師所」(講師は抹消) 華厳経一部六〇巻　華厳経一部八〇巻　信力入印法門経五巻　度諸仏境界智光厳経一巻 仏花厳入如来徳智不思議境界経一巻　大方広仏華厳修慈分一巻　荘厳菩提心経一巻 大方広菩薩十地経一巻　兜沙経一巻　菩薩本業経一巻　諸菩薩求仏本業経一巻　菩薩十住経一巻 漸備一切智徳経五巻　十住経一巻　等目菩薩所問三昧経三巻　顕无辺仏土功徳経一巻 如来興顕経四巻　度世品経六巻　羅摩伽経三巻	
15	(天平勝宝)三年十一月十一日　紫微中台牒 華厳論一部五〇巻(欠二巻)　十地論一部一二巻 十住毗婆沙論一部一四巻　華厳方軌一部五巻　菩薩蔵経疏一部一〇巻　一乗法界図一巻 護命放生軌儀一巻	
16	(天平)十九年十月二十日　出雲屋万呂宣 目録二巻　経帙六〇枚(並大般若経)	

＊1　「他の奉請史料との照合」の項に挙げた六点の史料を示すと次のようになる。A：天平勝宝四年十月二十八日「従行信師所奉請経論疏目録」(続々修十六ノ一、十二ノ三八四～三八五)、B：「経疏帙籤等奉請帳」(続々修十五ノ四、十三ノ一九二～二〇一)、C：「内裏等疏本奉請帳」(続々修十五ノ四、十ノ二八四～三八七)、D：「一切経散帳案」(続々修二ノ十一、十一ノ三五五～三五九)、E：天平勝宝三年十一月十一日付「造東寺司論章疏奉請案」(続々修十六ノ一、十二ノ一七四～一七五)、F：「櫃納経巻検定注文」(続々修十四ノ五、二十五ノ三八～三九)。照合可能な史料が複数ある場合は、主要なものを提示した。

＊2　1の奉請の照合史料として挙げたAの「目録」は、「行信師所」から内裏へ奉請された経論疏一二三巻を書き上げ、さらにこれらが天平勝宝四年十月二十八日に内裏から造東大寺司に奉請されたことを伝えるもので、ここに挙げられた経目は1と5の奉請分とほぼ一致する。5の場合は、内裏へ直接奉請されたことがCとDから明らかであるので、この1と5の経典はまず内裏へ奉請され、その後、内裏から「行信師所」へ奉請されたあと内裏に戻り、最終的には内裏から造東大寺司へ返送されたということであろう。

図』一巻を加えれば、この七月から十一月の間に華厳宗で重視される論[22]と、華厳宗の大成者である法蔵とその師智儼（六〇二～六六八）、および法蔵と同学で新羅華厳の祖と称される義湘（六二五～七〇二）の主要な著作が内裏に集められていたことになる[23]。これに「慈訓師所」の華厳部の経典を合わせると、『華厳経』研究に必要な書目がひと通り揃うわけである。

内裏におけるこうした華厳への関心の高まりは、翌年に迫った東大寺の盧舎那大仏開眼供養会と密接に関連するものであろう。当時の東大寺では、前記のように天平勝宝三年五月二十五日付の「華厳宗布施法定文案」が作成されていたが、正倉院文書には、この他に法性宗の同年九月二十日付「写書布施勘定帳」（続々修十三ノ八、十二ノ四二～六〇）、無年紀ながら三年のものと見られる「東寺律衆（宗）布施法定文案」（続々修四十一ノ一、十一ノ五六九～五八九）や「倶舎宗写書布施勘定帳[24]」（続々修十三ノ六、十二ノ一四七～一六一）が残っている[25]。「経疏出納帳[26]」によれば、（天平勝宝）三年五月三日に「為定六宗布施法」として大乗の『目録』一巻が東大寺三綱所へ奉請されている（三ノ五四八）ので、右の華厳・法性・律・倶舎に三論・成実を加えた六宗に配備する書目の書写が、五月以降進められていたことが知られる。それらは、大仏開眼会に向けての動きと見られるが、その中で中心的な立場にあったのが華厳宗であろう。

『東大寺要録[27]』巻第五・諸宗章第六収載の「東大寺華厳別供縁起」には、金鐘寺（東大寺の前身）において聖朝のために天平十二年から天平勝宝三年にかけて、三年で『華厳経』六〇巻（旧訳）を講じる講説が四回行なわれたこと、天平十六年には勅が百寮に降ろされ、「知識華厳別供」が創設されたことなどが記されている。この『華厳経』講説が、同十五年十月十五日（辛巳）に詔される盧舎那仏造立の教理的研究をめざすものであったことは先学の指摘するところであり[28]、後に創設される「知識華厳別供」はこの講説に対する研究所的なものであったと想像されて

いる。[29]従って、東大寺ではその前身の金鐘寺の時代から華厳学の占める割合が高く、十七年八月から同寺内で大仏の造立が開始されると[30]、その優位は決定的になったと思われる。そして、天平感宝元年（七四九）閏五月二十日（癸丑）の聖武天皇の詔で、「以二花厳経一為レ本、一切大乗小乗経律論抄疏章等、必為二転読講説一、悉令二尽竟一」（『続日本紀』）と宣されるに及び、後発の東大寺の地位は大きく上昇するのである。

もっとも、『華厳経』の研究では東大寺は後れをとっていたらしく、天平勝宝四年四月八日の大仏開眼供養会のために招請された開眼師の菩提僊那（七〇四～七六〇）と呪願師の道璿（七〇二～七六〇）は大安寺に止住する渡来僧であり、『華厳経』講師の隆尊は元興寺の僧であった[31]。しかし、内裏との関係においては、皇太子の供養のために創設された山房に起源を持つ東大寺は[32]、他の諸大寺よりも一頭地を抜く存在であった。そのため内裏の仏教信仰との関わりも深く[33]、同三年五月頃から華厳宗をはじめとする六宗の書目の書写が始まると間もなく、内裏へ華厳関係章疏が奉請されるのは、こうした近しい関係にもとづくものと見られる。つまり、東大寺は内裏における『華厳経』研究に奉仕していたのであるが、その中心にいたのが慈訓であったと思われる。

前記の「東大寺華厳別供縁起」には、慈訓は天平十二年から始まる第一回目の『華厳経』講説で鏡忍・円証らと複師を勤め、十五年からの第二回目の講説では、この二人と交互に講師を担当したことが記されている。慈訓は興福寺僧であったが[34]、この講説以降は東大寺（金鐘寺）に居を定めたらしく、「五月一日経」書写のための底本の借用と返送を記録する写経所の「律論疏集伝等本収納幷返送帳[35]」には、この「慈訓師所」から多くの華厳関係章疏が奉請されたことが見えている。別稿では、右の「収納幷返送帳」の分析を通して、「慈訓御所」の章疏が写経所だけではなく、東大寺僧の平栄や当時同寺に止住していた元興寺僧の平摂らにも借用され、慈訓を中心とする『華厳経』の〝研究会〟のようなものが寺内に形成されていたこと、天平十六年に創設された「知識華厳別供」は、慈訓

らの〝研究会〟に代表される華厳研究を保護育成するための勅定の研究機関であったことなどを指摘した[36]。慈訓は、いわば東大寺の華厳学を代表する人物と評されるわけで、第三回と第四回の講説においてもその影響力は大きかったものと思われる。

内裏における華厳への関心の高まりに慈訓がどの程度関与していたのか明らかではないが、『華厳経』研究に必要な書目の選定や書写用の底本の探索などに従事していた可能性が高い。本節の冒頭で取り上げた「造東寺司請経論疏注文案」に「慈訓師所」への奉請分が併記されているのは、こうした内裏との関係があったことによるのであろう。天平勝宝三年七月二十七日から四年閏三月二十八日の間に慈訓が就いた「講師」とは、先学が指摘するように「花厳講師」であったと見られる。それは恐らく、孝謙天皇や聖武太上天皇、光明皇太后らを前にして、『華厳経』を講説し教授する役職ではなかったかと考えられる。

三　「花厳講師所」と秘密部の経典

慈訓が「花厳講師」に就いた背景には、内裏における華厳への関心の高まりがあったわけであるが、その職務は、大仏開眼会に向けての臨時的なものではなかったらしく、前記のように天平勝宝六年（七五四）から八歳にかけても慈訓は「花厳講師」の地位にあった。また内裏でも、開眼会終了後の同四年八月十二日に錦部河内宣により法蔵『花厳経疏』一部二〇巻、元暁『花厳経疏』一部一〇巻が、九月五日には意保内侍宣により慧苑『花厳経（疏）（続華厳経略疏刊定記）』一九巻、智儼『（華厳）孔目』四巻、法蔵『（華厳）七所八会』一巻・『（華厳）発菩提心』一巻・『（華厳）開脈義』一巻が[37]、九月二十四日には善光尼師宣で『華厳修慈分』一巻が[38]、それぞれ奉請されるように、華

厳への熱意は薄れることなく、なお持続していたことを窺わせる。つまり、慈訓は、『華厳経』の講説と研究という学的な活動を通して内裏との繋がりを維持していたと見られるのであるが、その一方で別の役割も担うようになっていく。この点を見る上で留意されるのは、第一節で(3)として挙げた天平勝宝七歳二月九日付「外嶋院一切経散帳」に書き込まれている「華厳講師所」関係の記述である。

この「散帳」は、勘経のために薬師寺・大安寺・飛鳥寺（元興寺）・山階寺（興福寺）・内裏へ奉請された「五月一日経」（宮一切経）を法華寺の外嶋院で「検知」して作成されたもので、帙別に書かれた各経典名の上や下あるいは行間には、朱・墨などで奉請先からの返送を確認する合点や経典の所在などを示す注記が追筆されている。(39) 問題の「花厳講師所」関係の記述は、このうちの内裏へ奉請された経典記事の中に認められる。

「散帳」では、寺院への奉請については「薬師寺勘経所請経」「第二般　大安寺」のように、寺院名を最初に挙げて経典を帙別に列挙しているが、内裏への分には、冒頭にそのような記述を行なわず、各経典名の右肩に「内」と注記する体裁を取っている。**表2**は、その内裏へ奉請された第三七〜四〇帙と第四六帙以降の経典と、それぞれに付された主な注記を一覧化したものである。「散帳」の末尾には「以前経、為正、奉請寺々、并奉請内裏如件」とあるので、それらは勘経のために内裏へ奉請された経典のように解されるが、他の奉請史料と照合してみると、その見方は成り立たないことが知られる。

そのひとつが、天平勝宝五年五月七日付「紫微中台請留経目録」（続々修十二ノ二裏、十二ノ四四一〜四四九）(40) である。ここには、この時点までに奉請された大小乗経二六八〇巻のうち、二三九七巻は東大寺に請返し、二八三巻（大乗経二四四巻・小乗経三九巻）は同年五月四日の従五位下板野采女粟国造若子宣により内裏に請留する旨が記され、その経典名が書き上げられている。(41) 請留分の大乗経については、九四部一九五巻を「今奉請」、一四部四九巻

表2 天平勝宝七歳二月九日付「外嶋院一切経散帳」（続々修二ノ十、十三ノ一二一～一三二）に見える内裏への奉請経典

経典名（帙数・注記・「追筆」、＊は秘密部）	目録	内裏への奉請（『大日本古文書』）
第三七		
＊内　不空羂索陀羅尼自在王呪経三巻	◎＋	天平二十年八月以前（A　十ノ三二五～三二六）
＊内　千眼千臂観世音菩薩陀羅尼神呪経二巻	○	
＊内　千手千眼観世音菩薩広大円満無礙大悲心陀羅尼経一巻	○	
＊内　観世音菩薩秘密蔵神呪経一巻	○	
＊内　観世音菩薩如意摩尼陀羅経一巻	○	
＊　観自在菩薩如意心陀羅尼経一巻	○	
右六経九巻同帙「並請留花厳講師所」		
第三八		
＊　如意輪陀羅尼経一巻		（天平勝宝元年?）九月八日（B　十一ノ一六）
右「経一巻請留花厳講師所」		
＊内　陀羅尼集経一二巻	◎	天平勝宝三年七月二十四日（C　十二ノ二六一）
第三九		
＊内　十一面神呪心経一巻	○	
＊内　六字神呪経一巻	○	
＊内　七倶胝仏大心准提陀羅尼経一巻		天平勝宝三年六月以前（D　十二ノ五）
＊内　七倶胝仏母准泥大明陀羅尼経一巻		
第四〇		
＊内　六字神呪王経一巻		
「自陀羅尼集迄六字神呪王経並請花厳講師所」		
＊内　如来方便善巧呪経一巻	◎＋	天平二十年八月以前（A　十ノ三二五～三二六）
＊内　無垢浄光大陀羅尼経一巻		
＊内　請観世音菩薩消伏毒害陀羅尼経一巻		（年不明）八月二十日（E　十ノ二八一～二八二）
「已上三経／並請上／同講師所」		
第四六		
内　大方広如来秘密蔵経二巻	○	
内　占察善悪業報経二巻	○	
丹波員外目日置造正又証本可見／花厳大徳証		
内　大乗造像功徳経二巻		
＊内　広大宝楼閣善住秘密陀羅尼経三巻	◎＋	天平二十年八月以前（A　十ノ三二五～三二六）

「右四経奉請花厳講師所」		
*内　一字仏頂輪王経四巻	◎+	天平二十年八月以前（A　十ノ三二五～三二六）
*内　大陀羅尼末法中一字心呪経一巻	◎+	天平二十年八月以前（A　十ノ三二五～三二六）
*内　蘇悉地羯羅経三巻	◎+	天平二十年八月以前（A　十ノ三二五～三二六）
*内　七仏所説神呪経四巻	◎+	天平二十年八月以前（A　十ノ三二五～三二六）
*内　荘厳王陀羅尼呪経一巻	◎+	天平二十年八月以前（A　十ノ三二五～三二六）
*内　抜除罪鄣呪王経一巻	◎+	天平二十年八月以前（A　十ノ三二五～三二六）
*内　善夜経一巻	◎+	天平二十年八月以前（A　十ノ三二五～三二六）
「已上七経並内」		
*内　観自在如意輪菩薩瑜伽法要一巻		
内　不増不減経一巻		
「已上二経並上同講師所」		
内　金剛三昧経二巻		（年不明）八月二十日（E　十ノ二八一～二八二）
毗尼母論八巻		
奉請花厳講師所／七年二月二日使畠賢達又沙弥常輪		
宝雨経一〇巻欠五巻		天平勝宝四年八月二十四日（F　十ノ二八三）
請留花厳講師所為写継		
内　旃陀越国王経一巻		天平勝宝五年五月四日（F　十ノ二八三）
内　解深密経五巻		天平感宝元年五月二十七日（F　十ノ二八二）
五分律三〇巻		
「以七歳八月二十日自外嶋院検受已訖」		

＊1　「経典名」の項に挙げた注記と追筆は主要なものにとどめた。合点も含めた詳細は、山下有美「嶋院における勘経と写経——国家的写経機構の再把握——」（『正倉院文書研究』七、吉川弘文館、二〇〇一年）を参照。なお、「内」と付されない経典も内裏への奉請分と見なし、ここに掲出している。

＊2　「目録」の項は、天平勝宝五年五月七日付「紫微中台請留経目録」（続々修十二ノ二裏、十二ノ四四一～四四九）に記載されている経典か否かを示すもので、○は「今奉請」とされる経典、◎は「先奉請」とされる経典（天平二十年八月以前の奉請には+を付した）に相当する。

＊3　「内裏への奉請」の項に挙げた六点の史料を示すと次のようになる。A：天平二十年八月二十七日「可求外経注文」（続々修十四ノ五、十ノ三二五～三二六）、B：「本経疏奉請帳」（続々修十五ノ二、十一ノ九～一六）、C：天平勝宝四年閏三月二十八日付「造東寺司請経論疏注文案」（続々修二ノ十一、十二ノ二五八～二六三）、D：天平勝宝三年七月二十七日「経本出納帳」（続々修十五ノ一、十二ノ二～五）、E：（年不明）八月二十日付「上馬養内裏経本奉請注文」（続々修十五ノ五、十ノ二八一～二八二）、F：「御願一切経所散幷未写注文」（続々修十五ノ五、十ノ二八二～二八三）。

を「先奉請」として区分するが、「今奉請」とは、この「請留経目録」の日付である五月七日をもって内裏に請留する経典、「先奉請」とは、この日以前に請留された経典を指すのであろう。このうち「先奉請」の一四部中の一二部は、天平二十年（七四八）八月に写経所が他所へ奉請された経典の探索のために作成した「可求外経注文」（続々修十四ノ五、十ノ三二五〜三二六）に見えており、各経典名の下部には「在内」と追筆されている。「注文」の末尾にある「右、在内字《廿四巻》者、以廿七日、自内裏読了所出来」との記述よりすれば、「在内」とは内裏より出来した経典の意であろう。つまり、これらは天平二十年八月以前に内裏へ奉請されていたもので、「注文」作成後の探索によりその所在が確認されたというわけである。「先奉請」のうちの一二部は、まさにそれらの経典に相当すると思われる。

　紫微中台は、右の「先奉請」と「今奉請」とされる経典の奉請に関与していたので「請留経目録」を作成したのであろう[42]が、注意したいのは、ここに提出された経典のうち二〇部が**表2**でも認められることである。表中に○または◎を付した経典がそれで、○印は「今奉請」、◎印は「先奉請」（天平二十年八月以前のものには+を付した）として「請留経目録」に見えるものである。これらの経典には、「散帳」作成までの間に内裏から写経所（もしくは東大寺）へ返送されたことを示す記録が認められないので、この間も内裏に請留されていたと解される。「請留経目録」に挙げられない経典の場合も、七部については、天平感宝元年（七四九）五月から天平勝宝五年五月にかけて内裏へ奉請されたことを伝える記録が残っている。表中にはその旨を記しておいたが、これらも右の二〇部と同様に返送されることなく、内裏に請留されたままになっていたのであろう。

　「散帳」に「内」と注記される経典の中で、内裏への奉請（請留）記録がないのは、結局六部となる。しかし、「散帳」ではこれらを区別せずに併記しているので、時期は不明としても他の二七部と同じく、これ以前に内裏へ

奉請され請留されていた経典と見ることができるであろう。

このように、「散帳」で内裏での勘経とされた経典（「内」と注記されるもの）は、いずれも内裏に請留されていたものであったわけである。[43]その奉請時は、奉請・請留の記録が残る二七部に関しては、天平勝宝五年五月七日以前となるだろう。「五月一日経」の一斉勘経が実施に移されるのは同六年二月頃とされるので、[44]これらの奉請・請留には別の目的があったことになる。想定されるのは写経や転読であるが、その経目の大半が秘密部に属する（表中の＊印を付した経典[45]）ことからすれば、それらは内裏における密教的な修法などに供されていた可能性がある。

「散帳」では、これらの内裏に請留されていた経典に対し、「請留花厳講師所」「請花厳講師所」「請上同講師所」のような注記が追筆されている。いずれも「花厳講師所」に請留の意で、内裏に請留されていた経典が「花厳講師所」へ託されたことを示すのであろう。その時期は、慈訓の「花厳講師」就任以後と見られるが、ここで問題になるのは、華厳の碩学である慈訓のもとに多くの秘密部の経典が集められている理由である。

これを見る上で参考になるのが、天平勝宝四年（七五二）五月二十三日付「僧慈訓請文」[46]（続々修三ノ十裏、十二ノ二九八〜二九九）である。この中で慈訓は、一〇部一二巻の経典の奉請を造東大寺司に求めているが、実際に奉請されたのは八部九巻で、そのうちの七部、すなわち『千眼千臂観世音菩薩陀羅尼神呪経』二巻、『観世音菩薩秘密蔵神呪経』一巻、『観世音菩薩如意摩尼陀羅尼経』一巻、『観自在菩薩如意心陀羅尼呪経』一巻、『十一面観世音呪経』一巻、『虚空蔵菩薩問仏経』一巻、『虚空蔵菩薩能満諸願最勝心陀羅尼求聞持法』一巻は秘密部の経典に相当する。写経所への返送は六月一日になっているので、奉請は短期間で終わっているが、いずれも小部の経典であるため、それらを底本に「慈訓師所」で書写がなされていたと思われる。後に「花厳講師所」に請留される経典が、この中に四部（『千眼千臂観世音菩薩陀羅尼神呪経』以下の四部）認められる（**表2参照**）のは、当時の慈訓の関心の

ありかを示すものとして興味深い(47)。

右の「請文」が出されたのは、大仏開眼会が終わって間もない頃であった。前記のように、内裏における華厳への熱意がなお高かったとはいえ、「花厳講師」としての慈訓の職務は、ここに至ってひと区切りついたといわねばならないであろう。そのような時期に、秘密部の経典をまとめて奉請するのは、今後の慈訓の役割を示唆するものとして注目される。奉請関係史料によれば、これ以前に慈訓が秘密部の経典を奉請したのは天平二十年頃の『大灌頂経』一部一二巻(48)だけであるから、その特異性がここに浮かび上がるのである。

慈訓と密教的な修法をめぐる所伝は残らないが、内裏との関係を維持し深めるには、玄昉や道鏡の例が語る(49)ように、こうした修法は不可欠の要素であったと思われる。譲位後も健康のすぐれなかった聖武太上天皇、天平勝宝五年四月に病を得る光明皇太后、同六年七月に没する太皇太后の藤原朝臣宮子(50)など、内裏やその周辺には病の治療や延命のために修法を必要とする機会が少なくなかった。聖武没後の『続日本紀』同八歳五月丁丑（二十四日）条の記事には、「奉㆓為先帝陛下㆒、屈請看病禅師一百廿六人者、宜㆑免㆓当戸課役㆒」と見えている。ここに挙げられた看病禅師の数は、死期を迎えた聖武のための特別な体制にもとづくものであるから、これを平時に適用するわけにはいかないが、慈訓と内裏との関係が認められる天平勝宝三年頃には、相当数の看病禅師が、聖武あるいは光明や宮子のために内裏等に供奉していたのではないかと推測される。

慈訓も、この看病禅師の一員として内裏との関係を持つに至ったのかもしれない。しかし、現存の史料を見る限り、華厳に対する学殖の評価がまず第一にあったと見るべきであろう。その結果、「花厳講師」となった慈訓は開眼会に向けての内裏の関心の高まりに応えたあと、看病禅師としての役割も果たすようになったのである。慈訓が密教的な修法をどのように体得したのかは明らかでないが、先の「散帳」に記されるように、内裏に請留されてい

た秘密部の経典が慈訓のもとに集められているので、内裏からの信任は厚く、また慈訓もそれに見合った呪験力を誇っていたものと見られる。

四　慈訓と光明皇太后

前二節では、⑴「造東寺司請経論疏注文案」と⑶「外嶋院一切経散帳」の関係記事を検討し慈訓と内裏の関係に考察を加えたが、ここでは「慈訓師所」「花厳講師所」と称される慈訓の所在について取り上げることにする。内裏との緊密な関係が認められる慈訓の居場所といえば、やはりそれは内裏に求められるであろう。事実、前記の天平勝宝七歳（七五五）五月の⑷「経疏帙籤等奉請帳」の記事や⑸「写経所請経注文」には「宮中講師慈訓師所」「宮中講師所」と見え、冒頭に挙げた聖武太上天皇の看病禅師を褒賞する勅文には「良弁・慈訓二大徳者、当二于先帝不予之日一、自尽二心力一、労二勤昼夜一」と記されていて、慈訓は七歳五月から聖武が没する八歳五月にかけて宮中（内裏）にあって聖武に近侍し、病の治療と延命に尽力していたと見ることができる。しかし、それ以前となると、内裏の外にいたことを窺わせる史料が二点残る。

それは、⑵「外嶋院来牒継文」に見える天平勝宝六年二月二十七日付と同年三月二十四日付の「花厳講師所」の文書（ａｂ）である。ここには、遠江員外少目上毛野粟守が自署を加えているが、粟守は前記のように同年七月と八月の法華寺外嶋院の文書にも署名をする法華寺ゆかりの人物で、天平勝宝九歳六月三日付の『大仏頂首楞厳経』第一巻の跋語には、「奉検」を勤めた粟守の名が「従六位上行紫微少疏兼遠江員外少目」の肩書とともに記されている。[51] この紫微少疏の地位にあったのは右の文書から三年後のことであるが、法華寺が紫微中台の本主ともいうべ

き光明皇太后の創建にかかる寺院である点を勘案すれば、粟守は六年の時点でも紫微中台に出仕していたのではないかと考えられる。つまり、「華厳講師所」には紫微中台の関係者が配されていたのである。

先に指摘したように、この紫微中台は、天平勝宝三年八月十六日付と同年十一月十一日付の「牒」で内裏への華厳関係章疏の奉請を指示し（第二節参照）、天平勝宝五年五月七日付の「請留経目録」では、奉請した大小乗経二六八〇巻のうち二八三巻を内裏に請留する旨を伝える（第三節参照）など、内裏への経典の奉請・請留に大きく関与していた。これは、光明の意向を受けてのものと見られるが、慈訓は、こうして内裏に集められた経典類に「華厳講師」として関わりを持っていたのである。「花厳講師所」に粟守が詰めていたのは、こうした内裏と紫微中台の関係があったからであろう。

ここに慈訓と紫微中台の繫がりが確認されるのであるが、ではその内実はいかなるものであったのだろうか。憶測に及ぶが、慈訓の学僧としての力量を念頭にすれば、そこには、当時の仏教政策に大きな影響を与えていた光明との関係が想定されるのである。

光明は、『続日本紀』天平宝字四年（七六〇）六月乙丑（七日）条の崩伝に「創二建東大寺及天下国分寺一者、本太后之所レ勧也」と記されているが、天平九年（七三七）に創建詔の出された国分寺については、唐の大雲寺や龍興寺に範を求めたとされている。(52)(53)大雲寺は載初元年（六九〇）に則天武后（聖神皇帝）が両京と諸州に設置を命じた官寺で、(54)武周革命を仏説に託すため『大方等無想大雲経』六巻（北涼、曇無讖訳）をもとに偽撰された『大雲経』がここで説かれたという。(55)(56)これに対して龍興寺は、神龍元年（七〇五）に病の重くなった武后に代わり帝位に復した中宗が国号を周から唐に戻し、(57)諸州に「大唐中興」を名とする一観一寺の設置を命じて建てられたもので、(58)当初中興寺と称された寺名は二年後に龍興寺と改められた。(59)こうした唐の官寺制をめぐる情報は、養老二年（七一八）

に帰国した道慈(60)や天平七年帰国の玄昉(61)によってもたらされ、この両者は国分寺の建立にも深く関与したとされている。(62)一方、天平十六年に紫香楽の甲賀寺で体骨柱が建てられ、その後、東大寺（金鐘寺）に移して造立が進められた盧舎那大仏(63)も、高宗の勅命により、武后が脂粉銭二万貫を助成して咸亨三年（六七二）から四年をかけて完成させた石像の龍門大仏（盧舎那仏）(64)や、久視元年（七〇〇）に武后の発願によって造立が進められた白司馬坂の大仏（銅仏）(65)を模範としたとされており、この場合も道慈や玄昉が情報伝達の役割を果たしたものと考えられている。(66)

先の崩伝の中で、光明が聖武に勧めたという東大寺の創建には大仏の造立も含まれるのであろうから、国分寺と合わせて、そこには則天武后の影響が色濃く現われているといわねばならない。光明が、中国史上に初めて登場した女帝の武后に強い関心を抱いていたことは先学の指摘するところで、皇后宮職を改組して設置された紫微中台の官名が、玄宗朝に中書省を改名した紫微省と、武后の時代に尚書省を改名した中台によるのも、わずか一年のうちに天平感宝から天平勝宝へと四字年号の改元がなされるのも、光明が武后をもって範としていたことによると推考されている。(67)

光明にこのような武后への傾倒が認められるとすれば、一考に価するのが華厳をめぐる武后の動きである。その一端は、右の龍門大仏の造立にも窺えるが、ここで注意したいのは、華厳宗の大成者である法蔵をその庇護下に置いていたことである。

仏教を保護した武后は、各宗の高僧らと親交を結ぶが、とりわけこの法蔵とは密接な関係を持っていたとされる。(68)武后が宅を捨てて建てたという長安の西太原寺に具足戒を受ける前の法蔵が咸亨元年に入り、その後、正式の僧になると武后が衣裳を送るように、(69)武后は早くから法蔵に帰依し、法蔵も武周王朝成立前年の永昌元年（六八九）に催された華厳法会に関与するなど、(70)武后との信頼関係を深めていった。法蔵はこのような環境下で自らの学問を完

成させていくが、聖証元年（六九五）に武后の要請に応えて実叉難陀（六五二～七一〇）が『華厳経』の梵本をもたらすと、法蔵は義浄（六三五～七一三）・弘景（六三四～七一二）・円測（六一三～六九六）らとともに翻訳に従事し、武后も訳場に臨み序文を作成している。聖暦二年（六九九）に完成した新訳の『華厳経』八〇巻は法蔵によって講じられたが、その様子を伝え聞いた武后は開講を欣び、法蔵を称える手紙を送ったという。(71)

このように、武后は法蔵の学問を尊崇し、『華厳経』の描く雄大な世界に強い関心を抱いたが、その一方で法蔵に対し、垂拱三年（六八七）に請雨を命じ、神功元年（六九七）には王命に従わない契丹を帰伏させるための祈禱を命じている。(72) 法蔵は、武后の死後、中宗と睿宗にも仕え、水不足を解消させるための修法を行ない功績をあげたという。(73) 武后が法蔵を重用した背景には、こうした密教的な祈禱にすぐれた能力を発揮した側面も挙げねばならないであろう。

武后と法蔵にまつわる右のような話が、前記の道慈や玄昉らによって宮廷に伝えられたのかどうか定かではない。ただ、在唐歴が一八年に及ぶ玄昉の場合は、唐の仏教事情にも精通しており、武后が法蔵を重用した様子を光明らに伝えていた可能性がある。また、天平八年（七三六）に来朝し、大仏開眼会では開眼師を勤めた菩提僊那（七〇四～七六〇）と呪願師になった道璿（七〇二～七六〇）は、いずれも華厳に造詣が深く、(74) こうした話題にも長けていたのではないかと思われる。それ故、入唐留学僧や唐からの渡来僧がもたらす情報をもとに、光明が武后と法蔵の関係、さらには華厳を尊重する武后の姿に触れる機会があったことは認めねばならないであろう。(75)

武后の推し進めた大雲寺制と大仏造立が光明に影響を与えたとなれば、法蔵の重用からも何らかの示唆を受けていたとしてもおかしくはないだろう。結論からいえば、ここに光明と慈訓の関係が成立する要因があるように思われる。慈訓を法蔵に準えるわけではないが、大仏造立の進捗を受けて宮廷内でも華厳に対する関心が高まる中、光

明は当時の東大寺の華厳学を代表する慈訓を『華厳経』研究の導き手として登用し、さらに「華厳講師」に任じて活躍を期待したと推測されるのである。これまで、いくつかの奉請史料の検討を通して慈訓と内裏との関係を指摘してきたが、それは、より具体的には光明の意向を受けてのものであったと評価することができる。従って、「慈訓師所」「花厳講師所」は光明の近くにあったはずで、想定できるのは皇太后宮の中であろうか。

前記のように、慈訓には法華寺外嶋院居住説がある。その根拠になっているのが、(3)の「外嶋院一切経散帳」に追筆される「花厳講師所」関係の記述のようであるが[76]、これは内裏に奉請されていた経典を「花厳講師所」に請留したことを伝えるもので、慈訓が外嶋院にいたことを示す史料とはいえない。確かに慈訓は外嶋院とも密接な関係にあったと思われるが、といって、そこに居所を定める特段の理由は認められないのである。

光明が慈訓を身近に配していたとなると、もう一人、慶俊の存在が重要になる。慶俊は道慈を師とする大安寺僧[77]であるが、冒頭の勅文では「法華寺鎮」の肩書で看病の功績と学業が賛えられている。天平勝宝五年八月五日付「法華寺牒」（塵芥二十八裏、四ノ九六〜九七）の署名欄には、都維那・上坐の上位に位置する「大鎮」として慶俊の名が記されているので、法華寺との関わりは、この五年八月以前から続いていることが知られる。慶俊が法華寺の役職に就いた背景には、光明との結びつきがあったことが指摘されているが[78]、この慶俊も慈訓と同じくすぐれた華厳学者であったことに注意する必要がある。

慶俊にも「花厳講師」と称される時期があったらしく、「律論疏集伝等本収納幷返送帳」には、「花厳講師敬俊師書」の『勝鬘経』三巻を天平十九年（七四七）十一月二十八日に写経所へ奉請し、翌二十年二月二十四日に返奉したことが見えている[79]（三ノ一六二〜一六三）。この「花厳講師」が、当時東大寺で行なわれていた『華厳経』講説に関わるものか、それとも大安寺での講説に対するものか明らかではないが、その碩学ぶりを伝える記事といえる。

また、『延暦僧録』逸文の「智名僧沙門釈慶俊伝」には「講二華厳経一論義去、決レ疑釈レ滞」、同じく「智名僧沙門釈戒明伝」には「依二大安寺慶俊法師一為二師主一、学二華厳経一、便窮二奥旨一」[80]とあり、『華厳経』の解釈をめぐる疑義を解決するとともに、弟子の戒明には『華厳経』の奥旨を窮めさせたと評されている。

大安寺の華厳学は、菩提僊那や道璿らが止住する大仏開眼会の頃には、なお東大寺を凌ぐ地位にあったと思われる。華厳学僧を重用する立場からすれば、光明はこの大安寺の慶俊も逸することができなかったのであろう。光明は、慈訓を「花厳講師」として身近に置くとともに慶俊を縁由の深い法華寺の「大鎮」に任じ、随時華厳に関する下問を行なったのではないかと想像される。その任命時は、慈訓の「花厳講師」就任とほぼ同じ頃であろうか。もっとも、慶俊が「花厳講師」と称されたのは一時期のようであり、慈訓のように継続性のある職務ではなかった。従って、光明が同じく身近に配したとしても、華厳学では慈訓の方に分があり、また前記の看病禅師褒賞後の僧綱の任命で、慈訓は少僧都、慶俊は律師となるように、信任も慈訓の方が厚かったと見られる。

結局、慈訓は、「花厳講師」となってから以降は光明の身近にあり、法蔵ばりではないが、内裏などで華厳学を教授するとともに聖武や光明、さらには宮子らの病を癒すために密教的な修法を行ない、光明の意に応えていったのであろう。そして、聖武の病がつのる中、天平勝宝七歳（七五五）五月頃から宮中にその居を移し、聖武の終命まで看病等に尽力したものと思われる。

おわりに

聖武太上天皇の没後に少僧都となった慈訓は、翌天平宝字元年（七五七）に興福寺の別当に任じられている。[81]そ

の後の慈訓は、『続日本紀』によると、同三年六月二十二日（丙辰）に参議従三位出雲守文室真人智努とともに封事を奏して正月悔過に参加する僧への布施支給の停止を求め、同四年七月二十三日（庚戌）には大僧都良弁・律師法進らと四位十三階の僧位の制定について奏上を行なっている。いずれも僧綱の一員としての慈訓の働きぶりを伝える記事といえるであろう。ところが、同七年九月四日（癸卯）になると「少僧都慈訓法師、行ㇾ政乖ㇾ理、不ㇾ堪ㇾ為ㇾ綱、宜ㇾ停二其任一」との詔が宣されて少僧都の地位を追われ、後任には道鏡が命じられている。この慈訓の解任については、天平宝字七年は反藤原仲麻呂的な気運が高まる時期で、仲麻呂派と目される慈訓は、道鏡と反仲麻呂的な貴族・僧侶らによって追放されたためと解されている(82)。

　慈訓が仲麻呂派とされるのは、仲麻呂が曾祖父藤原鎌足と祖父藤原不比等を顕彰するために山科寺（興福寺）の維摩会を復興した年(83)に慈訓が同寺の別当になっていること、右の意見封事や僧位の奏上が仲麻呂政権の仏教政策の一翼を担うと評価できること、宝亀元年（七七〇）八月二十一日（庚戌）に道鏡が造下野国薬師寺別当に左遷されると、同月二十六日（乙卯）に慈訓は少僧都に復していることなどによる(84)。これよりすれば、慈訓は少僧都就任を契機に政治の世界に大きく踏み込んだことになるが、それは、本稿での検討結果とそぐわない一面を持つといわねばならない。少僧都になる前の慈訓は、光明皇太后の推輓もあって「花厳講師」として内裏を中心に活躍しており、恐らくその功績により律師を経ない少僧都への直任(85)という抜擢になったものと思われる。従って、聖武の没後も光明との繋がりは強く、橘奈良麻呂の変後に仲麻呂が専権を確立したとしても、慈訓が仲麻呂の私的顧問僧として政権内に地歩を築いていったとは考えにくいのである。

　興福寺は、光明が以前からその荘厳化に力を注いでいた寺院(86)であって仲麻呂にのみ帰属するわけではなく、意見封事や僧位の奏上は僧綱の職務に即したもので、行動をともにした人物にも仲麻呂と強く結びつく要素は認めが

たい[87]。また、少僧都の解任も、天平宝字四年六月七日（乙丑）に光明が没してから以降、後ろ楯を失った慈訓が孝謙太上天皇の信任を得た道鏡との確執を経て生じた結果とも解せるので、藤原仲麻呂との関係をここに想定しなくてもよいように思われる。

このように、仲麻呂政権下の慈訓の立場には、簡単に仲麻呂派とは割り切れないものがある。この問題については、光明との関係もふまえて慎重に議論を進める必要があるだろう。

註

（1）日付の干支は『続日本紀』による。
（2）『続日本紀』天平勝宝六年正月壬子条。
（3）『続日本紀』天平勝宝八歳五月丁丑条の脚註二一（新日本古典文学大系本）。
（4）文書名は『大日本古文書』によるが、適宜、東京大学史料編纂所編纂『正倉院文書目録』一〜五（東京大学出版会、一九八七〜二〇〇四年）を参照して改めたものがある。また、『正倉院文書目録』に当該文書の復原が示されている場合は、必要に応じてその結果を提示する（各断簡の接続情報等については省略。詳細は『正倉院文書目録』を参照）。
（5）イロハヘトの朱筆は『大日本古文書』によるが、ニの場合は筆者の推定である。
（6）佐久間竜「慈訓」（同『日本古代僧伝の研究』吉川弘文館、一九八三年。初出は一九五七年）。慈訓をめぐる唯一の専論で総括的な検討が加えられている。本稿では、この佐久間氏の論文に負うところが大きい。
（7）大平聡「五月一日経の勘経と内裏・法華寺」（宮城学院女子大学キリスト教文化研究所『研究年報』二六、一九九三年）。
（8）続々修十五ノ九・九ノ五九八〜五九九⑪、正集四十一裏・九ノ四三二、続々修十五ノ九・九ノ五五九⑫〜六一七。
（9）大平前掲註（7）論文。

(10) 佐久間前掲註(6)論文。
(11) 佐久間前掲註(6)論文。
(12) 続々修十二ノ六、十三ノ一七二〜一七八。
(13) 『正法念所経』七〇巻・『諫王経』一巻は(5)の七月五日の「奉請文」に認められない。これは、判官の判があったものの、写経所には当該経典が存在しなかったからであろう。
(14) 佐久間前掲註(6)論文、大平前掲註(7)論文によって提示されたこの見解は、宮﨑健司「光明子発願五月一日経の勘経」(同『日本古代の写経と社会』塙書房、二〇〇六年。初出は一九九二年)、鷺森浩幸「八世紀の法華寺とそれをめぐる人々」(正倉院文書研究会編『正倉院文書研究』四、吉川弘文館、一九九六年)などに継承されている。
(15) 「造東寺司未返経論注文」には一七度の奉請が記されているが、そのうちの一一度分は「造東寺司請経論疏注文案」のものと共通する(**表1**に付した番号で示すと1〜10 16)。残る六度はこの「未返経論注文」にのみ見えており、①天平十五年十二月十三日、②十八年十二月四日、③十九年四月十一日、④二十年九月二十一日、⑤同年九月二十二日、⑥同年十月六日の各宣で奉請されている。このうち、奉請先を記すのは①の大原宮と④の内裏の二度であるが、②③⑤は他の奉請記録(十一ノ二二五、四五一、二十四ノ一七五〜一七六)との照合より内裏への奉請であったことが知られる。①の大原宮も内裏関係とすれば、⑥の場合も奉請先は内裏であった可能性がある。後述のように、「造東寺司請経疏注文案」には内裏とその関係者への奉請が記録されているが、この点は「未返経論注文」においても同様であったと見られる。なお、右の六度分が「注文案」に認められないのは、その時点までに造東大寺司へ返送されていたからであろう。
(16) 「内裏等疏本奉請帳」(続々修十五ノ四、十ノ二八五)。
(17) Ⓐは「内裏経本奉請注文」(続々修十五ノ五、十ノ二七六〜二七七)、Ⓑは前掲(4)「経疏帙籤等奉請帳」(十三ノ一九三)。
(18) この「華厳宗布施法定文案」の左には、二紙からなる華厳宗の「章疏目録」が貼り継がれている。「法定文案」と同様に各書目の書写料を書き留めていることからすれば、経論に次いで行なわれた章疏の書写が終わった時点で現状のように貼り継がれたのではないかと思われる。なお、朱筆(後筆)で「法定文案」には「已上第一櫃」、「章

疏目録」には「已上第二櫃」と記されている。本書第三章を参照。
(19)『大正蔵』五五ノ六八一下～六八二中。
(20)ただし、入蔵録に挙げられる『大方広入如来智徳不思議経』一巻などの七部七巻は、ここには認められない。
(21)経典名は当該史料に即して表記し、必要に応じて括弧内に語句を補い別称等も併記する。なお、法蔵の『花蔵経疏』は一部二〇巻であるので、ここでの一部一〇巻は誤記と思われる。
(22)「華厳宗布施法定文案」に付された「章疏目録」による。前掲註(18)を参照。
(23)天平二十一年四月五日の「内裏疏本奉請注文」(続々修十五ノ五、十ノ二七八)によれば、同十九年十二月十九日に「自内裏奉請疏本」として『華厳論』七帙六五巻、『華厳疏』二四巻(一三巻遠法師撰、一〇巻元暁師、一巻法蔵師)、『孔目』六巻、『方軌』四巻、『旨帰』一巻、『五教』一巻、『(花厳経)伝』二巻、『伝之記』一巻、『(花厳経)料簡』一巻、『一乗法界図』一巻、『入法界品抄』一巻、『新訳起信論記』一巻、『脩慈分』二巻が写経所へ奉請され、同二十年三月二十四日付「写一切経所牒案」(続々修十六ノ四、八ノ一六九)では、法蔵『華厳経疏』一部二〇巻、元暁『起信論(疏)』二巻・『華厳疏』一部一〇巻・『起信論別記』一巻、恵遠『起信論(疏)』二巻の内裏への返奉が指示されている。これより、天平十九・二十年頃の内裏には主要な華厳関係章疏が蔵されていたことが知られる。今回の奉請は、これらの章疏類を充実化させるためのものと思われる。
(24)この「勘定帳」が法性宗のものであることは、鬼頭清明「南都六宗の再検討」(笹山晴生先生還暦記念会編『日本律令制論集』上巻、吉川弘文館、一九九三年)による。
(25)この他に日付を欠く「写書布施勘定帳」(続々修十三ノ七、十二ノ六一～九九)が残るが、鷺森浩幸「大修多羅宗の性格とその教学」(続日本紀研究会編『続日本紀の諸相』塙書房、二〇〇四年)によれば、これは法性宗のものに相当する。
(26)続修後集三十八・三ノ三五三～三五四・五四二～五四三・四一四・五四三～五五五、続修後集四十二・三ノ五五六～五五七ℓ5。
(27)筒井英俊校訂『東大寺要録(再版)』(国書刊行会、一九七一年)。
(28)堀池春峰「華厳経講説よりみた良弁と審詳」(同『南都仏教の研究』上・東大寺篇、法藏館、一九八〇年、初出

は一九七三年)。

(29) 堀池春峰「金鐘寺私考」(前掲註(28)著書。初出は一九五五年)。

(30) 『続日本紀』によると、天平十五年十月十五日(辛巳)に行幸先の紫香楽宮において聖武天皇は大仏発願の詔を出し、同月十九日(乙酉)には大仏造立のための寺地(甲賀寺)が開かれ、翌十六年十一月十三日(壬申)になると盧舎那仏像の体骨柱が甲賀寺に建てられている。しかし、十七年五月に平城に還都すると大仏造立は金鐘寺に移されて再開するが、その間の経緯を『東大寺要録』巻第一・本願章の天平十七年八月二十三日条は「天皇自二信楽宮一車駕廻二平城宮一、於二大倭国添上郡山金里一更移二彼事一、創二同盧遮那仏像一」と伝える。ここに見える山金里が東大寺の寺地であることは、堀池春峰「東大寺の占地と大和国法華寺についての一試論」(前掲註(28)著書。初出は一九五七年)を参照。

(31) 『東大寺要録』巻第二・供養章第三所載、天平勝宝四年三月二十一日付「勅書」。道璿が大安寺にいたことはこの「勅書」に見えるが、菩提僊那の場合は「南天竺波羅門僧正碑幷序」(『群書類従』五ノ五六六〜五六八)、隆尊は『延暦僧録』逸文「高僧沙門釈隆尊伝」(『日本高僧伝要文抄』第三)に、それぞれの所属寺院が記されている。

(32) 堀池前掲註(29)論文。

(33) たとえば、大仏の造立をめぐる『続日本紀』天平十八年十月甲寅、天平勝宝元年甲午朔・丁未、同年十二月丁亥の各条を参照。

(34) 『七大寺年表』天平十七年条(『大日本仏教全集』一一一)。

(35) 正集三十三裏・八ノ一八五〜一八八(1)・二十四ノ二五八・八ノ一八八(2)〜一九三、正集二十一裏・九ノ三六五〜三六七、続修八裏・三ノ一六一〜一六三、正集一裏十ノ五五三〜五五四。

(36) 山本幸男「『華厳経』講説を支えた学僧たち――正倉院文書からみた天平十六年の様相――」(『南都仏教』八七、二〇〇六年、本書第二章)。

(37) 以上の二度の奏請は(4)「経疏帙籤等奉請帳」(十三ノ一九四〜一九五)。

(38) 「間本納返帳」(続々修十五ノ九、九ノ六一〇)。

(39) この「散帳」に記された勘経については、宮﨑前掲註(14)論文、大平聡「天平勝宝六年の遣唐使と五月一日経」

（『日本律令制論集』上巻）、同前掲註(7)論文、山下有美「嶋院における勘経と写経――国家的写経機構の再把握――」（『正倉院文書研究』七、二〇〇一年）に詳しいが、山下論文では総括的な検討がなされていて示唆に富む。

(40) マイクロフィルム紙焼写真（宮内庁正倉院事務所頒布）によれば、四紙からなる「請留経目録」の第三紙と第四紙の間に一行程度の欠失が認められる（十二ノ四四七）が、四紙とも同筆で内容も繋がるので一連のものと見て問題はない。この目録の背面が「大乗経納櫃目録」（十二ノ四七三～四九九）に使用されるときに被った切断のためではないかと推測される。

(41) 東大寺に返送されねばならない二六八〇巻の経典とは、宮一切経に他ならないであろう。

(42) 紫微中台が皇后宮職から改組されたのは天平勝宝元年（『続日本紀』同年八月辛未条参照）であるから、「先奉請」の一二部は皇后宮職が関与したものになる。

(43) 実際の勘経は、請留先の内裏もしくは後述の「花厳講師所」で行なわれていたと見られる。

(44) 山下前掲註(39)論文。

(45) 秘密部の経典は、石田茂作『写経より見たる奈良朝仏教の研究』㈶東洋文庫、一九六六年再版。初版は一九三〇年）の附録「奈良朝現在一切経疏目録」の印度撰述・秘密部、鎌田茂雄・河村孝照・中島良信・福田亮成・吉元信行編『大蔵経全解説大事典』（雄山閣出版、一九九八年）の密教部をそれぞれ参照した。

(46) 『大日本古文書』では本文書を「興福寺僧慈訓請経文」と題している。これは日下に「使僧朗叡興福寺」とあることによるのだろうが、このとき慈訓が興福寺に止住していたならば、使僧の所属をわざわざ記す必要はなかったであろう。あえて「興福寺」と注記するのは、慈訓は寺外にあり、そのもとに朗叡が興福寺から出向していたためと見られる。それ故、ここでは「興福寺」を除いて文書名を表記した。

(47) この四部は唐代になって智通、実叉難陀、宝思惟、義浄らに訳されたもので、**表2**に見える秘密部の経典二五部も、『六字神呪王経』『如来方便善巧呪経』『請観世音菩薩消伏毒害陀羅尼経』を除けば、いずれも唐代の訳出である（訳者については『開元釈教録』巻一一～一三の有訳有本録〈『大正蔵』五五ノ五八二上～六二五中〉を参照）。いわば新しい秘密部の経典に慈訓は眼を向けていたといえようか。

(48) 「納櫃本経検定文」（続々修十五ノ二、二十四ノ一七三～一七四）。

(49)『続日本紀』天平九年十二月丙寅条に玄昉が聖武天皇の母の藤原宮子の病を治療したこと、宝亀三年四月丁巳条には道鏡が孝謙太上天皇の看病に従事したことが記されている。

(50) 聖武の病状については、『続日本紀』天平勝宝三年十月壬申条に「頃者、太上天皇、枕席不レ穏」、同四年正月己丑条に「度二僧九百五十人、尼五十人一、為二太上天皇不悆一也」と見える。また同五年四月丙戌条に「頃者、皇太后、寝膳不レ安、稍延二旬月一」、同六年七月壬子条に「太皇太后崩二於中宮一」とある。

(51)『寧楽遺文』中ノ六二六。ここでは池原君禾守となっているが、上毛野君粟守と同一人物である。姓が池原に改められるのは天平勝宝七歳とされている。佐伯有清『新撰姓氏録の研究』考證篇第二、六七～六八頁（吉川弘文館、一九八二年）。

(52)『続日本紀』天平九年三月丁丑条。天平十三年三月乙巳条には僧寺・尼寺からなる国分寺建立の詔が見える。

(53) 井上薫『奈良朝仏教史の研究（再版）』第五章第一節一「日中官寺制に関する学説の整理」（吉川弘文館、一九七八年。初版は一九六六年）。

(54)『旧唐書』巻六（本紀六）、載初元年七月条。中華書局校点排印本による。

(55) 鎌田茂雄『中国仏教史』第五巻七七～七八頁（東京大学出版会、一九九四年）。

(56)『資治通鑑』巻二〇四（唐紀二〇）、天授元年十月壬申条。宏業書局新校標点本による。

(57)『旧唐書』巻七（本紀七）、神竜元年正月乙巳・丙午、二月甲寅の各条など。

(58)『冊府元亀』巻五一（帝王部五一・崇釈氏）、神亀元年二月条。大化書局景印本による。

(59)『唐会要』巻四八（議釈教下）、龍興寺条。中華書局校点排印本による。

(60)『続日本紀』天平十六年十月辛卯条。

(61)『続日本紀』天平十八年六月己亥条。

(62) 井上前掲註(53)著書第五章第一節一。

(63) 前掲註(30)参照。

(64)『金石萃編』巻七三（唐三三）、「奉先寺像龕記」。台聯国風出版社本による。

(65)『唐会要』巻四九（像）、久視元年八月十五日・長安四年十月九日の各条。

(66)　鎌田前掲註(55)著書三三二～三三四頁。大仏の造顕思想については井上前掲註(53)著書第七章第一節「東大寺大仏の造顕思想」を参照。
(67)　瀧川政次郎「紫微中台考」(法制史論叢第四冊『律令諸制及び令外官の研究』名著普及会、一九八六年復刻。初版は一九六七年、初出は一九六一年)。この他、藪田嘉一郎「光明皇后の性格」(同『日本古代文化と宗教』平凡社、一九七六年。初出は一九六一年)や井上前掲註(53)著書第五章第一節二「光明皇后と則天武后」では、武后と光明の性格や政策が比較されている。なお、直木孝次郎「持統天皇と呂太后」(同『飛鳥奈良時代の研究』塙書房、一九七五年。初出は一九六四年)は、漢の高祖の后である呂太后に持統は自らを擬したと推論するが、傑出した女性為政者が中国に範を求めるのは、当時の共通する傾向といえるかもしれない。
(68)　鎌田茂雄『中国華厳思想史の研究』第一部第三章「武周王朝における華厳思想の形成」(東京大学出版会、一九六五年)、木村清孝「華厳経の受容と法蔵の生涯」(鍵主良敬・木村清孝『人物・中国の仏教　法蔵』大蔵出版、一九九一年)。以下の武后と法蔵の関係は木村論文による。
(69)　「唐大薦福寺故寺主翻経大徳法蔵和尚伝」(『大正蔵』五〇ノ二八一中。以下、「和尚伝」と略記)。法蔵の伝記については、吉津宜英『華厳思想の研究』第二章「法蔵の伝記と著作」(大東出版社、一九九一年)を参照。
(70)　『華厳経伝記』巻三(『大正蔵』五一ノ一六四上・中)。
(71)　『続華厳経略疏刊定記』巻一(『続蔵経』五ノ四八～五〇)。
(72)　「和尚伝」(『大正蔵』五〇ノ二八三下)
(73)　「和尚伝」(『大正蔵』五〇ノ二八四上～下)
(74)　『続日本紀』天平八年十月戊申条、「南天竺波羅門僧正碑幷序」(前掲註(31)参照)、『延暦僧録』逸文「高僧沙門釈道璿伝」(『日本高僧伝要文抄』第三)を参照。
(75)　武后の序文を収める新訳の『華厳経』八〇巻は『続日本紀』養老六年十月丙戌条に初見し、その翻訳の経緯と武后の法蔵への尊崇を記した『続華厳経略疏刊定記』(前掲註(71)参照)は、天平二十年九月九日付「花厳供所牒」(続々修六ノ一、十ノ八二～八三)で書写料が写一切経司へ送付されているので、天平二十年末までに光明はこの両書の底本もしくは新写本を手にし、武后と法蔵の関係を読み取っていたものと思われる。

(76) 佐久間前掲註(6)論文では、天平勝宝五年九月三日付「奉請文」(塵芥三十、三ノ六四二)において、慈訓が奉請した経典のうち三部に対して付された注記(後筆)「以六年五月十七日便請留外嶋院」を慈訓が外嶋院にいたことを示す根拠として使われているが、これは慈訓が奉請した三部の経典を外嶋院に請留したことを示すもので、慈訓の所在を伝える史料とはならないであろう。

(77) 『延暦僧録』逸文「智名僧沙門釈慶俊伝」(『日本高僧伝要文抄』第三)。

(78) 佐久間竜「慶俊」(前掲註(6)著書、初出は一九五七年)。

(79) この他に、「収納幷返送帳」の天平十九年十一月二十三日の項には、「敬俊大徳書」の『止観法門』一巻が奉請されたことを記す。敬俊が慶俊にあたることは佐久間前掲註(78)論文を参照。

(80) 『日本高僧伝要文抄』第三。

(81) 『僧綱補任』第一、天平宝字元年条(『大日本仏教全書』興福寺叢書一)。

(82) 佐久間前掲註(6)論文。

(83) 『続日本紀』天平宝字元年閏八月壬戌条。

(84) これより天平勝宝年間の慈訓も藤原仲麻呂派と見られているが、本文で検討を加えたように当該期の慈訓は光明皇太后や内裏と緊密な関係にあった。

(85) 『七大寺年表』天平十七年条には慈訓の律師就任が見えるが、『僧綱補任』第一の天平勝宝八年条には「不㆑経㆓律師㆒」と記すので、これに従う。

(86) 『興福寺流記』所引の「天平記」を参照(『大日本仏教全書』興福寺叢書一)。

(87) 参議の文室浄三は政権の中枢部にいたが、高齢であり、仲麻呂の謀反が発覚する直前の天平宝字八年九月二日に致仕する(『続日本紀』)ように、仲麻呂とは一線を画していたと見られる。この点は良弁・法進の場合も同じで、『僧綱補任』を見る限り地位の異動は認められない。良弁の動向については、岸俊男「良弁伝の一齣」(同『日本古代文物の研究』塙書房、一九八八年。初出は一九八〇年)を参照。

II　政治と仏教

第五章　天平宝字二年の『金剛般若経』書写

――入唐廻使と唐風政策の様相――

はじめに

天平宝字二年（七五八）六月から翌三年四月にかけて、造東大寺司の写経所では三度にわたる御願経書写が行なわれた。筆者は先に、これらの写経の関係史料を整理検討し全体像の解明を試みたが、[1]その結果、書写された経典について次のような知見を得ることができた。

㈠天平宝字二年六月十六日宣による『金剛般若経』一〇〇〇巻（千巻経）書写と八月十六日宣による『同経』一二〇〇巻（千二百巻経）書写は、光明皇太后の病気平癒のため計画実施された一連の事業で、千巻経書写では新来の漢訳本である真諦（四九九～五六九）訳の祇樹林本が、千二百巻経書写では菩提流支（?～五二七）訳の婆伽婆本が、それぞれ底本に据えられていた可能性が高い。

㈡しかし、光明の病状は七月になって悪化したため、急遽『千手千眼経』一〇〇〇巻・『新羂索経』一〇部二八〇巻・『薬師経』一二〇巻（千四百巻経）の書写が同月四日に命じられた。このときに書写された『新羂索経』は、新来の『不空羂索神変真言』であったことが指摘されているが、[2]『千手千眼経』の場合も当時最も新しい漢訳本であった菩提流支訳のものが底本に用いられていたと考えられる。

そして、このような確認点をふまえて、三度の御願経書写の政治的思想的意義を理解するには、①『金剛般若経』が二度にわたって大量に書写された理由、②千巻経書写で新来の漢訳本が底本に据えられた理由、③千巻経・千二百巻経書写と千四百巻経書写の相互関係を問う必要があるとした。

本稿の目的は、右に提示した問題に取り組むことにあるが、以下では『金剛般若経』に焦点を当てて大量に書写された背景を検討し、解明への糸口を探りたいと思う。(3)

一　般若経典の転読と書写

般若経典は、漢訳で四二種以上あるといわれるが、(4)『日本書紀』や『続日本紀』(5)に登場するのは『大般若経』『仁王般若経』『金剛般若経』『般若心経』の四種である。このうち最も早く見えるのは『仁王般若経』で、『日本書紀』によると斉明天皇六年（六六〇）五月に「仁王般若之会」が設けられ、天武天皇五年（六七六）十一月二十日（甲申）には『金光明経』とともに「四方国」で説かれ、持統天皇七年（六九三）十月二十三日（己卯）になると「百国」で四日間講じられている。『仁王般若経』が護国経典として扱われたことは『続日本紀』にも見えており、天平十八年（七四六）三月十五日（丁卯）の勅では、これまで「為レ令二皇基永固、宝胤長承、天下安寧、黎元利益一」に『仁王般若経』が講じられてきたことが述べられている。この点は『大般若経』の場合も同じで、天平七年五月二十四日（己卯）に「為下消二除災害一、安中寧国家上」に宮中および大安・薬師・元興・興福の四寺で転読され、同九年三月三日（丁丑）には国ごとに一部（六〇〇巻）写させるなど、消災・護国のために『大般若経』の転読や書写の指示がこれ以降繰り返し出されている。(6)

『金剛般若経』は、天武天皇十四年十月に宮中で説かれたことが『日本書紀』に見えるが、災異に効能を発揮する経典と解されていたらしく、『続日本紀』では神亀四年（七二七）二月十八日（辛酉）に「為レ銷二災異一」に中宮で転読され、天平七年八月十二日（乙未）の勅では、大宰府の疫気対策のため府大寺や別国諸寺で『金剛般若経』を読ませるよう命じられている。しかし、天平宝字二年（七五八）七月二十八日（戊戌）になると、「為レ令二朝庭安寧、天下太平一、国別奉レ写二金剛般若経卅巻一、安二置国分僧寺廿巻、尼寺十巻一、恒副二金光明最勝王経一、並令二転読一」との勅が出され、『金剛般若経』が『仁王般若経』『大般若経』といわば同格の護国経典として位置づけられるようになった。同年八月十八日（丁巳）には、「来年己亥、当レ会二三合一」「三合之歳、有二水旱疾疫之災一」として「宜下告二天下諸国一、莫レ論二男女老少一、起坐行歩口閑、皆尽念中誦摩訶般若波羅蜜上」と命じる勅が出され、『般若心経』の念誦も求められているので、この天平宝字二年の七・八月は、般若経典を重用する気運が大きく盛り上がった時期と評価することができる。

『続日本紀』ではこれ以降、『仁王般若経』の講説や『大般若経』の転読などが散見し[7]、宝亀五年（七七四）四月十一日（己卯）には『般若心経』の念誦が再び求められているので、これら般若経典に対する護国の期待はその後も続くことが知られるが、『金剛般若経』の場合は、右の天平宝字二年の記事を最後に転読などの指示が見られなくなる。もっとも、『日本後紀』以下の正史には、消災などの目的で転読がなされたことが記されており[8]、『金剛般若経』に対する依存もさほど変わらなかったと見られる。ただ、『続日本紀』での記事の出方から推せば、護国経典としての需要が、その後『仁王般若経』や『大般若経』に比して低下することは否めないようであり、これより天平宝字二年の『金剛般若経』重用策がいかに突出したものであったかが読み取れるように思われる。

『続日本紀』から窺われるこうした『金剛般若経』に対する取り扱いは、正倉院文書に見える皇后宮職や造東大

表　皇后宮職・造東大寺司の写経所で書写された大般若経・仁王般若経・金剛般若経・般若心経

経典	発願主・宣者・その他	写経期間	典拠
心経（法花経三品・最勝王経二品・花厳経二品と合わせて一巻）		天平五年九月	七ノ二〇
金剛般若経一巻	宮御所写進納	天平八年四月	七ノ二四
金剛般若経一巻	親王御写	天平八年四月	七ノ二四
能断般若経一〇〇巻・千手千眼経二巻・十一面経二巻・不空羂索経二巻・請観世音経二巻・観世音経二巻		天平十年二月	七ノ一二六～一三〇
大般若経一部六〇〇巻	（福寿寺大般若経）	天平十年三月～十一年十一月（中断期間を含む）	二ノ一六七～一六九 七ノ一七七～一七八
大般若経一部六〇〇巻	天平十七年九月一日勅 大宮御願　難波之時御願	天平十七年十月～二十年九月（中断期間を含む）	二ノ四八二～四八七 十ノ三〇五～三一一
多心経七六八巻	天平十八年暦日員日別充二巻 奉為今帝　奉為皇后	天平十八年二月	九ノ六四 十一ノ一七〇
仁王経六一部一二二巻	御願	天平十八年二月～三月	九ノ六四、七一～七五
十一面経一一巻・金剛般若経一巻・阿弥陀経一巻	紀朝臣文主宣	天平十八年十二月	九ノ三三〇～三三一
心経七六八巻	天平二十年料	天平二十年十二月	十ノ二六九、四四七
多心経七六八巻	奉為二所天平二十一年科	天平二十一年五月	三ノ四七一、十ノ五八九
大般若経一部六〇〇巻	天平二十一年二月十九日右大臣宣　天平感宝元年六月宣旨	天平勝宝元年十一月～二年六月	八ノ三七〇、十ノ五四〇～五四三、 十一ノ二八七～三〇〇
心経一〇〇〇巻・薬師経一二巻		天平勝宝二年七月	十一ノ三四七
最勝王経一部一〇巻・仁王経一部二巻	錦部稲敷宣	天平勝宝四年二月～七月	十一ノ一六六 十二ノ二二〇、三一五
最勝王経一部一〇巻・仁王経一部二巻・解深密経一部五巻	飯高笠目宣	天平勝宝五年二月	三ノ五九七 十二ノ三三六
仁王経三二部六四巻	次官佐伯宿禰宣	天平勝宝五年三月	十二ノ二八〇、四二二

仁王経三二部六四巻	飯高笠目宣　為仁王会日	天平勝宝五年三月	三ノ五九九、六一三
最勝王経一部一〇巻・仁王経一部二巻		天平勝宝六年二月	十三ノ二六
大般若経一部六〇〇巻・花厳経二部（一部八〇巻、一部六〇巻）		天平勝宝六年二月〜七月	三ノ六〇四、四ノ一〜一二、十二ノ二八二、十三ノ二七
法花経一部八巻・理趣経一巻・金剛般若経一巻	山田命婦宣	天平勝宝七歳十二月	三ノ六一〇、十二ノ二八六
心経一〇〇巻	紫微内相宣	天平勝宝九歳六月	三ノ六一一、十三ノ二二一
金剛般若経一〇〇〇巻	御願　紫微内相宣	天平宝字二年六月〜十月	十三ノ二四五、十四ノ二五八
金剛般若経一二〇〇巻	勅旨　紫微内相（大保）宣	天平宝字二年九月〜三年四月	四ノ三二三、三四八 十四ノ一〜二六
法花経四五部三六〇巻・金剛般若経四五巻・理趣経四五巻	坤宮官大疏高丘枚万呂宣	天平宝字四年正月〜三月	十四ノ二八八〜三〇四、三七二〜三七四
大般若経一部六〇〇巻	勅旨（石山大般若経）	天平宝字六年二月〜十二月（中断期間を含む）	五ノ一〇七〜一一〇 十五ノ一五七〜一五九
大般若経二部一二〇〇巻	少僧都慈訓宣	天平宝字六年十二月〜七年四月	十六ノ五九〜六八、九一〜一〇四、一三七〜一七〇
金剛般若経二〇巻・最勝王経二部二〇巻		天平宝字六年三月〜四月？	十六ノ一六九〜一七〇
最勝王経一一部一一〇巻・宝星陀羅尼経一部一〇巻・七仏所説神呪経三部一二巻・金剛般若経六〇〇巻	内宣　弓削禅師（道鏡）宣	天平宝字七年三月〜六月	五ノ四〇二〜四一一、四一三〜四三二 十六ノ三六七〜三七〇
心経一〇〇〇巻	宣（他所で書写されたか）	天平宝字七年十二月？	十六ノ四二三〜四二七
大般若経一部六〇〇巻	勅旨　御願　大臣禅師（道鏡）宣	天平宝字八年七月〜十二月	五ノ四八八〜四九二、四九八〜五〇四

＊本表は、薗田香融「南都仏教における救済の論理（序説）――間写経の研究――」（日本宗教史研究会編・日本宗教史研究4『救済とその論理』所収、法藏館、一九七四年）に掲載された「天平年間における間写経一覧」をもとに、栄原永遠男「難波之時御願大般若経について」（『大阪の歴史』一六、一九八五年）、同「福寿寺大般若経について」（『日本歴史』四五〇、一九八五年）を参照し、私見を一部加えて作成したものである。経典名は史料上の表記に従っているが、能断般若経は能断金剛般若経（玄奘訳、義浄訳）のことで金剛般若経（鳩摩羅什訳、菩提流支訳、真諦訳、笈多訳）の異称、仁王経は仁王般若経、心経・多心経は般若心経に相当する。写経期間の大半は推定である。典拠は『大日本古文書』の巻・頁数で、主要なものを掲げるにとどめた。なお、皇后宮職・造東大寺司の写経機関の変遷については山下有美『正倉院文書と写経所の研究』（吉川弘文館、一九九九年）第一章を参照。

寺司（前身は金光明寺造物所）の写経活動でも認めることができる。**表**は、この両者の写経機関（以下、写経所と称す）で書写された四種の般若経典（一切経の一部として書写されたものは除く）を順に整理したものである。各経典の一部あたりの巻数と紙数を天平勝宝六年（七五四）〜天平宝字二年（七五八）の例で示すと、『大般若経』は六〇〇巻一万六七九張、[9]『仁王般若経』は二巻三三張、[10]『金剛般若経』は一巻二二張、[11]『般若心経』は一巻一張となるので、小部の経典ほど書写機会が増える傾向にあるといえる。従って、大部の『大般若経』を除けば、一、二部程度の書写は個人蔵を目的としたものであろうから、『仁王般若経』『金剛般若経』『般若心経』の場合は、書写部数の多さが発願者の期待の大きさを表わすことになるだろう。このような観点から**表**を見ると、『般若心経』では天平十八年（七四六）〜天平勝宝二年と天平宝字七年に、『仁王般若経』では天平十八年と天平勝宝五年に、それぞれの効能に対する期待が高まるようである。[13]『金剛般若経』は、天平十年にまとまった書写があるものの、部数からいえば、やはり冒頭で述べた天平宝字二年の二度の書写が群を抜き、同七年のものがそれに次ぐ。

天平宝字年間（七五七〜七六五）の写経所では、『金剛般若経』や『般若心経』の他に、天平十年・同十七年・天平勝宝元年・同六年に単発的になされた『大般若経』の書写が短期間に三度（四部）も行なわれている。これらの写経は御願によるものであるから、当時の天皇や太上天皇、皇太后らが般若経典書写の功徳にいかに期待するところが大きかったかが知られるであろう。

天平神護〜宝亀年間（七六五〜七八一）の写経所では、一切経の書写が中心となるため、写経を通して般若経典に対する関心の度合を見ることはできないが、**表**に示した天平宝字末までの様相は、『続日本紀』から窺われる事柄とほぼ対応している。なかでも『金剛般若経』の場合は、勅によって宣された重用策と大量書写が時間的にも連繋しており、『同経』に対する関心の高さを伝えるものとして注目される。

二　藤原仲麻呂の唐風政策

天平宝字二年（七五八）七月の『金剛般若経』重用策は、退位を目前に控えた孝謙天皇の勅によって出されたが、立案に際しては、当時紫微内相の地位にあった藤原朝臣仲麻呂の意向が大きく反映されていたものと見られる。

聖武太上天皇の遺詔によって立太子した道祖王が、天平勝宝九歳（七五七）三月二十九日（丁丑）に淫縦を理由に廃されると、[14]四月四日（辛巳）藤原仲麻呂は亡男藤原真従の妻粟田朝臣諸姉を娶わせ自邸に住まわせていた大炊王を皇太子に擁立し、政権をほぼ確立した。これ以降、天平宝字八年九月十一日（乙巳）の謀反に至るまで様々な政策が出されてくるが、その中で特徴的なのが、仲麻呂の唐風趣味を反映した儒教政治と称される諸施策[15]である。官制・税制・軍制・民政など広範囲に及ぶそれらの中で、範を唐の皇帝の施策に求めたものを先学の指摘をもとに『続日本紀』から挙げると次のようになる。[16]

まず、大炊王が立太子した天平勝宝九歳四月四日（辛巳）の勅に見える中男・正丁の年齢繰り上げ策と『孝経』一本の家蔵指示は、玄宗が天宝三載（七四四、天平十六）十二月に出した施策（『旧唐書』[17]巻九）に倣ったもので、天平勝宝七年正月四日（甲子）に「年」を「歳」に改めた策とともに、同六年に帰国した遣唐使一行の知見にもとづくものであろうとされる。翌天平宝字二年（天平勝宝九歳八月十八日〈甲午〉に天平宝字と改元）正月五日（戊寅）の詔で出された問民苦使の派遣は、太宗の貞観八年（六三四、舒明天皇六）正月の観風俗使（『唐会要』[18]巻七七、諸使上）を、淳仁天皇（大炊王）即位後の勅を受けてなされた二年八月二十五日（甲子）の官号改易は、則天武后の時代や玄宗の開元元年（七一三、和銅六）十二月の官号改正（『旧唐書』巻四二）を、三年五月九日（甲戌）の勅で宣さ

れた常平倉の設置は、太宗の貞観十三年十二月の施策（『唐会要』巻八八、倉及常平倉）を、五年十月己卯の勅に見える北京（保良京）の造営は、玄宗が天宝元年二月に北都を北京と改めた（『旧唐書』巻九）のを、それぞれ模したもので、三年六月二十二日（丙辰）の勅では、則天武后編纂の『維城典訓』を官吏必読の書と位置づけている。四年三月十六日（丁丑）の勅で命じられた貨幣の改鋳は、高宗の乾封元年（六六六、天智天皇五）に先例（『旧唐書』巻四八）があるが、玄宗の乾元元年（七五八、天平宝字二）七月にも同様の施策（『同』巻一〇）があり、二年十二月十日（戊申）に入京した渤海大使や遣渤海使を通して仲麻呂の耳に入った可能性があるという。

このように仲麻呂の施策には、太宗・則天武后・玄宗の治下に先蹤を求めるものが多く認められるが、とりわけ同時代の玄宗には強い関心を抱いていたらしく、この他にもいくつかの事例を挙げることができる。たとえば、天平勝宝九歳五月二十日（丁卯）の養老律令の施行は、開元二十五年（七三七、天平九）九月の新定令・式・格・事類の頒布（『旧唐書』巻九）に、改元後の天平宝字元年閏八月十七日（壬戌）に施行された藤原朝臣鎌足創始の維摩会復興や、同四年八月七日（甲子）の藤原朝臣不比等・藤原武智麻呂・藤原房前、県犬養橘宿禰三千代らへの封爵等の贈与といった祖先顕彰は、玄宗（李隆基）が同姓の老子（李耳）を祖先として崇め、開元二十一年正月に『老子』一本の家蔵を命じ（『同』巻八）たり、天宝二年正月に玄元皇帝の尊号に大聖祖を加えた（『同』巻九）ことに、それぞれ通じるものがある。また、天平宝字二年八月一日（庚子）には、百官の上表により孝謙太上天皇と光明皇太后に尊号が奉られているが、これも天宝七載三月に玄宗が群臣の請により、皇帝に開元天宝聖文神武応道を加号した（『旧唐書』巻九）例があり類似する。

天平宝字二年十二月十日（戊申）に遣渤海使小野朝臣田守らによって、安禄山の反乱や玄宗の退位などが伝えられると、仲麻呂は衝撃を受け大宰府に対応策を命じるが、その後も玄宗の施策に関心を寄せていたことは前記の通

りである。ただ、こうした追随策は、大炊王が立太子した天平勝宝九歳四月から天皇に即位する天平宝字二年八月にかけて集中的に出されており、この間の仲麻呂が玄宗に大きく傾倒していたことを伝えている。先に注目した『金剛般若経』の重用策は、まさにこの時期に出されているのであるが、玄宗もまた『同経』に対し並々ならぬ熱意を注いでいた。

三　玄宗と『金剛般若経』

玄宗と『金剛般若経』の関係については、『仏祖統紀』巻四〇に「(開元・引用者注、以下同じ)二十四年、勅頒二御註金剛般若経於天下一」[19]、『宋高僧伝』巻一四の玄儼伝に「開元二十四年、帝親注二金剛般若経一、詔頒二天下一普令二宣講一」[20]と見え、『冊府元亀』[21]巻五一(帝王部、崇釈二)には開元二十三年(七三五、天平七)九月に中書令の張九齢らが「親注金剛経及修義訣」を賀した上言が収載されている。玄宗の『御注金剛般若経』を布演した道氤(六六八～七四〇)の『御注金剛般若波羅蜜経宣演』(二巻、敦煌本)の叙には、「大唐開元中、歳次大泉献皇帝御天下之二十三載、(中略)迺凝二睿思一、暢二述儒道一、仍懐二妙覚一、注二訣斯経一」[22]とあり、玄宗が儒教と道教を暢述する中で妙覚を懐い、この経を注訣するに至ったと記されている。『宋高僧伝』[23]巻五の道氤伝によると、『金剛般若経』の注釈を進めていた玄宗が第十六能浄業障分で疑義を抱いたとき、氤に詔して経の功力を決択し是非を剖判し、注釈が終わると氤に宣して疏を造らせたことが見える。伝には道氤の著作として「御注金剛経疏六巻」が挙げられているが、これが右の『宣演』に相当するのであろう。

玄宗は、開元十年(七二二、養老六)に『孝経』を訓注して天下に頒ち(『旧唐書』第八)、同二十三年三月『老

子』に注を加えて公卿士庶および道釈二門に頒示している（『冊府元亀』巻五三、帝王部、尚黄老一）。『宣演』の叙の中で「暢二述儒道一、仍懐二妙覚一、注二訣斯経一」とあるのは、こうした儒教と道教を代表する典籍の注釈を通して仏教への関心が高まっていったからであろう。

問題は、その玄宗が注釈の対象に『金剛般若経』を選んだ理由であるが、これについては、『同経』は当時新しく勃興した南宗禅の祖慧能（六三八～七一三）が重要視した経典であり、般若思想を説くこの経典を玄宗が重視したためとされている(24)。ただし、菩提達摩（?～五三〇?）から慧可（四八七～五九三）、僧璨（?～六〇六）、道信（五八〇～六五一）、弘忍（六〇二～六七五）と伝えられた禅を都にもたらしたのは慧能と同じく弘忍に師事した北宗禅の祖神秀（?～七〇六）であり、都城内で伝教を始めたのは弟子の普寂（六五一～七三九）とされている（『旧唐書』巻一九一、神秀伝）ので、玄宗と禅の関係を見るには神秀の法嗣にも留意する必要があるだろう。このような観点から、玄宗と関わりのある北宗禅の人々を『旧唐書』や『宋高僧伝』から求めると、普寂・義福・一行（六八三～七二七）の三人になる。

普寂は、『旧唐書』巻一九一の神秀伝に「時神秀在二荊州玉泉寺一、普寂乃往師事、凡六年、神秀奇レ之、尽以其道授焉」と見え、久視元年（七〇〇）に神秀が則天武后の召により東都に至ったとき、普寂を薦めて僧としたこと、中宗は高年となった神秀に代えて普寂に法衆を統べさせ、開元十三年（七二五）には勅があって普寂を都城に居止させたこと、前記の都城での伝教については「神秀、禅門之傑、雖下有二禅行一、得中帝王重上レ之、而未二嘗聚レ徒開レ堂伝レ法。至二弟子普寂一、始二於都城伝教一、二十余年、人皆仰レ之」と記されている。普寂はまた、神秀に師事する前に天台・戒・禅の兼学を特徴とする玉泉寺の弘景（天台宗の開祖、智顗の弟子）に学び、戒律を重視するに至ったという(25)。

神秀の弟子として普寂と並称される義福は、京城の慈恩寺に入ったあと開元十一年に従駕して東都に往くが、その途次、蒲・虢二州において「刺史及官吏士女、皆齎㆓幡花㆒迎㆑之、所在途路充塞」という有様であったと伝えられる（『旧唐書』巻一九一、神秀伝）。

一行は、弘景について出家し、次いで普寂に師事して禅門を究め、その後遊学して律を学び、陰陽讖緯の書を詳究し算術を尋訪したという。また、金剛智（六六九～七四一）より陀羅尼秘印を学び、善無畏（六三七～七三五）の『大日経』翻訳に参じて疏を作り中国密教の基礎を築いたとされる。(26) 著作に『摂調伏蔵』六〇巻・『釈氏系録』一巻・『開元大衍暦』五二巻などがある。玄宗に召かれたのは、『旧唐書』巻一九一の一行伝では開元五年のことで、「玄宗令㆘㆓其族叔礼部郎中洽㆒齎㆗勅書㆖就㆓荊州㆒強起㆑之、一行至㆑京、置㆓於光太殿㆒、数就㆑之、訪以㆓安国撫人之道㆒、言皆切直、無㆑有㆑所㆑隠」とあるが、『仏祖統紀』巻四〇ではそれを同三年のこととし、「帝諮以㆓安国撫民之道、及出世法要㆒、称為㆓天師㆒〈天子之師〉」(27) と記している。

これらの人々と『金剛般若経』の関係を伝える記録は残っていないが、『同経』は「無相」を説く経典として神秀らの北宗禅でも重視されていたといい、(28) 敦煌から出土した『金剛般若経注』は普寂の影響下に七二〇～七三〇年頃に現われたものとされている。(29) それ故、右に挙げた三人は、『金剛般若経』に対して相当深い知識を持っていたと見てよいであろう。

玄宗が『金剛般若経』を注釈するに至った背景には、京城で伝教を行なう普寂、官吏から支持を受ける義福、天師とされる一行、といった北宗禅ゆかりの人々の影響があったものと思われる。もっとも、実際の注釈作業には前記の道氤が関与していた。

玄宗の『御注金剛般若経』を布演した『宣演』については、法相宗の第一祖基（六三二～六八二）の『金剛般若

論会釈』の影響下に執筆されているが、同世代の第三祖智周（六七八～七三三）の説に言及せず、基の思想にも反する場合があるなど、法相宗の正統ではなかったと指摘されている(30)。しかし、この『宣演』は人々の注目を集めたらしく、『宋高僧伝』巻五の道氤伝には、青龍寺で「新疏」（『宣演』）を講説したところ「聴者数盈二千計一」とあり、西明・崇福二寺においても講論を行なったという。また道氤の著作には「大乗法宝五門名教幷信法儀各一巻唯識疏六巻法華経疏六巻」などがあり（いずれも現存せず）、その該博と雄弁ぶりに、一行は「大法梁棟伊人応焉、余心有レ憑、死亦足矣」と感嘆し、宰相張燕は「釈門俊彦宇内罕レ匹」と称え、玄宗も再三歎羡し絹五〇〇匹を法施に充てたと記されている。

こうした道氤の存在より、『金剛般若経』に対する関心は法相系の人々の間でも高かったことが知られる。結局、玄宗の『金剛般若経』への傾倒は、北宗禅の他に非正統とされる法相学者の影響も被っていたということになるだろう。

玄宗は、『御注金剛般若経』の完成を賀した張九齢の状に対する批答の中で、『金剛般若経』を「不壊之法、真常之性、実在二此経一」（『全唐文』(31)巻三七）と評価し、天宝年間（七四二～七五六）には『御注金剛般若経』を石刻し立てさせるに至っている(32)。『仏祖統紀』巻四〇には、開元十五年（七二七）に病没した遂州の任善が生前『金剛経』を誦した功徳により冥界から生還した話や、漣水の趙璧が亡妻のため『金剛経』一部を造ったところ妻は天に生を得ることができた話、同十八年には武功県の丞蘇珪が常に『金剛経』を誦したため亡妻が蘇り、それを聞いた帝（玄宗）が発心持経した話が載せられている。これらの霊験譚は、開元六年に孟献忠が『金剛般若経集験記』を撰した(33)ことと併せて、当時の『金剛般若経』信仰の盛行を伝えるものであるが、皇帝の万寿を祝する聖節の儀式の場においてもこの経典が読誦されていたという(34)。

玄宗の『御注金剛般若経』の述作と頒示および石刻という施策には、こうした延命の効果を持つと信じられていた『金剛般若経』の本質（「不壊之法、真常之性」）を、皇帝の名において臣下や民間に周知徹底させ、人心掌握をはかる目的があったのであろう。[35]

四　天平勝宝六年の入唐廻使

藤原仲麻呂の傾倒ぶりから推せば、天平宝字二年（七五八）七月の『金剛般若経』重用策は、前節で見た玄宗の施策の影響を受けて実施されたものと見てよいだろう。となると、仲麻呂がどのようにしてそれを知りえたのかが問題になるが、これについては先の中男・正丁の年齢繰り上げと『孝経』一本の家蔵指示の場合と同じく、天平勝宝六年（七五四）に帰国した入唐廻使一行の知見によるのではないかと思われる。

『続日本紀』によると、この天平勝宝六年には同二年度の遣唐使のうち、[36]正月十六日（壬子）に副使大伴宿禰古麻呂が唐僧の鑑真（六八八～七六三）・法進（七〇九～七七八）ら八人とともに帰国（第二船）、翌十七日（癸丑）にはもう一人の副使吉備朝臣真備の船（第三船）が紀伊国牟漏埼に来着し、三十日（丙寅）には先着の大伴古麻呂が帰朝報告を行ない、天宝十二載（七五三、天平勝宝五）の朝賀の席で新羅と順位を争ったことなどが伝えられている。四月十八日（癸未）になると、判官布勢朝臣人主の船（第四船）が薩摩国石籬浦に来着したと大宰府から報告されたが、大使藤原朝臣清河と阿倍朝臣仲麻呂の乗った船（第一船）は阿児奈波嶋（沖縄）で座礁し、再出発したものの逆風に遭い清河らは結局、唐に戻ることになった。[37]判官の大伴宿禰御笠・巨万朝臣大山は四月七日（壬申）に大伴古麻呂・吉備真備とともに叙位に与っているので、第二もしくは第三船で帰国したのであろう。

これら使人の他に、留学生藤原朝臣刷雄、学問生船連夫子、延慶、膳臣大丘らもこの年に帰国している。(38)このうち藤原刷雄は仲麻呂の六男で、天平勝宝四年閏三月九日（丙辰）に遣唐副使以上が内裏で節刀を給されたとき、大使・副使とともに叙位に与り无位から従五位下に昇っている。留学生とはいえ、刷雄は父仲麻呂（当時、大納言兼紫微令で従二位(39)）の威光により特別な扱いを受けていたことが知られる。帰国後の動向は定かでないが、仲麻呂が反乱を起こして敗死した天平宝字八年九月十八日（壬子）に、幼いときより禅行を修めていたという理由で刷雄だけが死を免れていること、「唐大和上東征伝(40)」の巻尾に帰国をともにした鑑真の死を悼む詩が載せられていることから推すと、唐僧との交流を続けながら仏道修行に取り組んでいた様子が浮かび上がってくる。

船夫子については、天平勝宝六年十一月十一日（辛未）の外従五位下の叙位を出家を理由に辞退した記事しか残らないが、「唐大和上東征伝」に、鑑真らとともに薩摩国阿多郡秋妻屋浦に来着して一行を大宰府に導き、鑑真の入京時には訳語を勤めたと記される延慶に夫子を比定する説(41)がある。延慶は「武智麻呂伝」の筆者で仲麻呂の家僧と推定される人物(42)であるから、右の見方が成り立つならば、刷雄と夫子は親密な関係のもと唐土で勉学に励んでいたことになる。

膳大丘は、大学助教正六位上の地位にあった神護景雲二年（七六八）七月三十日（辛丑）の言上の中で、「大丘、天平勝宝四年、随レ使入レ唐、問二先聖之遺風一、覧二膠庠之余烈一、国子監有二両門一、題曰二文宣王廟一、時有二国子学生程賢一、告二大丘一曰、今主上大崇二儒範一、追改為レ王」（『続日本紀』）と入唐時の見聞を述べ、孔子を文宣王と号することを進言し勅許されている。大丘は、天平勝宝七歳四月二十一日付「造東大寺司牒(43)」に興福寺の経典奉請使としてその名が見え、同歳八月十六日付「某寺勘経所牒(44)」では日下に自署を加えている。また、『日本後紀』弘仁五年（八一四）十月乙丑（二十二日）条の興福寺伝灯大法師位常楼の卒伝には、「初為二同寺（興福寺、引用者注）善珠大徳弟

子一、請二問内教一、又善二膳大丘、土師乙勝一、学二習外伝一とあって興福寺僧との交流が伝えられているので、大丘は儒学のみならず仏教にも造詣が深かったことが窺える。

こうした遣唐使一行の唐での活動について、『続日本紀』では前記の朝賀の席で新羅と順位を争った話と膳大丘の国子監参観の話が見えるにすぎないが、『東大寺要録』[45]巻一所引の『延暦僧録』「勝宝感神聖武皇帝菩薩伝」には、次のような具体的な記事が載せられている（便宜のため七段(一)〜(七)に分けて掲出する）。

(一)又発レ使入唐、使至二長安一、拝朝不レ払レ塵、唐主開元天地大宝聖武応道皇帝云、彼国有二賢主君一、観二其使臣一趍揖有レ異、即加二号日本一為二有義礼儀君子之国一、

(二)復元日拝朝賀正、勅二命日本使一可レ於二新羅使之上一、

(三)又勅二命朝衡一領二日本使一、於二府庫一一切処遍宥、至レ彼披二三教殿一、初礼二君主教殿一、御座如レ常荘飾、九経三史、架別積二載厨龕一、次至二御披老君之教堂一、閣少高顕、御座荘厳少勝、厨別龕函盈二満四子太玄一、後至二御披釈典殿宇一、顕教厳麗殊絶、龕函皆以二雑宝一厠填、檀沈異香荘二挍御座一、高広倍二勝於前一、（中略）御座及案経架宝荘飾尽二諸工巧一、

(四)皇帝又勅、摸二取有義礼儀君子使臣大使副使影一、於二蕃蔵中一以記送遣、

(五)大使藤原清河、拝二特進一、副使大伴宿禰胡万、拝二銀青光禄大夫光禄卿一、副使吉備朝臣真備、拝二銀青光禄大夫秘書監及衛尉卿一、朝衡等致レ設也、

(六)開元皇帝御製詩、送二日本使一五言、日下非二殊俗一、天中嘉二会朝一、朝尒懐義遠、矜爾畏途遥、漲海寛二秋月一、帰帆駛二夕飈一、因声彼君子、王化遠昭々、特差二鴻臚大卿蒋挑捥一送至二揚洲一看取、発二別牒淮南一、勅二処致使魏方進一如レ法供給送遣、

㈦其大使私請二揚洲龍興寺鑑真和上等渡海一、将レ伝二戒律一、自二勝宝六年二月四日一至二聖朝一、勅安二置東大寺一、

まず、㈠では、長安に到着早々拝朝に及んだ遣唐使を皇帝（玄宗）は賢主君の使臣と慰労し、国号を日本と加えるとともに「有義礼儀君子之国」と称えている。皇帝から国号を改めて認定される点は、当時の日唐関係を反映するものとして注意される。㈡の元日朝賀の出来事については、前記の大伴古麻呂の報告に詳しく見えている。㈢では、勅命により朝衡と日本使が府庫と三教殿を巡覧する様子が記されている。とりわけ、三教殿の君主教（儒教）殿・老君之教（道教）堂・釈典（仏教）殿の様相が詳細に描かれており、『孝経』『老子』『金剛般若経』の親注を天下に頒示していた玄宗の三教尊重ぶりを伝えている。㈣では、再び勅命があり大使・副使の影を模取したこと、㈤では、朝衡らの周旋により大使・副使が唐の官職を拝したことが記されている。

㈢㈤に見える朝衡、すなわち阿倍仲麻呂は、霊亀二年（七一六）度の遣唐使[46]に従って留学生として吉備真備や玄昉とともに唐へ渡り、真備と玄昉は天平四年（七三二）度の遣唐使[47]と一緒に同七年に帰国したが[48]、仲麻呂はそのまま唐に留まり玄宗に仕えていた。『旧唐書』巻一九九上（東夷）には、「其偏使朝臣仲満、慕二中国之風一、因留不レ去、改二姓名一為二朝衡一、仕二歴左補闕・儀王友一」と見えている。天平十一年十月二十七日（丙戌）に渤海使とともに入京した入唐判官平群朝臣広成の十一月三日（辛卯）の報告によれば、悪風に遭って崑崙国に漂着した広成はひそかに脱出して唐に戻り、阿倍仲満（仲麻呂）を介して渤海路から帰国する許可を皇帝から得ることができたという。在唐の仲麻呂が、遣唐使一行の便宜をはかっていたことを伝える話であるが、それは先の㈢㈤から知られるように天平勝宝二年度の遣唐使の場合でも同じであった。特に今回は、かつての学友吉備真備と、天平四年度の遣唐使船で入唐経験のある大伴古麻呂が遣唐副使として来唐しているので、仲麻呂は使人と皇帝の仲介に腐心していたものと思われる。恐らく、その努力が皇帝の意に叶い、㈥にあるような送別の御製詩が日本使に贈られることになった

のであろう[49]。

(七)では、大使藤原清河が私に鑑真らを請じて渡海したとあるが、これは「唐大和上東征伝」に「弟子等先録二和上尊名一、幷持律弟子五僧一、已奏二聞主上一、向二日本一伝レ戒、主上要レ令下将二道士一去上、日本君王先不レ崇二道士法一、便奏留二春桃原等四人一、令三住学二道士法一、為レ此和上名亦奏退」と記されるように、鑑真らの渡海許可の条件に道士の同行を求めた皇帝に対し、使人側が道士法を学ばせるため春桃原ら四人を残留させることにし、鑑真らの招請を取り下げたためであった。『冊府元亀』巻九九九（外臣部、請求）に「（開元、引用者注）二十三年閏十一月、日本国遣二其臣名代一来朝、献レ表懇求二老子経本及天尊像一、以帰二于国一、発二揚聖教一、許レ之」と見える天平五年度の遣唐副使中臣朝臣名代のように、道教の典籍と尊像の将来だけでは皇帝の歓心が買えなくなっていたのであろう。前回にも増して、日本に対する道教受容の要求が強くなっていたのである。

藤原清河らは、「日本君主先不レ崇二道士法一」を理由に玄宗の要請を拒否することになるが、道教とともに玄宗が重んじる儒教と仏教については事情を異にしていた。周知のように、天平五年度の遣唐使に従って帰国した吉備真備は礼楽関係の書籍と器具を、同行の玄昉は大量の経典と仏像を日本に将来し[50]、また大伴古麻呂は唐人陳延昌から付託された『遺教経』を、中臣名代は揚州白塔寺僧玄湜の書写による『肇論疏』を、それぞれ持ち帰っている[51]。今回の遣唐使一行も唐文化の摂取に熱心であったはずで、前記の藤原刷雄・船夫子（延慶か）・膳大丘といった留学・学問生らの場合は、玄宗治下の仏教事情に強い関心を抱いていたものと思われる。この点は、天平宝字年中に「道璿和上伝纂[52]」を著わした吉備真備や、『遺教経』を託された大伴古麻呂も同じであろう。天平宝字五年三月二十二日に奉写一切経所が、当時進めていた周忌斎一切経書写に加えるため内堂から奉請した「去天平勝宝六年入唐廻使所請来」の大小乗経論賢聖集別生幷目録外経一〇七巻[53]の存在は、こうした彼らの活動の一端を伝えている。

在唐中の仏教典籍の入手には、使人と皇帝の仲介役を果たした阿倍仲麻呂の尽力があったものと見られる。先の鑑真招請の例から知られるように、遣唐使一行を管下に置く皇帝玄宗の意向如何が彼らの活動や任務遂行に大きな影響を与えるとなれば、日本にとって抵抗の少ない儒教・仏教の尊重策受け入れには積極的にならざるをえないであろう。特に仏教に関しては、前回の天平五年度遣唐使のときには、まだ天下に頒示されていなかった『御注金剛般若経』が道氤によって宣演され、また石刻して建てられるなど、民間への普及がはかられていた。日本では、天武朝から宮中で講説され、中国では唐初に至るまで八百余家の解註があったという(54)『金剛般若経』の御注であれば、『同経』をめぐる研究書や民間信仰とともに、その受容に吝かではなかったであろう。『御注金剛般若経』の将来を伝える記録は残らないが、先の大小乗経典類とともに天平勝宝六年の入唐廻使が持ち帰っていた可能性が高い。

五　『金剛般若経』書写の背景

天平勝宝七年（七五五）正月四日（甲子）、孝謙天皇は「為レ有レ所レ思、宣下改二天平勝宝七年一、為中天平勝宝七歳上」と勅し「年」を「歳」に改めた（『続日本紀』）。玄宗が天宝三載（七四四、天平十六）正月に「年」を「載」に改めた（『旧唐書』巻九）例に倣うもので、入唐廻使の知見にもとづく最初の施策と見られる。これに次ぐのが同九歳四月四日（辛巳）の中男・正丁の年齢繰り上げ策と『孝経』一本の家蔵指示であるが、その間に二年三カ月の時間的な隔たりがある。これは、天皇の周辺で諸事が立て込み政情が安定していなかったためと思われる。

『続日本紀』によると、天平勝宝六年七月十九日（壬子）に太皇太后藤原朝臣宮子が崩じ(55)、七年正月元旦の朝賀は諒闇のため廃された。また宮子の崩後、病状が悪化していた聖武太上天皇が七歳十月二十一日（丙午）に不予と

なり、病気平癒のため諸山陵に奉幣使が派遣された。その後、聖武は持ち直し一旦回復するが、翌八歳四月十四日（丁酉）に再び不予となり五月二日（乙卯）に崩じている。これ以降、九歳二月まで葬送・追善関係の諸行事が続くが、同歳三月二十日（戊辰）に天皇の寝殿に「天下太平」の瑞字が現われると、政局は大炊王の立太子へと大きく動き、前記の第二の施策が出されてくるのである。

政権をほぼ確立した藤原仲麻呂は、大炊王の即位までの間に第二節で見たような唐風政策、とりわけ玄宗に先蹤を求める施策を次々と打ち出してくるが、それは、吉備真備が天平勝宝六年四月五日（庚午）に大宰大弐に転じ、大伴古麻呂は橘朝臣奈良麻呂の変に坐し同九歳七月六日（己酉）に杖下に死していることから推すと、六男の藤原刷雄や家僧と推定される延慶らの知見に負うものであろう。

そのような中で、天平宝字元年（七五七）九月に仲麻呂政権の支柱ともいうべき光明皇太后の健康に異変が生じたらしく、造東大寺司内の写経所では、紫微中台の要請を受け、九月から十月にかけて延命法を説く『金剛寿命陀羅尼経』と『諸仏集会陀羅尼経』が合わせて一〇二五巻書写されている(56)。造東大寺司の写経機関でこのような陀羅尼経が大量に書写された例はこれまでになく、仲麻呂が刷雄らの持ち帰った知識をもとに光明の延命をはかろうとしたものと思われる。写経所では、翌二年二月から四月にかけて『四分律』三部一八〇巻の書写が行なわれた(57)あと、六月下旬から紫微内相（藤原仲麻呂）の宣により、『金剛般若経』一〇〇〇巻の書写が開始されている(58)。一カ月後の七月二十八日（戊戌）に出される『同経』の重用策（国別に三〇巻を書写し、国分僧寺に二〇巻、尼寺に一〇巻安置）が、玄宗の『御注金剛般若経』の天下頒示に倣うものとすれば、『金剛般若経』の大量書写は、玄宗の聖節で読誦されたという『同経』の延命信仰を拠り所にした事業と評価することができるであろう。その延命の対象とされたのは、先の陀羅尼経書写の場合と同じく光明であった。

七月四日（甲戌）の勅で光明の寝膳不安が伝えられると、病気平癒のため『千手千眼経』一〇〇〇巻・『新羂索経』一〇部二八〇巻・『薬師経』一二〇巻の書写が紫微内相の宣により命じられ、[59] 写経所では二つの大規模写経が並行して進められることになった。八月十六日になると再び紫微内相の宣があって『金剛般若経』一二〇〇巻の書写が写経所に命じられ、[60] さらに同月十八日頃には知識『大般若経』書写の命令も出された。[61] これらの一連の写経事業に呼応するかのように、七月二十八日（戊戌）には前記の『金剛般若経』の重用策が、八月十八日（丁巳）には水旱疫病の災を除くため天下諸国に『般若心経』の念誦を求める勅が、それぞれ出されてくるのである。

このうち、『金剛般若経』一二〇〇巻書写は、先の『同経』一〇〇〇巻書写に続く二度目の延命祈願のため底本を替えて実施された事業と見られるが、知識『大般若経』書写や『般若心経』の念誦は、従来の護国的な効能に期待してのものであろう。ただ、知識『大般若経』の場合は、諸官人や僧尼らが知識となって一部六〇〇巻の『大般若経』を一巻ずつ書写し、『般若心経』では老若男女が起坐行歩に「摩訶般若波羅蜜」を念じる点に目新しさが認められる。唐においても同様の例があるのかどうか管見の及ぶところではないが、八月に入ってからの『大般若経』『般若心経』をめぐる施策は、『金剛般若経』に端を発した般若経典の尊重策と見られるので、これらも入唐廻使の知見に負っていた可能性がある。

もっとも、『金剛般若経』の大量書写については、藤原仲麻呂の唐風趣味だけでは割り切れない問題がある。遣唐使の一行は、長安において第三節で述べたような北宗禅や法相系の人々による『金剛般若経』の研究に触れたであろうし、膳大丘は、次に引用する宝亀十年閏五月二十四日付の淡海真人三船の「書状」（大安寺僧戒明宛）[62] に見えるように、金剛蔵菩薩による『金剛般若経』の注釈書を日本にもたらしているからである。

一昨使至、垂㆓示従㆑唐新来釈摩訶衍論㆒、聞㆑名之初喜㆑見㆓龍樹之妙釈㆒、開㆑巻後恨㆑穢㆓馬鳴之真宗㆒、今検㆓此論㆒

実非二龍樹之旨一、是愚人仮二菩薩高名一而所レ作耳、（中略）今大徳当代智者、何労遠路持二此偽文一来、昔膳大丘従レ唐持来金剛蔵菩薩注金剛般若経亦同二此論一並偽妄作也、願早蔵匿不レ可二流転一、取二笑於万代一、真人三船白、

ここでは、戒明が唐から持ち帰った『大乗起信論』の注釈書『釈摩訶衍論』を淡海三船は偽撰と論難しているが、その中で、以前にも膳大丘によって偽妄の作である『金剛蔵菩薩注金剛般若経』がもたらされたことがあると述べている。

淡海三船は、石上朝臣宅嗣とともに「文人之首」と称される(63)奈良時代の代表的な知識人であるが、『龍論抄』所引の『延暦僧録』「淡海居士伝」には「童年厭レ俗、折二尚玄門一、於二天平年一、伏二膺唐道璿大徳一為二息置（悪）一、探二聞（閲）三蔵一、披二検九経一」「勝宝年、有レ勅令二還俗一、姓真人、起（赴）唐学生、因レ患（疾）制亭」とあり、天平年に唐僧道璿（七〇一～七六〇）に師事して出家したこと、勝宝年に還俗して真人姓を賜わったが病患のため学生として入唐できなかったことが述べられている(64)。三船が学問生に起用されたのは天平勝宝二年度の遣唐使の折で、同学に膳大丘や藤原刷雄がいた。三船は不運にも渡唐を断念せざるをえなかったが、親交のあった刷雄(65)を介して唐の新しい情報を知り、大丘のもたらした『金剛蔵菩薩注』を見る機会を得たのであろう。その三船が、この書を偽妄の作と断じたのは、『金剛般若経』について相当深い見識があったためと思われる。

三船が師事した道璿は、伝戒のため天平八年（七三六）八月に遣唐副使中臣名代の船で来朝し大安寺に止住していた(66)が、吉備真備の「道璿和上伝纂」には道璿の師は普寂と記されている(67)。普寂は前記のように北宗禅の祖神秀の弟子で、『金剛般若経』にも精通し、七二〇～七三〇年頃には普寂の影響下に『金剛般若経注』が現われているが、その書が膳大丘がもたらした『金剛蔵菩薩注』であったとされている(68)。恐らく、道璿は在唐中に『金剛般若経注』には接しておらず、三船が道璿から北宗禅で重視される『金剛般若経』の解釈法を伝授されていた関係で、従来の

注釈書とは異なって悟りへの実践という視点から附会的な経文解釈が目立つという『金剛般若経注』（『金剛蔵菩薩注』）(69)に違和感を抱き、偽妄の作の烙印を押すに至ったのであろう。

一方、この書を日本に持ち帰った膳大丘は、帰国後、興福寺の経典奉請使となり、某寺勘経所では興福寺僧と見られる永金と勘経実務に従事していた。(70)大丘の場合、伝が残らないので出家の有無は明らかでないが、当時の文人の多くが仏教に強い関心を抱いていたことや、(71)帰国後の動向から推せば、大丘は入唐以前から興福寺との繋がりを持っていたのではないかと思われる。周知のように興福寺は法相宗の拠点寺院で、義淵・玄昉・善珠らが元興寺の南寺系に対し北寺系の法相宗を興隆させていた。(72)善珠の弟子常楼と外伝の学習をしたと伝えられる大丘は、こうした興福寺僧との交流を通して法相教学にも親しんでいたものと思われる。

在唐中の大丘は、前記のように国子監の参観を果たしているが、阿倍仲麻呂の仲介で唐の仏教界にも出入りする機会を得たことであろう。そのような中で、法相系の道氤による『御注金剛般若波羅蜜経宣演』の存在を知った大丘は『金剛般若経』への関心をかき立てられ、『同経』にまつわる注釈書類を収集し日本に持ち帰ったものと見られる。その中に、北宗禅と関わりの深い先の『金剛蔵菩薩注』も含まれていたのである。

淡海三船の書状から窺われる新来の『金剛般若経』の注釈書をめぐる動きは、当時の文人間だけではなく彼らが関わりを持つ寺院にも波及したであろう。僧尼らが、これに対してどのような反応を示したのかは不明とせざるをえないが、鑑真とその弟子の来朝という新たな中国仏教伝来の画期を迎え、膳大丘らがもたらした情報の吸収にも余念がなかったはずである。その意味で、『金剛般若経』一〇〇〇巻書写の建議者を興福寺別当の慈訓に求めようとする見方(73)は興味深く、大丘と興福寺の繋がりを念頭にすれば、仏教界からの反応を示すものとして留意される。

光明皇太后の延命祈願のため実施された『金剛般若経』の大量書写は、藤原仲麻呂の唐風政策の一環として捉え

るることができるが、藤原仲麻呂はまた、文人や僧尼間における『金剛般若経』への関心の高まりを、藤原刷雄や側近の延慶、それに慈訓らを通して認知していたものと見られる。二度にわたる書写に際し、異なる漢訳本を底本に捉えたのは、こうした仏教界の動向を受けた延慶らの考案にかかるのであろう。

おわりに

本稿では、天平宝字二年（七五八）における『金剛般若経』大量書写の背景をめぐって検討を加えてきたが、これを要するに、そこには天平勝宝六年（七五四）の入唐廻使が持ち帰った唐玄宗皇帝の『金剛般若経』尊重策が反映されており、藤原仲麻呂は官制・税制等の施策と同じく唐風政策の一環として『金剛般若経』を重用し、光明皇太后の病気平癒と延命のため二度にわたる『同経』の書写事業を実施したということになるだろう。これは、冒頭で提示した①の問題、すなわち『金剛般若経』が二度にわたって大量に書写された理由に対する筆者なりの解答である。

これに対して、②の新来の漢訳本が底本に捉えられた理由については十分な考察を加えることができなかったが、膳大丘が持ち込んだ『金剛蔵菩薩注』に対する淡海三船の反応から窺われるように、『金剛般若経』の新来の注釈書が文人間さらには僧尼間にも影響を与えていたことが注意される。入唐廻使は、為政者だけではなく仏道修行に励む人々の間にも『金剛般若経』に対する新たな関心をかき立てていたわけで、②の問題は、こうした『金剛般若経』の受容の度合を測ることによって説明が可能になると思われる。この点は、③の『千手千眼経』一〇〇〇巻・『新羂索経』一〇部二八〇巻・『薬師経』一二〇巻書写との相互関係の問題と合わせて後考に委ねざるをえないが、

それらは、入唐廻使や鑑真とその弟子がもたらした新来の中国仏教を為政者や僧尼・文人らが摂取する過程で生じた出来事であることには相違ないであろう。

限られた史料の中から中国仏教受容の様相を読み取ることが、写経事業を理解する上で重要な課題となってきている。[74]

註

（1）山本幸男『写経所文書の基礎的研究』第一章（吉川弘文館、二〇〇二年）。
（2）松田誠一郎「光明皇太后不悆と唐招提寺木彫群」（『仏教芸術』一五八、一九八五年）。
（3）天平宝字二年の御願経書写は、宮﨑健司「天平宝字二年の写経事業——七月四日内相宣写経を中心として——」（『古代文化』四一—九、一九八九年）、同「天平宝字二年の写経——慈訓と慶俊をめぐって——」（堅田修編『日本史における社会と宗教』、文栄堂書店、一九九一年）でも詳論され、建議者についての考察がなされているが、この点は第五節で言及する。
（4）三枝充悳「般若経の成立」（平川彰・梶山雄一・高崎直道編『講座・大乗仏教』二、春秋社、一九八三年）。
（5）以下、日付に干支を併記した記事は、『日本書紀』『続日本紀』および『日本後紀』以下の正史による。
（6）『続日本紀』天平九年八月丙辰、同十三年三月乙巳、神護景雲元年十月庚子、宝亀元年七月乙亥、同八年三月癸酉、延暦八年十二月庚寅などの各条。鶴岡静夫「古代における大般若経への依拠」（同『古代仏教史研究』、文雅堂銀行研究社、一九六五年）参照。
（7）『続日本紀』宝亀元年正月戊寅、同三年六月甲子の各条に仁王会が見える。『大般若経』については前掲註（6）を参照。
（8）『日本後紀』大同元年三月辛巳、『続日本後紀』天長十年六月癸亥、承和元年四月丙戌、『日本文徳天皇実録』仁寿二年十二月丁亥などの各条。

(9) 天平勝宝六年二月十八日付「造東寺司解案」（続々修十ノ二十六、『大日本古文書』十三ノ五〇～五七）。
(10) 「間紙検定幷便用帳」（続々修二十六ノ七裏、『大日本古文書』十三ノ二三～二八）。
(11) 天平宝字二年十一月三日付「東寺写経所解案」（続々修四十五ノ三裏、『大日本古文書』十四ノ二二六～二三四）。
(12) 天平勝宝九歳六月十五日付「写書所解（案）」（続々修四十二ノ五、『大日本古文書』十三ノ二二一）。
(13) 『般若心経』は宮﨑健司「年料多心経について」（『仏教史学研究』三五―二、一九九二年）、『仁王般若経』は中林隆之「日本古代の仁王会」（『正倉院文書研究』六、一九九九年）参照。
(14) 以下、本文で年月日を付した事項は断らない限り『続日本紀』による。
(15) 坂本太郎『古代の日本』第一篇六(一)（坂本太郎著作集一巻、吉川弘文館、一九八九年。初出は一九六〇年）。
(16) 岸俊男『藤原仲麻呂』一八六～三五六頁（吉川弘文館、一九六九年）による。
(17) 中華書局刊。
(18) 中華書局刊。
(19) 『大正蔵』四九ノ三七五上。
(20) 『大正蔵』五〇ノ七九五中。
(21) 大化書局刊。
(22) 『大正蔵』八五ノ九上。
(23) 道氤伝には、「初玄宗注レ経、至二若有人先世罪業応堕悪道乃至罪業則為消滅一、雖レ提二免翰一頗見二狐疑一」（『大正蔵』五〇ノ七三五上）と見える。『金剛般若経』（鳩摩羅什訳）の当該箇所には、「是人先世罪業応レ堕二悪道一、以二今世人軽賤一故、先世罪業則為二消滅一」とある。分節と本文は、梶芳光運『仏典講座六・金剛般若経』（大蔵出版、一九七二年）による。
(24) 鎌田茂雄『中国仏教史』第五巻九七頁（東京大学出版会、一九九四年）。『宋高僧伝』巻八の慧能伝には、「偶聞三鄽肆間誦二金剛般若経一、能凝レ神属レ垣遅遅不レ去、問曰、誰辺受二学此経一、曰従二蘄州黄梅馮茂山忍禅師一勧二持此法一、云即得二見性成仏一也、能聞二是説一若三渴夫之飲二寒漿一也」（『大正蔵』五〇ノ七五四下）と見える。唐代仏教の展開と各宗の概容については、右の鎌田著書第二章および同『中国仏教史』第六巻第四章（東京大学出版会、一九九九

年）を参照。

(25)　末木文美士「奈良時代の禅」（同『日本仏教思想史論考』大蔵出版、一九九三年。初出は一九八八年）。普寂と次の義福の伝は『宋高僧伝』巻九にも見える（『大正蔵』五〇ノ七六〇中〜七六一上）。

(26)　鎌田前掲註(24)著書第六巻七二六〜七三二頁。一行伝は『宋高僧伝』第五巻にも収められる（『大正蔵』五〇ノ七三二下〜七三三下）。

(27)　『大正蔵』四九ノ三七三中。

(28)　伊吹敦「初期禅宗における『金剛経』」（阿部慈園編『金剛般若経の思想的研究』、春秋社、一九九九年）。

(29)　伊吹敦「北宗禅の新資料――金剛蔵菩薩撰とされる『観世音経讃』と『金剛般若経註』について――」（禅文化研究所『紀要』一七、一九九一年）。

(30)　平井宥慶「敦煌本・道氤集『御注金剛経宣演』考」（『印度学仏教学研究』二二―一、一九七三年）、同「敦煌流伝の金剛般若経」（前掲註(28)書所収）。

(31)　上海古籍出版社刊。

(32)　鎌田前掲註(24)著書第五巻九七頁。

(33)　勝崎裕彦「般若経の霊験記類――『金剛般若経』を中心として――」（大正大学『研究論叢』四、一九九六年。後に、前掲註(28)書に再録）。

(34)　高橋佳典「玄宗朝における『金剛経』信仰と延命祈願」（『東洋の思想と宗教』一六、一九九九年）。

(35)　呉夢麟「房山石経本《唐玄宗注金剛経》録文――附整理后記――」（『世界宗教研究』一九八二年第二期、中国社会科学出版社）では、北京郊外の房山雲居寺の石経から発見された天宝元年八月十五日刻の『御注金剛般若経』の全文を紹介し、天下に頒示されて、七、八年ばかりで当時の京師を千里以上も離れた幽州の百姓が『御注金剛般若経』を石刻しているのは、玄宗の政策的な成功を物語ると指摘されている（本論文の解読には城西国際大学教授孫久富氏の御教示を得た）。

(36)　天平勝宝二年九月二十四日（己酉）任（吉備真備の副使任は同三年十一月七日〈丙戌〉）、同四年閏三月頃出発（『続日本紀』）。

(37)『続日本紀』宝亀十年二月乙亥条の藤原清河薨伝を参照。阿倍仲麻呂については、藏中進『唐大和上東征伝の研究』第十一章第三節「阿倍仲麻呂在唐詩二首の周辺」(桜楓社、一九七六年)を参照。
(38) 藤原刷雄の帰国を伝える記録は残らないが、後述のように鑑真の死を悼む詩を作っていることから鑑真一行と行動をともにしたと推定されている(岸前掲註(16)著書一五八〜一六二頁)。膳大丘の場合は、天平勝宝七歳四月に経典奉請使となっている(後述)ことからの推定である。
(39)『続日本紀』天平勝宝元年八月辛未、同二年正月乙巳の各条。
(40)『群書類従』五ノ五二七〜五四三。
(41) 薗田香融「恵美家子女伝考」(同『日本古代の貴族と地方豪族』塙書房、一九九二年。初出は一九六六年)。
(42) 横田健一「家伝、藤原武智麻呂伝研究序説」(同『白鳳天平の世界』創元社、一九七三年。初出は一九六二年)。
(43) 東京・個人蔵、『大日本古文書』二十五ノ一八五〜一九三。
(44) 塵芥二十一裏、『大日本古文書』四ノ七二〜七三。
(45) 筒井英俊校訂、国書刊行会、一九七一年再版。初版は一九四四年。
(46) 霊亀二年八月二十日(癸亥)任、同三年二月頃出発(『続日本紀』)。
(47) 天平四年八月十七日(丁亥)任、同五年四月出発(『続日本紀』)。
(48)『続日本紀』宝亀六年十月壬戌、天平十八年六月己亥の各条。
(49) 御製詩については、藏中前掲註(37)著書第十一章第五節「「開元皇帝御製詩『送日本使五言』」の周辺」を参照。
(50)『続日本紀』天平七年四月辛亥、同十八年六月己亥の各条。
(51) 東野治之「唐の文人蕭穎士の招請」「遣唐使の諸問題」(同『遣唐使と正倉院』岩波書店、一九九二年。初出は一九八二・八九年、一九七九年)。
(52)『寧楽遺文』下ノ八八九。
(53)「奉写一切経所解案(奉写一切経所解移牒案内)」(続々修三ノ四、『大日本古文書』十五ノ四二〜四六)。
(54) 中村元・紀野一義訳註『般若心経・金剛般若経』(岩波文庫、一九六〇年)の「『金剛般若経』解題」、梶芳前掲註(23)著書三一〜四四頁参照。

(55) 天平勝宝六年十一月八日(戊辰)の勅では、「奉㆓為二尊御体平安、宝寿増長㆒、一七之間、屈㆓卌九僧㆒、帰㆓依薬師琉瑠光仏㆒、恭敬供養」と述べられている。ここでの「二尊」は聖武太上天皇と光明皇太后を指すが、聖武の病気平癒のため『薬師瑠璃光本願功徳経』の続命法による供養が行なわれたことは、同三年十月二十三日(壬申)の詔にも見える(以上『続日本紀』)。

(56) 天平宝字元年十月十四日付「写経所解案」(続々修十八ノ五、『大日本古文書』四ノ二四二)。以下、天平宝字二年八月に至るまでの写経事業の経緯については山本幸男前掲註(1)著書第一章を参照。

(57) 「経紙出納帳」(続々修三十七ノ四、『大日本古文書』三ノ六一二)。

(58) 天平宝字二年十一月十五日付「造東寺司写経目録案」(続々修十八ノ六裏、『大日本古文書』十四ノ二五七~二五八)。

(59) 天平宝字二年七月四日付「紫微内相宣」(続々修八ノ一、『大日本古文書』四ノ二七四)。

(60) 前掲註(58)に同じ。

(61) 知識『大般若経』書写については、山本幸男「天平宝字二年造東大寺司写経所の財政運用――知識経写経と写経所別当の銭運用――」(『南都仏教』五六、一九八六年)を参照。

(62) 『宝冊鈔』第八所収(『大正蔵』七七ノ八二〇下~八二一上)。

(63) 『続日本紀』天応元年六月辛亥条の石上宅嗣薨伝には、「自㆓宝字㆒後、宅嗣及淡海真人三船為㆓文人之首㆒」と見える。

(64) 後藤昭雄「『延暦僧録』「淡海居士伝」佚文」(同『平安朝漢文文献の研究』吉川弘文館、一九九三年。初出は一九八八年)に掲出された翻刻訳注による。

(65) 『経国集』巻一〇には、藤原刷雄の出家に際し、三船の作った詩「和㆓藤六郎出家之作㆒」が収められている(『群書類従』八ノ五一〇)。また、刷雄が鑑真の死を悼んで作った詩は、三船述作の「唐大和上東征伝」に載せられている。

(66) 安藤更生『鑑真大和上伝之研究』八二一~八六頁(平凡社、一九六〇年)。

(67) 「伝纂」に引用された「碑文」の前序に、「昔三蔵菩提達磨、天竺東来至㆓於漢地㆒、伝㆓禅法於慧可㆒、可伝㆓僧璨㆒、

璨伝二道信一、信伝二弘忍一、忍伝二神秀一、秀伝二普寂一、寂即我律師所レ事和上也」とある。

(68) 伊吹敦前掲註(29)論文。

(69) 前掲註(68)に同じ。

(70) 大平聡「天平勝宝六年の遣唐使と五月一日経」（笹山晴生先生還暦記念会編『日本律令制論集』上巻、吉川弘文館、一九九三年）。

(71) この点は、「文人之首」とされた淡海三船と石上宅嗣が仏道修行に励んでいたことからも察せられる。山本幸男「早良親王と淡海三船――奈良末期の大安寺をめぐる人々――」（高野山大学密教文化研究所紀要・別冊1『弘法大師の思想とその展開』、一九九九年。本書第七章）参照。

(72) 富貴原章信『日本唯識思想史』第五章（同仏教学選集第三巻、国書刊行会、一九八九年。初版は一九四四年）参照。

(73) 宮﨑健司「天平宝字二年の写経――慈訓と慶俊をめぐって――」（前掲註(3)参照）では、書写を終えた経巻の大半が慈訓のいる法華寺嶋院に奉請されていることをもとに、慈訓を建議者に比定している。

(74) その意味で、栄原永遠男「鑑真将来経の行方」（同『奈良時代の写経と内裏』塙書房、二〇〇〇年。初出は一九九七年）は重要な作業である。

第六章　孝謙太上天皇と道鏡
——正倉院文書からみた政柄分担宣言期の仏事行為——

はじめに

平城宮改作のため天平宝字五年（七六一）十月に遷った保良宮で、道鏡への寵愛をめぐって淳仁天皇との間に隙を生じた孝謙太上天皇は、翌六年五月二十三日（辛丑）に平城に還ると法華寺に入り、平城宮の中宮院に戻った淳仁とは居を異にするに至った。そして、六月三日（庚戌）になると朝堂に五位以上の官人が召喚され、「常祀利小事波今帝行給部、国家大事賞罰二柄波朕行牟」（『続日本紀』）とする孝謙の詔が宣された。この政柄の分担は、八年九月に起こった藤原仲麻呂（恵美押勝）の乱鎮定後の淳仁廃位（十月九日[1]〈壬申〉）まで続くが、その実効性には疑問があり、孝謙の宣言にもかかわらず国政の主導権は淳仁側にあったとの見方が有力である[2]。

しかし、仏事という面に限って見ると事情は異なっていた。正倉院文書によると、この政柄分担宣言期には、造東大寺司の写経所で大小様々な一七件の写経が実施もしくは立案され、奉写御執経所は造東大寺司から各種経典の奉請を断続的に行なっているが、これら一連の写経事業と経典奉請には孝謙と道鏡が深く関わっており、政治面とは違って、ここには孝謙側の独自性が認められるのである。

筆者は先に、このうちの写経事業を検討し、当初、淳仁・藤原仲麻呂派の主導下にあった写経所の運営は、天平

宝字七年三月頃に孝謙・道鏡派の掌握するところとなり、これ以降の写経所は同派の写経機関としての様相を呈することなどを指摘した[3]。本稿では、これと並行して進められた奉写御執経所の経典奉請を取り上げ、その目的と用途などについて検討を加えて、当該期における孝謙と道鏡の仏事行為の一端を明らかにしたいと思う。

以下では、まず奉写御執経所による経典奉請の状況を概観し、考察の糸口を摑むことにしたい。

一　奉写御執経所の経典奉請

奉写御執経所が、経典奉請のために造東大寺司に宛てた請経文もしくは移・牒は、天平宝字六年（七六二）十二月から天平神護三年（七六七）七月にかけてのものが五三点存在する。この奉写御執経所の経典奉請については栄原永遠男氏の研究[4]があり、次のような点が明らかにされている。

(1)奉写御執経所は、天平宝字六年十二月頃に写御書所から発展した内裏系統の写経機関で、六年六月頃から内裏で始められた孝謙太上天皇発願の景雲一切経の勘経作業の事務を担当していた。

(2)奉写御執経所は、天平神護元年三〜六月頃から勘経作業も担当し、同三年（神護景雲元年）には一切経の中心部分の勘経を終了するが、神護景雲元年八月頃には、一切経の全体的な完成をめざすために名称が奉写一切経司に改められた。

(3)正倉院文書に多く残されている奉写御執経所・奉写一切経司関係の史料のほとんどは、勘経に関するものである。

右の栄原氏の見解は、関係史料の精緻な分析を通して得られたもので、勘経の経過を見通した(1)(2)については概ね首肯することができる。しかし、(3)の場合は、本稿で取り上げる政柄分担宣言期に限って見ると、一概にそのよ

うには解せないところがある。

当該期は、奉写御執経所が勘経作業の事務を担当していた時期にほぼ重なる。表1は、この間の奉写御執経所の文書三四点をもとに、奉請を求める経典とその記事〈造東大寺司宛の通信文〉、これに対する奉請の有無などを日付順に整理したものである。(5) ここに示した経典奉請のための記事内容を見ると、〈宣を被るに云く、件の経等を東大寺より内裏へ奉請せよと。宣旨により某を使に充て奉請せしむこと前の如し〉という体裁にほぼまとめられている。これは、奉写御執経所の文書がすべて宣旨を受けて出されていたからで、同所は「内裏」の用途の仲介に徹していたことを伝えている。

その内裏への経典奉請の目的が明記されているのは、①②㉕の「御覧」、⑤㉝㉞の「転読」、㉒の「為施納佐土国々分寺」の七例であるが、㉘の『最勝王経』四〇部四〇〇巻、㉚の『最勝王経』二〇部二〇〇巻・『金剛般若経』三〇〇巻、㉛の『最勝王経』二〇〇巻、㉜の『四天王経』一〇巻は、巻数の多さから推して法会等での転読・読誦用と見られる。(6) また、「内裏」の仏教行事との関係が想起されるのが、⑨の『浄土盂蘭盆経』『奉盆経』で、七月十五日の盂蘭盆会に供された可能性がある。「転読」の例に挙げた㉝の各種仏名経典も、十二月の仏名会に関係するものであろう。(7) ④の『灌洗仏形像経』は、時期がややずれるものの、四月八日の灌仏会を機に配備の必要性が認識され、書写用に求められた経典ではなかったかと思われる。

この他に目録の奉請も行なわれており、⑯では一切経一部の目録と書写に必要な用紙数の検注が、㉕では『開元釈教録』一部が、それぞれ求められている。目録の場合は、一切経の構成に必要な経典の収集や、他所にある経典の確認などに利用できるので、勘経作業との関わりは深い。その意味で、この二例は勘経用といえるであろう。

残る一九例については明確ではないが、栄原氏は右の目録の奉請より、これらの多くは勘経用のものと想定され

表1　奉写御執経所の経典奉請

日　付	奉請経典名	経典の所属	記事（造東大寺司宛）	『大日本古文書』
（天平宝字） ①六年十二月二十一日	○十住断結経一部一〇巻＊	宮一切経	右、被内典司尚書従五位下奈良女王宣偁、為御覧上件経、従東大寺、奉請内裏、今依宣旨、差使豎子丹比小家、令奉請如件、	五ノ三〇八～三〇九
②六年閏十二月八日	（○）雑経 其名具注別紙		牒、被勝延尼師宣云、上件経、為将　御覧、従東大寺、奉請内裏者、今依宣旨、差豎子六人部嶋継、令奉請如前、以牒	五ノ三三一～三三二
③六年閏十二月十四日	一字仏頂輪王経四巻＊		右依勝延尼師宣、差内豎岐連子松、令奉請如前、	十六ノ一七一
④七年四月十三日	○浴像功徳経一巻＊ ○灌洗仏形像経一巻＊ ○南海伝五巻＊	宮一切経 〃 坤宮一切経	右、被弓削禅師（道鏡）今月十二日宣偁、件経并伝、奉請於東大寺者、仍差内豎八清水連城守充使、奉請如前、	五ノ四三三～四三四
⑤七年四月十四日	△仁王般若経五〇部一〇〇巻＊ （三〇部奉請）		右、被弓削禅師（道鏡）宣偁、夏安居間、為奉転読内裏、奉請於東大寺者、仍差内豎葛木毗登立人、奉請如件、	五ノ四三四～四三五
⑥七年五月十六日	○无垢浄光陀羅尼経＊	坤宮一切経	右、被由義禅師（道鏡）今日宣云、上件経、速従東大寺、奉請内裏者、今依宣旨、内豎八清水城守充使、令奉請如件、	五ノ四四一
⑦七年五月二十五日	○長阿含経一部二二巻＊ ○増一阿含経一部五〇巻＊ ○中阿含経一部六〇巻＊ ○雑阿含経一部五〇巻＊	可留東寺内堂経 〃 〃 〃	右、被勝延尼師宣云、上件経等、従東大寺、奉請内裏者、今依宣旨、内豎岐子松充使、令奉請如前、	五ノ四四二～四四三
⑧七年六月二十四日	○摩利支天経＊	坤宮一切経	右、被弓削禅師（道鏡）宣偁、件経請於東大	五ノ四四六

			寺者、仍令内竪六人部嶋継、奉請如前、	
⑨七年七月十二日	○浄土盂蘭盆経 ○奉盆経［報恩奉盆経］＊	可請島院内堂経 可請嶋院図書寮経	右、弓削禅師(道鏡)宣云、上件経等、従東大寺、奉請内裏者、今依宣旨、内竪六人部嶋継差使、令奉請如前、	五ノ四五一～四五二
⑩七年七月二十日	○六十華厳経一部＊	坤宮一切	右、法教沙弥尼宣云、上件経、速従東大寺、奉請内裏者、今依宣旨、内竪岐子松差使、令請如前、	五ノ四五三
⑪七年八月十二日	△般若理趣経一〇巻 （二巻奉請）	水主宮、三綱所	右、少僧都(慈訓)并弓削禅師(道鏡)宣云、件経、従東大寺、奉請内裏者、今依宣旨、内竪林大梶充使、令請如前、	五ノ四五六
⑫七年十月五日	○无垢称経三部＊	水主内親王経	右、定戒尼師宣云、件経、従東大寺、奉請内裏者、今依宣旨、内竪六人部嶋継充使、令奉請如前、	五ノ四五九
⑬七年十一月二十四日	○提違経二巻	水主宮	右、被錦部命婦偁、件経、速請於東大寺山階等寺者、仍差内竪八清水城守、令奉請如件、事依勅旨、不可延緩、	五ノ四六二
⑭八年正月十六日	(○)大乗律并小乗律		右、被定海尼師宣偁、奉　勅、件律請於東大寺者、仍差内竪大隅忌寸公足、令請如前、	五ノ四六八
⑮八年二月二日	○最勝王経一部＊	百部内	右、今日奈良女王宣云、件経従東大寺奉請内裏者、仍依宣旨、内竪岐子松充使、令請如件、	十六ノ四七二～四七三
⑯八年三月四日	一切経一部 至于大小乗律等		右、被少僧都(道鏡)今月三日宣偁、件経巻□及応用紙々別行界、具検注并目録、附此使進送内裏者、仍差内竪岐子松、充使如件、	五ノ四七八

⑰八年三月三十日	△阿差末経二部＊ （二部奉請）	東寺可留寮経	右、被勝延尼師今日宣偁、件経従東大寺奉請内裏者、今差舎人建部人成、令奉請如件、〈→⑱〉	十六ノ四七一～四七二
⑱八年四月四日	○阿差末経一部＊	宮一切経	右、依証宝尼師宣、奉請如件、	十六ノ四七〇～四七二
⑲八年四月十八日	大仏頂首楞厳経一部＊ ○大方等大雲経一部＊ 大方等修多羅了義経［大方広円覚修多羅了義経］一部＊	内堂 〃 〃	右、被少僧都（道鏡）今日宣偁、件経従東大寺速奉請内裏者、仍依宣旨、差内竪葛木黒山充使、令奉請如件、	十六ノ四七〇
⑳八年五月三日	○賢愚経一部一七巻＊	内堂之経	右、被少僧都（道鏡）宣云、先所奉請経下帙第一巻欠也、仍更奉請件経、今依宣旨、差内竪掃守弟足、令奉請如前、	十六ノ四六九
㉑八年七月二十四日	○大方便仏報恩経一部七巻＊	宮一切経	右、被証演尼師宣云、件経速従東大寺奉請内裏者、今依宣旨、差内竪不破犬甘、令奉請如件、	六ノ四五六
㉒八年八月二十二日	○曼殊室利菩薩呪蔵中一字呪王経一巻＊ ○大陀羅尼末法中一字心呪経一巻＊ ○法華経一部八巻＊ ○最勝王経一部一〇巻＊	宮一切経 〃 可請嶋院寮経 百部内	右、依少僧都（道鏡）宣奉請、但最勝法華二部、為施納佐土国々分寺、宜察此状、彼寺時々奉写経中択取者、今依宣旨、差内竪葛木立人、令奉請如件、	十六ノ四六八～四六九
㉓八年八月二十三日	法華経一部八巻（奉還）＊ ○最勝王経一部一〇巻＊	百部内	右、依少僧都（道鏡）宣、奉還并更所奉請経、差内竪八清水城守、令奉請如件、	十六ノ四六七
㉔八年八月二十四日	普賢菩薩答難二千経 ○宝如来三昧経二巻＊ 大雲蜜蔵菩薩問大海三昧経 ○四童子三昧経三巻＊	坤宮一切 坤宮一切	右、被証宝尼師宣云、件経火急奉請従東大寺者、今依宣旨、差内竪不破犬養、令奉請如件、	十六ノ四六三～四六五

	○月灯三昧経一巻＊ ○首楞厳三昧経三巻＊ ○自誓三昧経一巻＊ ○観仏三昧経一〇巻＊ ○力荘厳三昧経三巻＊ ○弘道広顕三昧経四巻＊ 无極宝三昧経＊ 弥勒為女身経 殖衆徳本経 観世音懺悔除罪経 諸仏護念経 初発意菩薩行易行法経 宝田慧印三昧経＊ ○浄度三昧経 光明三昧[経]	〃 〃 〃 〃 〃 〃		
㉕八年八月二十五日	△開元釈教録一部 之中第十九　第廿　先請来 （第一九、二〇巻奉請）	寮経	右、以同月二日、依少僧都（道鏡）宣、差六人部嶋継所請、迄今不来、更自内裏依明軌尼師宣、差建部人成令奉請如件、可有　御覧、勿廻日時、〈→㉖〉	十六ノ五五二～五五三
㉖八年八月二十六日	○菩薩念仏三昧経六巻＊ ○慧印三昧経一巻＊ 四百三昧明経 菩提福蔵法花三昧経 定意三昧経 開元釈教録二巻（還送）	水主宮 坤宮一切経	右、依証宝尼師宣、差内竪岐子松令奉請、又以昨日所謂開元釈教録二巻還送、所以然者、自先在是所坤宮官一切経之内、釈教録第十九第廿合二巻、今是部之内所遺、皆悉令請、若彼部无者、今所送之部令請、但坤宮官録猶必捜、不見速令請耳、〈→十六ノ四六一～四六二〉	十六ノ四六六～四六七

㉗八年八月二十八日	検諸罪福経 百宝三昧経 仏宝三昧経 惟日三昧経 无言三昧経 月電三昧経 阿和三昧経 △開皇三宝録一五巻＊（一四巻奉請） ○集神州三宝感通録三巻＊ 三宝録三〇巻	宮一切経	右、被証宝尼師宣云、件経録等、速奉請内裏者、今依宣旨、差内竪三嶋々道充使、令奉請如件、午時	十六ノ四六〇〜四六二
㉘八年九月四日	最勝王経四〇部四〇〇巻＊		右、被少僧都（道鏡）宣云、去天平十七年為御願奉写千巻最勝王経内、今奉請内裏、若其往々頒請、而寺家不在者、其散去之由及見在之数勘注申送者、今依宣旨、差内竪岐子松充使、令奉請如件、〈↓十六ノ四五七〜四五九〉	十六ノ四六三
㉙八年九月八日	○勝天王般若経一部七巻＊	坤宮一切経	右、依証宝尼師宣、差内竪葛木立人、令奉請如件、巳四点	十六ノ四六〇
㉚八年九月十日	△最勝王経二〇部二〇〇巻＊ （一〇部一〇〇巻奉請） ○金剛般若経三〇〇巻＊	百部内 七百卅巻内	右、依少僧都（道鏡）宣、差内竪葛木吉麻呂充使、令奉請如件、	十六ノ四五九
㉛八年九月十六日	○最勝王経二〇〇巻＊	百部内、七百巻内	右、被大臣禅師（道鏡）今日宣云、件経差使、便即奉請者、今依宣旨、差息長常人充使、奉請如件、奉旨日置清足	十六ノ四五六〜四五七
㉜八年十月十七日	△四天王経一〇巻＊	水主宮、内堂	右、依吉備命婦宣、差内竪葛木黒山、令奉	十六ノ四五五

	（二巻奉請）		請如件、未三点	
㉝八年十二月一日	○三千仏名経三巻＊ ○五千五百仏名経八巻＊ ○仏名経一二巻＊ ○賢劫経一三巻＊ ○八仏名号経一巻＊ ○十二仏名神呪経一巻＊ ○百仏名経一巻＊ ○諸仏要集経二巻＊ ○施灯功徳経一巻＊	寮一切経 水主内親王経 〃 坤宮一切経 寮一切経 坤宮一切経 〃 水主内親王経 内堂経	右、被証演尼師宣云、件経等、以此暮時、応転読内裏者、今依宣旨、令奉請如件、	十六ノ四五三～四五四
（天平神護） ㉞元年正月二十九日	△大灌頂経二部二四巻＊ （一部一二巻奉請） 大乗大集地蔵十輪経二部二〇巻＊ ○薬師経六〇巻＊ 心経六〇巻＊	内堂経 可請嶋院寮経	右、被少律師宣云、件経今急可転読内裏者、今依宣旨、差阿須波人長充使、令奉請如件、	十六ノ四五二～四五三

＊1　本表は、天平宝字六年十二月から天平神護元年正月にかけて、奉写御執経所から造東大寺司に宛てられた経典の奉請を求める文書（奉写御執経所請経文・移・牒など）をもとに、奉請経典名とその所属、造東大寺司宛の記事（通信文）を日付順に整理し一覧化したものである。

＊2　「奉請経典名」の経典名は、各文書の表記に従って示しているが、一部［　］内に推定を加えたものがある。経典名の上に記した○印は奉請を求めた巻数がすべて奉請されたことを、△印は一部にとどまることを（この場合は（　）内に奉請巻数を注記）意味する。また、経典名の下の＊印は、『開元釈教録』の入蔵録（巻第一九・二〇）に収載される経典であることを示す。

＊3　「経典の所属」は、造東大寺司から奉請された経典の種類、もしくは所蔵先を示したもので、多くの場合は、奉写御執経所の文書の余白に注記されているが、一部「造東大寺司請経文案」に見えるものがある。

＊4　本表では、各文書の典拠は『大日本古文書』の巻・頁数のみで示している。奉写御執経所関係文書の詳細については、山本幸男「奉写御執経所・奉写一切経司関係文書の検討――伝来の経緯をめぐって――」（相愛大学『研究論集』二〇、二〇〇四年）を参照されたい。

ている。しかし、各文書の記事内容や経典名を見ると、勘経以外の奉請ではなかったかと思われるものがいくつか存在する。次節では、この点をめぐって検討を加えておく。

二　三昧経典の奉請

政柄分担宣言期の造東大寺司の写経所では、冒頭に述べたように、写経の運営をめぐって淳仁天皇・藤原仲麻呂派と孝謙太上天皇・道鏡派の鬩ぎ合いがあったが、経典奉請の場でも両派の対立を反映する出来事が起こっていた。天平宝字八年（七六四）九月十一日（乙巳）の藤原仲麻呂の乱前後に多量の『最勝王経』の奉請が求められている（㉘九月四日、㉚九月十日、㉛九月十六日）のがそれで、仲麻呂打倒のため護国経典としての『最勝王経』を転読するのが目的であったと解されている(8)。

これは、奉写御執経所の経典奉請が当時の政情と無関係でなかったことを示しているが、この他にも仲麻呂の乱が勃発する直前の八月二十四日（㉔）・二十六日（㉖）・二十八日（㉗）に、多様な三昧経典の奉請が求められているのが注意される。㉔に「件経火急奉請従東大寺」、㉗に「件経録等、速奉請内裏」とあるように、これらは急を要するものであった。経典の部数や種類より推して、この三度にわたる奉請は転読用とはいえないが、といって勘経用とも解せない側面を持っている。この点を、目録類の奉請との関連の中で考察を加えておく。

表1には、奉写御執経所が求めた経典が『開元釈教録』の入蔵録（巻第一九・二〇）に収載されるか否かも示しておいた（＊印は入蔵経）が、これによると①～㉓の経典のうち⑨の『浄土盂蘭盆経』、⑪の『般若理趣経』、⑬の『提違経』を除くものは、すべて入蔵経になっていることが知られる。不入蔵の『浄土盂蘭盆経』は「細尋二文句一

亦渉㆓人情㆒」との理由で、『提違経』（『提謂波利経』）は「宗武時北国比丘曇靖撰旧別有㆓提謂経一巻㆒、与㆑此真偽全異㆒」として、それぞれ疑惑再詳録（巻第一八、疑惑経）[9]に載せられ、『般若理趣経』の場合は『開元釈教録』が撰された開元十八年（七三〇、天平二）頃にはまだ訳出されていなかったのか[10]、未収になっている。ただし、これらの不入蔵経は当時の日本に将来されていて、造東大寺司判により内堂経や水主内親王経などから奉請されている。

このように㉓、すなわち天平宝字八年八月二十三日までの奉請には、不入蔵であってもすでに将来している経典が指定されており、入蔵経も含めてそのほとんどが造東大寺司によって奉請が判許されている。ところが、㉔㉖㉗の三昧経典を中心とする奉請になると不入蔵経の占める割合が大きくなり、造東大寺司側も㉖の三部の経や㉗の八部の経・録について「無其名目録[11]」と回答せざるをえない状況になってくる。ここに見える「目録」とは、造東大寺司が保管する坤宮官一切経・水主内親王経・審詳師経・内堂経・図書寮一切経などの目録を指すと思われるが、何故にこのような「目録」に載せられていない経典を奉写御執経所、すなわち「内裏」が求めるようになったのかが問題になる。

この点を考えるためにも、三度の奉請に登場する経典の『開元釈教録』における位置づけを見ておくことにする。まず、㉔の一九部の経の場合は、入蔵とされるのは一〇部にすぎず、残る『普賢菩薩答難二千経』『殖衆徳本経』『観世音懺悔除罪経』『諸仏護念経』『光明三昧経』は有訳無本録（巻第一四、闕本経）に、『大雲蜜蔵菩薩問大海三昧経』『弥勒為女身経』『初発意菩薩行易行法経』は支派別行録（巻第一六、別生経）にそれぞれ収載され、『浄度三昧経』は偽疑経のため不入蔵（巻第二〇）[12]となっている。㉖の五部の経では、二部が入蔵で、『四百三昧明経』『定意三昧経』は支派別行録に、『菩提福蔵法花三昧経』は「雖㆑見㆓衆経㆒、然並注入㆓疑経㆒」として疑惑再詳録（巻第一八）[13]にそれぞれ収められているが、造東大寺司はこの三部の経を前記のように「無其名目録」としている。㉗の

一〇部の経・録は、入蔵が録の二部で、残りはこれも前記のようにその名が「目録」になしとされるものであり、このうちの『検諸罪福経』以下の七部は有訳無本録（巻第一五）に見えている。[14]

これら不入蔵経のうち、奉請されたのは『浄度三昧経』だけであるが、別生経や疑惑経の場合はともかく、もともと有訳無本とされるもの、つまり経本そのものが失われてしまった闕本経がここに入っているのが注意される。存在しない経典が何故に求められたのであろうか。それは恐らく、奉写御執経所側の手元に『開元釈教録』の全巻がなく、正確な情報が得られなかったからではないかと思われる。

実は奉写御執経所は、この三度の奉請に先立って『開元釈教録』一部を造東大寺司に求めていた。㉕（八月二十五日）の記事によると、それは八月二日の少僧都（道鏡）宣によるものであったが、この二十五日までに請けたのは第一九・二〇巻だけであったので、「内裏」より明軌尼宣があり「可有　御覧」として改めて一部が請求されたのである。[15]㉖より、ここで求められた『開元釈教録』は、坤宮官一切経内のものであったことがわかる。

これを受けた造東大寺司は、即日、図書寮一切経内の『開元釈教録』第一九・二〇巻を奉請した㉕が、翌二十六日の㉖ではこの二巻を還送する旨が伝えられ、以前に請けた坤宮官一切経典内の『開元釈教録』第一九・二〇巻とともに残りの巻をすべて請け出したいこと、もしそれがなければ、今回送ってきた図書寮一切経内のものでもよいが、坤宮官一切経内の残り（第一九・二〇以外の巻）は必ず捜し出し送るよう指示が出された。この日（二十六日）の「造東大寺司請経文案」（続々修十六ノ一、『大日本古文書』十六ノ五五六〜五五七）では、坤宮官一切経内の『開元釈教録』一七巻は京職尹宅にあること、第一九・二〇巻は経論中に交じるため求備できないこと、そこで図書寮一切経内のものを奉請するが、この分は玄愷師のもとに請け出されているので、師と連絡がつき次第奉請するとしている。翌二十七日の「奉写経所目録奉請文案」（続々修十七ノ七、『大日本古文書』十六ノ四六五）によると、

この日に図書寮一切経内の『開元釈教録』一部一九巻が奉写経所へ奉請されている。造東大寺司は、二十八日付の「牒（案）」（続々修十六ノ三、『大日本古文書』十六ノ五五七〜五五八）で京職尹宅写経所に坤宮官一切経内の『開元釈教録』一七巻の返却を求めるが、これに応じた翌二十九日の「京職宅写経所牒」（続々修十六ノ三、『同』十六ノ五五八）ではその奉返が伝えられ、同日付の「造東寺司請経文案」（続々修十七ノ七、『同』十六ノ四六一〜四六二）によると、返却された当該巻（一七巻）はその日のうちに奉写御執経所へ奉請されている。

このように、孝謙太上天皇の「内裏」[16]は、八月二日の少僧都宣により坤宮官一切経内の『開元釈教録』第一九・二〇巻を請けたものの残りの巻の奉請に手間取り、同月二十九日になってようやく一七巻を得たというわけである。これを先の三度の奉請と関連づけて考えると次のようになるだろう。八月二十四日の㉔と二十六日の㉖の段階では、入蔵経を収載した第一九・二〇巻のみの情報が手元にあるだけで、それ以外の巻のものは未入手であった。それ故、闕本経であるかどうかの判断ができず、『普賢菩薩答難二千経』等の不入蔵経の奉請が求められた。二十八日の㉗では、前日に図書寮一切経の分が一部一九巻奉請されていたが、急を要したため調査に十分な時間が割けず、あらかじめ作成していた奉請文をそのまま造東大寺司に送ることになった。

では孝謙の「内裏」は、どのような〝目録〟をもとに、造東大寺司側が持ち合わせていない別生経や疑惑経、さらには闕本経を求めようとしたのであろうか。

「内裏」が求めた経典は、㉓までは前記のように大半が入蔵経であり、不入蔵経であっても当時の日本に将来されていた経典に限られていた。それは、造東大寺司や京内の諸寺院に所蔵される経典の目録にもとづいていたからで、八年三月四日に奉請された一切経一部の目録（⑯）も同様のものと見られる。当時の代表的な一切経である「五月一日経」は『開元釈教録』の入蔵経を目標に書写が行なわれているので[17]、右の目録もその域を大きく出ない

ものであろう。

となると、㉔㉖㉗の奉請のために使用された〝目録〟は従来のものとは異質であり、そこでは闕本経が求められているので、有訳無本録のある『開元釈教録』と交渉を持たない〝目録〟ということになる。

表2は、㉔㉖㉗に見える不入蔵経が、『開元釈教録』より以前に中国で撰述された経録の中で、どのような扱いを受けているかを一覧化したものである。各経録の編纂方法が異なるので一部に推測が交じるが、この表を通して知られるのは、一九部の経典すべてを収めた経録は『開元釈教録』以外に認められないこと、従ってこれを参照しない「内裏」の〝目録〟は、複数の経録をもとに作られていたのではないかということである。その候補に挙がるのは、闕本の分類のある経録を除いて考えると、『出三蔵記集』『歴代三宝録』『衆経目録』(隋・法経等撰)『大唐内典録』の四点になる。このうち、『出三蔵記集』では『惟日三昧経』以下の四経を唯一収載していること、道宣や智昇の批判があるものの『歴代三宝録』[18]では他の経録で闕本とする『観世音懺悔除罪経』『諸仏護念経』などを入蔵録に収めていることを勘案すると、〝目録〟の作成には主に右の二つの経録が利用されていたのではないかと思われる[19]。

前記のように奉写御執経所は、造東大寺司が保管する目録に見えない経典を求めているので、この〝目録〟は「内裏」の独自の目的のために作成されたものと考えられる。そこには、『開元釈教録』で闕本経とされた経典が多く含まれているわけだから、これにもとづく㉔㉖㉗の奉請が勘経用のためでなかったことは明らかであろう。

表2　経録に見える不入蔵経典

経典名（表1、㉔㉖㉗）	出三蔵記集（梁・僧祐）	衆経目録（隋・法経等）	歴代三宝録（隋・費長房）	衆経目録（隋・彦琮）	衆経目録（唐・静泰）	大唐内典録（唐・道宣）	大周刊定衆経目録（唐・明佺）	［参考］開元釈教録
普賢菩薩答難二千経	4闕経・未見	1失訳	13入蔵録		3別生		11失訳	14闕本
大雲蜜蔵菩薩問大海三昧経	4失訳	2別生	6西晋録	3別生	3別生	2西晋伝訳	3重訳	16別生
弥勒為女身経	4失訳	6撰集	4後漢録	3別生	3別生	1後漢伝訳	12闕本	16別生
殖衆徳本経	2経論・今闕	1一訳	6西晋録		5闕本	2西晋伝訳	12闕本	14闕本
観世音懺悔除罪経	2経論		13入蔵録		5闕本	4前斉伝訳	12闕本	14闕本
諸仏護念経			13入蔵録			5隋伝訳	12闕本	14闕本
初発意菩薩行易行法経	4失訳		6西晋録			2西晋伝訳	1単経	16別生
浄度三昧経	4失訳	1一訳	10宋録	4疑偽		4宋伝訳	5重訳	18疑惑
光明三昧経	2経論	1一訳	4後漢録			1後漢伝訳	12闕本	14闕本
四百三昧明経	4失訳	2別生	4後漢録	3別生	3別生	1後漢伝訳	11失訳	16別生
菩提福蔵法花三昧経	5疑経	2偽妄	11斉・梁・周録	4疑偽		4前斉伝訳	1単経	18疑惑
定意三昧経	4失訳	2別生	7東晋録	3別生	3別生	3東晋伝訳	11失訳	16別生
検諸罪福経			8前後秦録			3後秦伝訳	7単経	15闕本
百宝三昧経	3異経	1失訳	13入蔵録	5闕本	5闕本		12闕本	15闕本
仏宝三昧経	3異経	1失訳	13入蔵録	5闕本	5闕本		12闕本	15闕本
惟日三昧経	4闕経・未見							15闕本
无言三昧経	4闕経・未見						12闕本	15闕本
月電三昧経	4闕経・未見						12闕本	15闕本
阿和三昧経	4闕経・未見						12闕本	15闕本

＊『出三蔵記集』の「経論」は新集撰出経律論録に収載されることを、「闕経・未見」は経本が未見であることを、『衆経目録』（隋・法経等）の「一訳」と『大周刊定衆経目録』の「単経」は漢訳が一種類であることを、それぞれ示す。『歴代三宝録』と『大唐内典録』は、後漢より隋に至る訳経を年代順に整理分類するので表中のような表記をとった。数字は巻数を示す。『歴代三宝録』は『大正蔵』四九、他の七点の経録は『同』五五に収められる。各経録の詳細は、鎌田茂雄『中国仏教史』第六巻四八六～四九五頁（東京大学出版会、一九九九年）を参照。

三　三昧経典の収集と『大般若経』書写

では、**表1**の㉔㉖㉗の奉請は何を目的としていたのであろうか。経名から推せば、それは三昧経典の収集にあったと見てよいだろう。三昧経典以外のもの（録は除く）が、㉔に六部、㉗に一部それぞれ含まれているが、その多くは闕本経のためどのような連関でここに挙げられているのかは明らかでない。ただ、『開元釈教録』で別生経に分類される『弥勒為女身経』は、菩薩が修行すべき六つの実践徳目（六波羅蜜）にまつわる話を集めた『六度集経』第六巻の抄出、『初発意菩薩行易行法経』は『十住経』で説かれる菩薩の修行階悌の初地と第二地を注釈した『十住毘婆沙論』易行品の抄出とされている。[20] いずれも菩薩の修行実践を説く経典で、後述の三昧にも類似のものが認められるので、それらは三昧経典と全く無関係ではなかったようである。

こうした経典の奉請は天平宝字八年（七六四）八月下旬に行なわれているが、同月二日の少僧都宣で求められた『開元釈教録』一部も、前記の〝目録〟の作成とともに三昧経典に関する情報を得るための手立てであったと考えられる。**表3**は、『開元釈教録』の入蔵録に見える三昧関係の経典を、経名をもとに摘出したものである。奉写御執経所は、このうちの三分の一程度を造東大寺司から奉請している（表中の○印）。そのなかには、代表的な三昧の一つである首楞厳三昧を説く『首楞厳三昧経』や観仏三昧の『観仏三昧経』は入っているが、念仏三昧の方は『大方等大集菩薩念仏三昧経』の異訳である『菩薩念仏三昧経』のみにとどまり、般舟三昧を記す『般舟三昧経』は奉請に至っていない。[21] 三昧経典の収集というには不十分の誹りを免れないが、**表3**の未奉請の分は、「内裏」が既に所持していたか、他の寺院に求めるかしたのであろう。恐らく、八月に入ってから始められた三昧経典の収集は、

表3　『開元釈教録』の入蔵録に見える三昧経典

決了諸法如幻化三昧経二巻※	宝積三昧文殊問法身経一巻
如幻三昧経二巻	○自誓三昧経一巻
○菩薩念仏三昧経六巻	如来独証自誓三昧経一巻
大方等大集菩薩念仏三昧経一〇巻	道樹三昧経一巻※
般舟三昧経三巻	成具光明三昧経一巻※
宝女三昧経三巻※	○首楞厳三昧経三巻
等目菩薩所問三昧経二巻	○十千日光三昧定(十住断結経)一〇巻※
○四童子三昧経三巻	超日明三昧経二巻
法花三昧経一巻	○賢劫三昧経一三巻※
仏法普入道門三昧経二巻※	○力荘厳三昧経三巻
佛真陀羅所問宝如来三昧経二巻※	○観仏三昧海経一〇巻
等集衆徳三昧経三巻	○弘道広顕三昧経四巻
集一切福徳三昧経三巻	仏印三昧経一巻
無極宝三昧経一巻	月明菩薩三昧経一巻※
○宝如来三昧経二巻	金剛三昧本性清浄不壊不滅経一巻
○慧印三昧経一巻	金剛三昧経二巻
普超三昧経三巻	法律三昧経一巻
月灯三昧経一一巻	坐禅三昧経三巻
○月灯三昧経一巻	

＊○印は造東大寺司から奉写御執経所へ奉請された経典。経名に三昧がなくても、割注に一名、亦名、或云として三昧を記す場合はこの経名を挙げ、末尾に※印を付した。

なお、○印の経典のうち一部にはもとの経名も併記したが、これらは天平宝字八年七月以前に奉請（**表1**の①）されたものである。

同月二十四日の㉖の奉請で入手可能なものがほぼ尽き、二十八日の㉗では、闕本経と認識せずに探索を続けていた経典を造東大寺司に求めたものと見られる。

三昧経典が収集されたのは、「内裏」すなわち孝謙太上天皇が三昧への関心を高めていたからであろう。もちろん、三昧を説く経典は**表3**に示したものだけではなく、海印三昧の『華厳経』や百八三昧の『大品般若経』などがあり、「内裏」では、経名に三昧を記さないこうした経典も可能な限り備えていたはずである。問題は、これらの三昧関係の経典を通して、孝謙さらには道鏡が何をめざしていたのかである。写経も当然行なわれたであろうが、やはりこれだけの経典が集められた背景には、三昧そのものを実践するという試みがあったからではないかと思われる。

その三昧とは、心静かに瞑想して心の統一を

得た状態、あるいはそれに至る修行を指す語で、禅定と通じて用いられる。大乗仏教の経典では様々な名称を付した多数の三昧が説かれているが、これは、仏はいかなる場合も定心（雑念を離れ一つのものに集中する心）に在るとされるためで、悟りに至るには三昧を前提としなければならず、そのため各経典では、それぞれの教説に従って三昧が説かれることになったとされている。[22] たとえば、般舟三昧や念仏三昧では、一定の条件のもとで仏を想念するならば、仏の姿を眼のあたりに仰ぎ、教説を受けて将来の等正覚が約束されるという見仏の体験が説かれ、観仏三昧でも、心に仏を観察し観念する観仏の行を積めばやがて見仏をもたらすという。一方、首楞厳三昧は、現実社会の中で一切衆生の救済のため六波羅蜜を行じて成仏をめざす菩薩の実践のことで、十地の階位において初めて得られる高度の三昧であり、海印三昧は、静かな海面が一切のものを映し出すように万象すべてを明らかに映し出せる智慧を得るための三昧で、釈迦が『華厳経』を説くときに入った境地とされる。

孝謙と道鏡は、こうした三昧のいずれかを試みていたと想像されるが、当時の政情から判断すれば、それは純然たる悟入を目的としたものではなかったように思われる。この点について留意されるのは、三昧経典の収集が行なわれていた時期に『大般若経』一部六〇〇巻の書写事業が進められていたことである。

この政柄分担宣言期には、淳仁天皇・藤原仲麻呂派主唱の六年十二月十六日慈訓宣による『大般若経』二部一二〇〇巻の書写が既に行なわれていた。[23] 今回は、規模が半減するものの、孝謙・道鏡派の立案によるもので、八年七月二十八日の大臣禅師（道鏡）宣によって書写が命じられている。[24] この写経では、八月一日に「内裏」から書写料紙が写経所に送られ、六日から十五日にかけて写経関連施設の改修が行なわれたあと、十六日から書写作業が始まっているが、[25] この『大般若経』書写の開始と三昧経典の収集時期がほぼ重なるのである。これは偶然の結果なのかもしれないが、般若経典と三昧の関係を念頭にすると、そこに一定の政治的な意図が読み取れるようになってくる。

般若経典では、共通して般若波羅蜜、すなわち智慧（完全な無執着の実現）の完成が説かれているが、この般若波羅蜜が唯一無上の真理であるという確信、同時にその真理を求める者は過去・現在・未来の諸仏・諸菩薩に護られているという確信は、三昧の中で仏陀（仏）に出会うことによって得られるという。そして、仏陀の教説の憶持力としての陀羅尼によって、この般若波羅蜜の真理が確認されているときは、般若波羅蜜が守護呪となって四天王などの守護神を招来し、悪鬼・羅刹から般若経の信奉者を保護するとされている(26)。

三昧が般若経典の中で右のような位置を占めるとすれば、『大般若経』書写の開始と三昧経典の収集は関連を帯びてくるのである。ただ、三昧といっても、この場合は見仏をもたらす般舟三昧・念仏三昧・観仏三昧などが有効なのであるから、網羅的に三昧経典を集める必要はなかったのである。しかし、あえてそれを行なっているのは、「内裏」においてこうした三昧の試みに前例がなく、そのため三昧関係の経典を可能な限り配備するという方針がとられていたからではないかと思われる。

四　仏の加護の構築

『大般若経』が、『金光明経』『最勝王経』(27)『仁王般若経』『法華経』とともに鎮護国家や除災招福を祈る護国経典として尊重されていたことは周知のところで、正史には『同経』への依拠を伝える記事が散見する(28)。そこでの『大般若経』への対応は、宮中や京内諸寺院あるいは諸国にしかるべき数の僧を請じ転読・読誦・講説させるというもので、それは他の護国経典においても同じであった(29)。この場合、天皇も宮中の内道場などで供奉僧とともに転読や読誦などに加わったのであろうが、実践主体は僧であって、天皇は施主としてその見返りの仏の功徳を受ける立場

にあった。これは、御願にもとづく写経でも同様で、経師を中心とする写経従事者の手によってなされた仏事作善に対する福徳は、天皇に帰するものであった。

ところが、孝謙太上天皇が『大般若経』書写と並行して三昧を実践していたとなると、事情は異なってくる。つまり、天皇、ここでは太上天皇が第三者を介さず直接仏に対峙して般若波羅蜜を確信し、この般若波羅蜜を守護呪として守護神を招集し、般若経の信奉者である自らを守ろうとするわけであるから、そこには、写経と合わせて、いわば二重の仏の加護がもたらされることになるからである。このような試みが、これまで実際になされていたのかどうか確認する術はないが、天平宝字六年（七六二）六月三日（庚戌）の政柄分担を宣言する宣命の中で、「朕応発菩提心縁尓在良之止奈母念須、是以、出家弖仏弟子止成奴」（『続日本紀』）と述べるように、当時の孝謙は出家を遂げていたことに注意する必要があるだろう。

この孝謙を仏道に導いたのは、いうまでもなく道鏡であった。藤原仲麻呂の乱鎮定後に出された同八年九月二十日（甲寅）の宣命の中で、孝謙は「此禅師乃行乎見尓至天浄之、仏乃御法乎継隆止武念行之末毛朕乎導護須末己師」（『続日本紀』）として禅師道鏡を高く評価している。孝謙と道鏡の関係については、『続日本紀』宝亀三年（七七二）四月丁巳（六日）条の道鏡伝は「略渉二梵文一、以二禅行一聞、由レ是、入二内道場一、列為二禅師一、宝字五年、従レ幸二保良一、時侍二看病一、稍被二寵幸一」と記し、『宿曜占文抄』所載の道鏡伝には「天平宝字六年壬寅四月高野姫天皇於二近江保良宮一在二御薬之事一時、道鏡法師伝二受此宿曜秘法一、奉レ勅依レ法勤修、御悩平復玉躰安和、天皇感悦、勿発二大菩提心一、至二六月三日一出家、成レ尼諡曰二法基一」(30)と伝えている。要は、平城宮改修時に行幸した保良宮で病を得た孝謙を道鏡が看病して回復させ、それが縁となって孝謙は出家をし、道鏡と師弟関係を結んだというわけである。

保良から平城に戻った孝謙は、平城宮には入らず法華寺に居を定めるが、そこでの孝謙は、自らが宣した「国家

大事賞罰二柄」の遂行の傍ら、近侍する道鏡を師として出家生活を送っていたと推測される。そこには、経典の読誦の他に仏道修行もあったはずで、前記のような三昧の実践も孝謙にとって唐突なものではなかったと考えられる。

天皇が出家を遂げた最初の例は、孝謙の父である聖武天皇に求められる。出家後の聖武は、間もなく娘の阿倍内親王（孝謙天皇）に譲位し太上天皇となるが、(31)『続日本紀』を見る限り、その後の聖武は政治の場に出ることはなく、東大寺や難波の堀江への行幸が見える程度で、病の平癒や寿命の増長、不予対策に関する記事が目立つ。(32)このような聖武の出家生活における仏道修行の目的は、主に病の回復と延命に向けられ、孝謙のように政治性を帯びた仏事行為はなかったと思われる。その意味で、出家した太上天皇が、外敵から身を守るために三昧を通して仏の加護を得るという試みはこれまでに例はなく、孝謙が最初であったといってよいだろう。

孝謙が「己師」と仰ぐ道鏡は、『七大寺年表』天平宝字七年条や(33)『僧綱補任』第一裏書(34)には「義淵僧正弟子」、『公卿補任』(35)天平宝字八年条には「法相宗西大寺義淵僧正門流」と伝え、正倉院文書の「納櫃本経検定幷出入帳」（続々修十五ノ二、『大日本古文書』二十四ノ一六三～二〇〇）の天平十九年（七四七）正月十五日の項には、義淵の弟子良弁(36)のもとで道鏡は沙弥として『梵網経』の奉請使となっている（『同』二十四ノ一八一）。これよりすれば、道鏡は義淵門下の法相系の僧侶ということになるだろう。しかし、諸伝には特異な資質が記されており、前掲の『続日本紀』には「略渉二梵文一、以二禅行一聞」、『宿曜占文抄』には「高野姫天皇於二近江保良宮一在二御薬之事一時、道鏡法師伝二受此宿曜秘法一」とあり、『七大寺年表』には「初籠二葛木山一修二如意輪法一、苦行無レ極」と見えている。宿曜秘伝や如意輪法の内実は定かではないが、厳しい山林修行を通して人一倍の呪験力を身につけ、密教的な修法をよくし梵文にも通じていたというのが確かなところであろう。(37)その道鏡が、前記のような三昧経典の収集を提案し、孝謙に三昧の実践を指導していたと考えられるのである。

政柄分担宣言期の造東大寺司の写経所では、孝謙・道鏡派の立案にかかる写経が一〇件行なわれているが、そのうちの天平宝字七年三月十日内宣による写経では『最勝王経』一一部一一〇巻・『金剛般若経』六〇〇巻とともに『宝星陀羅尼経』一部一〇巻・『七仏所説神呪経』三部一二巻が、同年六月三十日には道鏡の命により『十一面神呪経』三〇巻・『十一面観音神呪経』一巻・『大金色孔雀王呪経』一巻・『仏説大金色孔雀王呪経』一巻・『孔雀王呪経』一部二巻・『大孔雀呪王経』一部三巻・『陀羅尼集経』二巻（第四・九巻）が、それぞれ書写されている。いずれも真言陀羅尼の読誦による除災招福と現世利益を説くもので[38]、こうした写経の背景には雑密経典に対する関心の高まりがあったものと見られる。

一方、奉写御執経所も七年五月十六日に『无垢浄光陀羅尼経』⑹、同年六月二十四日に『摩利支天経』⑻、同年八月十二日に『般若理趣経』⑾、八年四月十八日に『大仏頂首楞厳経』⒆、同年八月二十二日に『曼殊室利菩薩呪蔵中一字呪王経』『大陀羅尼末法中一字心呪経』㉒をそれぞれ奉請している[39]。これらは勘経用かもしれないが、藤原仲麻呂の乱勃発後に孝謙によって発願された百万塔の造立が『无垢浄光陀羅尼経』の教説にもとづくように[40]、「内裏」の除災等に供される目的も持っていたのではないかと思われる。

こうした陀羅尼読誦の功徳を説く経典の写経や奉請には、道鏡の識見が働いていたはずである。淳仁天皇・藤原仲麻呂と対立関係にある孝謙を支える道鏡の課題は、自らが得意とする密教的な修法を駆使して万全の仏の加護を築くことにあった。その手立てとして選ばれたのが、様々な陀羅尼を収載する右の雑密経典であったと思われる。道鏡とその弟子孝謙は、折にふれてこれらの経典を受持、読誦し、より効果を高めるために密教的な儀式を行なったと想像されるが[41]、前記の『大般若経』書写と並行する三昧も、こうした施策の延長上に位置すると見てよいだろう。

天平宝字八年八月になって、道鏡がどのような知識にもとづき三昧経典の収集を進言したのか定かではないが、仲麻呂の乱が起こる一カ月余り前のこの時期、これまでの陀羅尼読誦では克服困難な状況が現われつつあるとの認識がそこにあったものと思われる。事実、『続日本紀』の八年八月戊辰（三日）条には、「節部省北行東第二双倉災」とあり、政情の不安を窺わせる記事が載せられている。

仏教経典の中で最大規模の般若経典、その集成ともいうべき『大般若経』には、仏教を一貫する最高の徳である般若波羅蜜（智慧の完成）が説かれている。その書写は、これまで繰り返し行なわれてきたが、これと並行して願主である太上天皇が般若経信奉者として三昧を修していたとすれば、それは前例のない仏事行為であったと評価できるであろう。三昧を通して見仏を体験できれば、そこには将来の等正覚実現への約束があり、仏の加護をより強く受けることになる。恐らく、このような期待感が政情不安がつのる中で高まり、真言陀羅尼の読誦に加えて『大般若経』書写とそれと並行する三昧の実践へと、孝謙と道鏡を駆り立てたのではないかと考えられる。

おわりに

本稿では、奉写御執経所の三昧経典の奉請に注目し、折りから進められていた『大般若経』書写との関連の中で、孝謙太上天皇と道鏡による三昧経典収集の意味について検討を加えてきた。その結果、推測を重ねた上ではあるが、政敵との対立の中で出家を遂げた孝謙が「己師」の道鏡とともに独自の仏事行為を展開し、より強力な仏の加護を求める姿が浮彫りになったのではないかと思う。

淳仁天皇を擁立する藤原仲麻呂の反乱が失敗に終わったのは、逆謀の密告が相次いだ関係で孝謙方に先手を取ら

れ、鈴・印を奪取されるとともに、近江・越前への逃走も先廻りしていた追討軍に遮られて退路を断たれるなど、戦略上の不備に起因するところが大きかった。しかし、戦勝が報告された日の宣命の中で「仏毛経仁勅久、国王伊王位仁坐時方菩薩乃浄戒乎受与止勅天在、此仁依天念倍方出家天毛政乎行仁豈障倍岐物仁方不在、故是以天帝乃出家之天伊末須世仁方、出家之天在大臣毛在倍之止念天」（『続日本紀』）と述べて道鏡を大臣禅師に任じるように[42]、それは仏の加護によるものであり、現実の政治の場においても自らの地位は仏から正当性を与えられるものであった。自信を深めた孝謙は、淳仁を廃して重祚し、道鏡を太政大臣禅師さらには法王へと取り立てていくが、こうした両者の仏縁を介した強固な関係は、まさにこの政柄分担宣言期に醸成されることに留意する必要があるだろう。

註

（1）以上、『続日本紀』による。
（2）新日本古典文学大系『続日本紀』三、五七一～五七二頁（補注24・一九）、木本好信「仲麻呂と孝謙上皇、淳仁天皇――政治権力の推移と皇統・皇権――」（同『藤原仲麻呂政権の基礎的考察』高科書店、一九九三年。初出は一九八七年）。
（3）山本幸男『写経所文書の基礎的研究』第三章第二節（吉川弘文館、二〇〇二年）。
（4）栄原永遠男「内裏における勘経事業――景雲経と奉写御執経所・奉写一切経司――」（同『奈良時代の写経と内裏』塙書房、二〇〇〇年。初出は一九九五年）。以下、本文で言及する栄原氏の見解はこの論文による。
（5）奉写御執経所・奉写一切経司の関係文書の整理は、山本幸男「奉写御執経所・奉写一切経司関係文書の検討――伝来の経緯をめぐって――」（相愛大学『研究論集』二〇、二〇〇四年）で行なっているので参照されたい。
（6）栄原前掲註（4）論文でも、㉘㉚㉛を法会での読経に使用するためと指摘する。
（7）勝浦令子「八世紀の内裏仏事と女性――「仏名会」前身仏事を手がかりに――」（同『日本古代の僧尼と社会』

吉川弘文館、二〇〇〇年。初出は一九九五年）。

（8）栄原永遠男「その後の百部最勝王経」（同『奈良時代写経史研究』塙書房、二〇〇三年。初出は一九九五年）。

（9）『大正蔵』五五ノ六七四上。

（10）不空訳の『大楽金剛不空真実三昧耶経』は『般若理趣経』と略称されるが、訳出時は天平宝字七年（七六三）～宝亀二年（七七一）に求められているので、⑪のそれとは年代的に合いにくい。この『般若理趣経』は不空訳以外のものであろうか。松長有慶著作集第一巻『密教経典成立史論』一九八～一九九頁（法藏館、一九九八年。初版は一九八〇年）参照。

（11）天平宝字八年八月二十六日付「造東大寺司請経文案」（続々修十六ノ一、『大日本古文書』十六ノ五五六～五五七）、同八年八月二十九日付「造東寺司請経文案」（続々修十七ノ四、『同』十六ノ四六一～四六二）。

（12）『大正蔵』五五ノ六三五中、六三三中、六三四下、六三一上、六五三上・下、六五五上、六九八中、六九九中。

（13）『大正蔵』五五ノ六五三上、六五四上、六七四中。

（14）『大正蔵』五五ノ六四二下、六四五中・下、六四八上・中。

（15）㉕の天平宝字八年八月二十五日付「奉写御執経所奉請文」（続々修十七ノ五、『大日本古文書』十六ノ五五二～五五三）では、造東大寺司への通信文に先立って「請開元釈教録一部之中第十九第廿先請来」と記されている。これより第一九・二〇巻の二巻は、八月二日から二十四日の間に奉写御執経所へ奉請されていたことがわかる。

（16）保良から平城に還った孝謙太上天皇は法華寺に入るが、この孝謙の居所を写経関係文書や奉写御執経所の文書は「内裏」と称している。山本幸男「法華寺と内裏――孝謙太上天皇の居所をめぐって――」（『日本歴史』六二一、二〇〇〇年。本書の付論2）を参照。

（17）皆川完一「光明皇后願経五月一日経の書写について」（坂本太郎博士還暦記念会編『日本古代史論集』上巻、吉川弘文館、一九六二年。後に日本古文書学会編『日本古文書学論集』三〈吉川弘文館、一九八八年〉に再録）。

（18）『大唐内典録』（道宣撰）巻第五に『開皇三宝録（歴代三宝紀）』を評して「至二於入蔵瓦玉相謬一、得レ在二繁富一失レ在二覈通一、非レ無二憑准一未レ可二偏削一」（『大正蔵』五五ノ二七九下）とあり、『開元釈教録』（智昇撰）も巻第一〇でこの批判を継承し一〇の誤りを指摘する（『同』五五ノ五七六中・下）。

(19)『歴代三宝紀』と『大唐内典録』は天平十三年の「一切経納櫃帳」(続々修十五ノ一、『大日本古文書』七ノ四九五)に、『衆経目録』(七巻、法経等撰)は天平勝宝五年頃の「小乗経納櫃目録」(続々修十二ノ十、『同』十二ノ五一二)に、それぞれ収載される。『出三蔵記集』の場合は、天平十九年六月七日付「写疏所解(案)」(続修別集二十七、『同』十二ノ三八五～三九五)に「依無本所未写」として挙げられる六八三巻の中に見えるが、『開皇三宝録(歴代三宝録)』等とともに朱筆の合点が付されているので、本経となる『出三蔵記集』は、この頃にはすでに将来されていたものと思われる。

(20)『大正蔵』五五ノ六五三下～六五四上、六五五上。

(21)以下での仏教用語の理解は、中村元『仏教語大辞典(縮刷版)』(東京書籍、一九八一年)、中村元・福永光司・田村芳朗・今野達・末木文美士編集『岩波仏教辞典・第二版』(岩波書店、二〇〇二年)、経典に関しては鎌田茂雄・河村孝照・中尾良信・福田亮成・吉元信行編『大蔵経全解説大事典』(雄山閣出版、一九九八年)による。

(22)宇井伯壽『仏教汎論』一一三〇頁(岩波書店、一九六二年)。三昧の種類については、望月信亨『仏教大辞典』第二巻(世界聖典刊行協会、一九五八年)の「サンマイ」の項を参照。

(23)天平宝字七年四月二十三日付「東大寺奉写大般若経所解案」(続々修四ノ十二、『大日本古文書』十六ノ三七六～三八二)。以下に挙げる天平宝字六年十二月～八年十二月の写経については、山本幸男前掲註(3)著書第三章第二節を参照。

(24)天平宝字八年十月二十四日付「奉写経所解案」(続修別集三十八、『大日本古文書』五ノ四九八～五〇〇)。

(25)天平宝字八年八月一日付「奉写御執経所写経料紙注進文」(続々修四ノ二十、『大日本古文書』五ノ四八八)、「大般若経料雑物納帳」(続々修四ノ十八、『同』十六ノ五一七～五二〇)、「大般若経料紙充帳」(続々修四ノ十九、『同』十六ノ五三七～五四八)。

(26)松長有慶・氏家覚勝「般若思想と密教」(平川彰・梶山雄一・高崎直道編集『講座・大乗仏教』二、春秋社、一九八三年)、氏家覚勝「護法と総持」(同『陀羅尼思想の研究』東方出版、一九八七年。初出は一九七八年)。

(27)『最勝王経』(一〇巻、唐・義浄訳)は『金光明経』(四巻、北涼・曇無讖訳)の異訳であるが、両者ともに正史に登場するので併記しておく。

(28)『続日本紀』天平七年五月己卯、同九年三月丁丑、八月丙辰、同十六年三月乙巳、神護景雲元年十月庚子、宝亀元年七月乙亥、同八年三月癸酉、延暦八年十二月庚寅の各条など。
(29)『続日本紀』天平九年八月癸卯、同十五年正月癸丑、天平勝宝八歳十二月甲申の各条を参照。
(30)『宿曜占文抄』の道鏡伝は、堀池春峰「道鏡私考」(同『南都仏教の研究』下・諸寺篇、法藏館、一九八二年。初出は一九五七年)による。
(31)岸俊男「天皇と出家」(同編『まつりごとの展開』〈日本の古代七〉、中央公論社、一九八六年)。
(32)『続日本紀』天平勝宝元年十二月丁亥、同三年十月壬申、同四年正月己丑、同六年十一月戊辰、同七歳十月丙午、同八歳三月甲寅朔、四月丁酉の各条。
(33)『大日本仏教全書』一一一ノ三三。
(34)『大日本仏教全書』興福寺叢書一ノ九七。
(35)『公卿補任』第一巻。
(36)筒井英俊校訂『東大寺要録』(国書刊行会、一九七一年)の巻第一本願章第一の「根本僧正」の項を参照。
(37)道鏡の学問については、堀池前掲註(30)論文、横田健一『道鏡』四七〜九一頁(吉川弘文館、一九五九年)、吉田靖雄「道鏡の学問について」(阿部猛編『日本社会における王権と封建』東京堂出版、一九九七年)を参照。
(38)吉田前掲註(37)論文。
(39)この他に『一字仏頂輪王経』③の奉請を求めているが、実現しなかったようである。
(40)『続日本紀』宝亀三年四月戊午条。堀池春峰「恵美押勝の乱と西大寺小塔の造営」(同前掲註(30)著書。初出は一九六六年)参照。
(41)これらの陀羅尼経典のうち、『宝星陀羅尼経』巻第二に「一切諸女、聞二此宝星陀羅尼一故、亦転二女形一具二丈夫相一、亦令三一切諸善男子、速得二不退阿耨多羅三藐三菩提一」(『大正蔵』一三ノ五四四下)、『十一面神呪経』に「念二誦此呪一百八遍一、若能如レ是、(中略)復得二四種功徳勝利一、一者臨二命終時一得レ見二諸仏一、二者終不レ堕二諸悪趣一、三者不レ因二険厄一而死、四者得レ生二極楽世界一」(『同』二〇ノ一五二中)、『无垢浄光陀羅尼経』に「誦二念此呪満足百年一、是人命終生二極楽界一」(『同』一九ノ七一八下)、『大陀羅尼末法中一字心呪経』に「何況凡夫、若捨二此身一得レ生二西

方極楽世界」（『同』一九ノ三一八上）と説かれ、除災等だけではなく成仏への言及が認められる。孝謙と道鏡は、陀羅尼読誦と成仏の関係にも注意を払っていた可能性がある。陀羅尼と成仏については、松長前掲註(10)著書一〇二～一一一頁を参照。

(42)　以上、『続日本紀』天平宝字八年九月乙巳・壬子・甲寅の各条。

付論2　法華寺と内裏
——孝謙太上天皇の居所をめぐって——

一　孝謙と淳仁

『続日本紀』の天平宝字六年（七六二）五月辛丑（二十三日）条には、孝謙太上天皇（高野天皇）と淳仁天皇（帝）の間に隙があり、保良宮から平城京に還った淳仁は中宮院に、孝謙は法華寺に、それぞれ御したことが記されている。六月庚戌（三日）条になると、朝堂に召集した五位以上の官人を前に孝謙の詔が伝えられ、「常祀利小事波今帝行給部、国家大事賞罰二柄波朕行牟」と政柄の分担が宣言されるとともに、「（今帝・引用者注）宇夜宇也自久相従事波无之弖、斗卑等乃仇能在言期等久、不言岐辞母言奴、不為伎行母為奴、凡加久伊波流倍枳朕尓波不在、別宮尓御坐坐牟時、自加得言也」「又一尓波朕応発菩提心縁尓在良之止奈母念須、是以、出家弖仏弟子止成奴」と述べ、孝謙が別宮に住むのは、①仇敵に対してなすような淳仁のいやしい言動を避けるためであり、②菩提心を発して出家をし仏弟子となるためである、と説明している。ここで①を挙げるのは、宝亀三年（七七二）四月丁巳（六日）条の道鏡伝に「宝字五年、従レ幸二保良一、時侍二看病一、稍被二寵幸一、廃帝、常以為レ言、与二天皇一不二相中得一、天皇、乃還二平城別宮一而居焉」とあるように、平城宮改作のため天平宝字五年十月に遷った保良宮で、孝謙が道鏡を寵愛したために淳仁から批判を受けたことによる。(1)

天平宝字八年九月の藤原仲麻呂（恵美押勝）の乱、同年十月の廃帝淳仁の淡路国配流を経て重祚した孝謙（称徳）は、翌天平神護元年（七六五）正月の朝賀を「南宮前殿」で受けているので、前年の十二月には平城宮に戻っていたようである。保良から帰還して二年半近くたってからのことであるが、この間の孝謙は、総国分尼寺でもある法華寺に居を定めていたと見るのが一般である。(2) 政柄の分担を宣する先の詔文で「別宮尓御坐坐牟時、自加得言也」と述べ、道鏡伝でも「天皇、乃還二平城別宮一而居焉」とあるように、孝謙は淳仁と同宮に住むのをことさらに避けており、『続日本紀』には法華寺から他所への遷移を記さないことを勘案すると、穏当な解釈といえるだろう。ただ、このように見ると、正倉院文書が伝える当該期の写経・勘経事業に表われる「内裏」を、どう評価するかが問題となる。

二　内裏と写経

正倉院文書によると、孝謙太上天皇が法華寺に滞在していた期間中に、**表**に示したような一三件の写経（※印は除く）が造東大寺司の写経所で行なわれていた。宣者のわかる一一の写経のうち、(ロ)以外の一〇件が道鏡・法均といった孝謙の側近もしくは孝謙派と目される人々によって命じられており、淳仁天皇・藤原仲麻呂派主唱の(ロ)が終盤を迎える天平宝字七年三月以降になると、孝謙発願の写経事業が連続して進められていたことが知られる。(3) これらの写経の料物（浄衣、紙、筆、墨、生菜等の直銭、食料雑物、布施布など）は、出納関係の記録が残る(ヘ)(ト)(チ)(ル)(タ)の例で見ると「内裏」・造東大寺司・東大寺から供給されていた。(4) 節部（大蔵）省からの調綿の売却直銭で料物が購入された(ロ)とは、対照的な財政措置がとられていたわけであるが、問題は、これら孝謙発願経の書写料物を供給す

表　天平宝字六～八年の写経事業

書写経典・巻数	宣者	書写期間	典拠
(イ)灌頂経一二部一四四巻	法均尼	六年十一月～七年正月	十六ノ一一四
(ロ)大般若経二部一二〇〇巻	慈訓	六年十二月～七年四月	十六ノ五九
(ハ)仁王経疏	道鏡	六年十二月～閏十二月	十六ノ一〇六
(ニ)仁王経疏五部二五巻	道鏡	六年閏十二月～七年二月	十六ノ三一九
(ホ)金剛般若経二〇巻・最勝王経二部二〇巻		〔七年三月～四月ヵ〕	十六ノ一六九
(ヘ)梵網経二〇部四〇巻・四分僧戒本一〇巻・四分尼戒本一〇巻	因八麻仲村	七年二月～六月	十六ノ三四五
(ト)法華経二部一六巻	良弁	七年二月～四月	五ノ三八八
(チ)最勝王経一一部一一〇巻・宝星陀羅尼経一部一〇巻・七仏所説神呪経三部一二巻・金剛般若経六〇〇巻	道鏡	七年三月～六月	五ノ四〇三
(リ)法華経二部一六巻・顕无辺土経一〇〇〇巻		〔七年三月～四月ヵ〕	二十五ノ三四五 十六ノ三四七
(ヌ)仁王経疏一部五巻	法順尼	七年四月	十六ノ三七五
(ル)十一面神呪経三〇巻・十一面観音神呪経一巻・孔雀王呪経七巻・陀羅尼集経一二巻	道鏡	七年四月	十六ノ四〇七
※(ヲ)法華経一部八巻		〔七年七月ヵ〕	十六ノ四一〇
※(ワ)阿弥陀経一〇巻		〔七年七月ヵ〕	十六ノ四一一
※(カ)梵網経二〇部四〇巻・四分僧戒本一〇巻・四分尼戒本一〇巻		〔七年八月二十八日〕	十六ノ三四一 二十五ノ三三九 十五ノ八一
※(ヨ)心経一〇〇〇巻		〔七年十二月二十八日〕	十六ノ四二三
(タ)大般若経一部六〇〇巻	道鏡	八年七月～十二月	十六ノ五〇五
(レ)観世音菩薩授記経三巻・観世音三昧経三巻	良弁	〔八年十月～十一月〕	十六ノ五六一

＊※印は、写経所で予算書が作成されたものの、実際の作業は他所で行なわれたと見られる写経事業を示す。〔　〕の日付（一部推定）は予算書のもの。
典拠は『大日本古文書』の巻・頁数。これらの写経の詳細については、山本幸男『写経所文書の基礎的研究』第三章（吉川弘文館、二〇〇二年）を参照。

る「内裏」をどう見るかである。

内裏とは、天皇の居所を指す語であるから、字義通りに解せば、それは淳仁が居住する中宮院に相当する。つまり、淳仁が孝謙発願経の書写料物の一部を負担していたというわけである。ところが、前記のように両者は対立関係にあり、居所を異にしているので、淳仁側からこうした支援を行なっていたとは考えにくい。むしろ、写経の宣者が、（へ）の因八麻仲村以外はいずれも僧籍にあり、道鏡・良弁の他は尼である点に留意すると、料物を供給する「内裏」とは、法華寺内にあった孝謙の居所を指す語と解した方がよいように思われる。もとは藤原不比等の邸宅で、後に光明皇后宮となり、寺院化して孝謙に継承された法華寺[5]には、孝謙の生活や活動を支える家産的な組織が存在していたはずである。写経料物の一部がそこから供給されていたと見なしても、問題はないと思われる。

三　「内裏」と勘経

孝謙太上天皇の居所が内裏と称されていたことを窺わせるもう一つの例は、天平宝字六年六月頃から始められた勘経である。栄原永遠男氏によると、勘経の対象となっていたのは孝謙発願の景雲一切経と見られ、作業の方は孝謙側近の女官たちによって「内裏」で開始された。はじめは、写御書所が事務を担当していたが、同年十二月頃になると写御書所から発展した奉写御執経所（以下、御執経所と称す）に事務が引き継がれ、天平神護元年（七六五）三〜五月頃には勘経作業も御執経所で行なわれるようになり、同三年に一切経の中心部分の勘経が終了したという[6]。

栄原氏が整理された「奉写御執経所・奉写一切経司の関係文書」の一覧表によると、「内裏」で勘経が行なわれていた天平宝字六年十二月から天平神護元年正月にかけての期間に、経典奉請のため御執経所から造東大寺司に宛

てられた文書は三四通存在する。[7]その内訳は、「為御覧上件経／従東大寺奉請内裏」（『大日本古文書』五ノ三〇八）、「為奉／転読内裏奉請於東大寺」（『同』五ノ四三四）のように「御覧」「転読」に供するためのものが六通、「上件経速／従東大寺奉請内裏」（『同』五ノ四四一）のように目的は記さないが勘経用と解されるのが二八通である。[8]これらの文書は宣を受けて出されているが、それを御執経所に伝えた人物を順に挙げると道鏡（弓削禅師・少僧都・大臣禅師）が最も多く一五例、次いで証宝尼師が五例、勝延尼師が四例、定戒《定海》尼師・奈良女王・証演尼師が各二例、法教沙弥尼・明軌尼師・錦部命婦・吉備命婦・少律師が各一例となる。いずれも、道鏡と同じく孝謙の側近と見られる人々で、御執経所が「内裏」への奉請を命じるこれらの宣者と緊密な関係にあったことを示している。同所が「内裏」にあったとされるゆえんである。[9]

ところが、御執経所が勘経を担当する天平神護元年三～五月頃から三年七月の期間になると、宣を記さない文書が二六通中の一七通を占め、宣者も道鏡（大臣禅師・太政大臣禅師）、証演大尼、少律師、大僧都、基完師、右大臣、「内裏」となり、尼は一例しか認められなくなる。宣を記さなくなるのは、御執経所の裁量で勘経用の経典が奉請されるようになったためと思われるが、必要あって載せられる宣を伝える人物に孝謙の側近、とりわけ尼や女官がほとんど登場しなくなるのは、「内裏」と御執経所の関係に変化が生じたためと思われる。

「内裏」で勘経が行なわれていた時期は、孝謙が法華寺に居住していた期間にほぼ一致する。御執経所に経典の奉請を指示する宣者に尼が目立つこと、その中に法華寺の嶋院に居を持つ定戒（定海）[10]が認められることから推せば、勘経が行なわれた「内裏」も孝謙発願経の書写料を供給する「内裏」と同じく、法華寺内にあった孝謙の居所を指すのではないかと思われる。

その「内裏」で行なわれていた勘経が、御執経所に委ねられるようになるのは、孝謙が平城宮に遷移したからで

あろう。つまり、勘経は法華寺の尼を中心に進められていたので、作業の方は「内裏」のあった法華寺内の御執経所に託され、必要なときに平城宮の内裏から道鏡や僧綱などを介して指示を送るようになったものと見られる。

四　太上天皇と「内裏」

天皇とは別宮にある太上天皇の居所を、天皇の場合と同じく「内裏」と称するのが、当時の慣例であったのかどうか確かめる術はないが、孝謙が政柄の分担を宣言している時期だけに特異な例として解せなくもない。後考に委ねることにしたい。

註

（1）以下、断らない限り年紀を付した事項は『続日本紀』による。

（2）たとえば、岸俊男『藤原仲麻呂』三九一～三九二頁（吉川弘文館、一九六九年）、瀧浪貞子「奈良時代の上皇と「後院」」（同『日本古代宮廷社会の研究』思文閣出版、一九九一年。初出は一九八二年）、新日本古典文学大系『続日本紀』四の一五頁脚注など。ただし、春名宏昭「太上天皇の成立」（『史学雑誌』九九―二、一九九〇年）では、孝謙太上天皇は平城遷都後法華寺に入ったが、そのまま法華寺で国政を執ったとは考えにくいと指摘する。

（3）栄原永遠男「奉写大般若経所の写経事業と財政」（『追手門学院大学文学部紀要』一四、一九八〇年）。(ロ)の写経の理解はこの論文による。

（4）『大日本古文書』十六ノ三四五～三四七、三三六～三三九、三五三～三五五、四一二～四一四、五一五～五二〇（以下、巻数と頁数で表記）。

（5）鷺森浩幸「八世紀の法華寺とそれをめぐる人びと」（正倉院文書研究会編『正倉院文書研究』四、吉川弘文館、

一九九六年）。

（6）栄原永遠男「内裏における勘経事業――景雲経と奉写御執経所・奉写一切経司――」（門脇禎二編『日本古代国家の展開』下巻、思文閣出版、一九九五年）。次の「関係文書」の一覧表もこれによる。

（7）「奉写御執経所等請経継文」（『大日本古文書』十六ノ四三五～四七三）などに収載される。詳細は栄原前掲註（6）論文を参照。

（8）栄原前掲註（6）論文。

（9）福山敏男「奈良朝に於ける写経所に関する研究」（福山敏男著作集二『寺院建築の研究』中巻、中央公論美術出版、一九八二年。初出は一九三二年）。

（10）鷺森浩幸前掲註（5）論文。

第七章　早良親王と淡海三船
——奈良末期の大安寺をめぐる人々——

はじめに

桓武天皇の同母弟である早良親王の立太子前のことについて正史は何も語らないが、山田英雄氏は「大安寺碑文一首并序」（宝亀六年四月十日付、淡海真人三船作。以下、「大安寺碑文」と称す）、「東大寺権別当実忠二十九箇条事」（弘仁六年四月二十五日付）に記される「皇子大禅師」や「親王禅師」、正倉院文書中の宝亀年間（七七〇～七八一）の写経関係文書等に散見する「内親禅師」「禅師親王」「親王禅師」は、いずれも早良を指す呼称であると指摘され、立太子前の早良は出家をして東大寺、大安寺に居住し、宝亀年間には実忠を介して東大寺の造営に関わっていたことを明らかにされた(1)。しかし、その後の研究は早良と東大寺の関係に関心が払われ、長岡遷都後の延暦四年（七八五）九月に起こった藤原朝臣種継射殺事件の主犯格の自白に早良の名が挙がっていることから(2)、遷都には東大寺を中心とする南都寺院の反対があったことを裏付けるものとして注目されるのが一般のようである(3)。立太子前の早良には、確かに東大寺や造東大寺司との繋がりが認められるが、早良の行動はこうした側面に限られるわけではない。山田氏が提示された史料からは、仏道修行者としての、大安寺においては「文人之首」と称される淡海三船を知己とする姿も読み取ることができるからである。

種継射殺事件に坐して非業の死を遂げ、桓武の晩年に怨霊として取り沙汰される早良の境涯とはいかなるものであったのか。以下では、早良の命を受けて三船が述作したという「大安寺碑文」を手懸りに、立太子前の早良の行動と三船との交流を検討し、奈良末期の政治と仏教のあり方を考える素材としたい。

一　「大安寺碑文」

大安寺の縁起を記し、末尾に「宝亀六年四月十日作、正四位淡海真人三丹（舟カ）」と書き込む「大安寺碑文」の碑石は現在失われているが、全文が醍醐寺本『諸寺縁起集』（建永二年〈一二〇七〉筆写）に収載されている。[4]一三〇〇字余りの序と四言四〇句の頌詩一首からなるこの「碑文」をめぐっては、作者の淡海三船の極位が従四位下であるのに「正四位」とある点、高市村へ大安寺の前身である大官寺を移したのは天武天皇であるのに天智天皇の事蹟とする点などに疑義が持たれ、後世の偽作とする見方がある。[5]しかし、「碑文」に認められる著しい近江朝尊重の姿勢に注目された横田健一氏は、天武の事蹟を天智の功業とすることは三船のごとき人間でなければやれないことと指摘し、「碑文」は三船の書いた文章にもとづくものであると論じられた。[6]一方、「碑文」の表現を詳細に検討された藏中進氏は、全体の結構、構想が「頭陁寺碑文」の影響を受け、表現もそこから借用しているものがあることを明らかにし、三船の述作として確実な「唐大和上東征伝」末尾付載の「初謁大和上詩序」も「頭陁寺碑文」から多くの表現を借用していることを勘案すれば、「大安寺碑文」は三船の手になるものと断じてよいとされ、末尾の署名は後人の記入か伝写の間の誤字と考えるべきであろうと推定された。[7]

碑石は失われているものの、「碑文」が淡海三船の述作と判断されることからすれば、一部の記事に作為が認め

られるとしても、早良親王と大安寺・淡海三船との関係に関わる記述には、大方の信を置ける史料と評価することができるだろう。

その「碑文」の内容は、序の場合、六つの段落に分けることができる。以下、順に見出しを立てて示すことにするが、なにぶん長文であるため、本文の掲出は本稿に直接関わる後半の二段にとどめ、冒頭からの四段はその要旨を記すことにする。なお、頌詩は最後の段落に続けて引用しておく。(8)

㈠日本への仏法の伝来

仏の悟り（妙覚）は老荘、周孔に優るものであり、無縁の慈悲は三界を周く潤している。その仏の法が漢地から百済を経てわが国に伝来したのは、仏との因縁があってのことである。

㈡聖徳太子の熊凝道場の建立

大安寺は聖徳太子の創興にかかるものである。太子は国家のために熊凝村に道場を建てた。即位前の舒明天皇が病を問うため太子宮に詣でたとき、太子はこの道場を舒明に付嘱したが、太子の没後兵乱に遇って堂宇は荒廃に帰した。

㈢舒明天皇による百済大寺の建立

舒明天皇十一年二月、天皇は太子からの付嘱を念い、有司に詔して百済邑に九重塔を建てさせ、百済大寺と名付け寺封三〇〇戸を施した。しかし、この寺の傍らにあった子部神社の社樹を用いて堂塔を構えたため、社神が怒り寺を焼いてしまった。天皇は遺詔し後事を王公卿士等に託した。

㈣天智天皇（淡海聖帝）による大官寺の建立

新羅出兵を目前に筑紫の行宮で没した大后（斉明天皇）から百済大寺を託された天智天皇は、寺を高市村に遷し、

新たに造作して寺封を七〇〇戸増やし大官寺と名付けた。今〔大安寺の〕前殿に安置される釈迦牟尼丈六尊像と脇侍の二菩薩は天智天皇の造る所のものである。

(五)平城遷都による伽藍の遷移、道慈による妖火対策としての般若会の創設と大安寺の修営、道璿・菩提僊那の居住

其後和銅三年歳次二庚戌一、皇朝遷二于乃楽之京一、伽藍亦随同レ時遷矣、然彼火災、時猶不レ輟、架築之事、歴レ歳未レ成、爰有二道慈律師一、梵門之領袖也、幼挺二晤聡一、夙彰二貞敏一、往二遊唐国一十有七年、学完（究カ）二五明一、智洞二三蔵一、粤以天平元年歳次二己巳一、詔遣二法師一、修二営此寺一、法師以為、不レ滅二媛火一、功業難レ成、於レ是即上レ表、請下為二寺業一、毎年四月設中般若会上、天皇嘉レ之、制二詔有司一親施二寺物一、官供二其事一、自レ爾以来、火難絶矣、若天皇居二粤壌一、帝里名区、北望二平岡一、揚二震耀於紫闕一、南瞻二去（ママ）野一、泛二仙気於碧峰一、東嶺嵯峨、煙嵐之所二搖蕩一、西阜隠軫、日月於焉蔽虧、信上京之勝地也、於レ是人揆二光景一、工展二規矩一、就二此霊墟一、創二茲梵宇一、鐘楼経蔵、開二峻牖於于雲一、像（仏カ）殿講堂、起二高甍於蔽日一、長廊南軒、丹蕚咲レ枝、光函北砌、口（脱アルカ）鏘々宝鐸、風伝二般若之声一、靄々仙鑪、浮二解脱之馥一、乃登真之浄刹、是護国之良縁也、由レ是道璿律師、澄二心戒定一、超二脹海一而来遊、菩提僧正、凝二神総持一、渉二流沙一而戻止、三綱衆僧、研二機二諦一、剋二心三明一、諫二持律儀一、薫二修定恵一、讃二善因於紺宇一、資二勝福於丹園一、

(六)早良親王（皇子大禅師）による伽藍の修復および淡海三船への前哲前賢を顕彰する碑文作成の依頼

寺内東院皇子大禅師者、是淡海聖帝之曾孫、今上（光仁天皇）天皇之愛子也、帝世特挺際神命世為、徳因レ時建、道在レ人弘、悲二正教之陵遅一、痛二迷塗之危幻一、於レ是永厭二生死一、志求二菩提一、捨二楽宮一而出家、甘二苦行一而入道、以二此伽藍丈六尊像、是聖睿願所レ作、緬惟二祖徳一情深二追遠一、登二梵宇一而傷壊（懐カ）、願二増飾以崇麗一、遂乃流二霞瀇彩一、飛二霧摛英一、縟二千艶土瓊楹一、図二八相之銀壁一、姮娥辞レ漢、引二月鏡一以照レ梁、仙務遁レ宵、聚二星瑠一而照レ梠、扣二霜鐘雲閣一、

則釈衆成レ行、散二金花於玉堂一、則梵音揚レ響、結構之功、雖レ窮二妙於往年一、而輪奐之妍、良尽二美於今日一、夫前賢前哲有レ功、必刻二銘於鐘鼎一、又勒二碑於宗廟一、世雖レ遠而業逾顕、人雖レ古而名更新、是以皇子思、所下以懸二盛烈乾坤一、（於脱カ）流中鴻名於日月上、爰詢二翰苑之容（客カ）一、載求二絶妙之詞一、下走影暮桑楡、文倦二彫龍之筆一、高命難レ辞、謬摛二土鳳之章一、仍乃作レ頌云、

真性邈矣　玄猷湛然　仁霑有レ截　徳被二無辺一　円鏡長懸　輪法恒転　弘済二四生一　炳発二三衍一
於穆立レ良　作二民慈父一　頒降二国祈一　創二茲梵宇一　露往霜来　移レ都改レ市　風墟有レ址　雲構無レ跡
前岡後岡　建レ塔建レ堂　清微雖レ遠　至法余光　赫我聖帝　開二茲宝像一　神力潜通　感応如レ響
道慈上人　法門領袖　識量宏博　功思兼秀　明々帝子　厭レ俗慕レ真　赫々霊舎　飾レ故成レ新
経台峨嶂　仏殿玲瓏　荘厳千号　彫刻千工　道以レ人弘　理由レ言喚　敢頌二真静一　流二声谷岸一

　亀六年四月十日作、正四位淡海真人三丹（舟カ）近江天皇曾孫也

「碑文」に先行する大安寺の縁起としては、天平十九年（七四七）二月十一日付の「大安寺伽藍縁起幷流記資財帳」(9)があるが、そこでは、聖徳太子からの熊凝道場の付嘱が舒明天皇（田村皇子）を介して推古天皇に、次いで直接舒明に、さらに推古から舒明へと繰り返し行なわれており、大官大寺の建立を天武天皇によるものとする点、道慈の功績に触れない点など、「碑文」との相違が多く見受けられる。それは、淡海三船が全体の構想や表現を「頭陁寺碑文」に学びながら、「資財帳」の撰者とは異なる所伝を使って「碑文」を作成していたからであろう。その意味で「碑文」には三船の個性が反映されているといわねばならず、依頼者であるが故とはいえ、序㈥に早良親王の事蹟が活写されているのは、両者の関係が緊密であったことを示すものとして興味深い。

　序㈥に三船が描く早良の姿をまとめると次の三点になる。

①正教の陵遅を悲しみ生死を厭い出家入道を遂げた。
②大安寺内の東院に居住し、祖徳を惟って伽藍の修復を行なった。
③前賢前哲（聖徳太子・舒明天皇・天智天皇・道慈・道璿・菩提僊那）の功績を顕彰し、後世に伝えるため三船に碑文の作成を依頼した。

このうち②の伽藍の修復については、「緬惟二祖徳一情深二追遠一、登二梵宇一而傷壊（懐カ）、願二増飾以崇麗一」との文言に続いて伽藍の壮麗さが描かれ、頌詩においても「明〻帝子　厭レ俗慕レ真　赫〻霊舎　飾レ故成レ新　経台峩嵯　仏殿玲瓏　荘厳千号　彫刻千工」とあって「明〻帝子」（早良）を「霊舎」「経台」「仏殿」の荘厳化を新たに成した人物と称えていることによる。

右の三点は、早良と同時代の三船によって語られているという点で貴重である。

二　早良親王の大安寺移住

「大安寺碑文」と同じく醍醐寺本『諸寺縁起集』に収載される「大安寺崇道天皇御院八嶋両処記文」[10]によると、早良親王は「初以二東大寺等定大僧都一為レ師、寄二住羂索院一、生年十一出家入道、廿一登壇受戒、清潔清浄、修練修学、以二神護景雲二年一移二住大安寺東院一」とあり、大安寺に居住する前に東大寺で等定を師として羂索院に寄住し、一一歳で出家入道を遂げたことが記されている。嘉承元年（一一〇六）に編纂された『東大寺要録』[11]の巻第四・諸院章第四の羂索院の項にも、「光仁天皇々子崇道天皇、等定僧都為レ師出家入道、廿一歳登壇受戒住二持此院一、後以二景雲二年一移二住大安寺東院一矣」とあってほぼ同様の事柄を伝えており、巻第三の「表云」には「崇道天皇

実忠之弟子並等定大僧都資白壁天王第二子也」と書き込まれ、崇道天皇すなわち早良親王[12]が実忠の弟子でもあったとしている。また、巻第五・諸宗章第六に収める「東大寺華厳別供縁起」には「又諸寺六宗中、説二華厳一皆後二東大寺一初所レ起也、僧正（良弁、引用者注）臨終時、偏以二花厳一乗一、付二嘱崇道天皇一、々々敬受伝持不レ断亦其力也」とあり、早良は良弁の臨終に際し「花厳一乗」を付嘱されたことを伝えている。これと同様の記事が、応長元年（一三一一）、凝然によって著わされた『三国仏法伝通縁起』[13]巻中の「華厳宗」の項にも認められ、そこには「良弁僧正臨終以二華厳宗一付二崇道天皇一、崇道受レ嘱於二大安寺一建二立東院一弘二華厳宗一、彼寺本有二審祥禅師一曾講二華厳一、後更興レ之」とあって、早良が大安寺に東院を建立し華厳宗を再興したと記されている。

いずれも後年の編纂物に載録されたものであり、「大安寺碑文」にはこうした早良と東大寺の関係については触れられていない。しかし、『東大寺要録』巻第七・雑事章第十に収める弘仁六年（八一五）四月二十五日付の「東大寺権別当実忠二十九箇条事」には、宝亀二年（七七一）の大仏殿副柱の造建について「尓時親王禅師、幷僧正和尚（良弁、引用者注）相語計宣、斯事非二実忠師之謀一、余人都不レ得レ成、猶汝可レ造、即奉二命旨一」とあり、また「頃年造レ寺固作レ瓦甚悪、当レ用破損巨多、覓二吉土一可レ造二能固一」との「親王禅師教」を受け、寺家造瓦別当を宝亀十一年から延暦元年（七八二）にかけて奉仕したこと、宝亀五年から九年までの寺主政への奉仕は「親王禅師教垂」によることなどを記している。この「二十九箇条事」は、弘仁六年に実忠によって書かれたものを中心に後継者たちが実忠顕彰のため関係史料を収録整備したものと考えられており[14]、ここに記される東大寺権別当実忠と早良（親王禅師）、そして早良と良弁の関係は史実にもとづくものと解される。従って、前記の「両処記文」以下の所伝も故なしとはできないのであって、「大安寺碑文」と同じく大安寺東院に居住したことを記す点も、その見方を支持するであろう。といって、記述をそのまま信用するには躊躇されるので、ここでは、大安寺東院に居住する前に

東大寺に居たこと、東大寺で出家入道し良弁に師事していたことを確認するにとどめたい。

早良が東大寺から大安寺東院に移住した時期を「両処記文」は神護景雲二年（七六八）、『東大寺要録』は同三年と伝えるが、その理由については、『伝通縁起』に東院を建立し華厳宗を再興するためと記すのみである。ただ、「碑文」においても伽藍の修復のことが語られているので、早良の大安寺への移住と造作とは無関係とはいえない。この点について注意されるのは、『続日本紀』の天平神護二年（七六六）十二月己酉（二十八日）条に「震二大安寺東塔一」、翌神護景雲元年三月戊午（九日）条に「幸二大安寺一、授二造寺大工正六位上軽間連鳥麿外従五位下一」と見えることである。称徳天皇の行幸時に造寺大工が授位されているのは、前年の十二月末に落雷の被害に遭った東塔の修理工事が当時行なわれていたためと思われる。大安寺では諸仏像の修理も進められていたらしく、神護景雲元年十二月一日付「太政官符」では、田六町が大安寺に献入され、大和国の田二町をⒶ「修二理金堂内仏菩薩幷歩廊中門文殊維摩羅漢等像一料」、摂津国の田二町をⒷ「修二理大門中門四王幷金剛力士等像一料」、山背国の田二町をⓒ「修二理寺家一料」に充当している。[15] このうち、ⒶⒷの諸像を天平十九年（七四七）の「大安寺伽藍縁起幷流記資財帳」の記事と比較すると、Ⓑの「大門中門四王幷金剛力士等像」は「南中門」にある「四天王像二具」と「金堂院東西廡廊中門」にある「金剛力士形八軀」に、Ⓐの場合は「歩廊中門」の「文殊維摩」は不明だが、「羅漢」は「金剛力士形八軀」と同所にある「羅漢画像九十四軀」に、それぞれ対応するものと思われる。[16]「四天王像」は天平十四年に寺が、「金剛力士形」と「羅漢画像」は同八年に聖武天皇（平城宮御宇天皇）が造ったものとされている。不明とした「文殊維摩」が、「資財帳」では「金剛力士形」「羅漢画像」とともに「金堂院東西廡廊中門」にあった「梵王帝釈波斯匿王毗婆沙羅王像」に代わるものとすれば、それは天平十九年以降の造作と見なせるだろう。残るⒶの「金堂内仏菩薩」は、「在仏殿」と注記する天平十四年に寺が造った「宍色菩薩二軀」が相当するだろうか。[17]

いずれにしても、修理の対象になっているのは金堂内の一部の仏像であり、ⒶⒷの主眼は大門・中門に置かれる諸像にあったと考えられる。Ⓒの修理料は、その田積からすれば伽藍全体のためとするよりも、折々の部分的な修理に充てられる料と見た方がよいだろう。

　早良親王による伽藍の修復は、神護景雲元年のこうした東塔や諸仏像の修理という大安寺改修の気運と関連するように思われるが、前記の「碑文」の頌詩によれば、それは「霊舎」「経台」（経蔵か）「仏殿」「彫刻」に及んでおり、規模の大きなものであった。序㈥には「以㆓此伽藍丈六尊像、是聖睿願所㆑作、緬惟㆓祖徳㆒情深㆓追遠㆒、登㆓梵宇㆒而傷壊（懐カ）、願㆓増飾以崇麗㆒」とあり、早良は天智天皇の発願により所作された丈六尊像（釈迦牟尼丈六尊像、序㈣参照）を拝し、緬に祖徳を惟って伽藍修復の願いを懐いたとされている。神護景雲元年の修理が、天平八年の聖武天皇や同十四年の大安寺の造作にかかる諸像、それに同十九年以降の建立とされる東塔(18)といった祖徳に関わりのないものを対象とする点からすれば、早良による修復はそれとは一線を画するものであったはずであり、称徳天皇の治世下よりも父光仁天皇の即位後になされるにふさわしい事業といえるであろう。その意味において、大安寺東院への移住が神護景雲二年か三年であったとしても、伽藍の修復が始まるのは宝亀年間に入ってからと見た方がよいように思われる。

　早良をしてこのような事業に着手させたのは、造東大寺司の運営や東大寺の造営に才覚を振るっていた実忠の協力があったからであろう。早良が実忠に対し、造寺用瓦の品質向上や寺主政への奉仕を指示し、良弁と相語って大仏殿副柱の造建を勧めていたことは、先の「二十九箇条事」に見えるところである。等定とともに早良の師と伝えられる実忠にこのような振る舞いができたのは、「今上天皇之愛子」（序㈥）という早良の尊貴性と実忠との親密さの故であろう(19)。早良の大安寺伽藍修復に実忠が関与したことを伝える記録は残っていないが、「二十九箇条事」に

見える両者の関係からすれば、そこに実忠の働きがあったことは十分想定が可能である。

大安寺に移住した早良に、『伝通縁起』に述べるような華厳宗再興の目的があったのかどうかは定かでない。ただ、大安寺が華厳学研究の拠点として重きをなしていたことは事実で、天平十二年（七四〇）二月に聖武天皇が河内国大県郡の知識寺に行幸した折に抱いた盧舎那仏造顕[20]の教理を究明するため、良弁が同年金鐘寺で開いた『華厳経』講説に講師として招請されたのが、華厳教学に造詣の深い大安寺の新羅学生審詳であった[21]し、『延暦僧録』[22]に「講二華厳経一論義去、決レ疑釈レ滞」と記される慶俊、「依二華厳浄行品一〻依行」と称される天平八年来朝の唐僧道璿、「南天竺波羅門僧正碑幷序」に「僧正諷二誦華厳経一、以為二心要一」[23]と記される波羅門僧菩提僊那（道璿とともに来朝）らも止住していた。また「資財帳」には、同十四年に道慈と教義が造作した『八十華厳』（新訳『華厳経』八〇巻）にもとづく「華厳七処九会図像」一帳が載せられており、華厳学研究の隆盛ぶりを伝えている。東大寺の盧舎那大仏鋳造の完成に先立って、天平感宝元年（七四九）に造東大寺司の写経機構を活用した一〇部『八十華厳』の書写が行なわれ[24]、大安寺造仏所では盧舎那仏画像の作成が進められているの[25]も、こうした大安寺の華厳学研究に占める位置を重視してのことであろう。その後の大安寺の動向は明らかでないが、天平勝宝四年（七五二）四月九日（乙酉）に盧舎那大仏の開眼会が行なわれ[26]、同八歳五月二日（乙卯）に聖武太上天皇が没すると、孝謙天皇らの華厳信仰への熱意も次第に薄れ、寺勢は後退を余儀なくされたものと思われる。前記の早良の伽藍修復が神護景雲元年の修理よりも大規模なものと解されることからすれば、そこに大安寺の再興が期されていたと見てよいだろう。

東大寺は、『華厳経』の教主である盧舎那大仏を擁し、「別供縁起」に「諸寺六宗中、説二華厳一皆後二東大寺一初所レ起也」とあるように、華厳宗の〝本家〟を自認していた。その東大寺を統轄する良弁[27]と相語らう関係にある早良が、実忠の協力のもとに伽藍の修復を行なっていたとなると、早良の意図はともかく、東大寺側はこれを介して大

安寺への影響力を強めようとしたことは確かであろう。その効果の程は定かでないが、大安寺移住後も東大寺との繋がりを持つ早良は、華厳教理の究明に相当の研鑽を積んでいたのではないかと思われる。

三　大安寺の人々

神護景雲二年（七六八）か三年に大安寺に移住した早良親王は、天応元年（七八一）四月四日（壬辰）の立太子直前まで同寺に居住していたものと推測される。[28] その頃の大安寺には、宝亀三年（七七二）九月二十三日付「出雲国国師牒」（薬師院文書、『大日本古文書』六ノ三九七〜三九八）に見える延雲、同七年二月二十九日付「大安寺三綱可信牒」（随心院文書、『同』六ノ五八七〜五八九）に三綱として名の上がる璟忍・行修・常契・宣燿・春範、可信の持施・永貞・行秀・霊雲・順礼・隆宣・賢戒・霊曜らがいた。このうち璟忍と行修は、天平勝宝七歳（七五五）十月十七日に書写を終えた『仏説大方広十輪経』巻三などの跋語に、本文の「読」と「証」を担当したことが記され、[29] 持施は天平宝字四年（七六〇）六月九日付「大安寺三綱牒」（続修別集十、『同』四ノ四一八〜四一九）に少都維那として自署を加えるが、残る一一人は他に名が見えない。

後年の編纂にかかる所伝には、この他に何人かの僧の名が記されている。次掲の**図**は、これらをもとに平城遷都から長岡遷都に至るまでの期間（七一〇〜七八四）を中心に、大安寺に居住した僧および師資関係、学統を整理したものである。[30] それによると、当時の大安寺には少なくとも二つの系統があったことが知られる。その一つが、義淵に法相、智蔵に三論を学び、大宝元年（七〇一）に入唐後は、三論を中心とする六宗の習学に加え、善無畏（六三七〜七三五）より真言を受学したとされる道慈に連なる系統である。養老六年（七二二）に帰国後、唐の西明寺

を模して大安寺を造営したという道慈の弟子には慶俊・善議がおり、三論・法相・華厳の他に真言が、とりわけ善議・勤操・空海へと継授されたことが伝えられている。道慈は、「大安寺碑文」の序で聖徳太子・舒明天皇・天智天皇と並ぶ「前賢前哲」として顕彰されており、天平元年（七二九）十月七日（甲子）には律師に任じられている。また、慶俊も天平勝宝八歳（七五六）五月二十四日（丁丑）に律師、宝亀元年（七七〇）八月二十六日（乙卯）には少僧都に任じられているので、この系統は大安寺のいわば主流と見ることができる。

もう一つの系統は、栄叡・普照の要請に応じ戒律を伝えるため天平八年に来日した唐僧道璿（七〇二～七六〇）と、多治比真人広成と僧理鏡の要請を受けて道璿に同行した波羅門僧菩提僊那（七〇四～七六〇）に連なる外来僧系である。定賓に律蔵を学び、普寂（六五一～七三九）に師事して華厳と禅を修め、また天台も学んだとされる道璿と、『華厳経』を諷誦し呪術を善くしたという菩提僊那の二人が大安寺に居住したのは、在唐経験の豊かな道慈がいたためと解されている(31)。良弁の『華厳経』講説に招請された新羅学生の審詳が止住したのも、こうした国際性によるものと思われる。菩提僊那の弟子には、来日時に随伴し菩薩抜頭舞と林邑楽を伝えた林邑僧の仏徹と、「南天竺波羅門僧正碑幷序」を草した修栄がいるが、道璿には最澄の師となる行表の他に、善俊・忠恵・恵新・常巍・真法・善談らが師事していた。道璿は、天平勝宝六年に来日した鑑真（六八八～七六三）の門人思託を大安寺の唐院に受け、法礪（五六九～六三五）の『四分律疏』と定賓の『四分律疏飾宗義記（鎮国道場壇飾崇義記）』を弟子らに学ばせているが、その結果、天平宝字三年（七五九）になると忍基が東大寺の唐院、善俊は唐招提寺、忠恵は近江国、恵新は大安寺塔院、常巍は大安寺、真法は興福寺で、それぞれ『疏』『記』を講じるに至ったことが「唐大和上東征伝(32)」に記されている。

右の二つの系統を教学面から見ると、道慈系は三論・華厳・真言を、道璿・菩提僊那の外来僧系は律・華厳・

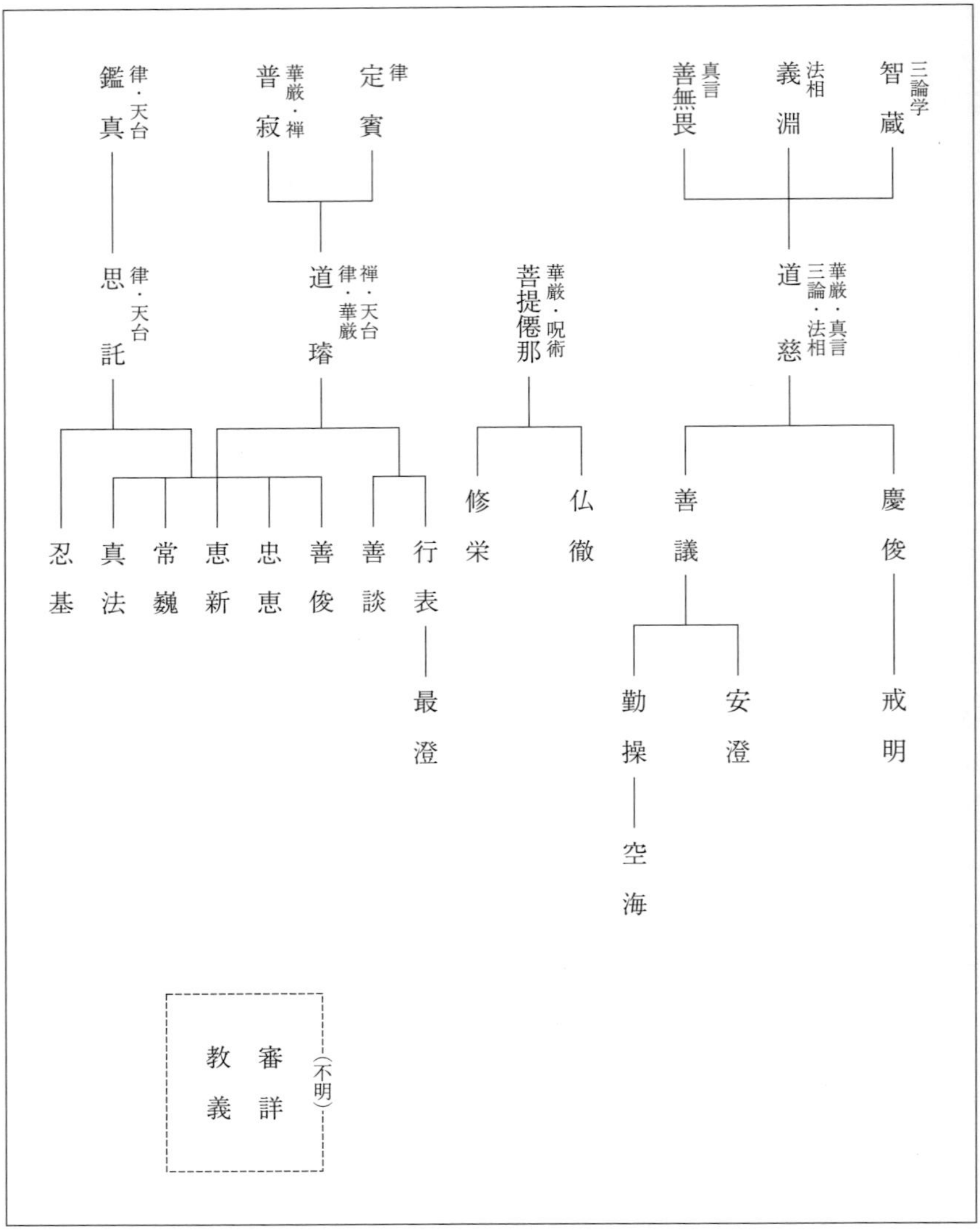

三論学
智蔵
法相
義淵
真言
善無畏
律
定賓
華厳・禅
普寂
律・天台
鑑真
華厳・三論・法相・真言
道慈
華厳・呪術
菩提僊那
禅・律・天台・華厳
道璿
律・天台
思託
慶俊
善議
仏徹
修栄
行表
善談
善俊
忠恵
恵新
常巍
真法
忍基
戒明
安澄
勤操
空海
最澄
(不明)
審詳
教義

図　大安寺僧の系統

禅・天台学を得意の分野とするようである。図には、系統の明らかでない僧も掲げておいたが、この二系統以外に明確な相承関係が認められないことからすれば、前記の延雲以下の一四人も含めて、これらの僧は道慈系・外来僧系のいずれかと繋がりを持っていたのではないかと思われる。

図に示した僧のうち、早良と同時期に大安寺に止住していたと推定されるのが、慶俊・戒明・思託・行表の四人である。『延暦僧録』によると、宝亀元年に少僧都となった慶俊は、弟子の戒明と同じく大安寺僧として記されており、戒明の場合は、宝亀十年に平城京中の諸僧都が大安寺に集まり、『大仏頂経』が偽経であることを連署して奏上しようとしたとき、戒明だけが署名を拒んだという話が載せられている(33)。『延暦僧録』の撰者である思託の伝には居住の寺院を明記しておらず、「宝亀年勅㆓思託㆒東大寺攘災大仏頂行道、勅請入内、香水散㆓御帳及大宮㆒」と記されているが、東大寺と内裏への出向は一時的なものであろうから、道璿に請じられてから以降は大安寺を本寺として止住していたものと思われる(34)。宝亀十一年十一月十日付で得度した最澄の師主行表の肩書きは「左京大安寺伝灯法師位」となっている(35)。このとき、行表は近江国の大国師であるから、その居は近江国分寺にあったものと見られる。しかし、在任中も本寺の大安寺との往来があったと思われるので、行表も大安寺居住の例に加えておくことにする。この他に、善議・安澄・勤操も当該期間に大安寺にいた可能性があるが、それを裏付ける史料に乏しい。

これら四人に先の延雲以下の人々を加えた大安寺僧と早良を繋ぐ記録は残っていないが、ここに淡海三船を介在させると、間接的ながらいくつかの関係が浮かび上がってくる。

四　淡海三船と大安寺

後藤昭雄氏によって明らかにされた『龍論抄』所引の『延暦僧録』「淡海居士伝」の佚文には、次のような淡海三船の伝が記されている。(36)

淡海居士、淡海真人三船、亦曰二元開一、近江天皇之後、錫捍(得)二天枝一、流海源別、賜二真人姓一、童年厭レ俗、折二尚玄門一、於二天平年一、伏二膺唐道璿大徳一為二息置(悪)一、探二聞(閲)三蔵一、披二検九経一、真俗兼縁(該)、名言両泯、勝宝年、有レ勅令二還俗一、(賜)姓真人、起(赴)唐学生、因レ患(疾)制亭、雖レ処二居宛(家)一、不レ着二三界一、示レ有二眷属一、常修二梵行一、求二会真際一、故挙二(奉太)大徴之円覚一、順二時俗一、故奉レ法賓レ至(王)、

後真和上来、上レ詩云、五言

摩騰遊漢国(闕)　僧会入呉宮(官)　豈若真和上(尚)　含《章歟》事渡海東

禅林戒網(綱)密　恵苑(慧苑)覚花(華)豊　欲識玄律《津歟》啓(津路)　酒門(緇)得妙工

便伏斉為二斉戒弟子一、既蒙レ賜、或云、自慶詩一首五言

我是無明客　長悉《患歟》有漏(迷)律《津歟》(津)　今朝蒙善誘　懐拖(抱)絶埃塵

道種将萌夏　空花(華)更落春　自帰三宝徳　説(誰)畏六魔瞋

於二政事暇一、礼レ仏読レ経、毎二於節会一、花香奉レ仏、兼述二真和上東征伝一巻一、喩揚威用先後、又注二起信論一、藻鉤□門、東大寺唐学生僧円覚、将二注論一、至レ唐、〱霊越龍興寺僧祐覚、見レ論、手不レ択レ巻、因二廻使一、有二讃待一曰五言

真人伝起論　俗士著《着イ》詞林　片言復析玉　一句重千金

翰墨舒霞錦　文花得意深　幸因星使便　聊申眷仰心

居士又作二北山賦一、主二長安一、大理詳事丘丹見レ賦、再三嘆仰、曹子建之久事二風雲一、失レ色不レ奇、日本亦有二曹

植㆒耶、自㆓還使㆒、便書兼詩曰五言

儒林称祭酒　文籍号先生　不謂遼東士　還成俗下名

十年当甘物　四海本同声　絶域不相識　因答達此情

無量寿国者、風生㆑珠、禁聡苦空、水激全流、波挨常示、居士、摂㆑心念誦、願㆑生㆓安楽㆒云々

この「淡海居士伝」の内容をまとめると次のようになる。

①淡海真人三船は法名を元開といい、近江（天智）天皇の後裔である。

②童年にして仏門に入り、天平年に道璿に師事して出家し仏教の研究に励んだ。

③天平勝宝年に勅があって還俗し、真人姓を賜わって[37]入唐学生に起用されたが、疾のため渡唐を断念、家にあって仏道修行を続ける一方、政務に従事した。

④来朝した真和上（鑑真）に詩を献じ斎戒弟子となった。

⑤政事の合間に礼仏読経を行ない、節会ごとに花香を仏に奉じた。

⑥「真和上東征伝」（「唐大和上東征伝」）一巻を撰述し、「起信論」（『大乗起信論』）の注を著わした。

⑦東大寺の遣唐留学僧円覚は三船の「起信論注」を唐にもたらし、これを見た龍興寺の僧祐覚は廻使に讃詩を託した。

⑧また三船の作った「北山賦」を見た丘丹は日本にも曹植があるかと讃嘆し、還使に書簡と詩を託した。

⑨三船は無量寿国を想って誦経し、浄土に生まれんことを願った。

『続日本紀』の延暦四年（七八五）七月庚戌（十七日）条には、六十四歳で没した三船の卒伝が載せられているが、そこでは「三船、大友親王之曾孫也、祖葛野王正四位上式部卿、父池辺王従五位上内匠頭、三船、性聡敏、渉㆓覧

群書一、尤好二筆札一」とあって出自と人物評を述べたあと、天平宝字元年（七五七）に真人姓を与えられてから以降の官歴と、同八年の藤原仲麻呂の乱時に近江の勢多において佐伯宿禰三野と協力して藤原仲麻呂の使者とその一党を捉縛し、追討将軍とともに勢多橋を焼き退路を断ったことが記されている。「淡海居士伝」と重なるのは、①の出自と③の賜姓の箇所くらいで、⑥～⑧の著作に関しては「渉二覧群書一、尤好二筆札一」と記すのみで、仏道修行については全く言及されていない。三船とともに天平宝字より後の「文人之首」と称された石上朝臣宅嗣が、『続日本紀』の天応元年（七八一）六月辛亥（二十四日）条の薨伝の中で官歴に加えて「宅嗣辞容閑雅、有レ名二於時一、毎レ値二風景山水一、時援レ筆而題レ之」と評され、「所レ著詩賦数十首、世多伝二誦之一、捨二其旧宅一、以為二阿閦寺一、々内一隅、特置二外典之院一、名曰二芸亭一」と「文人」ぶりを賛えられているのに比べると、その差は歴然といわねばならない。それは、仲麻呂の乱での武勲の他に、天平勝宝八歳五月十日（癸亥）に大伴宿禰古慈悲とともに朝廷を誹謗した罪で一時左右衛士府に禁固されたり、道鏡政権下の神護景雲元年六月五日（癸未）に検括酷苛を理由に東山道巡察使を解任されるなど、「文人」らしからぬ行動が目立っていたからであろう。しかし、多くの政争を経て天武天皇の皇子草壁から文武、聖武、孝謙へと皇統が受け継がれる当時の政情を念頭にすれば、三船は微妙な立場に置かれていたものと思われる。

　天智天皇の孫で施基皇子を父に持つ光仁天皇は、『続日本紀』収載の即位前紀の中で「自二勝宝一以来、皇極无レ弐、人疑二彼此一、罪廃者多、天皇、深顧二横禍時一、或縦レ酒晦レ迹、以レ故、免レ害者数矣」と述べられているように、皇位継承をめぐる策略から身を守るのに躍起となっており、「大安寺碑文」の序㈥で「今上天皇之愛子」と記される早良が早くに出家を遂げているのも、こうした父の指導があったからではないかとされている。[38] 天武天皇の孫にあたる文室真人邑珍（大市）が『続日本紀』宝亀十一年十一月戊子（二十八日）条の薨伝で、「勝宝以後、宗室枝族、陥

㆑辜者衆、邑珍削㆑髪為㆓沙門㆒、以図㆓自全㆒」と評されているのも、出家が要人の安全を保障する有効な手立てであったことを示している。賜姓前は御船王と名乗っていた大友皇子の曾孫淡海三船の仏門入りも、同様の事情があったのかもしれない。しかし、その後、道璿に師事し出家を遂げた三船は、才能の故か還俗の勅命を受けて賜姓され、官界に出仕することになった。入唐の夢も破れ在家信者の生活を余儀なくされた三船の姿は、出自の尊貴性も加わって周囲の眼を引き、事あるごとにその言動が取り沙汰されたものと思われる。朝廷誹謗の罪を問われたり、処断の苛酷さを咎められたりしたのも、こうした三船の立場に起因するところが大きいであろう。それだけに、宝亀元年（七七〇）十月一日（己丑）にこれまでの天武系に代わって同じ天智系の光仁天皇の即位が実現したことは、三船に大きな安堵感を与えたものと思われる。

　三船が早良との知己を得るのは、右のような政情を勘案すれば早良の大安寺移住後、それも親王となった宝亀元年十一月[39]以降と見た方がよいだろう。早良の生年は明らかでないが、前記の「大安寺崇道天皇御院八嶋両処記文」や『東大寺要録』に見える二一歳で登壇受戒、神護景雲二年か三年に大安寺東院に移住という説に従い、大安寺移住が受戒の翌年と仮定すると、早良は天平十七、八年の生まれとなる[40]。三船の場合は、没年からの逆算で養老六年（七二二）の生まれであるから、二人の年齢差は少なくとも二四、五歳あったことになる。

『続日本紀』によると、三船は神護景雲元年八月二十九日（丙午）に大伴宿禰家持とともに大宰少弐に任じられて以降、宝亀年間に入ると二年七月二十三日（丁未）に刑部大輔に遷り、三年四月十九日（庚午）には大学頭で文章博士を兼ね、八年正月二十五日（戊寅）に大判事、九年二月二十三日（庚子）には再び大学頭で文章博士は故の如しとされている。この官歴からすれば、早良との交流は宝亀二年七月末以降に始まるものと見られる[41]。大学頭・文章博士となって「文人」としての栄達を遂げる三船は、伝に「於㆓政事暇㆒、礼㆑仏読㆑経、毎㆓於節会㆒、花香奉㆑仏」

とあるように、職務の合間を縫って仏道修行に余念のない日々を送っていた。石上宅嗣の「阿閦寺」ほどではないにしても、邸内の一隅に仏殿を設け、いくつかの寺院にも出入りしたものと思われるが、その中で、かつて道璿に師事して居住したと見られる大安寺は、やはり特別な存在であったはずである。宝亀六年四月十日付の「大安寺碑文」は早良の依頼を受けて、同十年二月八日付の「唐大和上東征伝」は思託の「和上行記」（「大唐伝戒師僧名記大和上鑑真伝」）をもとに、それぞれ述作され[42]、同十年閏五月二十四日付の「送二戒明和尚一状」[43]では戒明の将来した龍樹作の『釈摩訶衍論』を偽撰と述べるように、今日残る宝亀年間の述作のいずれもが、大安寺に居住する人々との関連の中で作成されているのも、三船と大安寺の関わりの深さを物語っている。

三船の仏教研究の成果として「淡海居士伝」に載せられる「起信論注」は現存しないが、これも大安寺との関係が想定される。石田茂作氏作成の「奈良朝現在一切経疏目録」[44]には、隋の曇遷の『起信論疏』、慧遠（五二三〜五九二）の『起信論疏』、曇遠の『起信論疏』、唐の法蔵（六四三〜七一二）の『起信論疏』『起信論義記』、新羅の大衍の『起信論疏』、元暁（六一七〜六八六）の『起信論疏』『起信論別記』『起信論一道章』『二障章』といった『大乗起信論』の注釈書が掲出されている。いずれも、天平十五年（七四三）から神護景雲元年（七六七）にかけての写経関係文書に見えるもので、点数の最も多い元暁述の注釈書の大半は、大安寺の審詳が所蔵していたものであった[45]。『三国史記』巻四六の薛聡伝には、宝亀十一年正月に新羅使として金蘭孫とともに来日した元暁の孫の薛仲業に「日本国真人」が贈った詩序が引用され、そこには「嘗覧二元暁居士所レ著金剛三昧論一、深恨レ不レ見二其人一、聞二新羅国使薛即是居士之抱孫一、雖レ不レ見二其祖一而喜レ遇二其孫一、乃作レ詩贈之」[46]と述べられているが、この「日本国真人」が淡海真人三船その人と推測される[47]ことからすれば、三船の元暁への傾倒ぶりは並々でなかったことが知られる。恐らくそれは、同十年頃とされる「起信論注」の作成に際して[48]、元暁述の注釈書から多くのものを学び取っていた

からであろう。曇延・慧遠・法蔵といった隋・唐の学匠よりも新羅の元暁に引かれたのは、三船がかつて居住した大安寺には新羅華厳に造詣の深い審詳の蔵書が保管され、その学問が脈々と受け継がれていたからではないかと思われる。前記の同十年閏五月二十四日付「状」において、戒明のもたらした『大乗起信論』の注釈書『釈摩訶衍論』を偽撰と看破し、「今大徳当代智者、何労二遠路一、持二此偽文一来、昔膳大丘、従レ唐持三来金剛蔵菩薩注金剛般若経一、亦同二此論一、並偽妄作也、願早蔵匿、不レ可二流転一、取二笑於万代一」と前例を挙げて戒明に助言を与えているのも、学殖の深さとともに、道璿・審詳といった外来僧系の学問に親しんできた三船の立場を窺わせるものとして留意される。

同じ天智系で二四、五歳程度の年長者であり、かつて道璿に従って出家をした経験のある淡海三船が、大安寺においてこのような立場にあるとすれば、東院に居住する早良親王との交流も、三船が都に還る宝亀二年七月末以降になると自ずと始まり、早良は三船を介して外来僧系の人々との関係をより親密なものにしていったと思われる。早良自身、大安寺移住後も東大寺の良弁や実忠との関係を維持し、学問の面においても「花厳一乗」を付嘱されるなど良弁の影響を受けていたが、その東大寺の華厳宗は元をただせば大安寺に止住した審詳に発するものであった。それ故、三船と早良は、単に血脈を共通にするというだけでなく、教学の面でも互いに引き合うものがあったといわねばならないだろう。

五　交流の日々

思託の「和上行記」をもとに淡海三船が述作した「唐大和上東征伝」の末尾には、三船が初めて鑑真に謁したと

きの詩二首と序、天平宝字七年（七六三）五月六日（戊申）に没した鑑真を悼む思託・石上宅嗣・法進・藤原朝臣刷雄・高鶴林の詩が各一首付載されている。法進（七〇九～七七八）は、思託と同じく鑑真の高弟で来日後は東大寺に止住し、天平勝宝八歳（七五六）五月二十四日（丁丑）に律師、その後大僧都に任じられているが[49]、鑑真没後は毎年忌日に思託らとともに報恩の供養をしたと伝えられている[50]。藤原刷雄は藤原仲麻呂の第六子で、天平勝宝四年の遣唐使（大使は藤原朝臣清河、副使は大伴宿禰古麻呂・吉備朝臣真備）に留学生として加わり渡唐、同六年鑑真らの一行とともに帰国したとされている[51]。天平宝字八年の藤原仲麻呂の乱後には、年少より禅行を修するとの理由で死を免じられているが[52]、その刷雄の出家に当たり三船の作った詩「和㆓藤六郎出家之作㆒」が『経国集』巻一〇[53]に収められている。この法進・刷雄と思託・宅嗣の詩の題目には「傷㆓大和上㆒」という共通の文言が用いられているので、いずれも鑑真が亡くなって間もない頃に会したときの作であろう。もちろん、その場には三船もいたと思われる。高鶴林は宝亀十年（七七九）十月に来日した唐使判官で、前記の新羅使金蘭孫らとともに入京し[54]翌年正月三日（己巳）に拝賀を行なっている。恐らく三船と思託らは、「因㆑使㆓日本㆒須㆑謁㆓鑑真和上㆒、和尚已滅度不㆑覩㆓尊顔㆒、嗟而述㆑懐」と題する詩を作った高鶴林を囲み詩宴を開いたのであろうが、そこには三船が傾倒する元暁の孫薛仲業もいたものと思われる。

　鑑真を核とする三船・思託・法進・宅嗣・刷雄らの交流は、鑑真の死後も継続され、折に触れて各々の私邸や寺院において仏道修行や教学、詩作などの共通の話題をめぐって相互の研鑽の場を持ったものと見られるが、早良親王が大安寺に移って伽藍の修復にとりかかり、三船が早良との知己を得るようになると、彼らの足は次第に大安寺へと向かう機会が多くなったのではないかと思われる。時代は天智系の天皇を生み出し、早良は現天皇の「愛子」となれば、荘厳さを新たにする大安寺には華やいだ雰囲気が醸し出されていたはずである。法進・宅嗣・刷雄には

大安寺との関わりを伝える記録は残らないが、三船と早良という天智系の縁者が求心力となって、大安寺の一角に彼らの交流の場が設けられていた可能性が高い。

三船や石上宅嗣のように、官職に就きながら仏道修行に励む在家信者で大安寺とゆかりのある人物に、『延暦僧録』で「瀧淵居士」と称される石川朝臣垣守がいる。その伝には「由レ謁二大唐道璿大徳一発二菩提心一為二菩薩戒弟子一、堅持二六斎一断二五辛菜一、晨昏之暇念レ仏尋レ真」「政事之暇欽二尚真如一、掃二除生死之霊一、願レ観二清涼之月一矣」とあって、発心以来の様子が語られているが、道璿に師事した点は三船と同じであり、その後の精進ぶりから推せば大安寺との繋がりも続いていたように思われる。「道璿和上伝纂」[55]を著わした吉備朝臣真備も大安寺と関わりのある人物であり、天平勝宝四年に遣唐副使として入唐したときには藤原刷雄が同行していた。しかし、真備の場合は、称徳天皇の後嗣として天武天皇の孫の文室真人浄三を推し、浄三が固辞すると弟の大市を立てようとするなど光仁天皇の即位に否定的であったこと、宝亀二年に右大臣を致仕したときには七七歳の高齢であったこと[56]を勘案すると、宝亀年間に入ってからの三船らとの交流はなかったと見られる。

早良と三船を中心とする大安寺での交流には、先の思託・法進・宅嗣・刷雄の他に石川垣守も加わっていた可能性があるが、彼らの集まりの場では、教義や仏道修行をめぐる問題が種々取り交わされていたものと思われる。その一端を伝えるのが、三船の著わした「起信論注」の存在である。馬鳴の作と伝える『大乗起信論』は全体が五段からなる小部の論であるが、大乗仏教の中心思想が理論と実践の両面から要領よくまとめられており、古くから盛んに研究がなされてきた[57]。その成果ともいうべき『起信論』の三疏と称される慧遠・元暁・法蔵の注釈書が奈良時代の日本にも伝来し、三船はとりわけ元暁の注釈から多くを学んでいたらしいことは前記の通りである。如来蔵思想の立場から阿頼耶識を認めつつ如来蔵と阿頼耶識の同一性を説く『起信論』は、華厳宗を大成した法蔵が「如来

蔵縁起宗」と呼んだように、華厳教学の形成にも大きな影響を与えていた。その意味でこの「起信論注」は、還俗後も華厳学研究の拠点であった大安寺と関わりながら在家信者の生活を送っていた三船にとって、ふさわしい著作であったといえるだろう。しかし、大乗仏教の根本教義を要約する『起信論』は、在家信者一般にとっても格好の解説書であるから、宅嗣や刷雄らも強い関心を持って注釈書などを頼りに読解に取り組んでいたものと思われる。

『延暦僧録』に収載される宅嗣の伝（「芸亭居士伝」）によると、遣唐大使の任を解かれた宅嗣は「芸亭西南構二於禅門一、心遊二八定一、芸亭東北建二方丈室一唯留二一床一、斎二心六時一存二念三宝一」とあるように禅定的な生活を送り、教学の面においては「兼有二三蔵讃頌一、附レ往二大唐一、〻内道場大徳飛錫等禅侶咸共嘆訝下毗離耶有二長者子一、日本国亦有中維摩詰上、飛錫述念仏五更讃一巻附二来使一、飾詞雅麗、人皆戴欽、再披再覧令二人発心一」とあって、三船と同じく著作をものしていた。その宅嗣の唐にもたらされた「三蔵讃頌」は、飛錫らが「日本国亦有二維摩詰一」と称賛したように『維摩経』の讃頌のようであり、『東域伝灯目録』巻上にも石上大納言が著わした『浄名経賛』一巻（浄名は維摩詰の意）が挙げられている[58]。『維摩経』の主人公である在家の維摩居士を模して方丈の室を設け、維摩の本地である浄土妙喜国の阿閦仏の名を旧宅を充てた寺名に用いるなど[59]、宅嗣の維摩への憧憬には目を瞠るものがあるが、こうした宅嗣の著作に注目した飛錫は浄土教と禅を融合させる禅浄戒合修の思想家とされており[60]、来使に付された「念仏五更讃一巻」も、現存する飛錫撰の『念仏三昧宝王論』[61]から推せば、過去・現在・未来の三世仏の念仏三昧を説くもののように思われる。右の伝の中で飛錫の「念仏五更讃」をめぐって「人皆戴欽、再披再覧令二人発心一」と記すのは、禅定的生活と浄土往生が宅嗣のみならずその周辺の人々、つまり三船や刷雄らにとっても重要な課題であったことを意味するものであろう。

宅嗣が『維摩経』に着目し、自らを維摩居士に擬えたのは、在家信者としての実践のあり方をそこに求めたから

だと思われる。それは、禅と念仏であったが、信心にもとづく実践修行を詳説する『起信論』もまた、日常生活の上で止観禅定を行ない正信止観からの後退を防ぐために専意念仏を勧めており、こうした実践修行を通して浄信が成就し浄土に生まれることができると説いている[62]。前記の「淡海居士伝」によれば、三船は「無量寿国」を「摂レ心念仏」しているから阿弥陀仏の西方浄土へ、宅嗣の場合は阿閦仏のいる東方の浄土妙喜国へと、往生を願う浄土は異なるものの、浄願成就に向けての修行には互いに共有するものがあったと見なければならないだろう[63]。

このような実践修行が、当時の他の在家信者の間で行なわれていたのかどうか明らかでない。ただ、佚文として残る『延暦僧録』の諸伝を見ると、禅定と念仏が一般化していなかったような印象を受ける。たとえば、藤原朝臣魚名の「守真居士伝」には、奈羅東山河内山寺での「印仏」、万葉寺の造建、額田寺での「年例安居行道」が語られ、藤原朝臣種継の「真木尾居士伝」では、河内国真木尾山寺で出会った捨等禅師が論じた「菩薩行門」に師事し、「手皮」を剝いで「薬師浄土変一鋪」を画いたこと、毎年二月六日に仏・僧に施して六種供養を行ない、像を「唐律招提薬師院造八角堂中」に請じたことなどが記されている。「安居行道」「菩薩行門」の内実は定かでないが、両人とも造寺・造仏・供養といった仏事作善が中心になっている。この点は、住宅に興法寺を造り、講堂・仏殿を構えて造仏と写経を行なったという藤原朝臣良継（「感神功臣大夫居士伝」）、東大寺と「西大寺塔殿門楼知足天宮」の造営を担当し、日別に『金剛経』一巻を誦して礼仏散花し、常に「僧伽梨衣」を持したという佐伯宿禰今毛人（「東大居士伝」）の場合も同様に評価できるであろう。「沙門釈浄三菩薩」と称される文室真人浄三は在家とはいいがたいかもしれないが[64]、鑑真の弟子となって教学研究を進め、「顕三界章一巻、仏法伝通日本記一巻」を著わすとともに、仏を印し「無垢浄光塔及七倶胝塔」を作り、「願レ生二西方無勝浄土法身住処釈迦文仏所レ都」と記されているので、造仏・造塔の他に浄土往生のための念仏は少なくとも実践していたようである。

三船と宅嗣が当時の最高の知識人であることを勘案すれば、彼らの仏道修行には先進的な要素が盛り込まれていたといえそうであるが、同時に彼らと交流のあった思託や法進の影響もそこに認めねばならないであろう。前記のように、道璿に請われて大安寺に移り、法礪と定賓の『四分律疏』を論じた思託は、「唐大和上東征伝」の中で「天台僧」とされており、『延暦僧録』の伝にも「住㆓開元寺㆒、後入㆓天台山㆒」と見えている。恐らく、鑑真の弟子となる以前に天台山に入り、天台教学の研鑽を積んでいたものと思われる。鑑真もまた天台学に造詣が深く、[65]「東征伝」に「天台止観法門・玄義文句各十巻・四教義十二巻・次第禅門十一巻・行法花懺法一巻・小止観一巻・六妙門一巻」を日本に将来したことが記されているが、その中に天台宗の開祖智顗（五三八～五九八）が慧思から相伝した三種止観、すなわち持戒のうえ禅定を修し禅観に入って真実を体得する漸次止観を述べる『次第禅門』（『釈禅波羅蜜次第法門』）、修行者の能力に応じた順序不定な実践法である不定止観を説く『六妙門』（『六妙法門』）、[66]修行も理解も円満で迅速な円頓止観を説く『天台止観法門』（『摩訶止観』）が含まれているのは、鑑真や思託、法進らが天台学にもとづく禅定と止観実修の行儀としての四種三昧に通じていたことを示すものであろう。[67]

三船・宅嗣らの禅定的生活には、こうした鑑真や思託・法進の影響が大きかったと見られるが、念仏に関しても四種三昧のうちの第二の行法である常行三昧では、口に阿弥陀仏を唱え心に阿弥陀仏を念じることを説いており、これもまた関連なしとはできない。道璿に師事し華厳を学んだ三船の場合、華厳宗の大成者である法蔵が自説の形成に天台智顗の学説を多く採り入れたことを念頭にすれば、修行の進展にともない天台への関心を強めていったことは想像に難くないところである。[68]宅嗣の場合は、三船ほど天台との接点は明確でないが、右の鑑真将来経の中に智顗が『維摩経』の注釈を試みた『四教義』が含まれている点、『延暦僧録』の「思託伝」に「感㆑夢㆓文殊師利幷善財童子㆒、又夢昇㆓妙喜世界衆香国土㆒発願」とある点[69]を勘案すると、宅嗣の『維摩経』への接近も天台教学の影響

を受けてのことかと思われる。

　当時の大安寺に止住していた道慈系の慶俊・戒明らとの間でも、こうした修行をめぐっての交流があったのかどうか定かでないが、三船は「大安寺碑文」の序(五)の中で道慈の功績を高く評価し、頌詩においても「道慈上人　法門領袖　識量宏博　功思兼秀　明々帝子　厭レ俗慕レ真　赫々霊舎　飾レ故成レ新」と早良と対比させて顕彰するので、その高弟にあたる慶俊や善議との関係も良好であったと推測される。戒明に対しては、前記のように唐からもたらした『釈摩訶衍論』を偽撰として批判を加えている。しかし、これも戒明を「当代智者」と認めた上でのことであり、思託も『延暦僧録』の「戒明伝」の中で『大仏頂経』を偽経とする立場をとらなかった点を評価し、「令下二衆多僧一脱中無間獄苦上、既於二仏法一有二大功労一」と結んでいる。それ故、道慈系の人々との交流も、折に触れてなされていたのではないかと思われる。ただ、三船の場合は、後に空海が真言宗の聖典と位置づけた『釈摩訶衍論』[70]を論難している点より推せば、道慈系の継授する真言に対しては、さほど好意的ではなかったといえそうである。

おわりに

　大安寺に移った早良親王のもとで、淡海三船や石上宅嗣、鑑真の高弟の思託と法進、さらには藤原刷雄・石川垣守らが加わって交流の場が持たれ、禅定や念仏といった実践修行をめぐる話題が取り交わされていたとなると、「大安寺碑文」に「永厭二生死一、志求二菩提一、捨二楽宮一而出家、甘二苦行一而入道」と記され、良弁から「花厳一乗」を付嘱されたという早良の関心が奈辺にあったかも明らかになるだろう。「大安寺崇道天皇御院八嶋両処記文」に、藤原種継射殺事件に坐して淡路に配流される早良が筆を取って「世路多是冷、栄花復無レ常、一二三我弟子、別後会二

西方」(傍点、引用者)との文を作ったと記されているが、その場面はともかく、西方浄土を希求する早良の姿を伝えるものといえる。

平城京内の他の寺院においても、宝亀年間にこのような在家信者の出入りはあったはずだが、光仁天皇の「愛子」早良が伽藍の修復を行ない「文人之首」の三船と宅嗣が会する大安寺は、やはり特異な光彩を放っていたといわねばなるまい。若き最澄が道璿の高弟行表に師事して出家を遂げ、空海が道慈の受学した真言を勤操を介して継授したと伝えられるのも、当時の大安寺には、次代の仏教の糧となる先進的な教義と実践法の蓄積があったからであろう。修復の完成を祝して早良が三船に述作を依頼したと見られる「大安寺碑文」は、まさに奈良末期大安寺のこのような栄光を伝えるにふさわしい記念碑でもあったのである。

天応元年（七八一）三月、父光仁天皇が病に伏し兄の山部親王の即位準備が進む中で[71]、早良は父の意を受けて還俗し立太子のために大安寺を後にしたものと思われる。しかし、立太子（四月四日〈壬辰〉）後の早良の身辺の変化は急であり、六月二十四日（辛亥）に石上宅嗣が、十二月二十三日（丁未）には父光仁が相次いで生涯を閉じた。この年の二月十七日（丙午）に同母姉の能登内親王を、十二月十七日（辛丑）には異母弟の薭田親王を失っているので、早良の厭世感はさらにつのり、追善への思いも新たにしたことであろう。翌延暦元年十二月二十三日（辛未）に光仁太上天皇の周忌斎が百官を参会させて大安寺で行なわれるのは、早良の強い意向を向けてのことと思われる。皇太子になってからも、早良は東大寺や大安寺で培った仏道修行を政務の合間に続けていたのであろうが、それも志半ばで桓武天皇の長子安殿親王との次期皇位継承争いに巻き込まれ、三船が没して二カ月後の同四年九月に藤原種継射殺事件の責めを負って自らの命を絶つことになる。奈良末期の大安寺の一角で、官人生活を送る在家信者の実践修行のあり方を模索した早良と「文人之首」の時代は、こうして平安仏教の成立を待つことなく、その

幕を閉じるのである。

註

（1）　山田英雄「早良親王と東大寺」（『南都仏教』一二、一九六二年）。山田氏が提示された正倉院文書に見える記事を、同文書の種別・巻次と『大日本古文書』収載の巻・頁数で示すと、順に続々修三十四ノ十、十八ノ四五七、続修後集四十九、六ノ四六六、続修後集四十、二十一ノ二三六、御物目録、四ノ一九九、種別・巻次なし、二十三ノ六二五、続修別集七、三ノ五二三。なお、「大安寺碑文」「東大寺権別当実忠二十九箇条事」については後掲の註（4）（14）および第一節第二節を参照。

（2）　『日本紀略』延暦四年九月丙辰、庚申の各条。

（3）　高田淳「早良親王と長岡遷都――遷都事情の再検討――」（林陸朗先生還暦記念会編『日本古代の政治と制度』続群書類従完成会、一九八五年）、本郷真紹「光仁・桓武朝の国家と仏教――早良親王と大安寺・東大寺――」（『仏教史学研究』三四―一、一九九一年）など。

（4）　醍醐寺本『諸寺縁起集』は藤田経世編『校刊美術史料』寺院篇上巻六五～一二四頁（中央公論美術出版、一九七二年）に全文が収められ、「大安寺碑文」は単独で『大日本仏教全書』一一八ノ一三一～一三三、『寧楽遺文』下ノ九七七～九八〇、などに収載されているが、以下では『校刊美術史料』本に従って考察を加える。

（5）　平子鐸嶺「大安寺の平城京遷移について」（『史学雑誌』一七―一二、一九〇六年）。三船の極位は『続日本紀』延暦四年七月庚戌条の卒伝に、天武天皇の高市大寺（大官大寺）の造営は『日本書紀』天武天皇二年十二月戊戌条に見える。

（6）　横田健一「『懐風藻』所載僧伝考」（同『白鳳天平の世界』創元社、一九七三年。初出は一九五九年）。

（7）　藏中進『唐大和上東征伝の研究』一一二～一三五頁（桜楓社、一九七六年）。ここでは『徴古雑抄』所載の「大安寺碑文」を底本として諸本との校合が試みられている。なお、藏中氏は「碑文」の作成を依頼した「皇子大禅師」を『元亨釈書』巻一五に見える「光仁帝子、桓武之兄」の「釈開成」に求めておられるが、本稿では山田氏の

指摘（前掲註(1)論文）に従い早良と解する。

(8) 引用は『校刊美術史料』本による。返り点は東野治之「東アジアの石碑文化と古代日本」（同『日本古代金石文の研究』岩波書店、二〇〇四年。初出は一九九九年）に示された訓読文を参照して付した。

(9) 国立歴史民俗博物館蔵、『大日本古文書』二ノ六二四〜六六〇、『寧楽遺文』中ノ三六六〜三八二。

(10)『校刊美術史料』寺院篇上巻一一六〜一一七頁、『大日本仏教全書』一一八ノ一三五〜一三六。

(11) 筒井英俊校訂、再版、国書刊行会、一九七一年。

(12) 早良親王は延暦十九年七月二十二日に崇道天皇と追称されている（『類聚国史』巻二五）。

(13)『大日本仏教全書』一〇一ノ九七〜一三一。

(14) 佐久間竜「実忠」（同『日本古代僧伝の研究』吉川弘文館、一九八三年。初出は一九七五年）。なお、松原弘宣「実忠和尚小論――東大寺権別当二十九ヶ条を中心として――」（『続日本紀研究』一七七、一九七五年）は、「二十九箇条事」を実忠の手によって数度にわたって書き加えられたものと指摘する。

(15)『類聚三代格』巻一五「寺田事」。

(16) 太田博太郎「大安寺」（同『南都七大寺の歴史と年表』岩波書店、一九七九年）に提示された大安寺伽藍復原平面図をもとに、「太政官符」と「資財帳」に見える門の比定を試みた。「資財帳」の「南中門」をⒷの「大門」と同じく南大門と見なしたが、憶測の域を出ない。なお、「資財帳」では「合門玖口」とあり、内訳を「仏門二口、在神王金剛力士梵王帝釈波斯匿王毗婆沙羅王像」「僧門七口」と記すので、諸像を安置する門は二つであったことが知られる。

(17) この他に「在仏殿」と注記するものに、「四天王像四軀」「羅漢像十軀」「八部像一具」がある。

(18) 太田前掲註(16)論文。

(19) 高田淳前掲註(3)論文では、良弁から早良が「花厳一乗」を付嘱された点を重視し、早良が良弁の有していた寺内行政全般の統轄権と造東大寺司に対する指揮権とを継承し、良弁没後の東大寺を代表する地位に就くことになったと指摘するが、山田英雄前掲註(1)論文が述べるように、早良は法制上いかなる地位にあったかは明らかでない。

(20)『続日本紀』天平勝宝元年十二月丁亥条の宣命に「去辰年（天平十二年。引用者注）河内国大県郡乃智識寺尓坐盧

舎那仏遠礼奉天則朕毛欲奉造止思登毛得不為之間尓」とある。『同』天平十二年二月甲子条に難波行幸が見えるので、智識寺に立ち寄ったのはこのときのことかと解される。

(21) 堀池春峰「華厳経講説よりみた良弁と審詳」(同『南都仏教史の研究』上・東大寺篇、法藏館、一九八〇年。初出は一九七三年)。

(22) 以下、特に断らない限り『日本高僧伝要文抄』第三収載の佚文による。『延暦僧録』については、後藤昭雄「『延暦僧録』考」(同『平安朝漢文文献の研究』吉川弘文館、一九九三年。初出は一九八八年)、藏中しのぶ『『延暦僧録』注釈』三四二～三六九頁(大東文化大学東洋研究所、二〇〇八年)を参照。

(23)『群書類従』五ノ五六七。

(24) この写経については、渡辺晃宏「天平感宝元(七四九)年大安寺における花厳経書写について」(『日本史研究』二七八、一九八五年)に詳しい。

(25) 天平感宝元年閏五月十一日付「大安寺造仏所解」(続修二十九、『大日本古文書』三ノ二三七～二三八)。福山敏男「大安寺花厳院と宇治花厳院」(同『日本建築史研究』続編、墨水書房、一九七一年。初出は一九三九年)、堀池前掲註(21)論文参照。

(26)『続日本紀』。以下、特に断らない限り、本文中に年月日と干支を付した事項は『続日本紀』による。

(27)「東大寺権別当実忠二十九箇条事」の冒頭に見える「為二故僧正良弁賢大法師目代一、奉二仕造寺司政一事」には、「右以二去天平宝字四年正月勅一、僧正賢法師寺内一事已上政知、即僧正奏二内裏一、以二法師実忠一為二目代一、令レ検二校造寺政一」と記している。良弁と実忠については、岸俊男「良弁伝の一齣」(同『日本古代文物の研究』塙書房、一九八八年。初出は一九八〇年)、佐久間竜前掲註(14)論文を参照。

(28)「大安寺碑文」の作成された宝亀六年四月までの大安寺居住は認められるとしても、それ以降、立太子直前までの期間については、積極的な根拠とはいえないが、早良の地位や居所の変更を伝える記録が見えないこと、宝亀十年十二月六日付「親王禅師治葛請文」(種別・巻次なし、『大日本古文書』二十三ノ六二五)でも「親王禅師」と称されていることによる。なお、大安寺居住の期間中に東大寺との往来も折々になされていたものと思われる。

(29)『寧楽遺文』中ノ六一七。

(30) 図は、『延暦僧録』（佚文）『東大寺要録』『三国仏法伝通縁起』中・下巻をもとに作成し、「大安寺伽藍縁起幷流記資財帳」「道璿和上伝纂」（『寧楽遺文』下ノ八八九）「南天竺波羅門僧正碑幷序」「唐大和上東征伝」（後掲註(32)参照）より一部補った。以下、本文に述べる道慈や道璿、菩提僊那の学統は主に『伝通縁起』による。

(31) 堀池春峰「婆羅門菩提僧正とその周辺」（同『南都仏教の研究』遺芳篇、法藏館、二〇〇四年。初出は一九八八年）。

(32) 『群書類従』五ノ五二七～五四三。藏中進前掲註(7)著書五七四～六二五頁には「唐大和上東征伝」の校本が提示されている。

(33) 後述の淡海三船作の「送二戒明和尚一状」によると、戒明は宝亀十年頃唐より『釈摩訶衍論』を将来しているが、その入唐時は同三年とされている（高木訷元『空海――生涯とその周辺――』三三～三五頁〈吉川弘文館、一九九七年〉）。

(34) 藏中前掲註(7)著書第四章第五節「思託――渡来僧の生涯と文学――」。

(35) 宝亀十一年十一月十日付「近江国府牒」（来迎院文書、『大日本古文書』六ノ六〇四～六〇五）、延暦二年正月二十日付「最澄度縁案」（来迎院文書、竹内理三編『平安遺文』第八巻〈東京堂出版、訂正四版、一九七五年〉所収、四二八一号文書）。

(36) 後藤昭雄「『延暦僧録』「淡海居士伝」佚文」（後藤前掲註(22)著書。初出は一九九〇年）。引用文五行目の「後真和上来」以下が新出で、それ以前は『日本高僧伝要文抄』第三にも引載されている。後藤氏は、両者の比校を通して誤写された文字を指摘されているので、引用文中の当該箇所に傍注を付して示しておいた。「唐大和上東征伝」にも付載される前半の詩二首についても誤写を指摘されているので、これにも傍注を付しておいた。

(37) 『続日本紀』天平勝宝三年正月辛亥条には、无位御船王に淡海真人姓が与えられたことが記されている。後掲の卒伝では真人賜姓は天平宝字元年のこととする。

(38) 山田英雄前掲註(1)論文。

(39) 『続日本紀』宝亀元年十一月甲子条。

(40) 『本朝皇胤紹運録』には、天応元年（七八一）の立太子時の年齢を三二歳とする（『群書類従』五ノ三〇）。これ

よりすれば、早良の生年は天平勝宝二年（七五〇）となるが、これに「両処記文」や『東大寺要録』に見える登壇受戒の年齢二一を当てはめると、それは宝亀元年（七七〇）のこととなり、大安寺移住の年紀と合わなくなる。兄の桓武天皇は天平九年（七三七）、異母弟の薭田親王は天平宝字三年（七五九）の生まれであるから（いずれも『日本後紀』大同元年三月辛巳条、『続日本紀』天応元年十二月辛丑条に見える崩・薨時の年齢からの逆算）、早良の生年はその期間内とする以外にはないだろう。

(41) 神護景雲元年八月末から宝亀二年七月まで、大宰少弐として任地に赴任したとの想定にもとづく。三船の経歴とその作品については、藏中進前掲註(7)著書第四章第二節「淡海三船の生涯と文学」第三節「淡海三船の述作」に詳しい。

(42)『延暦僧録』の「思託伝」には「思託述二和上行記一、兼請二淡海真人元開一述二和上東行伝荃一」と見える。

(43)『宝冊鈔』巻八所収（『大正蔵』七七ノ八二〇下～八二一上）。この他、『唯識論同学鈔』第二巻第四（『大日本仏教全書』七六ノ三五七～三五八）にも収録される。

(44)『写経より見たる奈良朝仏教の研究』付録（㈶東洋文庫、一九六六年再版。初版は一九三〇年）。

(45)『大日本古文書』の巻・頁数のみで示すと八ノ一八八、十二ノ三二七、十三ノ一五六、十六ノ四二八など。堀池春峰前掲註(21)論文の「大安寺審詳師経録」を参照。

(46)『三国史記』巻四六、列伝六（学習院大学東洋文化研究所、一九六四年）。

(47) 堀池前掲註(21)論文。

(48) 後藤昭雄前掲註(36)論文。

(49) 中井真孝「奈良時代の僧綱」（同『日本古代仏教制度史の研究』法藏館、一九九一年。初出は一九八〇年）。

(50) 凝然述の『梵網戒本疏日珠鈔』巻四六に、「亦如二大唐寺大和上法諱鑑真一、自従二宝字六年五月六日元常一至レ今、忌会年年不レ停、並是法進・法顒・思託・義静・法載・法成・恵雲・如宝等衆多僧徒、備二擬報恩一未二曾有一レ闕」と見える（『大正蔵』六二ノ二三五下）。

(51) 岸俊男『藤原仲麻呂』一五四～一六二頁（吉川弘文館、一九六九年）。

(52)『続日本紀』天平宝字八年九月壬子条。

(53)『群書類従』八ノ五一〇。
(54)『続日本紀』宝亀十年十月乙巳、癸丑の各条。
(55)前掲註(30)参照。
(56)称徳天皇の後嗣問題は『日本紀略』宝亀元年八月癸巳条所引の「藤原百川伝」による。『続日本紀』宝亀六年十月壬戌条の吉備真備の薨伝の末尾には、「宝亀元年、上二啓致仕一、優詔不レ許、唯罷二中衛大将一、二年、累抗レ啓乞二骸骨一、許レ之、薨時年八十三」とあるが、冒頭部では「霊亀二年、年廿二、従レ使入レ唐」と記し、同元年十月丙申条の致仕を乞う上表文には「去天平宝字八年、真備生年数満二七十一」とあるので、薨時の年齢は八一の誤りと見なし致仕時の年齢を求めた。
(57)以下、『大乗起信論』の理解は、宇井伯壽・高崎直道訳注の岩波文庫本（一九九四年。初版は一九三六年）による。
(58)高山寺典籍文書綜合調査団編『高山寺本東域伝灯目録』二五オ（東京大学出版会、一九九九年）。宅嗣の大納言就任は『続日本紀』宝亀十一年二月丙申朔条に見える。
(59)『維摩経』巻下の見阿閦仏品第十二では、維摩居士が阿閦仏の浄土妙喜国から来たことが述べられている（『大正蔵』一四ノ五五四下～五五五下）。『維摩経』の理解は紀野一義『仏典講座九・維摩経』（大蔵出版、一九七一年）による。
(60)望月信亨『中国浄土教理史』二八二～二八七頁（法蔵館、一九七八年、第四刷）、柴田泰「中国における浄土教の発展」（平川彰・梶山雄一・高崎直道編集『講座・大乗仏教』五、春秋社、一九八五年）、森本真順「念仏三昧宝王論」（小野玄妙編『仏書解説大辞典』第八巻四二一～四二二頁、大東出版社）。
(61)『大正蔵』四七ノ一三四～一四四。
(62)前掲註(57)参照。
(63)淡海三船と石上宅嗣の仏教信仰については、本書第九章、第十章を参照。
(64)『続日本紀』宝亀元年十月丁酉条には、「従二位文室真人浄三薨、一品長親王之子也、歴二職内外一、至二大納言一、年老致仕、退二居私第一」と見えるので、在家で通したようである。文室浄三の仏教信仰は、本書第八章を参照。

(65)『三国仏法伝通縁起』巻下の「天台宗」の項に「鑑真和尚是天台宗第四祖師」「随二弘景禅師一受二具足戒一、幷学二台教一」と見える。石田瑞麿『鑑真――その戒律思想――』一八四～一八九頁（大蔵出版、一九七三年）参照。

(66) 法進も天台学に造詣が深かったことは、『三国仏法伝通縁起』巻下の「天台宗」の項に「和尚門人法進、曇静、思託、如宝等、並天台宗学者也」とあることから知られる。なお石田前掲註(65)著書九二～九九頁参照。

(67) 天台止観の理解は、関口真大校注『摩訶止観――禅の思想原理――』（岩波文庫、一九六六年）による。

(68) 薗田香融「最澄とその思想」（安藤俊雄・薗田香融校注『最澄』、日本思想大系、岩波書店、一九七四年）では、道璿の学的立場は、天台学の影響をつよく蒙りながらも、あくまでも華厳学に置かれていたと指摘し、道璿・行表の学風を受け継いだ最澄が『大乗起信論疏』や『華厳五教章』といった華厳の章疏を通じて天台の学説の存在を知り、それに注意を向けるようになったとしても不思議ではないとするが、同様のことは三船にもいえそうである。

(69)『維摩経』巻下の香積仏品第十には、衆香国のことが語られている（『大正蔵』一四ノ五五二上～五五三中）。

(70) 真言宗僧五〇人を東寺に住せしむとする弘仁十四年十月十日付「太政官符」には、「其宗学者、一依二大毗盧遮那金剛頂等二百余巻経、蘇悉地蘇婆呼根本部等一百七十三巻律、金剛頂、菩提心、釈摩訶衍等十一巻論等一」（『類聚三代格』巻二「経論幷法会請僧事」）と記されている。堀池春峰「弘法大師と南都仏教」（前掲註(21)著書、下・諸寺篇、一九八二年。初出は一九七八年）参照。

(71)『続日本紀』によると、天応元年三月二十五日（甲申）の詔で「朕枕席不レ安、稍移二晦朔一、雖レ加二医療一、未レ有二効験一」とし、四月三日（辛卯）の詔で皇太子山部親王に譲位が行なわれている。

Ⅲ　信仰と写経

第八章　文室浄三の無勝浄土信仰

――「沙門釈浄三菩薩伝」と「仏足石記」を通して――

はじめに

奈良時代の浄土信仰の主流は、弥勒信仰と阿弥陀信仰に求められているが、その形態は死者への追善の域を出ないものであったとされている。また、弥勒仏（菩薩）と阿弥陀仏の未分化なところがあって、両者を混淆することがあり、盧舎那仏の浄土である蓮華蔵世界が無量寿仏（阿弥陀仏）の在所と解されるように、仏と浄土の関係も流動的なところがあったという[1]。つまり、当時の浄土信仰は、「厭離穢土」「欣求浄土」のために阿弥陀仏の本願にすがり、観想念仏と称名念仏に専心する平安時代中期のそれに較べると、まだ形の整わない萌芽的なものであったわけである。その意味で、奈良時代の浄土信仰は前史的な位置に甘んじることになるが、反面、不確定な時期であるが故に、浄土を求める様々な動きがあったことにも留意する必要があるだろう[2]。

たとえば、淡海真人三船とともに天平宝字より後の「文人之首」と称えられた石上朝臣宅嗣は、旧宅を捨てて寺となし、阿閦仏像を造って心を三宝に帰したとされるので[3]、そこには阿閦仏の浄土である妙喜世界への憧れが読み取れるし、天武天皇の孫で参議・中納言・大納言（御史大夫）を歴任し、天平宝字年間（七五七～七六五）の政界で重きをなした文室真人浄三は、釈迦仏の居所である無勝浄土に往生することを願ったと伝えられる[4]。こうした例は

少数であったのかもしれないが、宅嗣・浄三という当代を代表する知識人や貴族の営為であってみれば、その周囲に及ぼす影響も少なからぬものがあったと見なければならないであろう。彼らが、どのような縁由のもとに弥勒仏や阿弥陀仏以外の浄土に心を傾けるようになったのかは、奈良仏教の特質を知る上で興味深い問題を提起するように思われる。

以下では、比較的史料の残る文室浄三の浄土信仰を取り上げ、右の問題に迫る糸口をさぐることにしたい。

一　「沙門釈浄三菩薩伝」

文室浄三の浄土信仰の様相を伝えるのは、『日本高僧伝要文抄』第三に引載されている『延暦僧録』逸文の「沙門釈浄三菩薩伝」（以下、「伝」と略記）と、浄三が亡夫人のために制作した仏足石に刻まれる「仏足石記」（薬師寺に伝存）の二点である。ここでは浄三の経歴や仏教信仰、著作などが記される「伝」の方から取り上げ、正史の記事と照合しながら浄三の信仰生活の一端に触れることにしたい。次に全文を掲出しておく。[5]

又云、[1]沙門釈浄三菩薩伝〔朱〕釈浄三者、俗姓文室真人、即浄三原天皇之後也、門分㆓帝戚㆒、錫掃㆓天枝㆒、積代衣纓、鏗鏘佩玉、品登㆓正二位㆒、職拝㆓大納言㆒、輔翼契同㆓魚水㆒、具申㆓舟楫㆒、雅㆓合塩梅㆒、官学之間声逸㆑耳、弁冕之伍望以㆓指南㆒、帝宅頼㆓其枢機㆒、仏法資㆓其弘護㆒、[2]政事之暇、存㆓心三宝㆒、翹㆓誠奈苑㆒、忻㆓尚祇薗㆒、公事之余、参㆓給侶㆒以㆑年、預㆑勅参玄、配㆓東大寺㆒、朝命任㆓大鎮㆒、兼㆓法華寺大鎮、浄土院別当㆒、大内施㆓先上㆒、解㆓歇九間屋㆒、入㆓唐寺㆒為㆓講堂㆒、口勅合㆓別当㆒、因㆑茲弦伏㆓膺大和上鑑真㆒為㆓菩薩戒弟子㆒、於㆑是族群出㆓三界㆒斫㆑額看㆑羅、承㆓信手㆒以猛㆓苦海鮫龍㆒、挙㆓神足㆒以蹴㆓邪山酔馬㆒、[3]後於㆓大神寺㆒講㆓六門陀羅尼経㆒幷東大寺立㆓十二分教義㆒、誓㆓其来間㆒、

若二春日以銷レ氷、却二彼所疑一、猶二秋風之掃レ葉、勅授二伝灯大法師位一、又造二顕三界章一巻、仏法伝通日本記一巻一、昔秦什云公之八俊魯孔君之四科雖三世号二英霊一、豈若下探二釈迦文奥旨一、六門甘露作二慈氏之道前一、十二飷餬、擬二劫終而救レ世者上、即大鎮之力与、(4)又於二所レ居仏堂側一花香供養、於レ是香烟颺逈、天花落レ葉、音声供レ仏、佳膳施レ僧、幷印レ仏作二無垢浄光塔及七倶胝塔一、雖二復三災互起一蓮座常安、仟世界倶空、宝瓶恒満、以レ此椅レ心、願レ生二西方無勝浄土、法身住処、釈迦文仏所レ都、経説、此堪忍向レ西過二三十二恒河沙三千界一外、別有二釈迦法身住処一名二無勝浄土一、或名曰二厳浄土一、文

この「伝」は、内容から推して四段(1)〜(4)に分けることができる。以下、順に解釈を試みる。

まず(1)では、浄三の出自と官歴が語られている。「浄三原天皇之後」とは、『続日本紀』宝亀元年（七七〇）十月丁酉（九日）条の薨伝に「従二位文室真人浄三薨。一品長親王之子也」とあるように、天武天皇の子の長親王を父に持つことによる。「錫掃二天枝一」は、「錫」を賜と解すると、(6)親王の子であった浄三に文室真人が賜姓され臣下になったの意になる。『続日本紀』によると、それは天平勝宝四年（七五二）九月二十二日（乙丑）のことであった。「品登二正二位一」は極位であるが、右の薨伝では従二位とあって相違する。浄三には贈位が認められないので、「正」は従の誤りであろう。(7)極官の「職拝二大納言一」は、天平宝字八年（七六四）九月四日（戊戌）の致仕時の職が御史大夫（大納言）であるから、これは合致する。「輔翼契同二魚水一」「具申二舟楫一」「雅二合塩梅一」は、いずれも君主（天皇）を輔佐して善政を行なわせたとの意。「官学之間声逸レ耳」の「間」を、(3)の「誓二其来間一」の「間」とともに問と見なせば、(8)大学生からの教示を求める声は引きも切らなかった、の意になるだろう。「弁冕之伍望以二指南一」は、官人らも教えを求めたことを示すので、浄三は忠臣であると同時に学殖を誇り、人望の厚い能吏であったというのである。この(1)の大意は次のようになる。

釈浄三は天武天皇の後裔にあたるが、帝戚から分かれ文室真人姓を賜わった。歴代の天皇に臣下として仕え、位階は正二位（正しくは従二位）に昇り大納言を拝した。天皇をよく輔佐して善政に導き、大学生や官人からは教示を求める声が絶えなかった。天皇は国家の大政を頼み、仏法はその弘護のよりどころとした。

ここで浄三の経歴を『続日本紀』から略記しておく。

浄三は、智努王として養老元年（七一七）正月四日（乙巳）に无位から従四位下に昇叙。その後、神亀五年（七二八）十一月三日（乙未）に造山房司長官、天平十三年（七四一）八月九日（丁亥）に正四位下で木工頭、同年九月八日（乙卯）に造宮卿、同十四年八月十一日（癸未）には紫香楽宮造営のための造離宮司という具合に造営関係の官職を歴任し、同二十年四月二十二日（辛酉）の元正太上天皇の葬儀には従三位で御装束司を勤めた。天平勝宝四年九月二十二日（乙丑）には前記のように賜姓されて文室真人智努と名乗り(9)、同六年七月二十日（癸丑）の太皇太后藤原朝臣宮子、同八歳五月三日（丙辰）の聖武太上天皇の葬儀時に、それぞれ御装束司に任じられた。同九歳三月二十九日（丁丑）になると摂津大夫の職を帯びて道祖王の廃太子の議に与り、同年四月四日（辛巳）の皇嗣選定時には左大弁大伴宿禰古麻呂とともに池田王を推したが、叶わなかった。

天平宝字二年（七五八）八月二十五日（甲子）に参議・出雲守で官号改易に関わり、同三年六月二十二日（丙辰）には、少僧都慈訓とともに正月悔過に参加する僧への布施支給停止を求める封事を奏した。同四年正月四日（丙寅）に中納言、同年六月七日（乙丑）の光明皇太后の葬儀では山作司に任じられた。同五年正月二日（戊子）に正三位。これ以降、名は浄三と記される。同六年正月四日（癸未）に御史大夫（大納言）に進んだが、同年八月二十日（丙寅）には年老力衰を理由に淳仁天皇から優詔があり、宮中での持扇策杖が聴された。『公卿補任』によれば、このとき七〇歳。同八年正月七日（乙巳）に従二位に昇叙。同年七月十二日（丁未）になると、紀寺の奴の放賤従

良問題に関する浄三らの奏に高野天皇（孝謙太上天皇）の裁断があり、浄三は禁内に召され放賤従良を認める口勅が伝えられた。同年九月四日（戊戌）に致仕が認められて職分は半減されたが、同月十一日（乙巳）の恵美押勝の乱の翌日（丙午）には高野天皇の勅が出され旧に改めて全給とされた。致仕後も浄三の存在は大きかったらしく、『日本紀略』宝亀元年八月癸巳（四日）条の「藤原百川伝」には、称徳天皇没後の皇嗣策定に際し、右大臣の吉備朝臣真備は浄三を擁立しようとしたと記されている。

このように、浄三は、初叙から致仕に至るまで四八年の永きにわたって政務に従事し、聖武没後は政界の中心的な立場にあって天皇からの信任を厚くしていたのであるが、この間に、長屋王の変、橘奈良麻呂の変、恵美押勝の乱などの政変が起こり、多くの皇族関係者が犠牲になっていることを念頭にすれば、浄三の生き様は不偏不党で諸事の対処に長けており、臣下としても忠誠心に加えて君主に好感を抱かせる器量が備わっていたように思われる。従って、(1)に見える「輔翼契同二魚水一」「弁冕之伍望以二指南一」「帝宅頼二其枢機一」との記述には、顕彰的な要素が含まれているにしても、当時の世評を多分に反映したものといえるであろう。

次に(2)では、仏教信仰の有様、寺院運営への関与、鑑真の弟子になったことなどが記されている。「翹二誠奈苑一」の「奈」は柰の通用字で柰苑は寺の異称であるから、真心を寺に起こすこと、つまり菩提心を発したの意に解される。「祇薗」は祇園精舎のことで、須達長者が釈迦とその教団のために建てた僧房の名。ここでは、仏門あるいは寺院を指すのであろう。「給侶」は定かでないが、前後の文脈からすれば、これも寺のことではないかと思われる。憶測するに、祇園精舎は給孤園とも称されるので、「給」をその略称と見ると、「給侶」は精舎の人々となって寺の意になるのである。「預レ勅参玄」の「玄」は仏門を示す玄門に通じるので「参玄」は仏門に参る、つまり勅を受けて寺に入ることになる。

「配㆓東大寺㆒、朝命任㆓大鎮㆒、兼㆓法華寺大鎮、浄土院別当㆒」は、この「伝」にのみ見える職歴である。東大寺に配されたとあるのは、神亀五年（七二八）十月三日（乙未）に東大寺の前身となる山房を造営する官司の長官になったことと関連するのであろう。大鎮は三綱の上位にあって寺務を監督する僧職。浄三は致仕に至るまで在家を通したと見られるので、東大寺・法華寺の大鎮就任は特別な措置であろう。「浄土院」は、光明皇太后の一周忌のために法華寺の西南隅に建てられた阿弥陀浄土院を指す。斎会は天平宝字五年（七六一）六月七日（庚申）に行なわれているので、別当になったのはこの前後であろう。「大内施㆓先上㆒、解㆓歇九間屋㆒、入㆓唐寺㆒為㆓講堂㆒」は、「大内」（天皇）が「先上」（鑑真）のために宿所として「九間屋」を解いて「唐寺」（唐招提寺）に施入し「講堂」としたとの意であるが、「九間屋」は平城宮の朝集殿のことと解されている。[10]「口勅合㆓別当㆒」とは、この施入を機に浄三は禁裏に召され、口勅によって唐招提寺の別当に任じられたことを意味する。

「舷伏㆓膺大和上鑑真㆒為㆓菩薩戒弟子㆒」の「舷」は衍字、[11]「伏膺」は弟子になること、「菩薩戒」は正式に僧になるためのものではなく、在家・出家を通じて授与された戒とされる。[12]「於㆑是族群出㆓三界㆒斫㆑額看㆑羅」は難解であるが、「斫㆑額」（額をきる）を試験に落第したことを指す点額（額をうち傷つける）と同義に、「看㆑羅」の「羅」を悪鬼の羅刹に解すれば、ここに一族の者は苦しみの世界である三界を出ようとしたが失敗し羅刹に見えた、の意になるだろう。従って、次の「承㆓信手㆒」「挙㆓神足㆒」の主語は浄三であり、羅刹に苦しむ人々を救う行為が、ここでは称えられていることになる。

以上をもとに(2)の大意を示すと次のようになる。

　政事の暇に心を三宝に傾け、菩提心を発して仏門を尊崇し、公事の合間には毎年のように寺に参詣した。勅を受けて東大寺に入り、朝命により大鎮に就任、法華寺の大鎮と阿弥陀浄土院の別当を兼務した。天皇は鑑真（六八八

〜七六三）のために九間屋（平城宮の朝集殿）を唐招提寺に施入し講堂とした。また口勅により浄三を同寺の別当に任じた。これを機に鑑真から菩薩戒を受け弟子となった。一族の者も三界を出ようとしたが失敗し羅刹に見えた。浄三は、真理に裏打ちされた手と足でもって悪鬼を払いのけ彼らの救済に努めた。

(3)では、仏教上の事績と著作について述べられている。「大神寺」は大神神社の神宮寺。(13)「六門陀羅尼経」は、六門陀羅尼法を受持することで速やかに阿耨多羅三藐三菩提（完全な悟り）が得られると説く経典。(14)「東大寺立㆓十二分教義㆒」の「十二分教」は、仏所説の教法をその内容や形式に応じて十二種に分類したもので、浄三は、東大寺所蔵の諸経典類をこれらに即して配分し、聖教理解のための便宜を得ようとしたのであろう。「誓㆓其来問㆒」は、「誓」を告と同義に、「問」を前記のように問と見ると、寄せられた問いに告げる、の意になる。「伝灯大法師位」は、天平宝字四年七月二十三日（庚戌）に大僧都良弁・少僧都慈訓・律師法進（七〇九〜七七八）らの奏をもとに定められた僧位の一つ。先の大鎮就任とともに、ここでも浄三は僧として扱われている。

「顕㆓三界㆒章一巻」は、経論に見える三界に関する記事を集め、その大意を論じた注釈書であろうか。「仏法伝通日本記一巻」は、その名の通り日本への仏法伝来の経緯を記したもので、浄三が仏教界の事情に精通していたことを窺わせる書といえよう。両書ともこの「伝」のみに見える。「秦什云公之八俊」の「云」を衍字(15)とすれば、後秦の鳩摩羅什（三四四〜四一三）の八人のすぐれた弟子となる。(16)「魯孔君之四科」は、魯の孔子（前五五一〜前四七九）門下の四種（徳行・言語・政事・文学）の学科のことであるが、ここではそれぞれに長けた四人の門人を指すのであろう。「六門甘露」は、涅槃（悟りの境地）に導く六種の教説で、先の「六門陀羅尼経」に対応する。「十二飣餬」の「飣」は飥に同じで、飥餬は酪酥のこと。ここでは仏の真実の教えをいうのであろう。これも先の「十二分教」に対応する。「劫終」は、きわめて長い時間を終える、つまり修行が成就して悟りを得ること。「大鎮之力与」の

「与」は歟であろう。

(3)の大意は次のようになる。

その後、大神寺で『六門陀羅尼経』を講説し、東大寺では十二分教を立て仏所説の教法を整理した。寄せられた問いに答を告げる様は、春の日ざしが氷を解かすかのようであり、疑いを退ける様は、秋風が落葉を吹き払うかのようであった。勅により伝灯大法師位が授けられた。また、『顕三界章』一巻と『仏法伝通日本記』一巻を著わした。昔、後秦の鳩摩羅什の八俊と魯の孔子の四科の門人を世人はすぐれた精神の持ち主と称えたが、釈迦の教えを記した経文の奥旨を探り、仏門に勤しむ人のために涅槃への六種の教説を示し、悟りを得たあと世人を救うための十二の真実の教えを立てた人、すなわち大鎮（浄三）の力にどうして敵うことがあるだろうか。

(4)では、浄土信仰の有様が語られている。「印レ仏作ニ無垢浄光塔及七倶胝塔一」の「印レ仏」は、仏像の形を版型に彫り墨や朱で紙に捺印すること。「無垢浄光塔」は、『無垢浄光陀羅尼経』に、迦毘羅城にある落崩した仏塔を修理し陀羅尼を写して中に安置すれば、寿命が延び極楽等に往生し常に如来に擁護される、と仏が説くのを受けて作られたもので、その中には陀羅尼を写した紙が納められたのであろう[17]。「七倶胝塔」は、『七倶胝仏母心大准提陀羅尼経』の中に、仏像や塔の前あるいは清浄処での檀法により祈願が成就し無上の菩提を証得できると説くので、この場合は檀法のために作られたのであろうか。

「三災」は水・火・風の災害。「千世界」は千千世界で、三千大千世界のことであろう。「宝瓶恒満」は、仏の持つ甕には万物に精気を与える霊水が恒に満たされているの意で、仏のみに真実があるというのであろう。「以レ此椅レ心」は、上文の「雖ニ復三災互起一蓮座常安、千世界倶空、宝瓶恒満」を心の拠り所にすること。「法身」は、仏陀の三つの身体（法身・報身・応身）の一つで、真理そのものとしての仏陀の本体を指す。「経説」以下は、『大般涅

槃経』の光明遍照高貴徳王菩薩品で仏が善男子に無勝世界を語る次の一節の取意分と見られる。[18]

善男子、西方去二此娑婆世界一度三三十二恒河沙等諸仏国土一、彼有二世界一名曰二無勝一、彼土何故名曰二無勝一、其土所有厳麗之事、皆悉平等無レ有二差別一、猶如二西方安楽世界一、亦如二東方満月世界一、我於二彼土一出三現於世一、為レ化二衆生一故、於二此界閻浮提中一現レ転二法輪一（中略）一切諸仏所有世界無レ不二厳浄一

(4)の大意を示すと次のようになる。

居所の仏堂の側に花と香を添え仏を供養したが、その香煙はたゆとい天花は四周に散り敷くようであった。また、仏に供する経を唱える音声が響き、僧にはよき膳が施され、菩提を願って印仏や無垢浄光塔・七倶胝塔が作られた。この世では三災が交互に起こるが、仏の居所は常に平安である。千千世界には実態はなく、仏のみに真実が存在する。浄三は、この二つの言葉を拠り所として、西方の無勝浄土に往生することを願った。この浄土は、法身である仏が住む処で、釈迦仏が都と定めたところである。経には次のように説かれている。「この堪忍（娑婆世界）の西を去ること三十二恒河沙の三千世界（一仏の教化する範囲）の外に、法身である釈迦の住処がある。名づけて無勝浄土という。あるいは厳浄土ともいう」。

以上、推測を交えながら「伝」の解釈を試みたが、これを要するに、浄三の浄土信仰の様相は(4)において語られていて、それは『大般涅槃経（涅槃経）』に見える無勝浄土への往生を願うものであった。これは、(2)に記される信仰生活と密接に関連し、(3)に挙げられる仏教研究の成果に裏打ちされるもので、そのような浄三の人格が、(1)にあるように天皇や官人らに尊重されていたわけである。つまり、ここに『涅槃経』と浄土信仰の関連が抽出されるのであるが、それはもう一つの「仏足石記」の中にも認めることができる。

二　「仏足石記」

「仏足石記」（以下、「記」と略記）は、上面に千輻輪相などの瑞相をともなう釈迦牟尼仏の図様の足跡が線刻された、直方体に近い自然石の四方の側面に刻まれた銘文で、それらは次のように読み取られている。(19)

〔正面〕

1釈迦牟尼仏跡図／2案西域伝云令摩掲陀国昔阿育王方精舎中有一大□／3有仏跡各長一尺八寸広六寸輪相花文十指各異是仏／4欲涅槃北趣拘尸南望王城足所蹈処近為金耳国商迦□／5不信正法毀壊仏跡鑿已還生文相如故又捎□□／6中尋復本処今現図写所在流布観仏三昧□／7若人見仏足跡内心敬重无量衆罪由比而滅今□（又カ）値□／8非有幸之所致乎又北印度鳥（烏）仗那国東北二百六十里／9入大山有龍泉河源春□（夏カ）含□晨夕飛雪有暴悪／10龍常雨水災如来往化令金剛神以杵撃□（岸カ）龍聞□／11怖帰依於仏恐悪心起留跡示之於泉南大石上現其□／12跡随心浅深量有長短今丘慈国城北四十里寺仏堂／13中玉石之上亦有仏跡斎日放光道俗至時同往□／14依観仏三昧経仏在世時若有衆生見仏行者及／15見千輻輪相即除千劫極重悪罪仏去世後想／16仏行者亦除千劫極重悪業雖不想行見仏迹者見／17像行者歩歩之中亦除千劫極重悪業観如来／18足下平満不容一毛足下千輻輪相轂輞具足魚鱗相次／19金剛杵相足跟亦有梵王頂相衆蠡之相不遇諸悪／20是為休祥

〔左側面〕

1大唐使人王玄策向中天竺鹿／2野薗中転法輪□（処カ）因見／3跡得転写塔是第一本／4日本使人黄書本実向／5大唐国於普光寺得転／6写塔是第二本此本在／7右京四条一坊禅院向禅／8院檀披見神跡敬転写／9塔是第三本

従天平勝／10宝五年歳次癸巳七月十五日尽／11廿七日幷一十三箇日作□檀／12主従三位智努王以天平勝／13宝四年歳次壬辰九月七日／14改王字成文室真人智努／15画師越田安万書写／16神石手□□□人足／17近仕□□□□人

〔左側面右下〕

知識家口男女大小

〔左側面方画外右〕

三国真人浄足

〔左側面第十行方面外下〕

三国真人浄足

〔背面〕

1至心発願為／2亡夫人従四位下／3茨田郡主法／4名良式敬写／5釈迦如来神／6跡伏願夫人／7之霊駕遊／8无勝之妙邦／9受□□之／10聖□永脱者／11漏高証无為同／12霑三界共契一真

〔右側面〕

1諸行无常／2諸法无我／3涅槃寂静

〔正面右端下方〕

観（横位置）

この「記」については、これまで多くの先学によって解釈が試みられているので、以下では、それらを参照しながら文面の検討を進めることにしたい[20]。

まず〔正面〕の記述を見ると、①「案西域伝云」として、摩掲陀国には仏が涅槃に入るときに足を踏んだ仏跡があり、正法を信じない金耳国がこれを毀壊したり捨てたりしたが、いずれももと通りの状態に戻ったという奇譚を記し（1～6）、②「観仏三昧（経）」より仏足跡を見て内心に敬重すれば無量の罪が滅するとの一節を引用し、今この仏跡に会えたのは幸いであるとの所感が述べられる（6～8）。続いて③北インドの烏仗那国の東北にある龍泉に、暴悪の龍が悪心を起こさぬよう如来が留めたという仏跡と、斎日に放光するという丘慈国の仏跡を紹介し（8～13）、再び④「観仏三昧経」より、仏在世中に足下の千輻輪相を見る者、仏が世を去って後に仏迹を見る者は千劫の極悪重罪を除かれるとの一節が引用され、これはよきさいわいであると結んでいる（14～20）。

このように、〔正面〕の銘文は四段に分かれるが、このうち仏跡を取り上げる①③は玄奘（六〇二～六六四）の『大唐西域記』や道宣（五九六～六六七）の『釈迦方志』、道世（?～六八三）の『法苑珠林』を、②④は『観仏三昧海経』の序観地品と観四威儀品を、それぞれ参照して作成されたものとされている。[21] しかし、①③に関しては、『釈迦方志』と『法苑珠林』の書写例が正倉院文書に認められず、銘文の作者（文室浄三）がこの両書を参照しえたかどうか疑問であること、これに対し『大唐西域記』は天平七年（七三五）に唐から帰国した玄昉の将来経典の中に含まれ、その後も書写が認められることなどを勘案すると、仏跡に関する記述は『大唐西域記』をもとに作成されていたと見た方がよいように思われる。[22] ②④には問題はないが、仏足跡を見ることで罪障が滅するとの経文に感歎の意を表するように、仏足石を作った功徳による滅罪とその後の救済への願いが、ここに込められている点に留意する必要がある。なお、〔正面右端下方〕の「観」は、仏跡を見る意義を強調した語であろう。[23]

次に〔左側面〕では、この仏足石が制作された経緯を以下のように述べている。①大唐使人の王玄策が中天竺の鹿野薗の転法輪処（釈迦が成道後、最初に説法を行なった地）で仏跡を転写して得た写し（第一本）を、日本使人の

黄書（黄文連）本実が唐の普光寺で転写し、さらに写しを作った（第二本）（1～6）。②それが平城右京四条一坊の禅院にあったので、これを転写して写しを作り（第三本）、それをもとに仏足石を天平勝宝五年（七五三）七月十五日より二十七日にかけて制作した（6～11）。③檀主は智努王であるが、天平勝宝四年九月七日に王を改めて文室真人智努となった。画師は越田安万、書写は神石手ら（11～17）。④（右下に）知識家口男女大小、（方角外に）三国真人浄足。

①に見える王玄策については、『法苑珠林』の中にその事績が散見し、巻五五には「大唐太宗文皇帝及今皇帝、命二朝散大夫衛尉寺丞上護軍李義表副使前融州黄水県令王玄策等二十二人一、使レ至二西域一、前後三度[24]」とあって、太宗と高宗の治世に使として三度にわたって西域に至ったと記されている。しかし、関係史料によると、実際には四度であったようである。順に示すと次のようになる。

一回目は、『法苑珠林』巻二九に見えるもので、貞観十七年（六四三）三月に波羅門客の送還の詔を受けた王玄策は、同年十二月に摩伽陀国に至り、摩訶菩提寺に碑を立てるとともに仏郷の遺跡を巡り、同十九年正月には王舎城にある耆闍崛山（霊鷲山）に登って聖迹遺基を実見し、翌二月に菩提樹下にも碑を立てたという[25]。二回目は、『旧唐書』と『新唐書』に記されるもので、使の玄策が天竺に到着する前の貞観二十一年頃に中天竺王の尸羅逸多が没したため、王位を簒奪した那伏帝阿羅那順に入国を拒まれた。そこで玄策は、吐蕃と泥婆羅の兵を率いて戦い勝利を収め、翌二十二年五月には阿羅那順と王妃と子等および捕虜などを引き連れて入京し、その功により朝散大夫に任じられた[26]。三回目は、顕慶二年（六五七）に西国に往き、その帰途浄名（維摩）の宅に立ち寄り、龍朔元年（六六一）の帰国時には仏頂骨一片を将来したというもので、『法苑珠林』巻一六・二九に見える[27]。四回目は、義浄（六三五～七一三）の『大唐西域求法高僧伝』巻上の玄照伝にあるもので、勅を受けた玄策が羯湿弥羅（カシミール）

国へ往き、盧迦溢多（インドで唯物論的快楽主義を唱えた一派）を唐へ導いたことが、麟徳年中（六六四〜六六五）以降の出来事として記されている[28]。

王玄策が鹿野薗の仏跡を転写し持ち帰ったのが、いずれの機会であったのかは明記されていないが、黄文本実が玄策の写し（第一本）を転写したという長安の普光寺が、貞観五年（六三一）正月に太宗の皇太子承乾のために建てられた寺院であることを念頭にすれば[29]、それは太宗治下の一回目と二回目のいずれかであったと見た方がよいだろう。ただ、二回目の場合は戦いが中心になるので、聖遺等の巡覧の所伝が残る一回目の方が可能性が高い。その帰国は、遅くとも貞観二十年頃と思われるが、前年の十九年正月には、玄奘が一六年に及ぶ西域・インドの旅を終えて長安に戻っていた。

『大唐大慈恩寺三蔵法師伝』巻六によると、玄奘は大小乗経律論の梵本六五七部、如来肉舎利一五〇粒の他に、「擬下婆羅痆斯国鹿野苑初転二法輪一像上刻檀仏像一軀」を含む七軀の仏像をもたらして道俗の歓迎を受け、三月からは太宗の命により長安の弘福寺で梵本の翻訳を開始、翌二十年七月には『大唐西域記』が成り太宗に表進された[30]。従って、王玄策が帰国した頃の長安は、西域・インドへの関心が高揚していた時期で、玄策の将来物も衆目を集め、鹿野薗で転写したという仏跡の写しは、玄奘将来の「鹿野苑初転法輪像」を擬した刻檀仏像とともに尊重され、太宗の命を受けて承乾ゆかりの普光寺に安置されることになったのであろう[31]。

黄文本実が、日本使人（遣唐使）として渡唐したとの記録は他に見えないが、『日本書紀』天智天皇十年（六七一）三月庚子（三日）条に本実が水臬（水準器）を献じた記事があるので、同八年の遣唐使の一行に加わって入唐したのかもしれない[32]。その当時、王玄策は生存していたらしく[33]、本実はその名声を耳にして普光寺にあった仏跡の写しを転写するに至ったのではないかと想像される。

次に、②の平城右京四条一坊にある禅院は、『続日本紀』文武天皇四年（七〇〇）三月己未（十日）条の道照（道昭）伝に見える平城右京禅院と同一のものとされている(34)。伝によると、白雉四年（六五三）の遣唐使に随伴し入唐した道照は、玄奘に師事して禅定を習い、別れの際には舎利・経論などを授けられた。帰国後は、元興寺の東南隅に禅院を建て住居とし、天下周遊後ここで没したが、新京への遷都に際し道照の弟と弟子が奏聞し、禅院を平城右京に移建した。この院には経論が多くあり、「書迹楷好、並不二錯誤一。皆和上之所二将来一者也」という。『日本三代実録』元慶元年（八七七）十二月十六日壬午条では、この禅院寺が元興寺別院になったと記したあと、禅院寺の変遷を述べて「道照法師本願記」を引用し、「真身舎利、一切経論、安二置一処一、流二通万代一、以為二一切衆生所依之処一焉」と伝えている。これによれば、道照は自らの将来した仏舎利や経論の分散を嫌い、それらの安置場所として禅院を建て「一切衆生所依之処」としたというのである。従って、この蔵書は門外不出ではなく、必要に応じて貸し出され広く利用されるべきものであった。

先の「沙門釈浄三菩薩伝」には、浄三と禅院の関係は記されていないが、(2)では「政事之暇、存二心三宝一、翹二誠奈苑一、忻二尚祇薗一、公事之余、参二給侶一以レ年」とあり、浄三の仏教信仰と寺院の関係が述べられている。また(3)では著作二点が示され、仏教研究と修行の成果を周囲に及ぼそうとする姿勢は、「英霊」と号された秦什公の八俊や魯孔君の四科よりも勝ると高く評価されている。在家として官人生活を送る浄三のこうした仏教研鑽を支えたのは京内の諸寺院であったが、とりわけ道照将来の経論を多数所蔵する禅院と、その本院ともいうべき元興寺は、浄三が「探二釈迦文奥旨一」という精緻な研究を進める上で、大きな役割を果たしたのではないかと思われる。

③では、檀主が智努王（文室真人知努）であると明記されている。これは〔背面〕に見える亡夫人の供養を浄三が施主となって進めたことを意味するが、その際に、かねてから関係のあった禅院の仏跡図が転写して利用された

のである。②に「向禅／院檀披見神跡敬転写／塔」（7〜9）とあるように、それは信仰の対象として壇上に安置されていた。〔正面〕には、前記のように『大唐西域記』から仏跡の事例を紹介し、『観仏三昧海経』の文言を引載して仏足を見ることで得られる滅罪の効果が説かれているが、このうち仏足跡の利益については、当時の禅院で行なわれていた仏足信仰の影響を受けているのであろう。

画師の越田安万は、仏跡図の第二本から第三本を転写した人物と見られるが、書写とある神石手は、この仏跡図と浄三の作成と考えられる〔前面〕から〔右側面〕にかけての文章を、自然石の上面と四側面に鋭利な刃物のようなもので下書きをしたのであろうか。神石手の下の欠失部分には、それを刻み付けた石工の名が来るのかもしれない。「近仕」は優婆塞の意で、仏足石の制作に助力結縁した知識の一人と解されている[35]。④の知識家口男女大小も、同様の役割を果たした人々であろう。方画外の三国真人浄足については不明である。

〔背面〕は、仏足石制作の目的が記される箇所で、そこでは次のように述べられている。①心より発願して亡夫人従四位下茨田郡主、法名良式のために釈迦如来の神跡（仏足）を敬写する（1〜5）。②願わくば夫人の霊が「无勝之妙邦」に遊び、有漏（煩悩）から脱して無為（不生不滅の存在）となったことを証し、三界に恩恵を及ぼして共に一真（真如、仏陀の心となった状態）になることを契りたい（6〜12）。

夫人の茨田郡主に法名があるのは、生前から浄三とともに仏道修行に励んでいたからであろう。②の「无勝之妙邦」とは、「伝」の(4)に見える浄三が往生を願った「西方無勝浄土」を指す。つまり、二人のめざす浄土は共通していたのである。

この②の中で興味深いのは、浄土に生じることが最終目的なのではなく、さらに有漏を脱して無為であることを証し、真如になることが求められている点である。「受□□□之／聖□」（9 10）の欠字部分には、恐らく無勝浄土

に住む法身の釈迦仏の教えのような文言が入るのであろう。夫人の霊は、釈迦仏の教えのもと煩悩を断ち真如になろうとするわけで、ここに浄三が仏足石を供養のために制作した意図が読み取れる。つまり、仏足跡を見て尊崇する者は無量の罪が滅せられるとの教説をもとに、この仏足を転写して仏足石を作った功徳によって釈迦仏の支援を仰ぎ、夫人の罪障（煩悩の所産）を滅却させて仏陀の境地へと導こうとするのである。末尾に「共契一真」(12) とあるように、それはまた、三界に生きる浄三が仏となった夫人の慈悲を受けて無勝浄土に往生し、共に仏となるための手立てでもあった。浄三と夫人の絆の強さが知られるであろう。

最後に、〔右側面〕には三法印が記されている。第一偈「諸行无常」は、『涅槃経』聖行品に見える雪山童子（釈迦の前生の姿）が雪山で修行中に羅刹から聞き伝えたという雪山偈「諸行無常、是生滅法、生滅滅已、寂滅為楽」(36) に因むものであるが、第二偈「諸法无我」は、あらゆるものは消滅を本性とすると説く「是生滅法」に、第三偈「涅槃寂静」は、寂滅（涅槃）こそが安らぎとする「寂滅為楽」にそれぞれ対応する。つまり、亡夫人とともに、『涅槃経』に説かれる無勝浄土への往生を願う浄三は、雪山偈と関わりの深い三法印を記すことにより、この「記」を閉じるのである。

三　涅槃宗と禅院

前二節では、「沙門釈浄三菩薩伝」と「仏足石記」の解釈と検討を試み、文室浄三の無勝浄土信仰の様相を抽出したが、以下では、このような信仰を浄三がどのようにして得るに至ったのかを考察することにしたい。これについては、亡夫人の霊が無勝浄土で成仏することを願って転写した仏足の写し（第二本）が安置される禅院および元

興寺の存在が重要になる。

この元興寺には、中国の南北朝期から隋唐初にかけて盛行した涅槃宗が伝来していたとの見方がある。それは、凝然（一二四〇〜一三二一）の『三国仏法伝通縁起』上巻の「涅槃宗」の項に、「大日本国昔於二大安寺真言院之傍一弘二涅槃宗一講二敷彼経一。号二常修多羅宗一是也」(37)とあるのを受けて、珍海（一〇九一〜一一五三）の『三論玄疏文義要』第一巻冒頭の「裏書云」引載の「古開題集」に見える「元興寺常修多羅宗」(38)を、大安寺の涅槃宗と同一と解することによる。(39)これは後世の所伝にもとづくもので、奈良時代の記録に見える修多羅衆は涅槃宗とは別の学派を指すとされているので、(40)このままでは信を置きがたいが、天平十九年（七四七）二月十一日付の「大安寺伽藍縁起幷流記資財帳」や「元興寺伽藍縁起幷流記資財帳」に摂論衆が認められる点(41)に留意すれば、あながち右の見方も否定できないように思われる。というのは、中国では涅槃宗と摂論宗が相互に関連しながら盛行していた時期があったからである。

涅槃宗は『涅槃経』を所依とし、一切衆生悉有仏性、如来（化身）常住の教義を研究宣揚する学派で、東晋末の義熙十四年（四一八）に法顕が『大般泥洹経』六巻（『涅槃経』四〇巻の初五品に相当）を訳出するに及び、その研究が始まったとされる。(42)その後、北涼の曇無讖（三八五〜四三三）が『涅槃経』四〇巻（北本）を玄始十年（四二一）に訳了し、それが宋の元嘉七年（四三〇）に江南の建康に伝えられると慧厳らによって『大般泥洹経』との比較検討がなされ、『大般涅槃経』三六巻（南本）が作られた。これ以降、『涅槃経』研究は本格化し、斉・梁・陳にかけて最盛期を迎えるが、陳代に同じく一乗思想を唱える三論宗・摂論・天台宗の諸宗が勃興するに至り、涅槃宗は次第に衰退し、隋の時代になると三論・天台両宗の中に融没していったという。

一方、北地の涅槃宗は、北魏時代は北本『涅槃経』とともに『華厳経』を弘賛していたが、永平四年（五一一）

に菩提流支（?～五二七）が『華厳経』十地品の注釈書である世親（四〇〇頃～四八〇頃）の『十地経論』を訳出すると、これを所依とする地論宗が形成され、涅槃宗に大きな影響を与えるようになった。また、陳の天嘉四年（五六三）に真諦（四九九～五六九）が大乗仏教の綱要書である無着（三九五～四七〇頃）の『摂大乗論』を注釈した『摂大乗論世親釈』を訳出し、これを研究する摂論宗が起こったが南地では定着せず、南渡していた曇遷（五四二～六〇七）が隋の北地統一後に彭城で摂論を宣揚するに及び、開皇七年（五八七）に勅旨があって長安に入り摂論宗を開いたという。

　この摂論宗と地論宗は、ともに世親の所説を受ける学派で、唯識教学として阿黎耶識縁起説を立てていた。しかし、地論宗が伝統的な学説にもとづき阿黎耶識を八識の最終層にある根本識と位置づけるのに対し、摂論宗は、これを真妄和合識と見なし、八識とは別に第九阿摩羅識を立て根本浄識とするように、この両者の間には融合が困難な教義上の相違が存在していた。そのため、新説の第九識を唱える摂論宗が京都で流行するにつれ地論宗の衰退ははなはだしくなり、遂に消滅するが、一部は終南山を中心に残存し華厳宗を生みだす母体となった。

　涅槃宗では唯識説は立てられず、また世親は『涅槃経』を鑽仰し、摂論宗義の中にも涅槃思想（悉有仏性）が蔵されていたので、摂論宗の盛行は宗学の発達を促すことになった。道宣は、その様相を『続高僧伝』巻一五末の論の中で「当時諸部雖㆓復具揚㆒、而涅槃摂論最為㆓繁富㆒」[43]と評し、摂論宗の智敫（?～六〇一）・明略（五七二～六三八）・道傑（五七三～六二七）・神照（五八〇～六四〇）・法護（五七六～六四三）らが、涅槃に通暁し講説を行なったことを伝えている[44]。しかし、このような涅槃・摂論両宗の繁栄ぶりは、唐代に入って貞観十九年（六四五）に玄奘が西域・インドの旅から帰ると変化した。というのは、涅槃・摂論の両学をそれぞれ正系の学者に師事して学び、とりわけ摂論学に造詣の深かった玄奘が、唯識説の根本的疑義を解明するためにインドの那爛陀寺に遊学し、無

着・世親とは異なる護法（五三〇～五六一）・戒賢（五二九～六四五）の唯識説を修得して戻ったからである。玄奘は、皇帝の命により持ち帰った多くの梵本を翻訳し、新訳の正当性を主張するとともに真諦所伝の経論の価値を否定した。そして、弟子の基（六三二～六八二）とともに涅槃宗・摂論宗両宗とは相容れない三乗説・五性各別説を宣揚し、基は師のもたらした新しい唯識説にもとづく教義を組織化し、法相宗を創設するに至った。その結果、摂論宗は論難に遭ってその勢力を失墜させ、涅槃宗は対抗する術もなく摂論宗とともに七世紀末に消滅したという。

では、このように涅槃宗と命運をともにした摂論宗は、いつどのようにして日本に伝来したのであろうか。これについて富貴原章信氏は、中国から直接輸入されたとするならば、それは隋に渡った留学僧が帰朝する推古天皇三十一年（六二三）から、在唐留学を終えた道照が摂論関係を含む多数の経論疏を持ち帰る斉明天皇七年（六六一）までの間と見られるが、新羅の入唐学僧の円光（五三二～六三〇頃）と慈蔵（五九〇頃～六五八）が摂論宗を学んで帰国していること、右の期間に日本と新羅の間で一一回に及ぶ交通があったことからすれば、摂論宗は新羅から伝えられたと見たのが有力と指摘された[45]。これは蓋然性の高い想定であるが、史料的な裏付けが乏しいという恨みがある。

これに対し、田村圓澄氏は、摂論宗は道照によってもたらされたと主張する[46]。道照は法相宗の第一伝と位置づけられるが、田村氏によれば、道照の在唐期間は白雉四年（六五三）から斉明天皇七年までの間で、法相宗の教義を確立した基の『成唯識論述記』一〇巻は顕慶四年（六五九）～永淳元年（六八二）の間に、『唯識二十論述記』二巻は龍朔元年（六六一）～永淳元年の間に、それぞれ撰述されているので、その頃にはまだ法相宗は成立していなかったとする。その上で、玄奘門下には多くの摂論宗の学者が集まり、法宝は『涅槃経』の立場から、霊潤は摂論宗の立場から五性各別説を批判するように、当時の唐仏教はなお摂論宗が優勢であったと見なし、道照はこの摂論

宗を日本に伝えたとするのである。

　道照の在唐中は法相宗が未成立であったとの見解は、概ね首肯できるところであり、法相宗の第一伝との説は再考を求められることになったが、問題は、その道照が誰に摂論宗を学んだのかである。道照が弟子となった玄奘は、前記のように摂論宗に造詣が深かったとはいえ、インドからこれを否定する新しい唯識説を持ち帰ったのであるから、その師とするにはふさわしくない(47)。道照が玄奘から受けたのは、前節で見た伝の中で玄奘が「経論深妙、不レ能二究竟一。不レ如学レ禅流二伝東土一」と述べるように禅定の実践であったが、その禅を勧めるに際し「経論深妙、不レ能二究竟一」と理由づけるのは、玄奘の構想する法相学がまだ確立しておらず、道照には教義を授けることができないとの思いがあったからであろう。従って、道照は、当時盛行していた摂論・涅槃両宗と新来の唯識説が対峙する中で留学生活を送っていたものと見られる。恐らく、入唐前に新羅からもたらされた摂論学の一端を学んでいた道照は、本場の学問状況に身を投じ、師から授けられた禅とともに摂論宗と涅槃宗を体系的に学び、併せて未確立な法相学も可能な範囲で摂取し(48)、それぞれに関連する多くの経論疏を日本に将来したのであろう。つまり、摂論宗は、田村氏のいうように道照によって伝えられたが、そこにはそれと密接な関係にある涅槃宗もともなっていたと考えられるのである。

　このように、道照の帰国によって元興寺には、法相宗成立直前の唐の仏教がもたらされたのであるが、ここでもう一点、文室浄三の関心を引いた仏跡図の存在について触れておきたい。

　禅院には、前節で見たように黄文本実が持ち帰った仏跡図の写しが安置されていた。しかし、禅院から東大寺造営機関の写経所へ奉請された疏論を書き留める天平十九年（七四七）十月九日付「自禅院寺奉請疏論等歴名」(49)の末尾には、「仏跡図一巻一条紅袋一条白袋／一条錦袋　管一合着漆」とあって、仏跡図も奉請の対象になっていたことが記されてい

る。これを本実将来の図と見なせなくもないが、右の記事によれば、巻かれた状態で紅袋、白袋、錦袋の順に包まれ漆塗りの管（筒）に収められているので、禅院では相当貴重な品として取り扱われていたことが知られる。このときは、書写のために貸し出されたのであろうが、本来は丁重に保管されるべきものであったと思われる。従って、それが、浄三が仏足石を制作する天平勝宝五年（七五三）頃になって壇上に安置されるようになったとは考えにくいので、本実が将来したのとは別の図であったと見た方がよいだろう。となると、それは道照の将来であった可能性が高くなる。

文室浄三は、仏足石の〔正面〕に刻まれた銘文の中で、玄奘の『大唐西域記』からインドの仏跡を三件紹介しているが、それは、当時の日本で仏跡といえば玄奘の右の著作が引き合いに出されていたからであろう。この点は唐土においても同様であったと思われる。玄奘が仏跡図を持ち帰ったかどうか定かではないが、著作による仏跡の案内は皇帝の関心を引いたらしく、『法苑珠林』巻二九には、浄三も触れる『大唐西域記』巻八の摩掲陀国の仏跡の条を引用したあと「貞観二十三年有㆑使、図㆓写迹来㆒」[50]と注記している。玄奘が帰国した翌年の貞観二十年頃には王玄策も西域・インドの旅から戻り、釈迦成道後の初転法輪の地である鹿野薗の仏跡図をもたらしたので、太宗は摩掲陀図に残る釈迦が涅槃に入る折に踏んだという仏跡も必要と考え、遣使して図写させたのであろう。

このように、玄奘と王玄策の相次ぐ帰国により、皇帝と都の人士は西域・インドの新たな仏教事情に接したのであるが、彼らが関心を寄せたものの中にこの仏跡図があったことは確かであろう。道照も玄奘からこうした情報を得ていたはずで、帰国に際し唐仏教の状況を伝えるために仏跡図の写しを入手していたとしても、おかしくはないのである。黄文本実の写した図は、このような道照と仏跡図の縁由を尊重して禅院に収められたのではないかと想像される。

道照は、将来した仏舎利や経論の安置場所として禅院を建て居所としたというから、そこは禅の道場であるとともに、摂論宗・涅槃宗両宗の教場であり、当時の日本で唯一、仏跡図を保管する場であったことになるだろう。

四　無勝浄土信仰

持統天皇七年（六九三）に遣新羅使に随伴した神叡[51]は、新羅で法相を学び、これを元興寺に伝えたとされている。[52]帰国時は明らかでないが、養老元年（七一七）七月二十三日（庚申）に律師となり、同三年十一月一日（乙卯）には詔があって道慈とともに学徳が顕彰されているので、その影響力の大きさが窺われる。一方、天平七年（七三五）になると法相宗第三祖の智周（六六八～七二三）に学んだ興福寺僧の玄昉が帰国し、[53]日本に法相宗が本格的に伝えられることになった。その結果、法相宗をめぐる議論が盛んになり、摂論・涅槃の両学は後退して元興寺においてもその地位は低下したものと見られる。

しかし、道照ゆかりの禅院では事情を異にしていたようである。というのは、元興寺の東南隅に建てられた禅院は新都の平城京では右京四条一坊へ移建され、同じく新都の左京四・五条七坊の地に移建された元興寺とは分離された関係で、本院の影響を直接受けにくくなり、禅院では、ここを「一切衆生所依之処」と定めた道照の本願が尊重されていたからである。特に道照の本願は、一切の衆生に仏性の存在を認める一乗思想に裏打ちされていたと見られるだけに、五性各別の一分不成仏を主張する法相宗とはなじまないものであった。その意味で、この禅院は京内諸寺で特異な位置を占めており、玄昉の帰国後も摂論・涅槃の両学は継受されていたと思われる。

大安寺にも、前記のように摂論衆が設置され、涅槃宗も存在していたと伝えられる。その創設の経緯は明らかで

ないが、奈良時代に法相宗が盛行したとの所伝もないので、禅院のようにこの両者が継受されていたと推測される。しかし、天平元年（七二九）になると、在唐中に三論を極めた道慈が伽藍修営のために大安寺に入り[54]、同八年に、日本に華厳宗章疏と律宗行事鈔等をもたらしたという道璿[55]（七〇二～七六〇）と、『華厳経』に造詣の深い波羅門僧菩提僊那[56]（七〇四～七六〇）が来朝すると、いずれも大安寺に止住することになり[57]、同十二年から金鐘寺で始まる『華厳経』講説の講師を勤めたのは新羅留学から戻った大安寺僧の審詳[58]という具合に、天平期の大安寺には三論・華厳といった新たな唐・新羅の仏教が持ち込まれていた。そのため、摂論・涅槃の旧い仏教は新来のものに押されるようになったことは否めず、その影響力も低下していったものと見られる。

この他に、天平九年三月十日付「太政官奏」によれば、「皇后宮職解」を受けて元興寺の摂大乗論門徒（摂論衆）が抽出され、興福寺に住持させる措置がとられている[59]が、玄昉将来の法相宗が盛んな寺院で、この摂論衆がどれだけ幅を利かせたのかは疑問である。

政事の暇に仏門に心を傾け、公事の合間には寺に参詣したという文室浄三が、『涅槃経』に説かれる無勝浄土への信仰を抱いたのは、右の元興寺・禅院・大安寺との関係を通してであろうが、とりわけ繫がりが深かったのは、仏跡図のある禅院であったと考えられる。「仏足石記」にあるように、浄三は亡き夫人の霊が無勝浄土に遊び釈迦仏の教えを受けて真如になることを願い、仏足石を制作しているからである。

この仏足石の功徳については、『観仏三昧海経』の文言に求められているが、東晋代に仏陀跋陀羅（三五九～四二九）によって訳出されたこの経典では、釈迦仏の身体的特徴である相好（三十二相八十種好）を順次観想する方法が説かれ、衆生が仏を観ずることができれば、その心は仏と異なるところがないとしている。千輻輪の文様のある仏足は、三十二相のうちの一つにすぎないので、浄三の記述は当該箇処のみを摘記した体裁をとっている。しかし、

こうした断章的解釈は浄三によって行なわれたのではなく、玄奘帰国後に仏跡への関心が高まる中で出されてきたのであろう。無勝浄土との関係も、その延長上にあるものと思われる。

この仏跡（仏足跡）と無勝浄土との間に繋がりがあるとするならば、『涅槃経』の冒頭に収められる寿命品の存在が重要になる。ここでは、釈迦の入滅（大般涅槃）の光景が題材として取り上げられ、最後の教えを得るために各地から様々な人々が釈迦のもとに集まってくる様子が描かれているが、そのときの彼らの行動は「疾至二仏所一稽二首仏足一、繞百千匝、合掌恭敬却坐二一面一」という表現でほぼ統一されている(60)。この中で、仏（釈迦）のもとに至った彼らが、まず仏足に稽首するのは、インドの礼法にもとづくとはいえ、入滅をひかえた釈迦が横臥していたことから、何よりもその足が仏そのものとして捉えられていたのであろう。釈迦は、この姿勢で教えを遺すのであるから、まさに仏足は遺教と相即的な関係にあったことになる。従って、釈迦入滅の意義を説く『涅槃経』と仏跡は繋がりを持つといえるわけで、釈迦仏のいる無勝浄土への往生を仏足石制作の功徳に託したのも、故なきことではなかったのである。

こうした仏跡をめぐる解釈は涅槃宗あたりから出され、道照によって日本へもたらされたのであろう。浄三の無勝浄土信仰は、この道照の本願が生きる禅院との関係の中で育まれていったと考えられる。

では、その信仰の内実をどう捉えればよいのであろうか。確かなのは、夫人の追善だけのものではなかったということである。「沙門釈浄三菩薩伝」で語られるように、浄三は常日頃から仏門を崇敬し、教説にも精通しており、居所の仏堂には花香と経文を唱える音声を供し、仏のみが真理であるとの教えに心を寄せ無勝浄土への往生を願っていた。従って、そこには、何らかの修行実践があったと見なければならないであろう。

凝然は、『三国仏法伝通縁起』巻下の末尾で「震旦諸師弘二浄土法一、日本先徳不二立為レ宗、諸宗先哲各随二自宗一立

レ義陳レ宗弘通而已、近代源空上人已後立二浄土宗一弘二通世間一」[61]と述べるので、涅槃宗であるならばそれに見合った浄土法、つまり浄土に往生する方法があったことになる。しかし、それは伝わっていないため、ここでは憶測に及ぶが、注意したいのは、道照は玄奘から禅を教えられていたという点である。道照の伝には、「于レ時天下行業之徒、従二和尚一学レ禅焉」とあるから、浄三も禅院に伝習される禅に臨んでいたことは否めないであろう。ただ、それが瑜伽法相系の止観であったのか、それ以前の禅観であったのかは定かではなく[62]、浄三の信仰との関わりを見るのは困難であるが、禅については、『大乗起信論』との関係にも留意しておく必要がある。

　大乗仏教の中心思想を理論と実践の両面から要約した『大乗起信論』は、梁代に真諦によって訳出されると仏教界の注目するところとなり、様々な注釈書が著わされた。代表的なものに、曇延（五一六～五八八）の『大乗起信論疏』三巻、曇遷の『大乗起信論疏』一巻、慧遠（五二三～五九二）の『大乗起信論義疏』二巻、元暁（六一七～六八六）の『大乗起信論疏』二巻、法蔵（六四三～七一二）の『大乗起信論義記』二巻などがあるが、このうち曇延は『涅槃経』の講説に勤め『涅槃義疏』一五巻を著わした北地涅槃宗の碩学、曇遷は前記のように摂論宗を北地に伝えた人物、慧遠は地論宗南道派の学問の大成者で『涅槃義記』『大乗義章』といった涅槃学の重要書の著者[63]というように、摂論・涅槃両宗との関わりが深い。それ故、日本に伝えられた両宗においても『大乗起信論』が尊重されていたはずで、こうした注釈書をもとに内容の理解を進めていたものと思われる。

　この『大乗起信論』では、衆生心（一般の凡人の心）の本性は仏陀（如来）になりうる素質を具えた純粋清浄なものであるが、煩悩に覆われた状態にある（如来蔵）と説き、その煩悩を滅して本覚（仏陀）に至る修行方法が提示されている[64]。それによると、仏陀になりうるとの仏の教えを信じて疑わない心（信心）を完成させることが肝要で、そのためには布施・持戒・忍耐・精進・止観の五門を修行する必要があるという。このうちの止観門が禅に相当す

る部分で、止（心を静止させる）と観（正しい智慧をおこして対象を観ずる）の方法、さらに止と観を同時に修する方法が具体的に述べられている。摂論宗や涅槃宗のような一乗仏教にとって、同じ立場から仏陀になるための、換言すれば仏陀の浄土に生じるための方法が説かれる『大乗起信論』は重要な論書であったわけで、その修行実践のあり方も、これに学んでいた可能性が高いように思われる。

道照のもたらした禅の内容は不明としても、浄三は、こうした『大乗起信論』の方法に親しんでいたと見られる。石上宅嗣とともに「文人之首」と称された淡海三船は「注起信論」を著わし、これを見た唐霊越龍興寺の僧祐覚は感歎して讃詩を作ったという(65)。『大乗起信論』が、仏門に心を寄せる都の人士らに尊重されていたことを窺わせる所伝である。

浄三の修行のあり方を見る上で、もう一つ注意されるのは『涅槃経』の戒律的な性格である。先の寿命品に続く金剛身品では、仏は正法（正しい教法）を護持することで金剛身を得たとして護持正法が強調され、護法の果報は広大無辺であると説かれている。護法のためなら刀杖を持つことも辞さないとの激しい側面があるものの、基本的には戒律を守ることが正法の護持となり、護戒によって仏性を見ることができるとする。種々ある戒律のなかで『涅槃経』独自のものとされるのが息世譏嫌戒で、ここでは世間が非難する三六の項目が事細かく挙げられており、奴婢・金銀・諸宝・象馬車乗・穀米・田宅といった不浄物の受蓄や、食肉・飲酒が禁じられている(66)。

浄三は在家であったから、これらの戒律を厳守するわけにはいかないが、煩悩を滅するための禅定とともに、こうした戒律を可能な限り護持し、自らの内にある仏性（如来・仏陀）を確信して往生を得ようとしていたことは想像に難くないところである。

石山寺蔵の『遺教経（仏垂般涅槃略説教誡経）』一帖の本奥書には、「唐清信弟子陳延昌、荘㆑厳此大乗経典㆒、附㆓

日本／使国子監大学朋古満、於ㇾ彼流伝／開元廿二年二月八日従ㇾ京発記」とあって、唐の清信の弟子の陳延昌が、この経典を日本に流伝させるため朋古満、すなわち開元二十二年（七三四、天平六）に帰国した大伴古麻呂に託したことが記されている[67]。『遺教経』は、『涅槃経』と同じく涅槃に臨んだ釈迦が弟子に遺した教えを記したもので、ここには浄戒にもとづく修道生活のための規範が簡潔にまとめられている[68]。陳延昌が何を意図して日本での流伝を求めたのか定かではないが[69]、延昌自身が在家の居士と見られることからすれば、そこには日本の居士にも『遺教経』で説かれる修道生活を普及させようとの思いがあったのであろう。古麻呂も在唐中は、こうした生活に親しんでいたものと思われる。

大伴古麻呂が『遺教経』を持ち帰った頃に、浄三はすでに無勝浄土への信仰を抱いていたのかどうか明らかではない。しかし、『涅槃経』と密接に関わる経典だけに戒律護持の修行生活にも大きな影響を与えたことは確かであろう。浄三は、天平勝宝九歳（七五七）の皇嗣選定時に古麻呂とともに池田王を推している[70]が、両者の関係の背後には仏道修行をめぐる交流があったのかもしれない。

「伝」によれば、浄三は鑑真の弟子となり、東大寺では十二分教義を立てるなど仏教の研鑽を重ねていくが、「伝」が『涅槃経』光明遍照高貴徳王菩薩品の一文（取意文）を載せて終わるように、無勝浄土への信仰は一貫して変わらなかったようである。この「伝」を記した『延暦僧録』の著者思託は鑑真の高弟の一人で、浄三とは同門関係にあった。浄三に対する評価が高いことは第一節で見たところであるが、それは交わりを深くしていた思託の思いが込められていたからで、その浄三の浄土信仰は、思託にとって顕彰すべき対象であったのである。

おわりに

文室浄三の無勝浄土信仰をめぐる考察は以上に尽きるが、最後に浄三の職歴から浮上する二つの浄土、すなわち阿弥陀浄土と蓮華蔵世界との関係について触れておきたい。

浄三は、光明皇太后の一周忌のために建てられた阿弥陀浄土院の別当に就任しているので、阿弥陀浄土との関わりも深いといわねばならない。当時の日本には、中国の浄土教を確立した曇鸞（四七六～五四二）の『浄土論註』や道綽（五六二～六四五）の『安楽集』、善導（六一三～六八一）の『観無量寿経疏』などが伝来していた(71)。それ故、浄三ほどの学殖があれば、これら先学の著作をもとに『阿弥陀経』『無量寿経』『観無量寿経』といった浄土教関係の経典を読み解き、阿弥陀信仰に傾倒していたとしてもおかしくはないのであるが、関係史料を見る限りそのような形跡は認めることができない。それは、師とすべき僧、つまり中国の浄土教を体得して帰国した僧もしくはそれに薫陶を受けた僧がいなかったからであろう(72)。禅院に出向いていた浄三は、道照の弟子から摂論・涅槃を学び無勝浄土信仰を得たのであろうが、それは、唐土にあって道照が摂取した方法に従ったものと見られる。要は、仏教を学ぶには本場の手法が欠かせないのである。

もう一つの浄土は、浄三が大鎮を勤めた東大寺で展開する『華厳経』の蓮華蔵世界である。『華厳経』の研究については、唐僧の道璿や波羅門僧菩提僊那が来朝し、また新羅に留学した審詳がいたので、浄土教のような不便を来すことはなかったはずである。しかし、聖武天皇が盧舎那大仏の造立を命じるように、蓮華蔵世界は聖武と密接な関係にあり(73)、浄三といえども往生の対象とするには憚られる側面があった。従って、十二分教義を立てるなど東

大寺の教学にも関与していたとはいえ、浄土という面では一線を画し、自らの信仰に忠実であったものと思われる。結局、浄三は、何らかの縁故で繋がりを持った禅院の僧との交流を介し、自らの浄土信仰を得て生涯守り続けていくのであるが、そこには、前記のように往生を遂げるための禅定や護戒といった主体的な実践修行がともなわれていたと考えられる。それは、後の阿弥陀仏の本願にすがる浄土教とは異なるもので、この時代特有の信仰形態と評価することができるであろう。

本稿では、浄三個人の信仰に終始したが、冒頭に示した石上宅嗣をはじめとする貴族たちの仏教信仰の様相を見通すことができれば、奈良仏教はこれまでとは異なる側面を語り出すように思われる。

註

（1）井上光貞『新訂・日本浄土教成立史の研究』第一章「律令時代における浄土教」（山川出版社、一九七四年。初版は一九五六年）、大野達之助『上代の浄土教』第三「奈良時代の浄土教」（吉川弘文館、一九七二年）、速水侑「奈良朝の浄土信仰」（同編『論集日本仏教史』二〈奈良時代〉雄山閣、一九八六年。同『浄土信仰論』（雄山閣、一九七八年）から再録）。塚本善隆氏によれば、隋唐時代といえども浄土信仰者の間に、弥勒・弥陀・観音・薬師等の浄土信仰の混糅状態はしばしばあったという。同『唐中期の浄土教』第四章「浄土教の発達普及」（法藏館、一九七五年）参照。

（2）阿弥陀・弥勒以外の浄土の存在については、家永三郎「東大寺大仏の仏身をめぐる諸問題」（同『上代仏教思想史研究（新訂版）』法藏館、一九六六年。初出は一九三六年）、堀池春峰「奈良時代に於ける浄土思想」（同『南都仏教史の研究』遺芳篇、法藏館、二〇〇四年。初出は一九六九年）で注目されているが、その後これらの浄土を主題として扱った研究は、管見の限りでは認められなかった。

（3）『続日本紀』天応元年六月辛亥条。石上宅嗣の信仰については第十章で取り上げる。なお、以下で年月日に干支

を付した事項は、断らない限り『続日本紀』による。

（4）文室浄三の浄土信仰を伝える史料は次節を参照。

（5）『日本高僧伝要文抄』は『大日本仏教全書』一〇一にも収載される（仏教全書本と称す）が、ここでは新訂増補国史大系本による。なお、藏中しのぶ『『延暦僧録』注釈』（大東文化大学東洋研究所、二〇〇八年）を参照して文字を改めたところがある。

（6）後藤昭雄「『延暦僧録』「淡海居士伝」佚文」（同『平安朝漢文文献の研究』吉川弘文館、一九九三年。初出は一九九〇年）。

（7）『続日本後紀』承和十年三月辛卯条の文室朝臣秋津の卒伝には「大納言正二位智努王之孫」と見えるが、『類聚国史』巻六六（人部・薨卒四位）・天長七年閏十二月戊子条、『続日本後紀』承和十四年閏三月庚辰条、『日本文徳天皇実録』天安二年正月丁巳条では、文室浄三（智努王）の位階を従二位としている。

（8）「誓二其来間一」の「間」を問と見るのは仏教全書本の考による。

（9）正倉院文書に見える天平勝宝四年五月十六日付「如法経荘厳物奉請文」（続々修十五ノ八、『大日本古文書』十二ノ二八七〜二八八）には、「弥努宮」から奉請された経典と荘厳物を記すが、この「弥努宮」とは賜姓前の浄三を指すのであろう。

（10）太田博太郎「唐招提寺」（同『南都七大寺の歴史と年表』岩波書店、一九七九年）。

（11）仏教全書本の考に従う。

（12）石田瑞麿『日本仏教思想史研究』一〈戒律の研究　上〉六九頁（法藏館、一九八六年）。

（13）福山敏男『奈良朝寺院の研究』一七九頁（綜芸舎、一九七八年。原本は一九四八年）。

（14）以下で言及する経論の概容については鎌田茂雄・河村孝照・中尾良信・福田亮成・吉元信行編『大蔵経全解説大事典』（雄山閣出版、一九九八年）を参照している。

（15）仏教全書本の考による。

（16）鳩摩羅什には四聖八俊十哲と称されるすぐれた弟子がいた。鎌田茂雄『中国仏教史』第二巻二八四〜二八五頁（東京大学出版会、一九八三年）参照。

（17）称徳天皇が発願した三重小塔百万基（百万塔）の造顕も、『無垢浄光陀羅尼経』によるものであった。堀池春峰「恵美押勝の乱と西大寺小塔院の造営」（同『南都仏教史の研究』下・諸寺篇、法蔵館、一九八二年。初出は一九六六年）。

（18）『大正蔵』一二ノ五〇八下。『大般涅槃経（涅槃経）』は北本（四〇巻）による。第三節を参照。

（19）複数の釈文が公にされているが、ここでは東野治之「薬師寺仏足石記と龍福寺石塔銘」（同『日本古代金石文の研究』岩波書店、二〇〇四年、初出は一九九九年）に示すものを掲げる。数字は行数を示す。

（20）「仏足石記」の研究史については斎藤理恵子「仏足石記校訂」（安田暎胤・大橋一章『薬師寺』里文出版、一九九〇年）に詳しい。

（21）以下では、仏足跡、仏跡を、釈迦（仏陀）の足跡の形を石に彫りつけた仏足石の同義語として使用する。

（22）斎藤前掲註(20)論文。

（23）山本幸男「玄昉将来経典と「五月一日経」の書写」上・下（相愛大学『研究論集』二二・二三、二〇〇六・二〇〇七年。本書第十一章）。

（24）『大正蔵』五三ノ七〇三下。

（25）『大正蔵』五三ノ五〇三上、五〇四上〜下。

（26）『旧唐書』巻三（本紀三・太宗下）貞観二十二年五月庚子条および巻一九八（列伝一四八・西戎）天竺国条、『新唐書』巻二二一上（列伝一四六上・西域上）天竺国条。

（27）『大正蔵』五三ノ四〇五上、五〇一下。

（28）『大正蔵』五一ノ一下〜二上。足立喜六訳註『大唐西域求法高僧伝』二七〜二八頁（岩波書店、一九四二年）。

（29）『仏祖統紀』巻三九・貞観五年正月条（『大正蔵』四九ノ三六四上）。『唐会要』巻四八（講釈教下）に「龍興寺頒政坊。貞観五年太子承乾立為二並光寺一。神龍元年改レ名」（並は晋の意）と見える。

（30）『大正蔵』五〇ノ二五二中〜二五四中。

（31）承乾は貞観十七年謀反の罪により廃太子され、同十九年配所で没しているが、太宗はその死を受けて廃朝し、葬儀は「国公之礼」をもって行なったという。『旧唐書』巻七六（列伝二六・太宗諸子）の「恒山王承乾」の項を参

照。

(32)『日本書紀』天智天皇八年是歳条。

(33)『法苑珠林』巻一〇〇には、「案二王玄策西域行伝一云」として摩伽陀国菩提寺の僧が釈迦の入般涅槃から咸亨二年(六七一)に至るまでの年数を一三九五年と算出したことを紹介している(『大正蔵』五三ノ一〇二八中・下)。

(34)福山前掲註(13)著書二三五〜二三九頁、藤野道生「禅院寺考」(『史学雑誌』六六ノ九、一九五七年)。禅院寺とも称されるが、ここでは道照伝と「仏足石記」に従い禅院と表記する。

(35)東野前掲註(19)論文。

(36)『大正蔵』一二ノ四五〇上、四五一上。以下で言及する『涅槃経』の構成と内容については、横超慧日『涅槃経——如来常住と悉有仏性——』(平楽寺書店、一九八一年)、同『涅槃経と浄土教——仏の願力と成仏の信——』三〜一一三頁(平楽寺書店、一九八一年)による。

(37)『大日本仏教全書』一〇一ノ一〇四。

(38)『大日本仏教全書』七五ノ一〇九。

(39)望月信亨『仏教大辞典』第五巻(世界聖典刊行協会、一九五八年)の「涅槃宗」の項を参照。

(40)鷲森浩幸「大修多羅宗の性格とその教学」(続日本紀研究会編『続日本紀の諸相』塙書房、二〇〇四年)。

(41)『大日本古文書』二ノ六三二、『寧楽遺文』中ノ三九〇。

(42)以下に述べる涅槃宗の成立と展開および摂論宗との関係は、布施浩岳『涅槃宗の研究』後篇(涅槃宗史)第一・三・五章(国書刊行会、一九七三年復刻。原本は一九四二年)、鎌田茂雄『中国仏教史』第四巻第五章(東京大学出版会、一九九〇年)を参照している。

(43)『大正蔵』五〇ノ五四九中。

(44)『大正蔵』五〇ノ四三一下、五二八中〜五三〇下。

(45)富貴原章信仏教学選集第三巻『日本唯識思想史』三九〜六一頁(国書刊行会、一九八九年。原本は一九四四年)。

(46)田村圓澄「摂論宗の伝来」(同『日本仏教史』二〈奈良・平安時代〉法藏館、一九八三年。初出は一九七〇・一九七四年)。

(47) 末木文美士「日本法相宗の形成」（同『日本仏教思想史論考』大蔵出版、一九九三年。初出は一九九二年）。
(48) 深浦正文『唯識学研究』上巻（教史論）三五八頁（永田文昌堂、一九五四年）。
(49) 正集二裏・一裏、『大日本古文書』二十四ノ四四三〜四四七。
(50) 『大正蔵』五三ノ五〇二上。
(51) 『日本書紀』持統天皇七年三月乙巳条。
(52) 富貴原前掲註(45)著書一六三〜一六七頁。
(53) 『続日本紀』天平十八年六月己亥条。
(54) 「大安寺碑文」（藤田経世編『校刊美術史料』寺院篇・上巻八六〜八七頁〈中央公論美術出版、一九七二年〉）。
(55) 『三国仏法伝通縁起』巻中・下（『大日本仏教全書』一〇一ノ一一五・一二二）。
(56) 「南天竺波羅門僧正碑幷序」（『群書類従』五ノ五六六〜五六八）。
(57) 道璿と菩提僊那の大安寺止住は「大安寺碑文」（前掲註(54)参照）に見える。
(58) 『三国仏法伝通縁起』巻中（『大日本仏教全書』一〇一ノ一一六）。
(59) 『類聚三代格』巻二、「経論幷法会請僧事」。
(60) 『大正蔵』一二ノ三六六上〜三七一中。
(61) 『大日本仏教全書』一〇一ノ一三〇。
(62) 末木文美士「奈良時代の禅」（前掲註(47)著書、初出は一九八八年）。
(63) 布施前掲註(42)著書四三四〜四三六、四六八〜四七〇頁。
(64) 『大乗起信論』で説かれる修行実践については、平川彰『仏典講座二二・大乗起信論』三三七〜三七七頁（大蔵出版、一九七三年）、宇井伯壽・高崎直道訳注『大乗起信論』二六八〜二八六頁（岩波文庫、一九九四年）を参照。
(65) 後藤前掲註(6)論文に掲げられる「淡海居士伝」による。
(66) 望月良晃『大乗涅槃経の研究――教国史的考察――』第一編第三章「『大乗涅槃経』の戒律説」（春秋社、一九八八年）。
(67) 東野治之「唐の文人蕭穎士の招請」（同『遣唐使と正倉院』岩波書店、一九九二年。初出は一九八二・一九八九

年）、同『遣唐使』八二～八五頁（岩波新書、二〇〇七年）。石山寺蔵『遺教経』については、佐藤信「石山寺所蔵の典籍聖教（抄）」（同『古代の遺跡と文字資料』名著刊行会、一九九九年。初出は一九八五年）を参照。

(68)『遺教経』の内容については、薗田香融『意訳・遺教経』（顕真法輪文書伝道部、一九五二年）を参照。

(69) 東野前掲註(67)論文では、唐の太宗が貞観十三年（六三九）に『遺教経』を施行する勅を出していることと無関係ではなかろう、と指摘する。

(70)『続日本紀』天平宝字元年四月辛巳条。

(71) 井上前掲註(1)著書第一章第二節「南都六宗の浄土教」。

(72) 三論宗に智光、華厳宗に智憬、法相宗に善珠といった浄土教家が現われるが、彼らの学問は官寺内に留まるものであったとされる。井上前掲註(1)著書第一章第二節参照。なお、当時の阿弥陀信仰には華厳流のものがあったが、これについては、本書第九章を参照。

(73) 山本幸男「東大寺華厳宗の教学と実践――天平勝宝三年の「章疏目録」を通して――」（『南都仏教』九一、二〇〇八年。本書第三章）。

第九章　道璿・鑑真と淡海三船

——阿弥陀浄土信仰の内実をめぐって——

はじめに

『延暦僧録』収載の「淡海居士伝」[1]（逸文、以下「伝」と称す）には、淡海真人三船の出自と仏道修行歴、鑑真に献じた自作の五言詩二首、著作、唐の僧・詩人が三船を讃えた五言詩二首を挙げたあと、

無量寿国者、風生レ珠、禁聡苦空、水激全流、波埃常示、居士、摂レ心念誦、願レ生二安楽一云々

と記されている。ここに見える「無量寿国」「安楽」とは、阿弥陀仏の住する西方極楽浄土を指すが、三船は「摂レ心念誦」し、この浄土に往生することを願っていたという。

奈良時代の阿弥陀浄土信仰は、死者への追善の域を出ないものと見るのが通説的である。[2] しかし、『続日本紀』延暦四年（七八五）七月庚戌（十七日）条の卒伝で「三船、性聡敏、渉二覧群書一、尤好二筆札一」とその学殖が評され、右の「伝」に、

童年厭レ俗、忻二尚玄門(明)一、於二天平年一、伏二膺唐道璿大徳一為二息置(悪)一、探二聞(閲)三蔵一、披二検九経一、真俗兼縁(該)、名言両泯、

あるいは、

於二政事暇一、礼レ仏読レ経、毎二於節会一、花香奉レ仏、兼述二真和上東征伝一巻一、喩揚威用先後、又注二起信論一、藻

鉤□門、東大寺唐学生僧円覚、将二注論一至レ唐、〻霊越龍興寺僧祐覚、見レ論、手不レ釈レ巻、因二廻使一
有二讃詩一曰五言
真人伝二起論一　俗士著（着イ）二詞林一
片言復析玉　一句重二千金一
翰墨舒二霞錦一　文花得二意深一
幸因二星使便一　聊申二眷仰心一

とあるように、経典の読解や仏道修行に真贇に取り組み、「真和上」（鑑真）の「東征伝」を著わすとともに「起信論」（『大乗起信論』）の注釈をものし、唐僧祐覚に「片言復析玉　一句重二千金一」と言わしめた淡海三船の場合は事情を異にする。若くして道璿（七〇二～七六〇）に師事し、鑑真（六八八～七六三）が来朝するとその学徳に傾倒する三船は、仏教の教義に精通した当代を代表する知識人の一人であった。それ故、その浄土信仰には、通俗的なものとは一線を画する教理的な裏付けがあったと見なければならないであろう。

本稿は、このような淡海三船の阿弥陀浄土信仰の内実を、師の道璿の学問内容や修行実践と往生義、鑑真との交流などの考察を通して、解明しようと試みるものである。

一　道璿の学問と修行

淡海三船は養老六年（七二二）の生まれで[3]、「伝」に「童年厭レ俗、忻二尚玄門（明）一」とあるので、成年（一五歳頃）に至るまでに仏門（玄門）に入ったことになる。「伝」はこれに続けて「於二天平年一、伏二膺唐道璿大徳一為二息置（悪）一」

探二聞《閲》三蔵一、披二検九経一、真俗兼縁《該》、名言両泯」と記し、天平八年（七三六）に「伝戒者」として来朝した唐僧道璿の弟子（息悪）となり、仏教研鑽を積んだと述べるが、大安寺に止住することになった道璿[4]に師事できたのは、三船自身が同寺に入っていたからだと思われる。『続日本紀』の卒伝に「三船、大友親王之曾孫也、祖葛野王正四位上式部卿、父池辺王従五位上内匠頭」とあるように、三船は天智天皇の玄孫にあたり、後に三船が「大安寺碑文」に大官寺（大安寺の前身）は天智の建立にかかると記す[5]ように、大安寺は天智系ゆかりの寺院であった。恐らく、このような縁由があって、童年の三船は大安寺の門をくぐったのであろう。

道璿が来朝したとき、三船は一五歳になっていた。「性聡敏、渉二覧群書一」とされるので、この頃にはすでに仏教的な素養を身につけ、道璿が大安寺に入ると間もなく弟子になったものと見られる。その後、二〇歳頃に授戒して僧となり元開と名乗るが、「伝」に「勝宝年、有レ勅令二還俗一、姓《賜》真人」とあるように、僧としての生活は勅命により停止されることになった。『続日本紀』によれば、淡海真人と賜姓されたのは天平勝宝三年（七五一）正月二十七日（辛亥）であるから、その直前あたりに還俗したのであろう。このとき三〇歳であった。結局、三船は一五年の長きにわたって道璿のもとにあり、「探二聞《閲》三蔵一、披二検九経一、真俗兼縁《該》、名言両泯」と評されるような研鑽と修行を積むのであるが、浄土観の方も、こうした道璿との関係の中で育まれていったものと思われる。

1　「伝戒者」

その道璿の学問内容については、次に挙げるいくつかの記述から、断片的ではあるが窺い知る[6]ことができる。

まず、淡海三船の筆になる「唐大和上東征伝」（以下、「東征伝」と称す）には、東都大福光寺にあった沙門道璿律師が、天平五年に入唐した栄叡と普照らの請により、「伝戒者」として遣唐副使中臣朝臣名代の船で来朝したこ

とが記されている。(7) 栄叡らは戒師招請の使命を帯びていたので、道璿は戒律の専門家と見なされていたことになる。この点について、『内証仏法相承血脈譜』に引載される吉備朝臣真備の「道璿和上伝纂」（以下、「伝纂」と称す）では、「戒行絶倫、教誘不レ怠」「毎誦二梵網之文一、其謹誦之声、零零可レ聴、如レ玉如レ金、発二人善心一、吟味幽微、律蔵細密、禅法玄深、遂集二註菩薩戒経三巻一」(8)と記し、道璿は『梵網経』に通じ、そこに説かれる梵網戒（菩薩戒）を註解した『註菩薩戒経』（『註梵網経』）(9)を著わしたとしている。

菩薩戒は、僧俗を通じて授けられる大乗戒で、『梵網経』下巻には十重四十八軽戒が学処として定められている。注釈書としては、智顗（五三八～五九八）の『菩薩戒経義疏』二巻、勝荘の『梵網経菩薩戒本述記』四巻、法蔵（六四三～七一二）の『梵網経菩薩戒本疏』六巻、智周（六七八～七三三）の『梵網経菩薩戒本疏』五巻（一・三・五欠）、新羅では元暁（六一七～六八六）の『梵網経菩薩戒本私記』一巻（上巻のみ）、義寂の『梵網経菩薩戒本疏』三巻、太賢の『梵網経古迹記』二巻などがある(10)が、このうち勝荘・智周・元暁・義寂・太賢のものが天平十八年から天平勝宝三年にかけての写経関係文書の中に認められ(11)、書写等に付されていたことが知られる。いずれも道璿の来朝後のことであるから、その一部は道璿による将来であった可能性がある。

道璿の注釈書は現存しないが、その逸文が集成され、道璿がいかに智周の疏（『梵網経菩薩戒本疏』）に重きを置き依用したかが指摘されている(12)。その智周の疏は、『梵網経』と『華厳経』を同一思想に立つものと見なし一体と考える天台宗智顗の疏（『菩薩戒経義疏』）を継承するもので(13)、これより道璿の疏も天台によるものと解されている(14)。道璿が智顗の説を尊重していたことは、光定の『伝述一心戒文』巻下に引かれる『註梵網経』の一文の中にも示されている。それは、『梵網経』下巻の冒頭に出てくる「修行」の文言(15)をめぐるもので、天台師の説を次のように紹介する(16)。

修行者天台師説、修二行一切之法一、不レ生不レ滅、不レ常不レ断、不レ一不レ異、不レ来不レ去、常住一相、猶如二虚空一、言語道断、自性清浄、是名二修行一、如レ是行人、於二自性清浄心中一、不レ犯二一切戒一、是即虚空不動戒、又於二自性清浄心中一、安住不レ動、如二須弥山一、是則虚空不動定、又於二自性清浄心中一通二達一切法一、無碍自在、即是虚空不動慧、如レ是等戒定慧、名二盧遮那仏一

これによれば、一切の法（事物）は虚空の如く言語道断の自性清浄であると修行すべきであるとし、修行に必要な三学（虚空不動の三学）として、一切の戒を犯さない戒学、心中の安住を遂げる定学、一切法の無碍自在を見極める慧学が挙げられている。光定は、この三学を智顗の「随意普礼法」によるものとし、鑑真と共に来朝した法進の『註梵網経』や智顗の没後に門人の灌頂（五六一～六三二）が編集した『国清百録』にも同様の文があるとしている。[17]これより、道璿は『梵網経』の注釈書をなすにあたり『国清百録』を用いたとする見方があるが、[18]前記の智周疏への傾倒からすれば、右の天台師説も同疏からの依用ではないかと思われる。[19]

「東征伝」は、鑑真が智顗の『摩訶止観』『法華玄義』『法華文句』『四教義』『次第禅門』『行法華懺法』『小止観』『六妙門』などを将来したと記し、[20]凝然の『三国仏法伝通縁起』（以下、『伝通縁起』と称す）巻下の「天台宗」の項には「天平勝宝六年甲午鑑真和尚齎二天台宗章疏一而来」[21]とあるので、天台関係の主要な書は鑑真によって日本にもたらされたと見た方がよいだろう。道璿は天台への造詣が深かったとしても、智顗や灌頂らの書は手元に置かなかったのではなかろうか。

2　学統

道璿の学統については、先の「伝纂」に次のような記述がなされている。[22]

昔三蔵菩提達磨、天竺東来至二於漢地一、伝二禅法於慧可一、可伝二僧璨一、璨伝二道信一、信伝二弘忍一、忍伝二神秀一、秀伝二普寂一、寂即我律師所レ事和上也、本在二嵩山一、流二伝禅法一、人衆多帰、故有レ勅請入二東都一、常在二華厳寺一伝レ法、故曰二華厳尊者一

ここには、インドから中国に至った達磨（?～五三〇?）の禅法が慧可（四八七～五九三）、僧璨（?～六〇六）、道信（五八〇～六五一）、弘忍（六〇二～六七五）、神秀（?～七〇六）、普寂（六五一～七三九）へと伝えられたことが記されているが、弘忍の弟子の神秀は禅を都にもたらした北宗の祖とされるので(23)、これは北宗禅の系譜に相当し、道璿はそれに連なる普寂の弟子であったことが知られる。その普寂の師神秀は、弘忍の死後、智顗の建てた荊州の玉泉寺に居を移したという。当時の玉泉寺には、南山律宗の道宣（五九六～六六七）の弟子である文綱（六三六～七二七）に律を学び、入寺後は止観を学んだという弘景（六三四～七一二）がいて、神秀との交流を通して天台教学と禅宗の関係がより密接なものになったとされている(24)。普寂の伝を記す李邕の「大照禅師塔銘」によれば、大梁の壁上人に『法華経』『唯識論』『大乗起信論』等を学び、東都の端和上から具足戒を受けた普寂は、南泉景和上（弘景）から律を学んだあと嵩山にしばらく籠り、その後、玉泉の大通和上（神秀）のもとに赴き、五年後には禅宗の奥義を伝授されたという(25)。普寂が神秀から禅を学んだのは玉泉寺においてであるが、そこには以前に師事した弘景もいたと見られるので、普寂は禅とともに天台の止観も体得したことになるだろう。

『旧唐書』巻一九一（列伝一四一）の「普寂伝」によれば、久視元年（七〇〇）に則天武后の召により東都に至った神秀は、都下で伝教活動に従事するが、中宗は神秀の没後に普寂をその後継者とし、開元十三年（七二五）には玄宗の勅があって都城に居止することになった。「伝纂」は東都に入った普寂について、「常在二華厳寺一伝レ法、故曰二華厳尊者一」という興味深い記事を載せている。新羅の崔致遠が撰した「唐大薦福寺故寺主翻経大徳法蔵和尚

伝」（以下、「法蔵和尚伝」と称す）によれば、景龍二年（七〇八）に法蔵が「於二両都及呉越清涼山五処一起レ寺、均牓二華厳之号一、仍写二摩訶衍三蔵幷諸家章疏一貯レ之、善願天従功侔踊出」[26]と奏したとあるが、普寂のいる華厳寺とは、右の法蔵の求めに応じて西京・呉・越・清涼山の四処とともに東都に建てられた華厳寺に相当するものと思われる。法蔵は、この五つの寺院に大乗の仏典と章疏類を書写して貯え、華厳宗の増大と華厳思想の流布をはかったとされる[27]ので、ここに常在する普寂は、法蔵の華厳教学にも通じていたと見なければならないだろう。

　普寂が誰から華厳を学んだのかは諸伝に明記されていないが、慧苑（六七三?〜七四三?）の『続華厳経略疏刊定記』巻一に、証聖元年（六九五）から東都仏授記寺で開始された実叉難陀（六五二〜七一〇）による梵本『華厳経』（『八十華厳』）の漢訳作業の場に、義浄（六三五〜七一三）・円測（六一三〜六九六）・宝法・法蔵・復礼らとともに弘景が協力者として見え[28]る点が注目される。先の「法蔵和尚伝」にも同様の記事があり、そこでは詔により義浄・円測・弘景・神英・法宝が訳文の審議証義を担当したと[29]あるので、弘景は『華厳経』についても一家をなす碩学であったことが知られる。恐らく普寂は、この弘景から『華厳経』研究の手解きを受け、当時盛行していた法蔵の華厳学を学び取っていたものと思われる。

　このように、普寂は神秀から禅の奥義を授けられ、弘景を通して律・天台・華厳を学ぶわけであるが、弟子の道璿も師のこうした学問を継承していったことはいうまでもないだろう。ただ、律に関しては、思託の『延暦僧録』（逸文）に、入唐した栄叡と普照が開元二十一年に洛陽（東都）大福先寺の定賓律師から受戒したとある[30]ので、同じ寺院にいた道璿は、相部宗の大家で『四分律疏飾宗義記』一〇巻などの著作がある定賓からも、影響を受けていたと見られる。

3　修行実践

淡海三船は、道璿が体得した師資相承の学問（律・禅・天台・華厳）に傾倒していくのであるが、なかでも華厳と律は道璿自身が力点を置く学問であったと見られ、『伝通縁起』巻中の「華厳宗」の項に「璿公賷二華厳宗章疏一始伝二日本一」、巻下の「律宗」の項には「多賷二華厳章疏及律宗行事鈔等一来朝」(31)とあって、華厳宗と律宗関係の書籍を多く将来したと伝えている。特に律に関しては、自らが「伝戒者」として日本に招請されたものの、具足戒を授ける三師七証が整わない現実を前に、その普及に尽力したらしく、「東征伝」には、鑑真の門人思託に「所レ学有二基緒一、璿弟子閑二漢語一者、令レ学二励疏幷鎮国記一、幸見二開導一」と依頼し、大安寺の唐院で弟子の忍基や善俊らに、漢語とともに法礪（五六九～六三五）の『四分律疏』と定賓の『四分律疏飾宗義記（鎮国道場壇飾崇義記）』を学ばせた様子が描かれている。(32)

このように律は、道璿にとってその役目柄、日本に根付かせねばならない重要な学問であったが、華厳の方は自らの修行の拠り所となる教えではなかったかと思われる。『延暦僧録』の「高僧沙門釈道璿伝」（逸文）には、その華厳との関係が次のように記されている。(33)

> 依二華厳浄行品一一々依行、経云、若人依レ此而行、一切諸天魔梵龍神八部声聞独覚所レ不二能動一、然璿未レ終前一日、城中有二他俗人一、説下夢見中道璿乗二六牙白象一着二白衣一向レ東而去上、即天平宝字四年歳次庚子閏四月十八日終焉、春秋五十有九、即言依二如幻三摩提一、下従二六地一依二般若波羅蜜多一、尽二八地一、即与二華厳浄行品一理相扶会、然菩薩同レ凡、行位難レ識、

ここで、まず注意しなければならないのは、道璿が『華厳経』の浄行品に一々依行していたという点である。浄

行品は、『六十華厳』でいえば第二会（普光法堂会）の五番目に置かれる章で、智首菩薩が清浄でものに動じない身口意の三業を得る方法を問うたのに対し、文殊菩薩は菩薩の在家時の立ち居振る舞いや出家時の心得、出家後の坐禅や衣食住、対人関係のあり方などを利他に即した一四〇の願行で説き、最後は「仏子、是為二菩薩身口意業一、能得二一切勝妙功徳一、諸天魔梵沙門婆羅門人及非人声聞縁覚所レ不レ能レ動[34]」との文言で締め括られている。つまり、ここには生活全般にわたる規範が提示されていて、道璿は清浄な三業を得るために、それらを遂一実践していたというわけである。

胡幽貞の刊纂した『大方広仏華厳経感応伝』には、この浄行品を戒律と同等のものと見なす所伝が載せられている。それは、総章元年（六六八）に西域の三蔵梵僧が京洛に至ったときのことで、まだ童年であった法蔵は菩薩戒を三蔵から受けようと願ったが、そのとき人々が、この童子は『華厳経』を誦得しその義を解すと言ったところ、三蔵は驚嘆して「華厳一乗是諸仏秘蔵、難レ可二遭遇一、況通二其義一、若有レ人誦二得華厳浄行一品一、其人已得二菩薩浄戒具足一、不レ得三更受二菩薩戒[35]一」と述べたという。つまり、浄行品を誦得すれば更《あらた》めて菩薩戒を受ける必要はない、というのである。

ここには、『華厳経』浄行品は菩薩戒（梵網戒）と同等の価値を有するという、いわば西域伝来の考え方が示されているが、これを道璿の修行実践のあり方と比べてみると、その厳格ぶりが窺われるであろう。前記の「伝纂」が伝えるように、道璿は常に「梵網之文」を誦し、その声は「零零可レ聴、如レ玉如レ金、発二人善心一」という有様であった。その道璿が、浄行品の願行を一つ一つ実践するとなれば、そこには『梵網経』と『華厳経』を一体と見なす天台学的な考えに裏打ちされた、いわば二重の修行実践の方式が構築されていたことになるであろう。それは、これまでの日本になかった新しい実践法で、「伝」に特筆されるように道璿の存在を際立たせるものであったと思

われる。

こうした華厳学を拠り所とした修行のあり方は、普寂から伝授されたものであろう。華厳寺に住した普寂は華厳教学にも通じ、寺内には華厳宗関係の書籍が揃えられていた。修行の成果をあげるには『華厳経』の奥義にも触れる必要があるが、それには『華厳経』を円教と位置づけ、既存の諸宗派を序列化して包摂する法蔵の教学が至便であった。道璿が律宗の書目とともに、修行に不可欠な書として日本に将来した「華厳宗章疏」とは、杜順（五五七〜六四〇）から智儼（六〇二〜六六八）に継受され法蔵によって大成された、華厳教学の主要な書籍であったと思われる。

このような道璿が止住することになった大安寺は、最新の律学と華厳学、それに修行実践が学べる寺院として都の学僧や人士らの注目の的となったことであろう。修栄が撰した「南天竺波羅門僧正碑并序」によれば、道璿と同じ船で来朝した波羅門僧の菩提僊那（七〇四〜七六〇）も大安寺に住しているが、その行状については「僧正諷二誦華厳経一、以為二心要一」(36)と記されている。ここでいう諷誦とは、ふしをつけて誦じる意であるが、大部の『華厳経』をすべて諳記するのは不可能であろうから、それは平素口づさむことが必要な箇所、すなわち先の三蔵の発言や道璿の事例から推せば、これも浄行品の誦得ではなかったかと思われる。とすれば、大安寺では、外来僧による新しい修行実践が盛行していたことになるだろう。

二　浄土と往生

修行を積み重ね、この世での命が終わると仏や菩薩の住む浄土へと往生し成仏することになるが、道璿はこの浄

土と往生についてどのような考えを持っていたのか、が次に問題となる。

前節で見た『延暦僧録』の「道璿伝」には、命を終える前日に、道璿が六牙の白象に乗り白衣を着して東へ向かって去るのを夢に見たとの俗人の説が載せられている。六牙の白象に乗るのは普賢菩薩である[37]から、ここでは道璿が普賢の化身であったと語られているのである。「道璿伝」では、この説のあとに如幻三摩提（三昧）を修し、菩薩の位階では第六地に至って般若波羅蜜（智慧）を得、さらに第八地を尽くしたとして修行を称え、「即与二華厳浄行品一理相扶会」と記しているが、これは浄行品にある文殊菩薩が智首菩薩に語った次の言葉、すなわち菩薩が身口意の業（一四〇の願行）を成就すれば、「悉如二普賢大菩薩等一、成二就如来一切種智一、於二一切法一悉得二自在一」[38]との教説を受けるものであろう。浄行品に依用した厳格な修行が、道璿を普賢のように一切法において自由自在となる菩薩にしたというのである。

もっともこれは第三者による評価であり、道璿自身が普賢菩薩を目標に修行を重ねていたとしても、その果としての浄土は、師の普寂から継受した学問からすれば、天台や華厳にもとづくものと見るべきであろう。ただし、渡日に際し天台よりも華厳関係の書籍を将来していること、『華厳経』浄行品を修行実践の範としていることを念頭にすれば、華厳の影響の方が大きいように思われるが、華厳では天台の止観法を取り入れるなど両者の結びつきは深い[39]ので、以下では華厳、天台の順にそれぞれの浄土観と往生義について概観しておくことにする。

1　華厳の浄土と往生

華厳教学を大成した法蔵には浄土を扱った主たる著作はなく、浄土への往生については師の智儼の説を継承したとされている[40]。それは、智儼晩年の作である『華厳孔目』巻第四の「寿命品内明往生義」で語られるもので、ここ

では往生義を明らかにするために次の七門、すなわち①往生の意、②往生できると信じられる世界、③往生の因縁、④往生の確認法、⑤往生の実践、⑥往生する人の境位と分斉、⑦往生の実践の相違、から組織的に論じられている。[41] このうち①が智儼の往生思想の基本となる部分で、往生の本質を修行の後退を防ぐためと捉えている。それは、雑悪のある娑婆世界では中下の能力の者は修行を後退させることが多いからで、仏は彼らを引導して後退のない前進のみの浄土へ往生させるが、その浄土には、煩悩を断じて生じる阿弥陀仏の西方浄土と、煩悩を断じなくてもよい弥勒仏の兜率天があるとしている。[42]

この智儼の往生の解釈は、次に挙げる『大乗起信論』の「修行信心分」[43]の説を受けるものとされる。[44]

復次、衆生初学二是法一欲三求正信一、其心怯弱、以レ住二於此娑婆世界一、自畏レ不レ能下常値二諸仏一親承供養上、懼謂三信心難レ可二成就一、意欲レ退者、当レ知、如来有二勝方便一摂二護信心一、謂下以二専レ意念仏因縁一、随レ願得レ生二他方仏土一、常見二於仏一永離中悪道上、如二修多羅説一、若人専念二西方極楽世界阿弥陀仏一、所レ修善根廻向、願三求生二彼世界一、即得二往生一、常見レ仏故終無レ有レ退、若観二彼仏真如法身一常勤修習、畢竟得レ生住二正定一故、

「修行心信分」では、信心を成就するための五門（布施門・持戒門・忍耐門・精進門・止観門）の修行法が具体的に述べられているが、その最後の部分で、五門を修せない衆生には如来の勝れた方便があるとして、右に挙げた一節が説かれている。それによると、この娑婆世界で信心の成就が困難なときは、経中に阿弥陀仏を念じつつ西方極楽世界に生まれたいと願う者は即座に往生できるとあるように、[45]心を専ら念仏に向ければ、その願いに応じて死後に他方の仏の浄土に生じることができる。そこでは常に仏（阿弥陀仏）に会えるので、永遠に悪道に陥ることを免れ、さらに仏を観じて修習を繰り返し勤めれば、ついには悟りが決定された者の仲間入りができる、というのである。要は、阿弥陀仏は五門を修せない衆生を極楽世界に往生させ、その修行の完成へと導く役割を果たすのである。智

儼は、この阿弥陀仏の働きを自らの往生思想に取り入れたのであるが、その浄土への往生については煩悩の断絶が必要とし、煩悩具足の凡夫の往生との違いを明確にしている。

阿弥陀浄土をこのように捉えると、そこで修行を成就した者の行方が問題になるが、これについては②のところで「若依二一乗一、阿弥陀土、属二世界海摂一、何以故、為下近引二初機一成中信教境真実仏国円融不可説上故[46]」と述べている。つまり、一乗の立場からいえば阿弥陀浄土は世界海（華厳蔵世界海）に属摂されるが、これは初機の人を近くに導いて真実の仏国は円融不可説であると信じさせるためであるとし、阿弥陀浄土を真実の仏国（華厳蔵世界海）への一階梯と位置づけている。この観点は⑦でより明確になり、西方浄土に至ったあとの経過を次のように表現している[47]。

至レ彼得二不退一、雖レ有二前後一、仍取二不退一、以為二大宗一、従レ此已後、展転増勝、生二無辺仏土一、至二普賢界一、還来入二彼蓮華蔵世界海一、成二起化之用一、此拠二極終入宅之言一、

これによると、彼の阿弥陀浄土は、前後があるものの不退の位を得るところであり、その後は力を増強して無辺の仏土に生じ、さらに普賢界に至り、還来して蓮華蔵世界海に入って教化の働きを起こすが、それは「極終入宅」（遂に宅に入る）という言によるのであるという。「極終入宅」とは、このあとに引用される世親（四〇〇頃〜四八〇頃）の『往生論』に見えるもので、往生の業行の果として立てられた五門のうちの第三の宅門について語られる「入二第三門一者、以下一心専念作二願生レ彼、修中奢摩他寂静三昧行上故、得レ入二蓮華蔵世界一[48]」との文言を指す。つまり、智儼は『往生論』に裏付けを求めて、阿弥陀浄土から無辺仏土、普賢界を経て真実の仏国である蓮華蔵世界へと至る道筋を描くのである。

智儼は生涯の大半を修行に費やしたというが、それでも現世での能力を中もしくは下と認識していたらしく、法

蔵の著わした『華厳経伝記』巻第三には、その臨終の場面が次のように記されている。[49]

儼自覚㆓遷神之候㆒、告㆓門人㆒曰、吾此幻軀従縁無性、今当㆘暫往㆓浄方㆒、後遊㆗蓮華蔵世界㆖、汝等随㆑我、亦同㆓此志㆒、

智儼は法蔵をはじめとする弟子たちに、命を終えればしばらく浄方（西方浄土）へ往き、その後は蓮華蔵世界に遊ぶので、汝らも私と志を同じくするようにと告げている。『華厳孔目』巻第四の「寿命品内明往生義」で語られた往生の方法を、自らが実践しようというのである。

2　天台の浄土と往生

天台の場合は、智顗によって凡聖同居土、方便有余土、実報無障礙土、常寂光土の四種の浄土（仏土）が説かれている。[50]順に見ると、凡聖同居土は凡夫と阿羅漢などの聖者が雑居する国土で、これには穢土と浄土の別があり、穢土は現世のように不浄な世界、浄土は西方極楽浄土のような清浄な世界にあたる。天台の立てる四教（蔵教・通教・別教・円教）に即して見ると、ここは蔵教の説く国土にあたり、そこに住する仏（阿弥陀仏）は劣応身とされる。次の方便有余土は、方便行を修し見思惑を断じた衆生の生じる土で、ここは通教の仏（勝応身）が住む。実報無障礙土は、正修行を修し無明の惑を断じて真如を証した聖者が生まれる土で、別教の仏（報身仏）が住し、最後の常寂光土は円教の仏（法身）のみが住む世界とされる。

修行者は、この四種のうち最高位にある常寂光土をめざすことになるが、そのための正修止観の方法として智顗が『摩訶止観』に示したのが、四種三昧、一心三観、四句推検などの教説である。以下では四種三昧、すなわち止観を修するために坐禅と行道という身体の動作の違いによって四つに分類された、常坐三昧、常行三昧、半行半坐

三昧、非行非坐三昧のうち、浄土との関わりが出てくる常行三昧を取り上げることにする。(51)

常行三昧は、『般舟三昧経』に説かれる行道をもとに規定されたもので、九〇日間を一期として常に本尊（阿弥陀仏）のまわりを歩いて休息することなく、口に常に阿弥陀仏の名を唱え、心に常に阿弥陀仏を念じる行法である。ここで阿弥陀仏の名を唱え念じるのは、「若唱㆓弥陀㆒、即是唱㆓十方仏㆒功徳等、但専以㆓弥陀㆒為㆓法門主㆒(52)」とあるように、それには十方仏の名を唱えるに等しい功徳があり、阿弥陀仏は法門の主であるからだという。

この常行三昧では、西方の仏国（浄土）にいる阿弥陀仏の三十二相を専心想念する行を通して、仏として得知するものが何もない本当の仏の姿（法身の真実の姿）に接し、一切の法は無所有にして空であるとの諸法の実相を見ることに主眼があるので、ここでの阿弥陀仏は、こうした止観行を成就させるための導師的な役割を担っていることになるだろう。

四種三昧では、この常行三昧の他に、九〇日間を一期として沈黙のまま坐禅のみを行なう常坐三昧、七日を一単位として陀羅尼呪を唱える行道と坐禅を繰り返す方等三昧と、二一日を一単位として『法華経』の一部を読誦する行道と坐禅を繰り返す法華三昧からなる半行半坐三昧、行道・坐禅の形式に従うことなく日常的な動作振舞いの中で止観を実践する非行非坐三昧がなされる。こうした三昧を一つ一つ行なうのは行者に大きな負担となるが、「煩悩心病、無量無辺(53)」という中では一つの修行方法では対応できず、多大な煩悩を断ち切るためには、この四種三昧を実践する必要があるという。そして、「今論㆓果報㆒、隔在㆓来世㆒(54)」として、その実践の果報は来世に繋がるとする。つまり、止観の修し方によって前記の四種浄土のいずれかに生ずるのである。

智顗は、この往生義について、智儼のようにまとまった言及をしていないが、法華三昧の行法を詳しく記した『法華三昧懺儀』には、発願の方法として「我比丘某甲至心発願、願命終時神不乱、正念直往生安養、面奉弥陀値

衆聖、修行十地勝常楽」[55]と心念口言することを述べ、臨終に際しては安養（極楽浄土）に往生し阿弥陀仏に奉仕して修行することを願うべし、と説いている。また、灌頂の撰した『隋天台智者大師別伝』には、江都へ向かう途中の石城で死期を迎えた智顗は「右脇西面而臥、専称㆓弥陀般若観音㆒」とあり、最後の聞思として弟子に『法華経』と『無量寿経』を唱えさせた[56]と伝えている。要は、智顗も阿弥陀仏のいる浄土への往生を願ったのであるが、その浄土は凡聖同居土であって、蔵教が説く劣応身の仏がいる国土とされ、四種の中では下位に置かれていた。本来ならば、円教の浄土である常寂光土へ往生すべきであるのに、何故このような願生を抱くようになったのか。それは、止観行の達成の困難さに加え、無量無辺とされる煩悩の根絶に難渋していたからではないかと思われる[57]。

四種三昧のうち常行三昧では、前記のようにひたすら西方浄土にいる阿弥陀仏の名を唱え念じ、その三十二相を想念することによって真の仏の姿（法身）に接することが求められたが、それが可能になるのは、阿弥陀仏の浄土が法身の仏のみが住する常寂光土に通じる浄土であり、阿弥陀仏は、この真の仏の世界へと導く師となっていたからであろう。このことは、次のような往生の経路が用意されていたことを意味する。現世において四種三昧などを勤行したとしても、その果報として常寂光土への往生が保証されるわけではなく、むしろ教多の煩悩に病む衆生は凡聖同居土に生じる可能性が高い。それ故、その国土の浄土である西方浄土にまず生じて阿弥陀仏に見え、その相を観察する行を通して真実の仏に接し、その浄土へと移っていくという道筋である。これは、先に見た智儼の往生義と類似するものといわねばならない。

智顗が臨終に際し阿弥陀仏の浄土への往生を願った背景には、このような往生の方式が描かれていたのではないかと思われる。

3　道璿の往生義

以上、華厳学と天台学の往生について考察を加えたが、これを要するに、両者とも臨終に際しては西方の阿弥陀浄土への往生を求めるものの、そこは最終の目的地ではなく、阿弥陀仏を導師として、華厳では蓮華蔵世界、天台では常寂光土へと向かうための前段の地であったということである。

智儼の往生義も含めた教説は、法蔵や澄観（七三八～八三九）によって受け継がれていくが[58]、智顗の場合は、弟子の灌頂が没してから以降、その継承過程が明らかでなく、湛然（七一一～七八二）が再興するまで、いわゆる天台暗黒時代が訪れる[59]。天台三大部（『法華玄義』一〇巻、『法華文句』一〇巻、『摩訶止観』一〇巻）に込められた智顗の教説は難解で、湛然の注釈書『摩訶止観輔行伝弘決』四〇巻が出るに及んで『摩訶止観』本文の理解が容易になったと評されるので[60]、道璿やその師普寂が学んだ天台とは、智顗の教説の体系というよりも止観の作法を中心とするものではなかったかと思われる。従って、道璿が体得した往生義は華厳のそれであり、智儼のいう蓮華蔵世界へ向かうための西方阿弥陀浄土への往生であったと見た方がよいだろう。

因みに道璿と同じく大安寺に止住し、『華厳経』の諷誦（浄行品の誦得）を心要とした菩提僊那は、臨終に際し「汝曹宜下抽二吾帑蔵衣物一、奉中造阿弥陀浄土上[61]」と弟子に告げたと伝えられている（「南天竺波羅門僧正碑并序」）。

三　淡海三船の浄土観――鑑真との交流を通して

淡海三船が道璿に一五年にわたって師事していたとなれば、その浄土観も華厳にもとづくものであったことにな

るだろう。

前記のように、道璿や菩提僊那が止住する大安寺は、最新の唐仏教（律・禅・天台・華厳）が学べる寺院として衆目を集めていたが、新羅に留学後、唐に至って法蔵に学んだという大安寺僧審詳が帰国するに及び、同寺の華厳は一頭地を抜く存在になったものと見られる。[62] 盧舎那仏造立の教理的研究をめざし、天平十二年（七四〇）から金鐘寺（東大寺の前身）で開始された『華厳経』講説（一回目）の講師に審詳が抜擢されたのも、大安寺の研究水準の高さ故であろう。この講説では、法蔵の『華厳経探玄記』二〇巻を用いて『六十華厳』が三年にわたって講じられたが、その後も慈訓・鏡忍・円証・厳智・智憬らが講師となって、東大寺で盧舎那大仏の開眼供養会が行なわれる前年の天平勝宝三年（七五一）まで、同じく三年周期で三回開催された。この間、天平感宝元年（七四九）閏五月二十日（癸丑）の勅で、「太上天皇沙弥勝満」と自称する聖武が大安・薬師寺・元興寺・興福寺・東大の五寺と法隆寺以下七寺に種々の物と墾田地を施入し、「以二花厳経一為レ本、一切大乗小乗経律論抄疏章等、必為二転読講説一悉令二尽竟一」（『続日本紀』）と宣したことで、『華厳経』研究は一段と高揚したものと見られる。

三船が還俗するのは天平勝宝三年正月頃であるから、それまでの間、こうした時流の中で師道璿に導かれて『華厳経』の奥旨に触れるとともに法蔵の教学を学び、さらには智儼の往生義も解するに至ったのではないかと思われる。後に三船は『大乗起信論』の注釈書を著わすが、法蔵が華厳教学を大成するにあたり、同書の如来蔵思想から大きな影響を受けていた[63]ことを念頭にすれば、その素地は右の道璿門下の時代に築かれていたと見ることができるだろう。

1　鑑真との出会い

還俗後の淡海三船の様子については、「淡海居士伝」に次のように記されている。(64)

勝宝年、有レ勅令二還俗一、(賜)姓真人、起(赴)唐学生、因レ患(疾)制亭、雖レ処二居苑(家)一、不レ着二三界一、示レ有二眷属一、常修二梵行一、求二会真際一、故挙(奉)二大(太)徴之円覚一、順二時俗一、故奉レ法賓レ至(王)、

後真和上来、上詩云、　五言

摩騰遊二漢国(闕)一　僧会入二呉宮(官)一
豈若真和上(尚)　含レ事(章歟)渡二海東一
禅林戒網(綱)密　恵苑(慧苑)覚(章)花(華)豊
欲レ識二玄律(津歟)啓(津路)一　洒(縕)門得二妙工一

便伏膺為二斉戒弟子一、既蒙レ賜、或云、自慶詩一首五言

我是無明客　長悉(患歟)(迷)有漏律(津歟)(津)
今朝蒙二善誘一　懐拖(抱)絶二埃塵一
道種将レ萌レ夏　空花(華)更落レ春
自帰三宝徳　説(誰)畏六魔瞋

これによると、勅命を受けて還俗したのは唐留学のためであったが、患疾によりそれは叶わなくなり、在家のまま真の悟りを求めて出家者のような修行生活を送る一方、時俗に順って王（天皇）に奉仕したという。『続日本紀』天平勝宝八歳（七五六）五月癸亥（十日）条には三船は内豎とあるので、宮中で天皇の側近として仕える傍ら

仏道修行に精勤していたことになるだろう。そのような折に鑑真が来朝し、三船はその斎戒弟子となるのである。「東征伝」(65)や思託の著わした「大和上鑑真伝」(66)（逸文）によると、渡日を試みること六度目にして念願を果たした鑑真と弟子の法進（七〇九～七七八）・思託・曇静らの一行は、天平勝宝六年二月に難波に到着し、唐僧崇道らの出迎えを受けた。都へ向かう途中の河内国庁では、大納言藤原朝臣仲麻呂の遣わした使や、道璿の弟子善談、高行僧の志忠・賢璟・霊福・暁貴ら三〇余人が訪れ、歓迎の意を表わした。入京後、東大寺に安置された鑑真のもとへは、道璿律師と波羅門僧正菩提僊那の慰問や宰相右大臣大納言以下一〇〇余人の官人の礼拝があり、翌三月には、勅使の吉備朝臣真備から「自レ今以後、授戒伝律、一任二和上一」（「東征伝」）との孝謙天皇の詔が伝えられた。四月になると大仏殿の前に戒壇が立てられ、聖武太上天皇・光明皇太后・孝謙天皇の順に登壇して鑑真から菩薩戒を授けられ、続いて沙弥の証修ら四四〇余人が具足戒を受け正式の僧になっている。

このように、鑑真は朝廷や僧俗から大変な歓迎を受けるが、それは三師七証にもとづく正式の授戒（具足戒の授与）が可能になったからであり、栄叡・普照らに託された課題がここにようやく達成されたのである。三船自身も鑑真の来朝をことのほかに喜び、先の「伝」に引載される詩二首の中で、鑑真を仏門の「妙工」と称え、和上に出会えたことで心の塵埃を払い落とせたと述べ(67)、その学徳への傾倒ぶりを伝えている。東大寺に安置されて間もない鑑真のもとに道璿が赴いていることからすれば、三船は比較的早い時期に師を介して鑑真に会い、菩薩戒を授けられて斎戒弟子になったようである。

道璿は、天平勝宝三年に律師となり(68)、翌四年四月九日（乙酉）の大仏開眼会では呪願を勤め(69)、鑑真来朝後は、その接遇にあたるとともに門人の思託を大安寺唐院に招き、弟子の忍基や善俊らに法礪と定賓の『四分律疏』を学ばせていた(70)。しかし、同七歳頃になると疾を理由に吉野の比蘇山寺へと退去することになった(71)。

三船は還俗後も修行生活を続けていたので、公務の合間に足繁く大安寺の道璿のもとへ通ったのであろうが、師が吉野へ退いてから以降は、鑑真やその弟子との交流が次第に密になったものと思われる。そこでは、唐の仏教事情や在家居士としての守戒生活のあり方などが話題となる一方、修行の成果としての往生と浄土の問題も強い関心を持って取り上げられたことであろう。

2　鑑真の浄土信仰

淡海三船の筆にかかる「東征伝」には、鑑真の浄土信仰の様相が二つの箇所で語られている。その一つは、五回目の渡海に失敗したあと愛弟子の祥彦が死を迎える場面においてで、そこには「和上焼レ香、将二曲几一案来、使下彦憑レ几向二西方一、念中阿弥陀仏上、彦即一声唱レ仏、端坐寂然無レ言、和上乃喚二彦々一悲慟無レ数[72]」とあり、西方の阿弥陀浄土へ往生できるように祥彦を導く鑑真の姿が描かれている。もう一つは、鑑真の臨終のときで、「結跏趺坐、面レ西而化[73]」と記され、西方浄土への往生を願う信仰があったことを伝えている。

この鑑真の阿弥陀浄土信仰は、その学統から推して次の二つの側面から考えることができるであろう。

第一は律の分野からのものである[74]。鑑真は、南山宗の祖道宣の孫弟子にあたる道岸（六五四～七一七）から三聚通受の菩薩戒を、弘景から具足戒を、それぞれ授けられ、南山学系の融済から道宣の『行事鈔』『業疏』『軽重儀』を学ぶ一方、義威・遠智・全修・慧策・大亮らからは相部宗の祖法礪の『四分律疏』を合わせて九回聴講したとされている。つまり、当時の律宗四派のうち、東塔宗・幷部宗を除く南山・相部の両宗から律を学んだのであるが、そのうちの南山道宣には浄土教の研究があり、『伝通縁起』は「南山律師三大律部各施二記解一、後研二浄教一二十余年、取二捨諸師一作二一経疏一陳二自正義一、伝承者衆、記述非レ一、天下浄教皆帰二彼義一[75]」（巻上「浄土宗」）と伝えている。

自らの正義とした経疏は残らないものの、律学における道宣の影響力の大きさを勘案すれば、「天下浄教皆帰二彼義一」との表記は、あながち誇張とはいえないかもしれない[76]。

第二は天台の影響である。「東征伝」には、智顗の教学を伝える主要な著作が鑑真によって将来されたことが書かれているが、『伝通縁起』では、「鑑真和尚是天台宗第四祖師」「随二弘景禅師一受二具足戒一、幷学二台教一」「随来弟子法進、曇静、思託、義静、法載、法成等一十四人、並是智解名哲皆兼二台宗一」（下巻「律宗」）、あるいは「伝教大師作二天台付法縁起三巻一、其中列二道璿、鑑真幷其門人法進等一為下弘二天台一之匠上[77]」（下巻「天台宗」）と記し、鑑真は具足戒を受けた弘景から天台を学んだ天台宗第四祖で、弟子たちも天台を兼学し、伝教大師は道璿とともに鑑真とその弟子を「弘二天台一之匠」となしたと評している。道璿の師普寂も前記のように弘景から天台・律・華厳を学んでいたが、天台については目立った所伝はなく、道璿も来朝時に将来したのは律と華厳の章疏類であった。問題は、この相違をどう見るかであるが、これには鑑真が拠点を置いていた淮南地域[78]の近辺で、天台を再興する湛然の活動が展開していたことと関連するであろう。

『宋高僧伝』『釈門正統』『仏祖統紀』等に見える「湛然伝」を検証した先学の研究[79]によれば、一七歳頃に道を浙東に求めた湛然は、金華で芳巌和尚に遇って天台教門を教えられ、『摩訶止観』等の本を与えられた。その後、開元十八年（七三〇）に左渓（浦陽）にいた天台の玄朗（六七三〜七五四）に学び、本師所伝の止観を授けられて処士服のまま教観の道を説いたが、その折には「学者悦随、如三群流之趣二於大川一也[80]」（『宋高僧伝』巻第六）という有様であったという。僧籍には天宝七年（七四八）に入り、会稽の曇一（六九二〜七七一）に律を学んだあと呉郡の開元寺で止観を敷衍し、同十四年には『摩訶止観』の注釈書である『摩訶止観輔伝弘決』の初本を完成したとされている。

鑑真が六回目の渡海を決行したのは天宝十二年であるから、湛然の『摩訶止観輔伝弘決』を知る術もなかったが、

ただ右に示した金華・左渓・会稽は現在の浙江省の地に、呉郡は江蘇省の蘇州に、それぞれ比定されているので、[81]湛然の活動域は、鑑真のいる淮南地域とさほど離れた位置にあったわけではなかった。それ故、学ぶ者が悦随すること群流が大川に趣くが如しという湛然の評判は、天台を兼学とする鑑真とその弟子たちにも届いたはずで、これまで本格的に取り上げられることのなかった『摩訶止観』の注釈や解説に強い関心を抱かせたものと思われる。湛然と鑑真の直接的な交渉は認められないが、法慎（六六六～七四八）にも師事した弟子の霊祐は、慎門下の曇一と親交があったため、天宝七年頃に曇一に従学した湛然との交流もなされていたと想像される。[82]霊祐は、「東征伝」に祥彦・法進らとともに「其弟子中、超群抜萃、為二世師範一者」[83]と称され、師に対しては人一倍敬慕を抱く高足であった。恐らく、この霊祐あたりが導き手となって、鑑真らは湛然の『摩訶止観』の注釈学などに触れ、天台教学やその浄土観への認識を深めたのであろう。それが、結果として天台関係の書籍の将来に繋がったものと考えられる。

以上、鑑真の浄土信仰の出処について考察を試みたが、結論からいえば、それは天台の影響を受けるものであったと見た方がよいだろう。[84]もちろん、鑑真の拠って立つ南山律宗の祖道宣の浄土教も重要である。しかし、それは「取二捨諸師一作二二経疏一陳二自正義一」とあるように『阿弥陀経』や『無量寿経』などの注釈を中心とし、実践的ではなかったようである。これに対して天台では止観行を通して煩悩を断じ、往生を遂げる方法が体系化されていた。淮南地域の周辺で、この天台を再興する動きが展開し、鑑真らがそれに強い関心を抱いていたとなれば、その浄土観も天台的な要素が強いものになっていたことは否めないであろう。

3　三船の往生義

鑑真の浄土信仰を天台の影響を受けるものと解すれば、淡海三船のそれとは自ずから相違が生じてくる。天台も

華厳も阿弥陀仏を真実の仏の国（浄土）への導師と位置づける点では共通するが、それぞれの行き着くところは異なっていた。要は、道璿から受けた往生義を鑑真との交流の中で変えたのかどうかであるが、三船のその後の学問関心から推せば、それは否といわねばならないだろう。

前記のように、三船は『大乗起信論』の注釈書を著わしていた。「伝」によれば、それは「東征伝」の執筆後のことのようであり、唐にもたらされると、これを見た龍興寺僧の祐覚はその内容に驚き手から離すことができなかったという。つまり、三船の研究水準は、唐の仏教界でも通用する高さにあったわけである(85)。三船作の宝亀十年（七七九）閏五月二十四日付「送二戒明和尚一状」(86)の中で、戒明が唐から将来した『大乗起信論』の注釈書『釈摩訶衍論』を龍樹の作とするのは偽りと看破するのも、その学識のなせる業であろう。こうした『大乗起信論』への傾倒は、道璿から学んだ華厳教学に端を発するものと思われる。三船のことであるから、鑑真がもたらした天台関係の書物の解読にも取り組んだはずであるが、『伝通縁起』に「鑑真和尚在唐之時、湛然法師記章未レ作」「湛然師雖レ学二台教一未レ施二記述一、鑑真不レ及二齎持来朝一」(87)（巻下「天台宗」）とあるように、湛然の『摩訶止観輔伝弘決』などの注釈書はまだ将来されていなかった。それ故、湛然の講筵に列した弟子の口伝があったとしても天台の教義をめぐる研究は深化したとはいいがたく、三船の拠り所はやはり華厳にあったと見るべきであろう。

天台の影響を受けた鑑真の浄土信仰は、詰まるところ四種三昧の中の常行三昧に行き着くことになる。果たして、それが他の三種の三昧と連関して進められていたのかどうか定かではないが、阿弥陀信仰に根ざすものだけに、三船の心を捉えたことは確かであろう。恐らく、鑑真からは、煩悩を断つための守戒生活の極意を教わるとともに右の三昧行の手解きを受け、三船自身は、これを用いて道璿から学んだ華厳流の往生を遂げようとしたのではなかろうか。

おわりに

淡海三船の阿弥陀浄土信仰は華厳にもとづくものであった、というのが本稿での結論である。こうした信仰形態は、仏教に強い関心を抱き、寺僧に師事して修行に励んでいた当時の知識人や貴族層の間でも推し測ることができるように思われる。何故ならば、教義研究や修行生活が果報としての成仏を目的とするものである限り、浄土に往生して完全な悟りを得なければならず、そのためには生前からめざすべき浄土への往生を仏に念じる必要があったからである。三船の場合、それが阿弥陀浄土であり、そこで修行を完成させて蓮華蔵世界へと赴こうとしたと考えられる。この往生の方式は、師の道璿から伝授されたもので、鑑真との交流の中で修行実践のための糧がさらに付け加えられていくのである。

三船の阿弥陀浄土信仰は、唐僧直伝のものと評価できるが、『延暦僧録』に「瀧淵居士」として伝の見える石川朝臣垣守も、道璿の菩薩戒弟子となり、「堅持㆓六斎㆒断㆓五辛菜㆒、晨昏之暇、念㆑仏尋㆑真」[88]とその修行が称えられているので、三船と同様の信仰を持っていた可能性がある。「伝纂」を記した吉備真備も、道璿の影響を受けていたことはいうまでもなかろう。出家者では、「東征伝」の中に善談・善俊・忠恵・恵新・常巍・真法・忍基、『内証仏法相承血脈譜』に行表が、それぞれ門下生として認められるが、道璿の修行実践法や往生義は彼らによって継承されていったものと思われる。天平八年（七三六）に来朝し天平宝字四年（七六〇）に没するまでの二五年間、晩年は吉野に退去したとはいえ都下の大安寺に止住した意義は大きく、僧俗を問わず道璿に師事した人の数はかなりのものになっていたはずである。

鑑真も天台的な阿弥陀浄土信仰を持っていたが、その影響力はさほどではなかったらしく、三船の華厳流の往生義が変わらなかったことは先に述べたところである。この点は、鑑真の菩薩戒弟子となった文室真人浄三の場合も同様で、元興寺禅院との縁由の中で得たと見られる無勝浄土信仰は生涯守られていた(89)。それは、鑑真が伝戒者として位置づけられていたからで、浄三も三船と同じく、この師からは修行生活に必要な糧を得ようとしたのであろう。教義研究と修行生活を前提とする奈良時代の阿弥陀浄土信仰は、通俗的な追善供養とは異なる次元で知識人や貴族層の間に受け入れられていた(90)。その導き手となったのが、本稿で取り上げた道璿であったわけである。

註

（1）以下で言及する「淡海居士伝」は、後藤昭雄「『延暦僧録』「淡海居士伝」佚文」（同『平安朝漢文文献の研究』吉川弘文館、一九九三年。初出は一九九一年）で翻刻・校異を付された金剛寺蔵『龍論抄』引載の逸文による。

（2）井上光貞『新訂・日本浄土教成立史の研究』第一章「律令時代における浄土教」（山川出版社、一九七四年。初版は一九五六年）、大野達之助『上代の浄土教』第三「奈良時代の浄土教」（吉川弘文館、一九七二年）、速水侑「奈良朝の浄土信仰」（同編『論集日本仏教』二〈奈良時代〉雄山閣、一九八六年。同『浄土信仰論』、雄山閣、一九七八年から再録）など。

（3）『続日本紀』延暦四年七月庚戌条の卒伝に「卒時年六十四」とあることから生年を逆算。『同』天平勝宝三年正月辛亥条によれば、賜姓前の三船は御船王と称されていた。

（4）道璿の来朝は「道璿和上伝纂」（『内証仏法相承血脈譜』引載、『寧楽遺文』下ノ八八九）「南天竺婆羅門僧正碑幷序」（『群書類従』五ノ五六六。なお「碑幷序」については、藏中しのぶ「『南天竺婆羅門僧正碑幷序』の本文」〈同『奈良朝漢詩文の比較学的研究』翰林書房、二〇〇三年。初出は一九八六年〉で詳細な検討が加えられている）「唐大和上東征伝」（『群書類従』五ノ五二七）に、大安寺止住は「大安寺碑文」（醍醐寺蔵『諸寺縁起集』所載、藤田

経世編『校刊美術史料』寺院篇上巻八七頁、中央公論美術出版、一九七二年）による。
（5）『校刊美術史料』寺院篇上巻八六頁。
（6）洛陽の大福先寺の意。藏中しのぶ『『延暦僧録』注釈』五二一～五五頁（大東文化大学東洋研究所、二〇〇八年）参照。
（7）『群書類従』五ノ五二七。道璿の伝戒の意義については、直林不退「道璿の伝戒と天平期の授戒制度」（同『日本三学受容史研究』永田文昌堂、二〇一二年。初出は一九八二年）参照。
（8）『寧楽遺文』下ノ八八九。
（9）次に言及する『伝述一心戒文』巻下では、この道璿の著作を「註梵網文」と表記している（『大正蔵』七四ノ六五三上）。
（10）石田瑞麿『仏典講座一四・梵網経』二一～二五、二七五～二七六頁（大蔵出版、一九七一年）。
（11）各文書が収載される『大日本古文書』の巻・頁数を順に示すと、十二ノ五〇・五四三・五〇、三ノ五四五、二十四ノ五一六。
（12）硲慈弘「大安寺道璿の註梵網経について」（根本誠二編『奈良時代の僧侶と社会』〈論集奈良仏教・第三巻〉雄山閣、一九九四年。『寧楽』四・五〈一九二五・二六年〉から再録）。
（13）吉津宜英『華厳一乗思想の研究』第八章第一節二「天台智顗の『菩薩戒義疏』」・第三節二「智周の『梵網経疏』について」（大東出版社、一九九一年）参照。
（14）硲前掲註(12)論文。
（15）「我已百劫修二行是心地一、号レ吾為二盧舎那一」（傍点引用者）。石田前掲註(10)著書三七頁、『大正蔵』二四ノ一〇〇三中。
（16）『大正蔵』七四ノ六五三上、六五六上。
（17）『大正蔵』七四ノ六五三上。
（18）井上薫『奈良朝仏教史の研究（再版）』四九六頁（吉川弘文館、一九七八年。初版は一九六六年）。
（19）『梵網経』の下巻を注釈する智周疏は、全五巻のうち巻二と巻四しか残存せず（『続蔵経』六〇ノ三〇三～三五

六)、巻一に施されていたはずの「修行」の注釈は残念ながら見ることができない。

(20)『群書類従』五ノ五三九。

(21)『大日本仏教全書』一〇一ノ一二六。

(22)前掲註(8)に同じ。

(23)鎌田茂雄『中国仏教史』第六巻七六三~七六四頁(東京大学出版会、一九九九年)。

(24)関口真大『天台止観の研究』二二六~二二八頁(岩波書店、一九六九年)。

(25)『全唐文』巻二六二。普寂の伝については、末木文美士「奈良時代の禅」(同『日本仏教思想史論考』大蔵出版、一九九三年。初出は一九八八年)を参照。

(26)『大正蔵』五〇ノ二八四上・中。

(27)木村清孝「華厳経の受容と法蔵の生涯」第二章七(木村清孝・鍵主良敬『人物中国の仏教・法蔵』大蔵出版、一九九一年)。

(28)『続蔵経』五ノ四八。

(29)『大正蔵』五〇ノ二八二上。

(30)『日本高僧伝要文抄』第三収載の「栄叡伝」「普照伝」を参照。

(31)『大日本仏教全書』一〇一ノ一一五、一二三。

(32)『群書類従』五ノ五四一。

(33)『日本高僧伝要文抄』第三。藏中しのぶ前掲註(6)著書四八~七六頁には詳細な注釈が施されている。

(34)『大正蔵』六ノ四三二下。中村元編『大乗仏典』二一一~二一三頁(筑摩書房、一九七四年)には、玉城康四郎氏による浄行品の抄訳が示されている。

(35)『大正蔵』五一ノ一七五上。「法蔵和尚伝」にも類似の話があり、そこには「若有レ人誦二百四十願一已、為レ得二大士具足戒一者、無レ煩三別授二号天授師一」との西僧の言が載せられている(『同』五〇ノ二八三中)。

(36)『群書類従』五ノ五六七。

(37)『法華経』普賢菩薩勧発品の中で、普賢菩薩は『法華経』を授持する者があれば守護すると仏に語り、この人が

歩みもしくは立ってこの経を読誦すれば「我爾時乗二六牙白象王一、与二大菩薩衆一、倶詣二其所一、而自現レ身、供養守護、安二慰其心一」と記されている。坂本幸男・岩本裕訳注『法華経（改版）』（下）三三〇～三三三頁（岩波文庫、一九七六年）、『大正蔵』九ノ六一上・中。

(38)『大正蔵』九ノ四三〇中。

(39)法蔵が著わした『大乗起信論』の注釈書『大乗起信論義記』の中で、止観の修法をめぐって「広如二天台顗禅師二巻止観中説一也、今略総説故言二端坐一也」（『大正蔵』四四ノ二八三中）と記されている。

(40)中村薫『中国華厳浄土思想の研究』第一章第三節「法蔵」（法藏館、二〇〇一年）。

(41)『大正蔵』四五ノ五七六中～五七八上。「寿命品内明往生義」の解釈については、高峯了州『華厳孔目章解釈』一七六～一七八頁（南都佛教研究会、一九六四年）、恵谷隆戒『浄土教の新研究』第二章「華厳宗二祖智儼の浄土教思想について」（山喜房佛書林、一九七六年）、木村清孝「智儼の浄土思想」（藤田宏達博士還暦記念論文集『インド哲学と仏教』平楽寺書店、一九八九年）、中村前掲註(40)著書第一章第二節「智儼」を参照しているが、とりわけ木村論文に負うところが大きい。

(42)『大正蔵』四五ノ五七六下。

(43)宇井伯壽・高崎直道訳注『大乗起信論』一〇五～一〇七頁（岩波文庫、一九九四年）、『大正蔵』三二ノ五八三上。

(44)高峯前掲註(41)著書一七六頁。

(45)出典は『無量寿経』『観無量寿経』『阿弥陀経』に求められている。中村前掲註(40)著書第一章第二節参照。

(46)『大正蔵』四五ノ五七六下。

(47)『大正蔵』四五ノ五七七下。

(48)『大正蔵』四五ノ五七七下。世親は『往生論』の中で、一心に阿弥陀仏への帰命と阿弥陀浄土への願生を表白しているので、宅門で語られる蓮華蔵世界は、阿弥陀浄土と同一のものになるが、智儼は、この世親の説を、阿弥陀浄土から蓮華蔵世界へとする自説に転用する。

(49)『大正蔵』五一ノ一六三下。

(50)『維摩経文疏』巻一（『続蔵経』二七ノ八六二～八七一）。智顗の浄土教については、安藤俊雄「天台智顗の浄土

教――般舟三昧教学の完成と晩年の苦悶――」（同『天台思想史』法藏館、一九五九年。初出も同年）、山口光円『天台浄土教史』第一篇第三章「天台大師智顗の浄土教」（法藏館、一九六七年）を参照。

(51) 以下に述べる四種三昧等については、安藤俊雄『天台学――根本思想とその展開――』第九章「四種三昧」（平楽寺書店、一九六九年）、新田雅章「天台智顗の生涯と思想」第二章二（新田雅章・田村芳朗『人物中国仏教・智顗（新訂）』大蔵出版、一九九六年。初版は一九八二年）、同『仏典講座二五・摩訶止観』二六七〜四〇五頁（大蔵出版、一九八九年）を参照している。

(52) 新田前掲註(51)著書（仏典講座、以下同じ）二八五頁、『大正蔵』四六ノ一二中。

(53) 新田前掲註(51)著書三九六頁、『大正蔵』四六ノ一九下。

(54) 新田前掲註(51)著書四〇七頁、『大正蔵』四六ノ二〇中。

(55) 『大正蔵』四六ノ九五三中。

(56) 『大正蔵』五〇ノ一九六上。

(57) 安藤俊雄前掲註(50)論文では、智顗のこうした阿弥陀浄土への願生には、自身の成仏のため修行を完成することが絶対不可能であるという絶望感と、門人の指導についての悲痛極まる幻滅感があったと指摘する。

(58) 中村薫前掲註(40)著書第一章第二節。

(59) 日比宣正『唐代天台学研究――湛然の教学に関する考察――』第一篇第一章第二節「智顗教学の継承」（山喜房佛書林、一九七五年）。

(60) 新田前掲註(51)著書三九頁。

(61) 『群書類従』五ノ五六七。

(62) 審詳および以下に述べる『華厳経』講説については、堀池春峰「華厳経講説よりみた良弁と審詳」（同『南都仏教の研究』上・東大寺篇、法藏館、一九八〇年。初出は一九七三年）、山本幸男「『華厳経』講説を支えた学僧たち――正倉院文書からみた天平十六年の様相――」（『南都仏教』八七、二〇〇六年。本書第二章）を参照。

(63) 法蔵と『大乗起信論』の関係については、山本幸男「東大寺華厳宗の教学と実践――天平勝宝三年の「章疏目録」を通して――」（『南都仏教』九一、二〇〇八年。本書第三章）で考察を加えているので参照されたい。

(64) 後藤前掲註(1)論文による。
(65) 『群書類従』五ノ五三九～五四〇。
(66) 筒井英俊校訂『東大寺要録（再版）』巻第四・諸院章第四・戒壇院所載（国書刊行会、一九七一年。原本は一九四四年）、国書逸文研究会編『新訂増補国書逸文』一〇二一～一〇三二頁（国書刊行会、一九九五年）。
(67) この詩二首は「東征伝」の末尾にも掲出されており、小島憲之氏が注解を施されている（同『国風暗黒時代の文学――序論としての上代文学――』上巻五〇〇～五〇五頁、塙書房、一九六八年）。藏中進氏によれば、この二首は三船が鑑真に初めて会ったときの作という（同『唐大和上東征伝の研究』七一頁、桜楓社、一九七六年）。
(68) 『続日本紀』天平勝宝三年四月甲戌条。
(69) 『東大寺要録』巻第二・供養章第三所載、天平勝宝四年三月二十一日付「勅書」。
(70) 「唐大和上東征伝」（『群書類従』五ノ五四一）。
(71) 「道璿和上伝纂」（前掲註(8)参照）。『七大寺年表』天平勝宝四年条の律師道璿の項には、「或本天平勝宝七年辞職云」と注記する（『大日本仏教全書』一一一ノ三二）。
(72) 『群書類従』五ノ五三六。
(73) 『群書類従』五ノ五四一。
(74) 鑑真の律学については、石田瑞麿『鑑真――その戒律思想――』第一篇第四章第二節二「鑑真の学系について」（大蔵出版、一九七三年）を参照。
(75) 『大日本仏教全書』一〇一ノ一〇五。
(76) 東野治之氏は、鑑真の浄土信仰をこの道宣の浄土教によるものとする（同『鑑真』二五・六五頁、岩波新書、二〇〇九年）。
(77) 『大日本仏教全書』一〇一ノ一二三・一二四・一二六。
(78) 垂拱四年（六八八）に揚州の江陽県に生まれた鑑真は、同じく揚州の大雲寺で出家したあと龍興寺に移り、洛陽・長安への遊学後は故郷の淮南に帰り、後進を指導するとともに信徒を教化し名声を博したという。天宝元年（七四二）に栄叡らが鑑真に会ったのは揚州の大明寺においてであったが、以来、渡日するまでの一一年間、渡航

失敗による巡錫期間があるものの、戻るところは揚州であった。安藤更生『鑑真』（吉川弘文館、一九六七年）参照。

(79) 以下に述べる湛然の動向は、日比宣正『唐代天台学序説――湛然の著作に関する研究――』第一篇第三章「湛然の事蹟」（山喜房佛書林、一九六六年）による。

(80) 『大正蔵』五〇ノ七三九中。

(81) 前掲註(79)に同じ。

(82) 安藤更生『鑑真大和上伝之研究』一七七・三一三頁（平凡社、一九六〇年）。

(83) 『群書類従』五ノ五三七。霊祐は鑑真の渡日に反対し、四回目の渡航計画を防害して鑑真の怒りをかっている（『同』五ノ五三二）。

(84) 山口光円前掲註(50)著書第二篇第三章第三節「鑑真の浄土教」では、鑑真の浄土教と天台の関係を示唆する。

(85) 後藤昭雄「中国へ伝えられた日本人の著作――淡海三船の「大乗起信論注」――」（『日本歴史』六一〇、一九九九年）によれば、三船の注釈は、真諦の旧訳本ではなく実叉難陀の新訳本に対するものであったという。

(86) 『宝冊鈔』巻八（『大正蔵』七七ノ八二〇下～八二一上）、『唯識論同学鈔』第二巻第四（『大日本仏教全書』七六ノ三五七～三五八）。

(87) 『大日本仏教全書』一〇一ノ一二六。

(88) 『日本高僧伝要文抄』第三。

(89) 山本幸男「文室浄三の無勝浄土信仰――「沙門釈浄三菩薩伝」と「仏足石記」を通して――」（相愛大学『研究論集』二七、二〇一一年。本書第八章）。

(90) 梯信暁『奈良・平安期浄土教展開論』第一章「奈良時代の浄土教」四（法藏館、二〇〇八年）では、本稿とは異なる視点からではあるが、奈良時代の願生信仰の存在に注目し、八世紀半ば以降には浄土教の教理研究を要請するような気運が生じていたと指摘する。

第十章　石上宅嗣と『維摩経』

——仏教、老荘思想との交渉——

はじめに

思託の撰にかかる『延暦僧録』には、一二の居士伝（いずれも逸文）が認められ[1]、奈良朝貴族の仏道修行ぶりを伝えている。仏教を鎮護国家の法として崇敬し、国別に国分寺を建立して日本の仏国土化をはかろうとした王権は、大仏の造立や写経等の仏事作善を通して、より大きな仏の加護を求めたが、貴族層においても王権への忠誠の証しとして仏教崇拝が高揚し、先の居士伝には「勤レ王奉レ国」「奉レ仏勤レ王」「奉レ仏賓レ王」「外以二勤王一、内存二護法一」[2]といった文言が連ねられている。位階と官職を得て自らの生業とする彼らにとって、信仰の営為も俗権とは切り離せないものであった。とはいえ、生身が苛まれるなか信仰の核となっていたのは、いうまでもなく魂の救済であった。もちろん、大乗仏教であるから、そこには利他行をともなうが、その修行方法や、めざす浄土については一様でなく、彼らの師僧の学問傾向に大きな影響を受けていた。

筆者はこれまで、『延暦僧録』に収載される文室真人浄三と淡海真人三船の伝を検討し、『涅槃経』に説く無勝浄土や華厳流の阿弥陀浄土を希求する姿を明らかにしてきたが[3]、本稿では、三船とともに「文人之首」と称される石上朝臣宅嗣の伝を取り上げ、右の二人とは異なって『維摩経』への傾倒を著しくする信仰の有様を提示したいと思う[4]。

一　二つの「伝」

石上宅嗣には、『延暦僧録』の「芸亭居士伝」（逸文）の他に、『続日本紀』天応元年（七八一）六月辛亥（二十四日）条に収載される「薨伝」がある。ここでは、宅嗣の人となりを知るためにも「薨伝」の方から取り上げることにする。

大納言正三位兼式部卿石上大朝臣宅嗣薨、詔贈二正二位一、[1]宅嗣、左大臣従一位石上麻呂之孫、中納言従三位石上弟麻呂之子也、性朗悟有二姿儀一、愛二尚経史一、多レ所二渉覧一、好二属文一、工二草隷一、勝宝三年、授二従五位下一、任二治部少輔一、稍遷二文部大輔一、歴二居内外一、景雲二年至二参議従三位一、宝亀初出為二大宰帥一、居無レ幾遷二式部卿一、拝二中納言一、賜二姓物部朝臣一、以二其情願一也、尋兼二皇太子傅一、改賜二姓石上大朝臣一、十一年、転二大納言一、俄加二正三位一、[2]宅嗣辞容閑雅、有レ名二於時一、毎レ値二風景山水一、時援レ筆而題レ之、自二宝字一後、宅嗣及淡海真人三船為二文人之首一、所レ著詩賦数十首、世多伝二誦之一、[3]捨二其旧宅一、以為二阿閦寺一、々内一隅、特置二外典之院一、名曰二芸亭一、如有二好学徒一、欲二就閲一者恣聴之、仍記二条式一、以貽二於後一、其略曰、内外両門本為二一体一、漸極似レ異、善誘不レ殊、僕捨レ家為レ寺、帰レ心久矣、為レ助二内典一、加二置外書一、地是伽藍、事須二禁戒一、庶、以二同志一入者、無レ滞二空有一、兼忘二物我一、異代来者、超二出塵労一、帰二於覚地一矣、其院今見存焉、臨終遺教薄葬、薨時、年五十三、

右の薨伝を内容に即して区切ると、⑴出自・性格・官歴、⑵文人評、⑶阿閦寺内芸亭の条式、の三段になるだろう。[5]

まず⑴について見ると、「性朗悟有二姿儀一」から「工二草隷一」までの記述には、⑵に「文人之首」と称されるにふさわしい資質を石上宅嗣が備えていたことを伝えているが、これは『懐風藻』に「雍容間雅、甚善二風儀一、雖レ勗二志典墳一、亦頗愛二篇翰一」(6)と評される父石上乙麻呂の影響を受けるものであろう。

官歴を『続日本紀』等の記事から補って示すと次のようになる。(7)従五位下に進んだのは天平勝宝三年（七五一）正月二十五日（己酉）のことで、正六位下からの昇叙であった。治部少輔への任官記事は認められないが、『万葉集』巻一九には同五年正月四日の「於二治部少輔石上朝臣宅嗣家一宴歌三首」（四二八二〜四二八四）が収められている。治部少輔の相当位は従五位下であるから(8)、叙位後間もなく任に就いたのであろう。(9)文部（式部）大輔に遷ったのは天平宝字七年（七六三）正月九日（壬子）で、このとき侍従を兼ねていた。ここに至るまで、天平勝宝九歳五月二十日（丁卯）に従五位上、同年六月十六日（壬辰）に相模守となり、天平宝字三年五月十七日（壬午）参河守、五年正月十六日（壬寅）に上総守と地方官を歴任、同年十月二十二日（癸酉）に遣唐副使に任じられたものの翌六年三月一日（庚辰）には罷免されている。その理由は明らかでないが、これを機に恵美押勝（藤原仲麻呂）政権への不満が高まったらしく、翌七年の正月中旬から四月上旬にかけての間に発覚した藤原朝臣良継の押勝暗殺計画（良継の変）(10)に加担し、佐伯宿禰今毛人・大伴宿禰家持らとともに捕縛されている。しかし、良継が一人で責任をとったことで、罪を問われることなく現職の解任だけで済まされたようである。(11)その後、八年正月二十一日（己未）に大宰少弐となり、押勝の乱後の同年十月三日（丙寅）には、正五位上を授けられ常陸守に任じられた。

天平神護元年（七六五）になると、正月七日（己亥）に従四位下を授けられ、二月八日（己巳）には常陸守のままで中衛中将に就いた。同二年正月八日（甲子）に左大弁にあった宅嗣は参議に昇り、政界の中枢部へと歩みを進めた。同年十月二十五日（丁未）に正四位下、神護景雲二年（七六八）正月十日（乙卯）に従三位と昇叙を重ね、同年

十月二十四日（甲子）に新羅交関物を購入するための綿を賜わったときには、式部卿を兼務していた。同四年八月四日（癸巳）に称徳天皇が没すると、左大臣従一位藤原永手、右大臣正二位吉備朝臣真備、参議兵部卿従三位藤原良継らと策を禁中に定め、白壁王を皇太子とした。このとき参議式部卿。同年九月十六日（乙亥）に大宰帥に任じられたが、白壁王（光仁天皇）即位後の宝亀二年（七七一）三月十三日（庚午）に式部卿にもどり、同年十一月二十一日（癸卯）の大嘗会では儀式に則って神の楯桙を立て、二日後の二十三日（乙巳）に中納言となった。

その後、宝亀六年十二月二十五日（甲申）に情願により姓を旧にもどして物部朝臣と賜わり、八年十月十三日（辛卯）には中務卿を兼務、十年十一月十八日（甲申）に勅があって物部朝臣を改め石上大朝臣と賜姓された。「薨伝」に見える皇太子傅への就任記事は認められないが、記述の順序からすれば石上大朝臣への改姓前となるだろう。十一年二月一日（丙申）に大納言、天応元年四月十五日（癸卯）に正三位へと進み、これが極官極位となった。

こうした官歴を見ると、時の政局と無縁でなかった石上宅嗣の姿が浮かび上がってくる。とりわけ注目されるのは、天平宝字年間（七五七～七六五）に順調に地方官を歴任したあと、遣唐副使に任じられながら数カ月後には罷免の憂き目にあわねばならなかったことである。これが宅嗣にどれだけの衝撃を与えたかは、その後の行動を見れば明らかであろう。入唐は父も叶わなかった[12]夢であるだけに、失意の程が窺えるが、反面、これを機に、後述のように仏教への傾倒を強めていくことになる。一方、恵美押勝の乱後の昇進はめざましく、称徳朝には従三位参議式部卿となって皇嗣の策定にも関わっている。しかし、光仁朝のはじめに中納言になって以降、晩年に至るまで昇任昇叙が認められないのは、父の石上乙麻呂の極位極官（従三位中納言）を容易に超えさせない力が働いていたからであろう[13]。この間、宅嗣は物部朝臣への改賜を情願し復古的な動きを見せるが、それは思うにまかせない現実に対する示威行為であったのかもしれない。

次に(2)の文人評では、物腰や言葉遣いが閑雅で世評が高く、風趣にかなった景色や山水に出会うごとに詩文をものしたこと、天平宝字の頃より以後は淡海三船とともに文人の首となり、著わした詩賦数十首の多くは世に伝誦されていると述べる。父乙麻呂には「銜悲藻両巻」があったと伝えられるので、[14]宅嗣もいくつかの詩集を編んだものと思われるが、現存するのは「唐大和上東征伝」の末尾に付される「傷二大和上一」の五言詩、『経国集』巻一に収載される「小山賦」、『同』巻一〇の「三月三日於二西大寺一侍レ宴応レ詔」と題する七言詩の三首[15]のみである。

(3)では、旧宅を喜捨して阿閦寺となし、寺内に芸亭と名付けられた外典の院を設け、好学の徒に自由に閲覧を許したこと、および宅嗣が残した芸亭の条式（規則）の概要が示されている。それによると、仏教と儒教には漸と極の相違があるように見えるが、両者は本来一体であるので、先に私邸を捨して造ったこの寺に、仏典の理解に役立つ儒教等の書物を加え置くことにする。寺内は禁戒の地であるから、同じ志を持って入る者は空有にとらわれることなく我執を忘れ、後の世に来る者は俗塵から超出し、悟りの境地に至らんことを願う、と。つまり、芸亭は仏道修行に供するための施設であったわけであるが、それは仏教と儒教を一体と見なす考えにもとづくものであった点に留意しておきたい。[16]

宅嗣と仏教の関わりを記すのは、「薨伝」では右の(3)にとどまるが、『延暦僧録』の「芸亭居士伝」（以下、「居士伝」という）には、次に示すように仏教信仰の様相が具体的に描かれている。[17]

又云、（芸亭居士伝 大納言（朱））芸亭居士石上朝臣宅嗣、[a]法号梵行、基緒台鉉、履政佩レ瑜、名参二逐鹿之時一、道睒二図麟之閣一、崇レ真簡レ偽、奉レ仏賓レ王、[b]以二宝字年一勅大唐大使、雲海万里、波濤億重、欲レ達二王命一、帰二心妙覚一、捨二住宅一為二玄寺一、造二阿閦仏像一鋪一、東西挟三堅二幡竿一、捨二荘田一入レ僧、放二婢奴一出レ賤、単持二一鉢一、手貫二三衣一、仰二四真諦一帰二心三宝一、風色不レ便、却三還本朝一、[c]於二寺東南一造二芸亭院一、堅レ山穿レ沼、植レ竹栽レ花、橋渡二生死之河一、

船済二投於彼崖一、芸亭西南構二於禅門一、心遊二八定一、芸亭東北建二方丈室一、唯留二一床一、斎二心六時一、存二念三宝一、毎レ有二講肆一必至詳喰、於二論弁場一諮二詢勝義一、(d)兼有二三蔵讃頌一、附レ往二大唐一、々内道場大徳飛錫等禅侶咸共嘆、訝下毗離耶有二長者子一、日本国亦有中維摩詰上、飛錫述念仏五更讃一巻附二来使一、飾詞雅麗、人皆戴欽、再披再覧、令二人発心一、近士名播二西唐一光揚二日本一　云々、文

ここでも内容に即して区切ると、(a)宅嗣の人となり、(b)大唐大使勅任、(c)芸亭院の造営と仏道修行、(d)著作、の四段になるだろう。

(a)の意をとると次のようになる。法号を梵行という。父が宰相であったため宅嗣はその世子として政に関わり、皇位や政権の争いに際してはその名をあらわし、天皇からは功臣として高い評価を得た[18]。真実を崇んで偽りを選り分け、仏を信奉して天皇に仕えた、と。ここには顕彰的な表記が交じるものの、「薨伝」の(1)で見た政局と無縁でなかった宅嗣の姿が簡潔に描かれている。

次に(b)の「以二宝字年一勅大唐大使」は、前記の天平宝字五年十月二十二日（癸酉）の遣唐副使任命を指す。以下、「仰二四真諦一帰二心三宝一」まで、副使に任じられてから以降の一連の動きを示すものと解される。それによると、遥か彼方にある唐の地で王命を達成しようと願い、無上の悟りを求め私宅を喜捨して寺（阿閦寺）となし、阿閦仏像一鋪を造って東西に二幡竿を配した。荘田は寺内の僧に喜捨し、奴婢は賤身分から解放し、自らは托鉢用の一鉢と比丘が着用する三種の衣（僧伽梨、鬱多羅僧、安陀会）のみを所持し、四つの真理（苦諦、集諦、滅諦、道諦）を信じて三宝に帰依したという。最後の「風色不レ便、却二還本朝一」、すなわち渡唐のための便風を得なかったので本朝に帰還したというのは、翌六年三月一日（庚辰）に副使を罷免されたことの暗喩であろう[19]。

このように、「奉レ仏賓レ王」の宅嗣は、遣唐副使への任命を機に仏教信仰を深化させるのであるが、入唐への思

いは突如断たれることになった。次の(c)の記述は、その副使罷免後の動きにあたるものであろう。意をとると次のようになる。寺の東南に芸亭院を造り、院内に土を固めて山を築き地を穿って沼とし、竹や花を植え、生死を分かつ河に橋を渡し、彼岸への渡し場には船を配した。芸亭の西南には禅の道場を構えて心を八種の禅定（四禅、四無色定）に委ね、芸亭の東北には方丈室を建てて中に一床のみを置き、昼夜心を清めて三宝を信心した。経典の講説があると必ず出向いて理解を深め、教義をめぐる論弁の場では、より優れた解釈を諮り求めた。

芸亭院の様相について、宅嗣は「小山賦」の中で「搆二微岫於庭際一、引二細流於堂垂一、天下有レ山、地中生レ木、小人以遠、君子所育、雖レ乏二習坎之勢一、豈謝二設険之徳一、坐二酌損之沢西一、臨二制節之水北一」と語り、庭に築いた微岫（小山）や堂のほとりに引いた細流などが醸し出す君子の幽居の風情を巧みに表現している。[20] また、この「小山賦」に和した賀陽朝臣豊年の賦には、「於レ是、営二阿閦一兮臨二一辺一、建二庵室一兮奏二五絃一、言巌搆二礪歯之石一、池涌二洗耳之泉一、魚喁レ水而相戯、鳥択レ木而争遷、植二貞松於情岳一、挺二幽蘭於心田一、冒二霜霰一兮増レ勁、引二風煙一兮翻レ妍、時招二抜茅之客一、乍対二竊薬之仙一」とあり、阿閦寺周辺の景観や賓客への持て成しなどが具体的に描かれている。豊年は、『日本後紀』弘仁六年（八一五）六月丙寅（二十七日）条の卒伝に「大納言石上朝臣宅嗣、礼待周厚、屈二芸亭院一、数年之間、博究二群書一、中朝群彦皆以為、釈道融御船王之不レ若也」とあるように、宅嗣から厚遇され、数年の間、芸亭院に出入りして学殖を培っていた。右の記述はそうした折のものであろう。[21]

最後に(d)の意をとると次のようになる。著作の「三蔵讃頌」は、遣唐使によって唐にもたらされ、それを見た内道場の飛錫や禅侶らは皆嘆息し、「毗離耶（毘耶離）に長者子（維摩詰）がいたが、日本にも維摩詰がいるのか」と訝った。飛錫は、自らの述作「念仏五更讃」一巻を帰還する遣唐使に付したが、雅麗な文で綴られたこの書は人々に喜びをもって迎えられ、繰り返し披覧して発心させられる人もいた。近頃では居士（宅嗣）の名が唐に播り、日

本の存在が注目されるようになった(22)。

宅嗣の著作「三蔵讃頌」は現存しないが、飛錫らの言によれば、それは維摩詰（略して維摩）が主人公となる『維摩経』に関するもののようである。『東域伝灯目録』によれば、「浄名」を共有する書目の項に「同経賛一巻石上大納言」と見えているので(23)、この「浄名経賛」が、「三蔵讃頌」にあたるのかもしれない。飛錫は、永泰元年（七六五）四月十五日に代宗の詔を受け大明宮内道場において義学沙門良賁ら一六人とともに『仁王護国般若経』『密厳経』の訳出に参加し(24)、大暦十三年（七七八）十二月から翌年の二月にかけては、温国寺検校として転読礼懺六時行道を主宰したと伝えられる(25)。こうした飛錫の来歴からすれば、宅嗣の書は宝亀八年（七七七）の遣唐使に付されていたことになるだろう。

以上、「居士伝」の内容について考察を加えたが、これより宅嗣の仏教信仰の内実に眼を向けるならば、それは『維摩経』にもとづくものであったと解することができるであろう。その理由を挙げると、㈠唐へもたらされた著作を見た飛錫らが日本にも維摩詰がいるのかと訝っていること、㈡宅嗣の寺には維摩が生まれ故郷の妙喜国で師事していた阿閦仏（無動仏）(27)が安置されていること、㈢芸亭の東北に建てられた方丈室は『維摩経』問疾品で語られる維摩の室を模したものと見られること(28)、の三点になる。こうした『維摩経』信仰は、「居士伝」によれば遣唐副使任命後のこととして現われてくるが、といって、それがこのときになってはじめて得られたのではなく、これ以前からのものが副使拝命を機に顕著になったということであろう。

では、宅嗣の『維摩経』信仰は、いつ頃どのようにして得られたのであろうか。次節では、『維摩経』をめぐる当時の様相を取り上げ、解明の糸口をさぐることにしたい。

二　『維摩経』をめぐる様相

『維摩経』では、在家の長者である維摩詰が、大乗仏教の核心を説きながら仏弟子や菩薩たちを論破していく様が描かれている。[29]その教説の中心にあるのは不二の法門で、迷いと悟り、理想と現実、善と悪などの対立するものを不二（相対的対立を超越するもの）と見なし、その法門に入れば、一切の対立を超えた根源的な立場、何ものにも束縛されない自由な境地に入ることができるとする。また、この不二の観点から、心浄即土浄（心が浄らかになれば、その国土も浄くなる）を説き、衆生の心にこそ仏土があり、娑婆世界こそ浄土であるとする。

『開元釈教録』によれば、漢訳本に七訳あったが、唐代に現存していたのは支謙訳の『維摩詰経』二巻、鳩摩羅什（三四四〜四一三）訳の『維摩詰所説経』三巻、玄奘（六〇二〜六六四）訳の『説無垢称経』六巻の三本であったという。[30]このうち、羅什訳が名訳として尊重され、これをもとに多くの注釈書が作成されている。代表的なものを挙げると、羅什とその弟子の僧肇（三八四〜四一四？）および道生（？〜四三四）の注釈を合糅した『注維摩経』一〇巻、[31]慧遠（五二三〜五九二）撰の『維摩義記』八巻、智顗（五三八〜五九八）撰の『維摩経玄疏』六巻・『維摩経文疏』二八巻、智顗の説を湛然（七一一〜七八二）が略した『維摩経略疏』一〇巻、吉蔵（五四九〜六二三）撰の『浄名玄論』八巻・『維摩経義疏』六巻となる。この他に、玄奘訳を注釈した基（六三二〜六八二）の『注無垢称経疏』一二巻がある。

『維摩経』は七世紀初には日本に伝来していたらしく、その注釈書『維摩経義疏』二巻が、『法華経義疏』四巻、『勝鬘経義疏』一巻とともに推古朝（五九三〜六二八）の半ばから一定期間内に聖徳太子のもとで外国僧によって作

られていたとされている。[32] この『維摩経義疏』は、梁の三大法師の一人である開善寺智蔵（四五八〜五二二）の注疏（逸失）に所依が求められており、その作者の有力候補として福亮の名が挙げられている。

　福亮は三論宗の人で、『日本書紀』大化元年（六四五）八月癸卯（八日）条には、衆僧の教導を担う十師に任じられたことが見える。また、『扶桑略記』斉明天皇四年（六五八）条には「中臣鎌子於㆓山科陶原家㆒、屈㆓請呉僧元興寺福亮法師㆒後任㆓僧正㆒、為㆓其講匠㆒、甫演㆓維摩経奥旨㆒、其後、天下高才、海内碩学、相撰請用如㆑此」とあり、福亮は元興寺に止住する呉僧（中国南朝系の外国僧）で、中臣鎌子（藤原鎌足）が主催する『維摩経』の講演に屈請された碩学であったと伝えている。[33] 福亮の中国での師は不明であるが、かつて南朝の栄えた地に居住していた関係で梁の三大法師（僧旻〈四六七〜五二七〉・法雲〈四六七〜五二九〉・智蔵）の教説にも通じ、来朝時に智蔵の注疏を将来したこともあって、太子により『維摩経』の注釈担当者に抜擢されたということであろうか。

　この『維摩経義疏』は、元興寺の智光が吉蔵の『浄名玄論』の副注として作成した『浄名玄論略述』の中で、『注維摩経』に次いで頻繁に引用されている。[34] 智光は、右の書の他に『般若心経』『法華玄論』『中論』『肇論』『無量寿経論』『観無量寿経』等の注釈類を合わせて一四部著わした奈良朝三論宗随一の学匠で、その師は智蔵とされる。[35] 智蔵は右に見た福亮の弟子で、[36] 元興寺にいた高句麗僧慧灌から三論宗を受けた福亮は、それを智蔵に授けたとの所伝が残る。[37] また、智蔵は福亮在俗時の子とされ、[38] 入唐して三論を学び、帰国後は法隆寺で三論を講じたと伝えられる。[39] これより、慧灌―福亮―智蔵―智光という三論の学統が知られるわけで、福亮の手がけた『維摩経』の研究は、その後智蔵を介して智光に受け継がれ、『浄名玄論略述』の中に取り込まれていったということになるだろう。

　三論宗では、祖師の吉蔵が『維摩経義疏』の冒頭で「但斯経、是衆聖之霊府、方等之中心、究竟之玄宗、無余之

極説、故諸仏之所二諮嗟一、弟子之所レ暁者也」[40]と述べるように、『維摩経』を大乗経典の中心に位置づけ尊崇していた。その三論宗が、日本に最も早く伝えられた学派[41]であってみれば、福亮の作に擬される『維摩経義疏』は先駆的な研究にあたり、それをいわば師資相承として受け入れる智光の『維摩経』研究は、自身の学殖とも相俟って、当時において最高水準のものになっていたといえるだろう。

『維摩経』では、大乗仏教の核心を在家居士の維摩が説くという構成をとるため、奈良時代になると維摩会（後述）の影響もあり、都の貴紳の間で関心が高まるようになる。その意味でいえば、智光の研究は衆目を引くことになるのであるが、著作の『般若経心述義』の序の中で、出家後の自らを評して「専憩二松林一、練レ身研レ神、随レ堪二礼讃一、周二覧聖教一」[42]と述べるように、智光は人との交わりを好まず、孤独の中で研鑽を積むことを心要としていた。また、『日本霊異記』中巻第七縁には、天平十六年（七四四）十一月に行基が大僧正に任じられる[43]と、智光は嫉妬心から行基を非難し鋤田寺に退いた話が載せられている。真偽の程は定かでないが、智光が元興寺を離れ京外に隠棲していた時期があったことは事実で、それは長期に及んだと見られている[44]。従って、智光の研究が最高水準にあったとしても、こうした行動を念頭にすれば、『維摩経』に関心を抱く人々に裨益するところがあったとはいいがたいのである。

三論宗は、元興寺の他に唐から帰国後、智蔵が三論を講じた法隆寺にも置かれていた。また、智蔵の弟子である道慈は、大宝元年（七〇一）に入唐して三論研究に成果をあげ、養老二年（七一八）に帰国後[45]は藤原寺や大安寺に止住していた[46]。道慈は唐で吉蔵の孫弟子にあたる元康に師事したと伝えられる[47]ので、新たな三論をもたらしたことになるだろう。この他に、天平勝宝三年（七五一）には東大寺に六宗の一つとして三論宗が置かれる[48]など、奈良時代には三論宗が盛行していたといえるが、『維摩経』の研究はさほどなされなかったらしく、『東域伝灯目録』には

先の『維摩経義疏』と『浄名玄論略述』以外には三論学僧の著作は載せられていない。これに対して、同目録には興福寺の二人の学僧の著作、すなわち神英述『浄名経刪補』三巻・行賀述『浄名経略賛』五巻と、常騰撰『无垢称注経』六巻が挙げられている。(49) このうち、神英については未詳であるが、常騰は行賀とともに永厳に師事したとされる興福寺の法相の学僧である。(50) 要は、『維摩経』研究は法相宗でも行なわれていたのであるが、これには藤原鎌足が創始したという維摩会が関係しているように思われる。

この維摩会については、『扶桑略記』にまとまった記事が載せられている。(51) それによると、斉明天皇二年（六五六）に内大臣中臣鎌足が病に伏した折に、百済禅尼法明が天皇の許しを得て『維摩経』の問疾品を誦したところ、偈句が終わらないうちに病が回復したので鎌足は感伏し、翌三年には山階の陶原の家に精舎を立て斎会を設けたが、これが維摩会の始まりという。(52) そして次の年には、前記のように福亮が屈請され『維摩経』の奥旨が講演されている。その後、鎌足の男子の藤原不比等が、慶雲三年（七〇六）十月に城東第において維摩会を開き、入唐学生智宝を屈請して『無垢称経』を、翌四年十月には厩坂寺に新羅遊学僧観智を請じて『維摩詰両本経』を、それぞれ講じさせ、和銅二年（七〇九）十月には植槻寺に浄達法師を筵し維摩会を修させている。同七年十月になると維摩会は興福寺で修されたが、これで九カ所に移修されたことになり、その間に中絶が四二年あったという。(53)

昌泰三年（九〇〇）の「興福寺縁起」(54) でも、維摩会は鎌足の病平癒を機に始められたと記すが、不比等の開いた維摩会についても「慶雲二年歳次乙巳秋七月、後太政大臣臥レ病不予、是日誓願、劣臣怠緩不レ継二先志一、自レ今以後躬為二膳夫一、帰二敬三宝一、供二養衆僧一、転二維摩於万代一」とあって、不予がきっかけとなっていたと伝える。また、「天平五年春三月、皇后重願、如二旧典一復二講説一、七日、祖考之志無レ妨咸熟」とあるが、これも『続日本紀』天平五年（七三三）五月辛卯（二十六日）条に「勅、皇后枕席不レ安、已経二年月一、百方療治、未レ見二其可一、思二斯煩苦一

忘二寝与一レ飡、可下大二赦天下一、救中済此病上」とあることを勘案すると、病の癒えぬ光明皇后が、この年の三月頃に藤原鎌足や藤原不比等の先例に倣い維摩会を始めたと解することができるだろう。

このように維摩会に関する所伝を見ると、いずれも病状の回復を願う法会であったことになるが、これを勅会に改めようとしたのが、『続日本紀』天平宝字元年（七五七）閏八月壬戌（十七日）条に見える紫微内相藤原仲麻呂等の上表であった。それによると、山階寺（興福寺）の維摩会は内大臣（鎌足）が始めたものであったが、没後三〇年の間継承されず中絶状態にあった。その子の太政大臣（不比等）はそれを再興し、毎年十月十日から内大臣の命日（十六日）に至るまで法会が盛大に開催されるようになった。これは「奉二翼皇宗一、住二持仏法一、引二導尊霊一、催二勧学徒一」ためのものであるので、内大臣の功田一〇〇町を寺に施入し維摩会を助成して興隆させたい、と。これを受けた孝謙天皇は、勅の中で「勧学津梁、崇法師範、朕与二卿等一共植二茲因一」と述べ施行を指示した。

この上表では、維摩会と病の関係には触れられていないが、これは既知のものとして省かれたのであろう。それよりも注意されるのは、維摩会の目的として、皇室の繁栄を助け、仏法を維持し、尊い霊を浄土に導き、学徒に仏教を学ばせる点を挙げ、勅では、維摩会は仏法の学びを奨励し、仏法を尊ぶ手本となる場である、と報えていることである。

先の『扶桑略記』の諸伝に記される僧を見ると、斉明天皇四年の陶原家で講演した福亮は『維摩経義疏』の作者に擬される呉僧、慶雲三年の城東第の智宝（智鳳）は法相宗の第三伝とされる新羅僧(55)、同四年の厩坂寺の観智は新羅から帰国した法相系の学問僧(56)、和銅二年の植槻寺の浄達は、『続日本紀』慶雲四年五月乙丑（二十八日）条に見える浄達と同一人とすれば、これも新羅から帰国の法相系の学問僧となる(57)。いずれも、当時において最も優れた学僧の一人と目される人々で、維摩会では仏教先進国の新羅等での学問成果が披露され、在来の僧らには必聴の講説

になっていたと思われる。恐らく、興福寺に定着後も高水準の学僧が法相宗から選出され、その伝統に則って講説が進められていたのであろう。右の上表に記される「奉二翼皇宗一、住二持仏法一、引二導尊霊一、催二勧学徒一」との自負は、こうした実績に裏打ちされていたものと見られる。不比等や光明の病平癒を願う法会を、皇室の繁栄と仏法の興隆に繋げていくのが興福寺の維摩会であったといえるであろう。

前記の『東域伝灯目録』に著作が載せられる三人の興福寺僧には、維摩会での講師歴は認められない。しかし、行賀は入唐経験のある法相宗第一流の学者で著作は一四部に及び、常騰も一二部の著作が知られる碩学である(58)から、彼らの『維摩経』研究は維摩会に資するところが大きかったといえるだろう。行賀は延暦二十二年（八〇三）に七五歳で、常騰は弘仁六年（八一五）に七六歳でそれぞれ没している(59)ので、この二人は奈良後期から平安初期にかけての学僧となるが、その著作（『浄名経略賛』『无垢称注経』）には、興福寺で積み重ねられてきた法相宗の『維摩経』研究の成果が盛り込まれていたものと思われる。

以上、『維摩経』をめぐる様相について概観を試みたが、果たしてこのような状況の中で、石上宅嗣が先に見たような信仰を得ていたのかというと、それは否であろう。

『維摩経』の研究は、三論宗と法相宗で行なわれていたが、三論のそれは純然たる学問研究であったらしく、在家との接点は見出だしにくい。これに対して法相の場合は、時の権力者の病平癒や皇室の繁栄と仏法の興隆を願う維摩会を前提にしたものと見られるので、そこに参集する貴紳らに講説を通して法相流の『維摩経』解釈を披露することができた。『経国集』巻一〇には、「聴二維摩経一」と題する淡海三船の五言詩(60)があり、その中で「地似二毗耶城一、人疑二妙徳尊一、誰知従二此会一、頓入二総持園一」と維摩会の印象が綴られている。その意は、維摩会のなされるこの地は毗耶離城にも似て、講ずる人は妙徳尊（維摩居士）かと見紛うばかり。この会に列席してにわかに総持園

（神秘的な世界）に入ろうとの思いが起こるのを誰が知るだろうか[61]、と。ここに総持園が出てくるのは、『維摩経』の不思議品で語られる巨大な獅子座を小さな方丈室に入れるなどの維摩の神通力[62]に感銘を受けてのことであろう。講説の影響力がここに認められるのであるが、しかし、こうして『維摩経』への関心が高まったとしても、宅嗣のように私財を喜捨し自らを維摩になぞらえるような信仰生活に入るには、やはり導きの師が必要になってくる。法相宗に、そのような実践へと導く学僧がいたのかどうか定かではないが、ただ、維摩会はあくまでも藤原氏の法会であり、その目的も皇室と仏法に重きを置くものであれば、こうした個人の信仰生活への配慮は、とりわけ宅嗣のような非藤原氏の場合、期待できなかったと見た方がよいだろう。

三　信仰の契機

では、石上宅嗣は、『維摩経』にもとづく信仰生活をどのようにして得ていたのであろうか。この点を見る上で留意されるのは、「唐大和上東征伝」（以下、「東征法」という）の末尾に、鑑真（六八八〜七六三）の死を悼む宅嗣の詩が、思託、法進（七〇九〜七七八）、藤原刷雄らのものとともに掲載されていることである。これらの詩は、天平宝字七年（七六三）五月六日（戊申）に鑑真が亡くなってから間もない頃の作とされている[63]。同じ題（「傷㆓大和上㆒」）で詩を作った思託と法進は鑑真の高弟[64]、藤原刷雄は鑑真一行と帰国をともにした入唐留学生で仲麻呂の六男[65]、「東征伝」の撰者は宅嗣と並んで「文人之首」と称される淡海三船[66]であった。宅嗣が、鑑真とその縁由の人々との交流を重ねていた様子がこれより知られるが、それは鑑真来朝以来のことであったようである。

「東征伝」によれば、天平勝宝六年（七五四）二月に難波に到着した鑑真とその弟子の法進・思託・曇静らの一

行は、都へ向かう途路で大変な歓迎を受け、入京後、鑑真は東大寺に安置され、四月には大仏殿の前に立てられた戒壇で聖武太上天皇・光明皇太后・孝謙天皇に菩薩戒を授けている[67]。このとき宅嗣は二十六歳で、治部少輔の地位にあった。鑑真らの接遇には、僧俗の主だった人々があたっていたが、宅嗣もその役目柄、僧尼の名籍を掌る玄蕃寮を管轄する立場にあったので[68]、比較的早い時期に鑑真らに接触していたと見られる。しかし、薨伝に「自二宝字一後、宅嗣及淡海真人三船為二文人之首一」と記される宅嗣は、この頃にはすでに文人としての評価を高め、折からの高僧の来朝は「愛二尚経史一、多レ所二渉覧一、好二属文一、工二草隷一」という自らの資質を磨く上で格好の機会と捉えていたはずである。それ故、職務とは別に、鑑真とその弟子との交流を望み、その願いを叶えていたものと思われる。

宅嗣には、淡海三船や文室真人浄三のように鑑真の菩薩戒弟子になったという所伝は残らないが[69]、先の「傷二大和上一」の詩の中で、「上徳従二遷化一、余灯欲レ断レ風、招提禅草歇、戒院覚支(枝)空」とその死を悲しみ、「招提」（唐招提寺）と「戒院」（東大寺戒壇院）の行末を案じるところを念頭にすれば、鑑真との繋がりは太く、三船らと同様に菩薩戒を授けられていた可能性が高い。「居士伝」に「崇レ真簡レ偽、奉レ仏賓レ王」と評される宅嗣が、仏教への帰依を深めたのは、従五位下に昇叙される以前のことと思われる。どのような僧に師事していたのかは明らかではないが、鑑真との出会いは、その信仰生活に一つの画期をもたらすことになる。なぜならば、鑑真は在家にとって重要な守戒に指針を与える律学の専門家であり、当時の日本では新来の学派に属する天台に通じる学匠であった[70]からである。

「東征伝」には、鑑真が日本に将来した経典や典籍が書き上げられているが、その中に『華厳経』八〇巻、『大仏名経』一六巻、『大品経』一部、『大集経』一部、『南本涅槃経』一部などの大乗経典および『四分律』一部とその注釈書等に交じって、天台祖師智顗の主要な著述、すなわち、『摩訶止観』一〇巻、『法華玄義』一〇巻、『法華文

句』一〇巻の三大部と『四教義』一二巻、『次第禅門』二巻、『法華三昧懺儀』一巻、『小止観』一巻、『六妙法門』一巻も含まれていた(71)。ただし、智顗の著述といっても親撰は少なく、右の書の中では『四教義』と『法華三昧懺儀』にとどまり、他は智顗の講述を門人の灌頂（五六一～六三二）らが筆録した書とされている(72)。智顗の教説は、弟子の灌頂が没してから以降、継承過程が不明確となり天台の暗黒時代が訪れる。その後、湛然（七一一～七八二）が出るに及んで智顗の著作の注釈等がなされ天台は再興するが、その湛然の活動域が鑑真のいる淮南地域とさほど離れていなかったことから、天台を兼学する鑑真と弟子らの関心が高まり、右のような書目の将来に至ったものと思われる(73)。

天台の主要な書がまとまってもたらされたのは、このときがはじめてであったらしく、『三国仏法伝通縁起』巻下の「天台宗」の項には「鑑真和尚齎二天台宗章疏一而来」(74)と記すが、その中に『維摩経』の注釈書である『四教義』も含まれていた。

智顗が『維摩経』の注釈書を著わすのは晩年になってからであった。それは、晋王広（隋の煬帝）の懇請を受けてのことで(75)、開皇十五年（五九五）から同十八年の間に三回にわたって、その注釈書を献上したとされている。一回目は、智顗自身の筆にかかるもので『玄義』一〇巻として献上された。この書は現存しないが、現行の『三観義』二巻と『四教義』一二巻はその別行本にあたる。二回目は、『玄義』を修治した『玄疏』六巻と『文疏』八巻の献上であった。しかし、これには満足がいかず、さらに再治を加えて三回目に献上したのが、現存する『維摩経玄疏』六巻と『維摩経文疏』二八巻であった(76)。鑑真が将来したのは、親撰『玄義』の別行本『四教義』であるが、これは『玄義』や『三観義』とは分離され、単独で流布していたもののようである(77)。

智顗の『維摩経』研究と注釈書の作成は、晋王広の求めに応じて進展していくが、その作業は自らの学説、とり

わけ浄土論の組織化に大きな役割を果たすことになったとされる(78)。すなわち、智顗は、『維摩経』の説く心浄即土浄や不二法門に影響を受け、『維摩経』を、浄土を各方面から総合的に説示する経典と解した。その上で、自らの説く四種浄土（凡聖同居土、方便有余土、実報無障礙土、常寂光土）の根拠を仏国品の次の文言に求めた(79)。

　仏言、宝積、衆生之類、是菩薩仏土、所以者何、菩薩、随二所化衆生一而取二仏土一、随下所二調伏一衆生上、而取二仏土一、随丁諸衆生、応丙以二何国一、入乙仏智慧甲、而取二仏土一、随丁諸衆生、応丙以二何国一、起乙菩薩根甲、而取二仏土一

　これは、宝積らの問いに対して、仏が、導くべき衆生のために菩薩が設ける仏土を説くくだりで、そこには、所化の衆生に応じた仏土、調伏（善を修め悪を棄する）を行なった衆生の仏土、仏智に悟入する衆生に応じた仏土、菩薩の根（能力）を起こす衆生に応じた仏土を、菩薩は摂取することが語られている。智顗は、この四つの仏土に自らの四種浄土を重ね合わせその裏付けとしたのであるから、『維摩経』への依用の大きさが窺い知られるであろう。

　鑑真のもたらした『四教義』は、親撰とはいえ智顗の『維摩経』研究・注釈作業の中では未完の段階のものであった。将来するならば『維摩経玄義』『維摩経文疏』の方であるが、それが叶わなかったのは、湛然による天台の再興はまだ途上にあり、両書もさほど流布していなかったからではないかと思われる(80)。それだけに、天台の三大部などとともに、この不完全な注釈書がもたらされた意義は大きく、当時における『維摩経』への関心の高まりを伝えるものとして注目される。

　『延暦僧録』の「思託伝(81)」には、発願に際し「感二夢文殊師利幷善財童子一、又夢レ昇二妙喜世界衆香国土一」との体験があったと記されている(82)。文殊菩薩と善財童子は『華厳経』入法界品に、妙喜世界と衆香国は『維摩経』の見阿閦仏品と香積仏品(83)に、それぞれ見えるので、思託は各品の教説に感銘を受け発願に至ったというのである。このう

ち、『華厳経』については法蔵（六四三〜七一二）の華厳教学の影響が考えられるが、『維摩経』にはこれを所依とする特定の学派は存在しない。ただ、三論の吉蔵や天台の智顗が重要視するように、大乗仏教の代表的な経典であるため、僧俗を問わず尊重され人口に膾炙する機会が多かったと思われる。思託は、このような環境の中で『維摩経』に感化を受けていたのであろう。天台の再興途上で『維摩経』への関心が高まる素地は、こうしたところにあったのである。

鑑真には、『維摩経』との関わりを明示する記事は残らないが、「東征伝」には、愛弟子の祥彦が死を迎えるときに阿弥陀仏を念じさせたり、自らの臨終時には西面して化したことが語られており、阿弥陀浄土信仰があったことを伝えている[84]。天台を兼学としていたことを勘案すると、それは智顗の説く四種浄土のうちの凡聖同居土（穢土・浄土）、すなわち浄土の方の西方極楽世界への往生を願う信仰であったと解される[85]。従って、鑑真にも智顗が浄土論の組織化のために依拠した『維摩経』への尊崇の念があったと見なければならないであろう。これは、天台を兼学とする弟子の法進、曇静、思託、義静、法載、法成等一四人の場合も同様である。

このように、鑑真とその弟子の『維摩経』との関係を天台を介して捉えるならば、宅嗣の『維摩経』に対する認識は、これまでとは異なるものになっていた可能性がある。なぜならば、維摩会では時の権力や仏法の護持に供する経典として取り上げられていたのに対し、天台では浄土を説く経典と位置づけられていたからである。もっとも、この当時には、まだ天台の教義の体系は伝えられておらず、『維摩経』の天台的な注釈も十分ではなかったが、それでも鑑真が尊崇する経典となれば、宅嗣に与える影響は大きなものになっていたといわねばならない。

宅嗣の『維摩経』信仰は、鑑真との交流の中で獲得されていたと解しておきたい。その時期は、先の官歴からすれば、鑑真の来日から相模守に就く天平勝宝九歳（七五七）六月までの間であろう。

四　芸亭の周辺

石上宅嗣の『維摩経』信仰には、自らを維摩に擬する側面があり、私邸を捨した阿閦寺の境内には芸亭を設け、その周辺に山や沼を配して君主の幽居になぞらえる風趣をともなっていた。鑑真から信仰を得たとしても、こうした景観の創出には別の要素が加わっていたと見なければならないであろう。では、それはいかなるものであったのか。以下では、芸亭にまつわる問題を取り上げ、これについて考え得るところを述べておくことにする。

まず注意したいのは、空海の漢詩文集『性霊集』の巻一〇（補闕抄）に収められる「綜芸種智院式」の「序」に見える次の記事である。(86)

或難曰、然猶、事漏㆓先覚㆒、終未㆑見㆓其美㆒、何者、備僕射之二教、石納言之芸亭、如㆑此等院、並皆有㆑始無㆑終、人去跡穢、

これは、儒・道・仏の三教に通じる者がいない現状を嘆いた空海が、綜芸種智院を建てて三教の教育をはかろうとしたことに対し、ある人の難じた言であるが、この中で「備僕射之二教」、すなわち右大臣吉備朝臣真備の二教院と宅嗣の芸亭院の事例が持ち出され、両院の始まりはあっても終わりはなく、人々が去ったあと廃れてしまったと評している。「種智院式」の日付は天長五年（八二八）十二月十五日であるから、真備や宅嗣が没してから半世紀ばかり経過していた。(87)その間に都は遷され、二教院と芸亭院は放棄された平城京と命運をともにしたようであるが、それでもなお人々の記憶に残るのは、特異な教育施設として光彩を放っていたからであろう。

真備には、子孫のために著わされた実用的教訓書『私教類聚』（現存せず）(88)があるが、その「目録」（『拾芥抄』

引用(89)に挙げられる三八の項目のうちの第一には、「略示㆓内外事㆒／内外五戒　一不殺生　二不偸盗　三不婬欲　四不妄語　五不飲酒　外教五常　一仁不殺　二義不盗　三礼不邪　四智不妄　五信不乱」とあり、仏教の五戒と儒教の五常がそれぞれ対応するように並記されている。これは、他の項で頻りに引用される顔之推撰『顔氏家訓』の帰心第一六に「内外両教、本為㆓一体㆒、漸極為㆑異、深浅不㆑同、内典初門、設㆓五種禁㆒、外典仁義礼智信、皆与㆑之符(90)」と見える儒仏一体思想の影響を受けるもので、吉備真備の二教院もこの思想にもとづく私学であったと解されている(91)。真備は、養老元年（七一七）に留学生として遣唐使に従って入唐し(92)、天平七年（七三五）の帰国時には『唐礼』一三〇巻をはじめとする多数の書籍を将来しているが(93)、その中に『顔氏家訓』も含まれていたものと思われる。その後、帰国を同じくした玄昉とともに重用され、同十二年八月二十九日（癸未）に大宰少弐藤原広嗣から批判を受けるものの(94)栄達を遂げ、天平勝宝元年（七四九）七月二日（甲午）には従四位上に昇叙するが、翌二年正月十日（己亥）に左降され筑前守となった。同三年十一月七日（丙戌）に入唐副使に任じられて再び唐に渡り、同六年正月に帰国。しかし、この年の四月五日（庚午）には大宰大弐となり、天平宝字八年（七六四）正月二十一日（己未）に造東大寺長官に任じられて入京したときには七〇歳になっていた。要は、左降以来、京外での生活を余儀なくされていたわけであるが、このような官歴を念頭にすれば、二教院は、帰国後の天平七年から筑前守に転じる天平勝宝二年までの間に造られていたことになるだろう(95)。

宅嗣の芸亭には、前記のように条式があり、そこには「内外両門本為㆓一体㆒、漸極似㆑異、善誘不㆑殊」と、右に見た『顔氏家訓』の文言とほぼ同様の記述がなされている。宅嗣と真備の関係を伝える記録は残らないが、入唐留学の成果ともいうべき二教院の設立は耳目を引いたであろうし、帰国に際して船が別になったとはいえ、鑑真ら一行の来日に真備も何らかの役割を果たしていたはずである(96)。それ故、父の叶わなかった入唐に強い思いを抱き、鑑真らとの交流を重ねる宅嗣にとって、真備はやはり特別な存在であったと思われる。芸亭院の造営には二教院の影

響があったことを認めねばならないであろう。[97] ただ、儒仏一体思想にもとづくといっても、石上宅嗣の場合は、条式に「為レ助二内典一、加二置外書一」とあるように仏教に軸足を置くものであった。また吉備真備は、『私教類聚』「目録」の第三の項に「仙道不レ用事」としているが、宅嗣は阿閦寺境内を君主の幽居に見立てるなど、老荘的な風情を好む傾向があった。つまり、宅嗣には独自の思想的な立ち位置があったわけであるが、これには『維摩経』信仰の影響があるように思われる。

　前記のように『維摩経』には多くの注釈書が存在するが、なかでも『注維摩経』はその代表格にあたり、吉蔵の注釈書、聖徳太子のもとで作成された『維摩経義疏』や智光の『浄名玄論略述』においても頻繁に引用されていた。[98] この『注維摩経』は、鳩摩羅什と弟子の僧肇、道生の注釈を合糅したもので、六世紀末にはすでに成立していたとされる。ここでは、羅什訳『維摩経』の経文に三師の注が配されていくが、僧肇のものが圧倒的に多く、羅什や道生の注のほぼ倍の数に及ぶという。[99] つまり、僧肇色の強い注釈書というわけである。その僧肇については、『高僧伝』巻六に次のような記事が載せられている。[100]

　志好二玄微一、毎以二荘老一為二心要一、嘗読二老子道徳章一、乃歎曰、美則美矣、然期二神冥レ累之方一、猶未レ尽レ善也、後見二旧維摩経一、歓喜頂受披尋翫味、乃言、始知レ所レ帰矣、因レ此出家、学善二方等一、兼通二三蔵一、

　これによると、僧肇は玄微を好み荘子と老子を心要としていたが、『老子』を読んでも神（心）の煩いを鎮める方法については十分ではないと歎いていた。その後、旧訳の『維摩経』（支謙訳）を読んで歓喜し、落ちつくべきところを知ったといい出家を遂げたという。

　しかし、僧肇の場合、仏門に入ることで魏晋に流行した老荘を捨てたのではなく、『老子』や『荘子』よりも『維摩経』や『般若経』の方が、より深い解脱の真理を説示すると受け取り、仏教徒に転じたとされる。[101] 従って、

僧肇の仏教理解の基礎には老荘思想があり、その論理でもって思索を進めていくというのである。僧肇の注釈書『維摩経注解』は、『注維摩経』に合糅された形でしか残らないが、序文の方は現行の『注維摩経』の巻一に付されている。[102]そこでは、『維摩経』の内容や訳出の経緯、自らの注釈の成り立ちなどが『周易』『老子』『荘子』に典拠を求めた語句を配して書かれており、僧肇が玄学からいかに大きな影響を受けていたかを伝えている。[103]『維摩経』の理解のために『注維摩経』が必読となれば、その研究や信仰には老荘思想との交渉が不可避となるであろう。石上宅嗣の老荘好みもその意味では必然といえるが、彼の場合、そこに新しい知見が加えられていたようである。

先にも触れた宅嗣の「小山賦」は、唐太宗の「小山賦」に擬して作られたもので、そこには『周易』『論語』『老子』『荘子』などに出典をもつ語句が多用されるが、『老子』に関しては河上公注が用いられていたと指摘されている。[104]この注釈書は、『老子』を愛好する漢の文帝が、河のほとりに住む隠者河上公から与えられた書と伝えられるもので、現行のような形になったのは六朝末頃とされている。[105]河上公注は、魏の王弼の注とともに『老子』を解読するための基本書として流布したようであるが、唐代に入ると、『漢書』「芸文志」にその名が見えないことから内容に疑義が持たれ、王弼注との間で優劣も争われるようになった。[106]そのため、皇帝の玄宗は御注を著わして文句と注釈を刊定し、開元二十三年（七三五）に天下に頒布するに至っている。[107]『唐六典』巻二一の国子祭酒司業条の注には、国子学で使用される教科書が列挙されるなか、「孝経老子並開元御注、旧令、孝経孔安国鄭玄注老子河上公注」との記述がなされている。ここでいう「旧令」とは、開元七年もしくはそれ以前の令を指すと見られるので、開元二十五年令では『孝経』とともに『老子』も御注のものに改められていたことが知られる。[108]それは疑義のなせる業であろうが、それでも御注が登場するまで河上公注は国子学の教科書に指定され、学生に学ばれていたのであ

る。

では宅嗣は、「小山賦」の作成に何故このような河上公注を用いたのであろうか。この注釈書はここが初見のようなので(109)、その理由が問われることになるが、これには鑑真とともに帰国した遣唐使一行の動向が関係しているように思われる。次に「東征伝」の一節を引用しておく(110)。

弟子等早知下和上五遍渡レ海向二日本国一将上レ欲レ伝レ教、故今親奉二顔色一頂礼歓喜、弟子等先録二和上尊名并持律弟子五僧一、已奏二聞主上一、向二日本一伝レ戒、主上要レ令下将二道士一去上、日本君王先不レ崇二道士法一、便奏留二春桃原等四人一、令三住学二道士法一、為レ此和上名亦奏退、願和上自作二方便一、弟子等自有下載二国信物一船四舶上、行装具足、去亦無レ難、

これは、天宝十二載（七五三）十月十五日に、遣唐大使藤原清河と副使の大伴胡麻呂・吉備真備、それに阿倍朝臣朝衡らが、延光寺において鑑真に渡日を要請したときの言である。これによると、清河らが、鑑真と持律弟子五僧の名を録して渡日の許可を玄宗に求めたところ、道士の同行を条件とされたので、日本の天皇は道士の法を崇めないため春桃原ら四人を留めてその法を学ばせることにすると応え、鑑真らの渡日許可を断念したという。

玄宗が同行を求めた道士とは、唐の皇室の遠祖として崇敬される老子が開いたという道教の修行僧を指す。当時の日本の大学では、前記の国子学に準じる教科書を採用しながら『老子』は除外していた(111)。道士の受け入れ拒否は、いわば国是に従った対応といえるが、ただ、『冊府元亀』巻九九九（外臣部、請求）に開元二十三年閏十一月のこととして「日本国遣二其臣名代一来朝、献レ表懇求二老子経本及天尊像一、以帰二于国一、発二揚聖教一、許レ之」とあるように、書籍等の場合は寛容であったらしく、このとき中臣朝臣名代が持ち帰ったのは、頒布されて間もない玄宗の『老子』御注であったとされている(112)。今回は、春桃原らに道士の法を学ばせるとあるので、日本からの留学生らが道教

を学ぶ分については問題はないとの認識があったようである。玄宗の圧力によるのか、日本国内への道士の受け入れを頑なに拒否していたのではなさそうである。

こうした道教の受け入れを見る上で留意されるのは、帰国する遣唐使らの一行に阿倍仲麻呂（中国名は朝衡）が加わっていたことである。仲麻呂は、養老元年（七一七）出発の遣唐使に従って入唐した留学生で[113]、同学に吉備真備や玄昉がいた。在唐中、真備とともに勉学に大きな成果を上げたらしく、『続日本紀』宝亀六年（七七五）十月壬戌（二日）条に見える真備の薨伝には「我朝学生、播二名唐国一者、唯大臣及朝衡二人而已」と評されている。親交のあった宮廷詩人の王維が、仲麻呂との別れを惜しんで作った五言詩「送三秘書晁監還二日本国一」の「序」[114]では、「名成二太学一、官至二客卿一」とあるので、仲麻呂は太学に入って修業し、科挙に応じて官吏になっていたことが知られる。真備と玄昉は天平七年（七三五）に帰国するが[115]、仲麻呂は『旧唐書』巻一九九上（東夷）に「其偏使朝臣仲満、慕二中国之風一、因留不レ去、改二姓名一為二朝衡一、仕二歴左補闕・儀王友一」とあるように、唐に留まり朝衡と改名して玄宗に仕える道を選んでいる[116]。玄宗の信任が厚かったことは、先の天平勝宝四年（天宝十一載）の遣唐大使・遣唐副使らの府庫への案内を、勅命で仲麻呂に任ねている[117]ことからも窺われるが、その玄宗が老子を崇敬していたことは先に見た通りである。

右に挙げた王維の送別詩の「序」には、入唐した仲麻呂の様子を「晁司馬結レ髪游レ聖、負レ笈辞レ親、問二礼于老聃一、学二詩于子夏一」と記している。ここでいう礼を老聃（老子）に問うとは、老子を遠祖とする唐皇室に仕えて礼をたずねる意に、詩を子夏（孔子の弟子）に学ぶとは、子夏のように詩に通じた師に学ぶの意に、それぞれ解される。一方、帰国の途につこうとする仲麻呂の姿を、王維は「于レ是馳二首北闕一、裹二足東轅一、篋二命賜之衣一、懐二敬問之詔一、金簡玉字、伝二道経于絶域之人一、方鼎彝樽、致二分器于異姓之国一」と表現する。これを釈すると、皇帝に暇

乞いをしたあと、命賜の衣は篋に収め、天皇に宛てた玄宗の敬問の詔は懐に入れ、金色の簡に玉のような文字で書かれた道経（道教の経典）を絶域（日本）の人々に伝え、方鼎彝樽（宗廟に備えておく祭祠用の酒器）を異姓の国（日本の天皇家）にもたらそうとした、となるだろう。要は、在唐中に阿部仲麻呂は道教への造詣を深め、関係の書籍や祭器などを持って帰国しようとしたというのであるが、それはまた、敬問の詔を託した玄宗の望むところでもあったであろう。

仲麻呂の乗った遣唐大使藤原清河の船は、嵐に遭って安南に漂着(118)したため帰国は叶わなかったが、無事日本に到着した大伴古麻呂や吉備真備らの一行は、玄宗朝の様相を宮廷や都下の人士・僧侶らに具体的に伝えたものと見られる。仲麻呂が持ち帰ろうとした道経や祭器類は、海の藻屑となり消えたことであろう。しかし、今回は、道士の法を春桃原ら四人に学ばせる措置をとったように道教への関心を高めていたので、仲麻呂以外の手によっても関係の書籍が日本に将来されていた可能性が高い。前記の宅嗣の詩賦に使われた『老子』の河上公注も、この遣唐使らによってもたらされたもののように思われる。

宅嗣は、御注よりも長らく国子学の学生に親しまれていた河上公注の方に『老子』の本懐を求めたのであるが、これには帰国した人々の知見に依るところが大きかったであろう。

おわりに

石上宅嗣の「居士伝」に記される信仰生活は、結局、天平勝宝六年（七五四）に帰着した遣唐使船に乗っていた人々から、すなわち鑑真と弟子たちには『維摩経』信仰を、吉備真備や藤原刷雄といった遣唐使や留学生からは、

『維摩経』の解読や研究に付帯する老荘思想、とりわけ最新の『老子』や道教に関わる情報を摂取し、営まれていたことになるだろう。ただ、芸亭院という独自の空間を造作するに至った事情については、手懸りとなる記述が見出だせないため言及できていないが、最後に憶測を述べるとするならば、これには王維の影響があるように思われる。

阿倍仲麻呂と親交のあった王維の字は摩詰で、名前の維と合わせると維摩詰になるため、王維がいかに『維摩経』を愛好していたかを伝えるものとして評されている(119)。王維が熱心な仏教信者であったことは、『旧唐書』や『新唐書』に載せられる伝からも知られるが(120)、『維摩経』に傾倒していたことを伝える記事は認められないようである(121)。ただ、『維摩経』が大乗仏教を代表する著名な経典であることから、それへの造詣を深め、在家居士の王維が主人公に親近感を抱き、字を摩詰にしたことは大いにありうるところであろう。

王維は、開元二十二年（七三四）に右拾遺となり、天宝元年（七四二）に右補闕に昇進、その後同九載までの間に左補闕、庫部員外郎、庫部郎中を歴任し、同十一載には吏部（文部）郎中に任じられている。こうした官歴を重ねる中で、天宝年間に入って長安の東南にある藍田の別荘を購入し、輞川荘と号して自らの信仰生活、芸術生活の本拠にしたという(122)。王維とほぼ同世代で、左補闕や儀王友を歴任していた仲麻呂が(123)、この輞川荘を訪問する機会を得ていたのかどうか明らかではないが、宮廷での交流や詩文に接するなどして別荘での生活を認知していたものと見られる。

字を摩詰にしたとはいえ、王維は『維摩経』の主人公のように仏道本位に生活したのではなく、世俗の喧騒と汚濁から身を遠避けて禅を愛し、自然に親しむ生活を送ろうとしたとされている(124)。それは王維の詩作にも反映されており、自然詩人として同時代の李白や杜甫と併称、鼎立されていることは周知のところである。仲麻呂が無事帰国

していたならば、こうした王維の別荘や信仰生活などが詳細に日本の宮廷や貴紳の間に伝えられたであろう。しかし、当時において高名な宮廷詩人で高級官僚であった王維の名声は、遣唐使一行や留学生も十分承知していたものと思われる。「薨伝」に「毎レ値二風景山水一、時援レ筆而題レ之」と記される宅嗣が、この王維の別荘での生活の様子を伝え聞き、『維摩経』信仰と重ね合わせて独自の空間を築こうとした、と憶測したとしても、あながち不当とはいえないであろう。

註

（1）後藤昭雄「『延暦僧録』考」（同『平安朝漢文文献の研究』吉川弘文館、一九九三年。初出は一九八八年）によると、散逸した『延暦僧録』は全五巻で居士伝は巻五に三〇収められていたという。藏中しのぶ『『延暦僧録』注釈』（大東文化大学東洋研究所、二〇〇八年）には、現存する逸文が収集され注釈が施されている。

（2）「感神功臣大夫居士伝」（藤原良継）、「守真居士伝」（藤原魚名）、「芸亭居士伝」（石上宅嗣）、「班爵居士伝」（大中臣諸魚）。いずれも『日本高僧伝要文抄』第三に収載。

（3）本書第八章「文室浄三の無勝浄土信仰」、第九章「道璿・鑑真と淡海三船」を参照。

（4）石上宅嗣については、藏中進『唐大和上東征伝の研究』第四章第四節「石上宅嗣の生涯と文学」（桜楓社、一九七六年）でまとまった考察がなされており、裨益されるところが大きい。政治との関わりについては、木本好信『律令貴族と政争――藤原氏と石上氏をめぐって――』Ⅲ章「石上宅嗣と藤原良継・百川兄弟」（塙書房、二〇〇一年）がある。

（5）薨伝の解釈は、新日本古典文学大系『続日本紀』五（岩波書店、一九九八年）に示された注釈に従っている。直木孝次郎他訳注『続日本紀』四（東洋文庫・平凡社、一九九二年）、林陸朗『奈良朝人物列伝――『続日本紀』薨伝の検討――』（思文閣出版、二〇一〇年）には、薨伝の現代語訳が示されている。

（6）『懐風藻』に載せられる石上乙麻呂の伝には、本文に引用した文に続いて「嘗有二朝譴一、飄二寓南荒一、臨レ淵吟レ沢、

写二心文藻一、遂有二銜悲藻両巻一、今伝二於世一、天平年中、詔簡二入唐使一、元来此挙難レ得二其人一、時選二朝堂一、無レ出二公右一、遂拝二大使一、衆僉悦服、為二時所一レ推、皆此類也、然遂不レ往」とあり、詩文集に「銜悲藻両巻」があったこと、天平年中に入唐大使に任じられながら渡唐は叶わなかったことなどが記されている。

（7）本文に日付・干支のある事項は『続日本紀』による。

（8）『養老官位令』11従五位条。

（9）『公卿補任』天平神護二年条の石上宅嗣の項に付された伝には「天平勝宝三年正月七日叙二従五位下一、任二治部少輔一」と記され、叙位後の任官とする。なお、この伝には「天平宝字元年為二紫微少弼一」とあるが、この任官は『続日本紀』に認められず、同じ頃、巨勢朝臣堺麻呂が紫微少弼の地位にあるので、藏中進前掲註（4）著書第四章第四節では『公卿補任』の誤記とする。

（10）中川収「藤原良継の変」（同『奈良朝政治史の研究』高科書店、一九九一年。初出は一九六〇年）。

（11）この事件の背景については、山本幸男「藤原良継・藤原百川——時代を変えた式家の俊英——」（栄原永遠男編『古代の人物三・平城京の落日』清文堂、二〇〇五年）を参照。

（12）前掲註（6）参照。

（13）考えうるのは藤原氏の存在である。中川収「光仁朝政治の構造と志向」（前掲註（10）著書。初出は一九八六年）では、光仁朝の政治を藤原挙族体制期、藤原式家体制期、藤原北家体制期の三期に区分する。

（14）前掲註（6）参照。

（15）『群書類従』五ノ五四二、八ノ四九三～四九四・五〇九。和歌は『万葉集』巻一九に一首（四二八三）収められる。

（16）この点については第四節で取り上げる。

（17）『日本高僧伝要文抄』第三、藏中前掲註（1）著書二七九頁。

（18）「履政佩レ瑜」は、『礼記』玉藻に「世子佩二瑜玉一、而綦二組綬一」とあることから世子として政に関わるの意に、「逐鹿之時」は、「逐鹿」が帝位や政権を争う譬えに用いられることから、そのような場面に、の意に、「睒二図麟之閣一」は、前漢の武帝が築いた麒麟閣に、宣帝の時、功臣の像を描いて閣上に掲げしめた故事に因んだ表現と見な

し、天皇から功臣として高い評価を得た意に、それぞれ解した。

(19)『続日本紀』によれば、宅嗣が罷免されたあと左虎賁衛（左兵衛）督従五位上藤原田麻呂が副使に任じられているが、この年（天平宝字六年）の五月十七日に遣唐使船一隻が破損したことから遣唐使の規模が縮小され、七月には送唐人使と名称が変更された。しかし、結局「風波无レ便、不レ得二渡海一」として中止になっている。「居士伝」の「風色不レ便、却二還本朝一」は右の記事に対応するが、風波を待っていた送唐人使の中に宅嗣はいなかった。

(20) 宅嗣の「小山賦」と賀陽豊年の「和二石上卿小山賦一」（『群書類従』八ノ四九四）については、小島憲之『上代日本文学と中国文学――出典論を中心とする比較文学的考察――』下巻一三四五～一三六五頁（塙書房、一九六五年）に賦文の校異と注釈がなされている。それによると、宝亀年間に作られた宅嗣の「小山賦」は唐の太宗の「小山賦」に擬したもので、『周易』『論語』『老子』『荘子』の語句などを利用し、老荘的な思想内容を示すという。豊年の賦も右の四書の語句を利用し、厚遇を受けた者の唱和の賦としては誠にふさわしいものと評されている。

(21) 卒伝によれば、豊年は六五歳で没しているので、宅嗣が「小山賦」を作った頃は二〇代となる。芸亭院の創設時は明確ではないが、「居士伝」の記述からすれば遣唐副使を罷免された天平宝字六年以降となるだろう。藏中進氏は、この年（天平宝字六年）に開設されたとする（前掲註(4)著書第四章第四節）が、当時の宅嗣は政治的に不安定な立場にあったので、落ち着きを取り戻す天平神護元年以降に求めた方がよいだろう。なお、新村出「石上宅嗣の芸亭につきて」（石上宅嗣顕彰会編『石上宅嗣卿』同顕彰会、一九三〇年。初出は一九二一年）は宝亀二年設立とするが、確たる根拠にもとづくものではない。

(22) (d)の「飾詞雅麗」から「令二人発心一」までを宅嗣の「三蔵讃頌」を顕彰する文言と解せなくもないが、文の繋がりからすれば飛錫の著作に対するものと見なせるので、本文のように解釈した。

(23) 高山寺典籍文書綜合調査団編『高山寺本東域伝灯目録』二五オ（東京大学出版会、一九九九年）。維摩詰を浄名と称したことについては、『注維摩経』巻一の中で鳩摩羅什、僧肇ともに「維摩詰秦言二浄名一」（『大正蔵』三八ノ三二七中・下）としている。

(24)『宋高僧伝』巻三（『大正蔵』五〇ノ七二一下）。

(25)『大唐貞元続開元釈教録』巻中（『大正蔵』五五ノ七六一上・中）。

(26)『続日本紀』によると、宝亀八年六月一日に出発を前にした遣唐副使に勅が与えられている。また、翌年の十月から十一月にかけて遣唐使船の帰着記事が見える。

(27) 鳩摩羅什訳『維摩詰所説経』巻下の見阿閦仏品には、維摩詰（維摩）の出身を問う舎利弗に対し、仏は「有レ国名二妙喜一、仏号二無動一、是維摩詰於二彼国一没而来生レ此」と告げ、さらに維摩詰に「善男子、為二此衆会一現二妙喜国無動如来及諸菩薩声聞之衆一、衆皆欲レ見」と、妙喜世界の現出を求める場面が出てくる（『大正蔵』一四ノ五五五中）。この羅什訳では、阿閦仏は品名のみで本文では無動仏と訳されているが、支謙訳には品名・本文とも阿閦仏と見える（『大正蔵』一四ノ五三四中・下）。なお、『阿閦仏国経』では、東方妙喜世界に住む阿閦仏が成道に至った経緯や、この世界への往生の方法が記される（『同』一一ノ七五一中～七六四上）。

(28) 文殊師利の見舞いを察知した維摩詰の行動が次のように語られる。「爾時長者維摩詰心念、今文殊師利与二大衆一倶来、即以二神力一空二其室内一、除二去所有及諸侍者一、唯置二一床一以レ疾而臥、文殊師利既入二其舎一、見下其室無二諸所有一独寝中一床上」（『大正蔵』一四ノ五四四中）。以下で言及する『維摩経』は羅什訳による。

(29)『維摩経』の書誌や思想については、橋本芳契『維摩経の思想的研究』（法藏館、一九六六年）、紀野一義『仏典講座九・維摩経』（大蔵出版、一九七一年）、大鹿実秋『維摩経の研究』（平楽寺書店、一九八八年）、橋本芳契『維摩経講話――浄土の経への解説――』（早川博信編、山喜房佛書林、一九九二年）、木村宣彰『注維摩経序説』（真宗大谷派宗務所出版部、一九九五年）、本文の解釈については、石田瑞麿『維摩経――不思議のさとり――』（東洋文庫・平凡社、一九六六年）、大鹿前掲著書、橋本前掲著書『維摩経講話』を参照している。

(30)『大正蔵』五五ノ五九一下。

(31) 木村前掲註(29)著書七七～八七頁。

(32) 三経義疏が聖徳太子の真撰であるかどうかをめぐっては論争があるが、ここでは井上光貞「三経義疏成立の研究」（同『日本古代思想史の研究』岩波書店、一九八二年。初出は一九七二年）に従い、本文のように解しておく。以下、『維摩経義疏』についての言及は、この井上論文にもとづいている。

(33)『僧綱補任抄出』上の推古天皇三十三年条に「僧正福亮呉人、熊凝氏本元興寺」とあり、「維摩縁起云、大織冠内大臣、以二斉明天皇四年戊午一、於二山科陶原家一、嘱二福亮法師一為二講匠一云々」と注記する（『大日本仏教全書』一一一ノ四九～五

〇)。

(34) 井上光貞前掲註(32)論文。

(35) 伊藤隆寿「智光の撰述書について」(駒沢大学仏教学部『論集』七、一九七六年)、末木文美士「元興寺智光の生涯と著述」(『仏教学』一四、一九八二年)。

(36) 『扶桑略記』天武天皇二年三月条に「智蔵任㆓僧正㆒、呉学生福亮僧正在俗時子也」とあり、『僧綱補任』第一の天武天皇二年条にも僧正智蔵を「呉国人、福亮在㆑俗時子也」と注記する(『大日本仏教全書』興福寺叢書一ノ六一)。

(37) 『三国仏法伝通縁起』巻中の「三論宗」の項に「慧灌僧正以㆓三論宗㆒授㆓福亮僧正㆒、福亮授㆓智蔵僧正㆒」と見える(『大日本仏教全書』一〇一ノ一一〇)。

(38) 前掲註(36)参照。

(39) 八八〇年前後に成立したと推定される香山宗撰『大乗三論師資伝』(伊藤隆寿氏解題・翻刻、駒沢大学仏教学部『論集』一一、一九八一年)には、「次入唐学生呉智蔵僧正、亦此元興、業渉㆓内外㆒学㆓道三蔵㆒、於㆓法隆寺㆒伝㆓三論㆒、仙光院智光法師、礼光法師、相受伝㆑之」と記される。

(40) 『大正蔵』三八ノ九〇八下。

(41) 田村圓澄「三論宗・法相宗の伝来」(同『日本仏教史』一、法蔵館、一九八二年。初出は一九七四年)。

(42) 『大正蔵』五七ノ三下。

(43) 『続日本紀』天平十七年正月己卯条に「詔、以㆓行基法師㆒為㆓大僧正㆒」と見える。

(44) 末木前掲註(35)論文。

(45) 『続日本紀』天平十六年十月辛卯条の道慈の卒伝には、「大宝元年、随㆑使入㆑唐、渉㆓覧経典㆒、尤精㆓三論㆒、養老二年帰朝」と記される。

(46) 神亀五年五月十五日付の長屋王の願文を持つ『大般若経』第二六七巻の奥書に、経文の検校者として「藤原寺僧道慈」(『大日本古文書』二十四ノ五〜六)、宝亀六年四月十日付の「大安寺碑文」に「粤以㆓天平元年歳次己巳㆒、詔遣㆓法師㆒(道慈、引用者注)修㆓営此寺㆒」(藤田経世編『校刊美術史料』寺院篇・上巻八七頁〈中央公論美術出版、一九七二年〉)と見える。

(47)『東大寺具書』に「道慈律師初於二本元興寺一受二智蔵僧正一、後大宝元年入唐謁二嘉祥孫弟子元康法師一精二三論一」と記される（『続群書類従』二七下ノ八四）。田村前掲註(41)論文参照。

(48) 造東大寺司写経所の「経疏出納帳」に、天平勝宝三年二月二十八日に「三論宗僧等状」により「開元目録十九巻」を奉請したこと、同年五月三日に「六宗（華厳・法性・律・倶舎・三論・成実、引用者注）布施法」を定めるため「目録二巻」を奉請したことが見える（『大日本古文書』三ノ五四八〜五四九）。

(49)『高山寺本東域伝灯目録』二三ウ〜二五オ（前掲註(23)参照）。

(50) 富貴原章信仏教学選集第三巻『日本唯識思想史』二〇七〜二一三頁（国書刊行会、一九八九年。初版は一九四四年）。

(51) 維摩会については、上田晃圓『日本上代における唯識の研究』第三章「興福寺の維摩会の成立とその展開」（永田文昌堂、一九八五年）、土橋誠「維摩会に関する基礎的考察」（直木孝次郎先生古稀記念会編『古代史論集』下、塙書房、一九八九年）、井山温子「八世紀の維摩会について」（続日本紀研究会編『続日本紀の時代――創立四十周年記念――』塙書房、一九九四年）に詳しい。

(52) 昌泰三年の「興福寺縁起」でも同様の記事があるが、ここでは「相公御病既以平愈、時大臣稽首合掌言、生々世々帰二依大乗一、又為レ師二禅尼一、仍講二維摩経一」と記される（『群書類従』二四ノ四一三）。

(53) 慶雲三年、同四年、和銅二年、同七年の維摩会は『僧綱補任』第一（『大日本仏教全書』興福寺叢書一ノ六二〜六三）、『僧綱補任抄出』上（『同』一一一ノ五二）、『七大寺年表』（『同』一一一ノ一九〜二〇）などにも記される。

(54)『群書類従』二四ノ四一三。

(55) 富貴原前掲註(50)著書一五二〜一五六頁。

(56)『日本書紀』持統天皇三年四月壬寅条に、新羅使が学問僧明聡・観智らを送上したことが記されている。観智を法相系としたのは、維摩講師を担当する新羅から来朝もしくは帰国した学問僧が法相宗を学んでいることからの類推である。

(57)『七大寺年表』の和銅二年条には、「十月、右大臣引二厩坂講莚一就二植槻之浄場一、以二浄蓮法相宗法師一修二維摩会一、捴歴二五箇年一」（『大日本仏教全書』一一一ノ一九）と見える。

(58) 前掲註(50)に同じ。

(59) 行賀の卒伝は『類聚国史』巻一四七・文部下（撰書）の延暦二十二年三月己未条に、常騰の卒伝は『日本後紀』弘仁六年九月辛未条に、それぞれ見える。

(60) 『群書類従』八ノ五一〇。

(61) 小島憲之『国風暗黒時代の文学──序論としての上代文学──』上巻四九二〜四九四頁（塙書房、一九六八年）に、この詩の注釈が施されている。

(62) 獅子座の話は次のように見える。「爾時長者維摩詰問二文殊師利一、仁者、遊二於無量千万億阿僧祇国一、何等仏土有二好上妙功徳成就師子之座一、文殊師利言、居士、東方度二三十六恒河沙国一有二世界一、名二須弥相一、其仏号二須弥登灯王一、今現在、彼仏身長八万四千由旬、其師子座高八万四千由旬厳飾第一、於レ是長者維摩詰、現二神通力一、即時彼仏遣二三万二千師子座高広厳浄一、来三入維摩詰室二」（『大正蔵』一四ノ五四六上・下）。

(63) 藏中進前掲註(4)著書第四章第四節。鑑真の死は『続日本紀』天平宝字七年五月戊申条に見える。

(64) 「唐大和上東征伝」には、六度目の渡海に相随う弟子として揚州白塔寺僧法進、台州開元寺僧思託ら一四人を挙げる（『群書類従』五ノ五三八）。

(65) 『続日本紀』天平勝宝四年閏三月丙辰条には、遣唐使に節刀を賜わった折に留学生无位藤原刷雄に従五位下が授けられたことが記されている。帰国時の記事はないが、「傷二大和上一」詩を作っていることから鑑真とともに日本に戻ったものと推定されている。なお、刷雄が藤原仲麻呂（恵美押勝）の六男であることは、天平宝字八年九月壬子条に見える。岸俊男『藤原仲麻呂』一五八〜一六二頁（吉川弘文館、一九六九年）参照。

(66) 「東征伝」の冒頭に「真人元開」と記される。元開は、『延暦僧録』の「淡海居士伝」（後藤昭雄「『延暦僧録』「淡海居士伝」佚文」、前掲註(1)著書所収。初出は一九九一年）によれば、淡海三船の法号にあたる。

(67) 『群書類従』五ノ五三九〜五四〇。

(68) 『養老職員令』16治部省条および18玄蕃寮条。

(69) いずれも『延暦僧録』の伝に見える。

(70) 本書第九章「道璿・鑑真と淡海三船」第三節を参照。

(71)『群書類従』五ノ五三八～五三九。

(72)佐藤哲英『天台大師の研究――智顗の著作に関する基礎的研究――』第一篇第五章「智顗の著作について」(百華苑、一九六一年)、新田雅章「天台智顗の生涯と思想」付論「智顗の著述とその解説」(田村芳朗・新田雅章『人物中国の仏教・智顗(新訂)』大蔵出版、一九九六年。初版は一九八二年)。

(73)前掲註(70)に同じ。

(74)『大日本仏教全書』一〇一ノ一二六。

(75)智顗と煬帝の関係については、山崎宏『隋唐仏教史の研究』第六章「煬帝と天台智顗」(法藏館、一九六七年)を参照。

(76)佐藤前掲註(72)著書第四篇第二章「維摩経疏」。

(77)新田前掲註(72)論文付論。

(78)安藤俊雄「天台智顗の浄土教――般舟三昧教学の完成と晩年の苦悶――」(同『天台思想史』法藏館、一九五九年。初出も同年)。以下、智顗の浄土論と『維摩経』の関係は、この論文による。

(79)『大正蔵』一四ノ五三八上。

(80)湛然による『摩訶止観』の注釈書『摩訶止観輔任弘決』の初本が完成したのは天宝十四年(七五五)で、その他の智顗の著作に対する注釈書が完成するのは、これ以降とされている(日比宣正『唐代天台学序説――湛然の著作に関する研究――』第一篇第四章「湛然の著作」(山喜房佛書林、一九六六年)。鑑真が六回目の渡海を決行したのは同十二年のことであった。

(81)『日本高僧伝要文抄』第三。

(82)『大正蔵』九ノ六七六上～七八八中。

(83)『大正蔵』一四ノ五五二上～五五三中、五五四下～五五五下。

(84)『群書類従』五ノ五三六、五四一。

(85)前掲註(70)に同じ。

(86)『性霊集』は日本古典文学大系本(岩波書店)による。

(87)『続日本紀』によれば、真備は宝亀六年（七七五）十月二日（壬戌）に、石上宅嗣は天応元年（七八一）六月二十四日（辛亥）に、それぞれ没している。

(88)『私教類聚』の逸文は日本思想大系『古代政治社会思想』（岩波書店、一九七九年）に収集され、大曽根章介氏により校訂が施されている。『私教類聚』については、瀧川政次郎「私教類聚の構成とその思想」（同『日本法制史研究』名著普及会、一九八二年復刊。初版は一九四一年）、宮田俊彦『吉備真備』二二一～二三三頁（吉川弘文館、一九六一年）参照。

(89)『拾芥抄』下巻第一六諸教誡部（新訂増補故実叢書、明治書院）。

(90)周法高撰輯『顔氏家訓彙注』（台聯国風出版社）。

(91)桃裕行『上代学制の研究』第六章「上代に於ける私学」（吉川弘文館、一九八三年復刊。初版は一九四七年）、久木幸男『日本古代学校の研究』第五章第三節「大学寮補助機関としての私学」（玉川大学出版部、一九九〇年）。

(92)『続日本紀』宝亀六年十月壬戌条の薨伝には、「霊亀二年、年廿二、従使入唐」とあるが、この年に遣唐使の任命があり（八月二十日〈癸亥〉）、翌養老元年三月九日（己酉）に節刀下賜がなされている。

(93)『続日本紀』天平七年四月辛亥条。

(94)『続日本紀』。以下の日付・干支のある事項も同じ。

(95)久木氏は、二教院の設立時期を、玄昉失脚後から筑前守に左降されるまでの七四七～七四九年の間に求めている（前掲註(91)著書第五章第三節）。

(96)「東征伝」に見える鑑真の渡日を玄宗に要請する場面（本文に後掲）に、真備の名が挙がっている。

(97)芸亭院の造営時期については前掲註(21)を参照。

(98)木村宣彰前掲註(29)著書八五頁、井上光貞前掲註(32)論文。

(99)木村前掲註(29)著書八七～八八頁。

(100)『大正蔵』五〇ノ三六五上。

(101)福永光司「僧肇と老荘思想――郭象と僧肇――」（同『魏晋思想史研究』岩波書店、二〇〇五年。初出は一九五五年）。

(102)『大正蔵』三八ノ三二七上・中。

(103) 木村宣彰前掲註(29)著書一三四～一四二頁。

(104) 小島憲之前掲註(20)著書一三五五頁。この河上公注の使用については、増尾伸一郎「日本古代の知識層と『老子』」（同『万葉歌人と中国思想』吉川弘文館、一九九七年。初出は一九九一年）でも注目されており、現存する『老子』古鈔本（河上公注）に考察が加えられている。

(105) 楠山春樹『老子伝説の研究』前篇第三章「河上公注の成立」（創文社、一九七九年）。

(106)『唐会要』巻七七・貢挙下の論経義に見える開元七年四月七日の劉子元の上議書には、「按二漢書芸文志一、注二老子一者三家、河上所レ釈、無レ聞焉爾」「其言鄙陋、其理乖訛、豈如二王弼所一レ著、義旨為レ優、必黜二河上公一、升二王輔嗣一、在二於学一者、実得二其宜一」とあり、河上公注を批判する。武内義雄訳注『老子』三～四頁（岩波文庫、一九三八年）、楠山前掲註(105)著書前篇序章「先人の研究と私見」参照。

(107) 東野治之「上代文学と敦煌文献」（同『遣唐使と正倉院』岩波書店、一九九二年。初出は一九八七年）。

(108) 仁井田陞『唐令拾遺』二七三頁（東京大学出版会、一九八三年復刻。初版は一九三三年）。

(109) 小島前掲註(20)著書の上巻（一九六二年）、中巻（一九六四年）、下巻に示された出典研究の成果にもとづく推定。

(110)『群書類従』五ノ五三八。

(111)『養老学令』5経周易尚書条、6教授正業条。

(112) 東野前掲註(107)論文。

(113)『古今和歌集目録』の安倍朝臣仲麿の項には、「国史云、本名仲麿、唐朝賜二姓朝氏名衡字仲満一、性聡敏、好読レ書、霊亀二年以レ選為二入唐留学問生一、時年十有六、十九年京兆尹崔日知薦レ之、下レ詔褒賞、超拝二左補闕一、廿一年以二親老一上二請帰一、不レ許、賦レ詩曰、慕レ義名空在、愉レ忠孝不レ全、報恩無レ有レ日、皈国定何年、至二于天宝十二載一、与二我朝使参議藤原清河一同レ船溥帰、任レ風掣曳、漂二泊安南一」（『群書類従』一六ノ一一六）と見える。杉本直治郎『阿部仲麻呂伝研究』一二九～一三二頁（育芳社、一九四〇年）参照。

(114) 都留春雄注『王維』一三二～一三五頁（中国詩人選集六、岩波書店、一九五八年）。

(115)『続日本紀』天平七年四月辛亥、同十八年六月己亥の各条。

(116) 前掲註(113)に挙げた「国史云」には、帰国を望んだものの許されなかったことが記されている。
(117) 『東大寺要録』巻一所引の『延暦僧録』「勝宝感神聖武皇帝菩薩伝」には、「又勅二命朝衡一領二日本使一、於二府庫一一切処遍宥、至レ彼披二三教殿一」と見える。
(118) 前掲註(113)の「国史云」参照。
(119) 石田瑞麿前掲註(29)著書二五六頁。
(120) 『旧唐書』巻一九〇下・列伝第一四〇下・文苑下の伝には、「維弟兄倶奉レ仏、居常蔬食、不レ茹二葷血一、晩年長斎、不レ衣二文綵一」「在二京師一日飯二十数名僧一、以二玄談一為レ楽、斎中無二所有一、唯茶鐺、薬臼、経案、縄床而已、退レ朝之後、焚レ香独坐、以二禅誦一為レ事」、『新唐書』巻二〇二・列伝第一二七・文芸中の伝にも「兄弟皆篤レ志奉レ仏、食不レ葷、衣不二文綵一」と見える。
(121) 王維の仏教信仰の様相については、入谷仙介『王維研究』第十一章「王維と仏教」（創文社、一九七六年）に詳しい。
(122) 入谷前掲註(121)著書第十三章「輞川」および附録2「王維年譜」。藍田の別荘を開元十四年に購入したとする説がある（小林太市郎『王維の生涯と芸術』三二一～三四頁、全国書房、一九四四年）が、ここでは入谷氏に従い本文のように解しておく。
(123) 阿倍仲麻呂の生年は、前掲註(113)に示した「国史云」の記事によれば七〇一年（大宝元）、王維の場合は、入谷前掲註(121)著書の「王維年譜」によれば六九九年（聖暦二）になる。
(124) 石田前掲註(29)著書二五七頁。

第十一章　玄昉将来経典と「五月一日経」の書写

はじめに

天平六年（七三四）十一月二十日（丁丑）に多褹嶋に来着した同五年度遣唐大使多治比真人広成の船には、養老元年（七一七）度の遣唐使に随行した下道朝臣真備と僧玄昉らが、在唐留学の成果を携えて同乗していた。(1) 翌天平七年三月に入京した下道真備は、四月二十六日（辛亥）に『唐礼』一三〇巻・『太衍暦経』一巻・『太衍暦立成』一二巻・天文観測具・楽器・『楽書要録』一〇巻・弓箭などを献上するが、玄昉の方は「経論五千余巻」と諸仏像をもたらし、皇朝は唐の天使（玄宗）と同じく紫袈裟を施して玄昉に着させたという。(2) 帰国後、真備は正六位下を授けられ大学助となって官途に就くのに対し、(3) 玄昉は、八年二月七日（丁巳）に封一〇〇戸・田一〇町・扶翼童子八人の施与という破格の扱いを受け、九年八月二十六日（丁卯）には僧正に直任され内道場に安置された。(4) 玄昉が急速に栄達を遂げるのは、玄宗から紫袈裟の着用が許されたという学徳に加え、九年十二月二十七日（丙寅）に聖武天皇の母藤原朝臣宮子の病を快癒させたように呪的な力能に長けていたからであろう。こうした玄昉が、宮廷の仏教信仰に大きな影響を与えるのは当然のことで、光明皇后発願の「五月一日経」書写などはその好例といえる。

皇后宮職管下の写経機関（写経所）(5) で天平八年九月から開始されたこの「五月一日経」の書写は、唐・智昇（六

五八〜七四〇）撰の『開元釈教録』による一切経一部五〇四八巻を目標として、底本（本経）には主として玄昉が将来した経典が用いられたと解されている[6]。写経事業は、十五年五月から『開元釈教録』には載せられない章疏も対象にして天平勝宝末年まで継続され、書写された巻数は七〇〇〇巻に及んだものと推定されている[7]。「五月一日経」は、奈良時代の一切経書写の範になるとともに、教学研究の進展にも大きく貢献するが、その起点となったのが玄昉の経典であったことに改めて注意する必要があるだろう。

正倉院文書には、この玄昉から皇后宮職管下の写経所が借請した経典の目録が存在する。本稿の目的は、この目録から玄昉将来経典の特質を抽出し、併せて「五月一日経」書写との関連を考察することにあるが、これを通して玄昉が奈良仏教に与えた影響の一端を明らかにしたいと思う。

一　玄昉の所持経典

皇后宮職管下の写経所が玄昉から借請した経典を書き留めた目録は、『大日本古文書』では「写経請本帳」と題されている（続々修十六ノ八、七ノ五四〜九〇）[8]。現状では二五紙であるが、『正倉院文書目録』は第一六紙（七ノ八〇）と第一七紙（七ノ八一〜八二）の間に、「経疏出納帳」と題される一紙（続修別集四十七裏、三ノ一四七〜一四九）が入ることを指摘する[9]。冒頭の第一紙には「自天平八年九月廿九日始経本請和上所」（七ノ五四）と記され、その左に天平八年九月二十九日から十三年四月十九日にかけて二九回にわたって借請された経典の目録が、ほぼ日付順に貼り継がれている[10]。冒頭部分や以下の紙面に散見する「和上」（七ノ五六・七六、三ノ一四七〜一四九）、「僧上」（七ノ七五〜八四）、「僧正」（七ノ八八〜八九）が玄昉に相当することは先学の指摘するところで、この「写経請本

帳」が『開元釈教録』一九巻から始まることから、「五月一日経」は『開元釈教録』に載せる一切経目録（巻一九・二〇の入蔵録）によって写されたとされている。[11]

「写経請本帳」には、七〇二部二六〇三巻の経典が記されているが、そこには重複するものもあるので、それを除くと六一三部二四〇〇巻が玄昉から借請されていたことになる。この他に、請経や還経の注文などを貼り継いだ「写一切経所請経帳」には天平十五年三月十一日付の「僧上所請経注文」（続々修十六ノ四、八ノ一六五～一六六）があり、四部五巻の経典を僧上所から請けたことを記すが、このうちの『涅槃経』第四帙第一巻・『大乗四法経』一巻・『宝積経論』二巻は、これ以前にも借請されていたことが「写経請本帳」に見えている（七ノ八五、六二～六三）ので、『阿弥陀経』一巻が新規といえるだろう。この一部を加えると、借請経典は六一四部二四〇一巻になる。[12]「五月一日経」書写のために、玄昉の所持経典を借請したと伝える史料は以上の二点である。この他にも借請はあったと思われるが、「経本請和上所」と記して「写経請本帳」が作られていることから推せば、そのほとんどはこの中に収められているものと解される。

本章末尾に掲げた「玄昉所持（将来）経典一覧表」（以下、一覧表と称す）は、写経所が玄昉から借請した経典を、『開元釈教録』巻一九・二〇に見える入蔵録[13]（一切経目録）に載せられた一〇七六部五〇四八巻の経典および巻二〇の末尾に不入蔵として記された一一八部二四七巻の経典と比較照合し、併せて入蔵・不入蔵経には含まれない録外経を示したものである。これによると、六一四部二四〇一巻のうち、五六四部二一六六巻は入蔵経、二六部九〇巻は不入蔵経で、それ以外の録外経は二四部一四五巻になる[14]（**表1**参照）。これを割合で示すと、部数では九一・九パーセント、巻数では九〇・二パーセントが入蔵経で、不入蔵経も含めると、部数は九六・一パーセント、巻数は九四・〇パーセントになる。このことは、玄昉所持経典の九割半余りが『開元釈教録』巻一九・二〇に収載される

ものであり、「五月一日経」が『開元釈教録』の一切経目録によって写されたとする見方が妥当であることを示している。

『開元釈教録』二〇巻は、唐の西京（長安）崇福寺の智昇が開元十八年（七三〇、天平二年）に多年にわたる諸経録の比較研究の成果をまとめたもので、『宋高僧伝』巻五の智昇伝では、これを「経法之譜無レ出二昇之右一矣」と評し、智昇の仕事を称えている。(15) 唐代には、『衆経目録』五巻（静泰撰、『静泰録』ともいう）・『大唐内典録』一〇巻（道宣撰）・『大唐古今訳経図紀』四巻（靖邁撰）・『大周刊定衆経目録』一五巻（明佺等撰）などが作られていたが、(16) 智昇によれば、いずれにも不備な点があった。『開元釈教録』巻一〇に示されたそれぞれの評価を見ると、『静泰録』は隋代の『衆経目録』五巻（翻経沙門および学士等撰、『仁寿録』ともいう）を増補したものであるが、『仁寿録』そのものに六つの誤りがあるとする。『大唐内典録』については「宣公所レ撰、類例明審、実有レ可レ観」としながらも、「然少有二差雑一」として九つの誤りを指摘、『大唐古今訳経図紀』は長安の大慈恩寺翻経堂内の壁に画かれていた「古今翻訳図変」に靖邁が題した

表1　『開元釈教録』入蔵経・不入蔵経と玄昉所持（将来）経典

分類	『開元釈教録』	玄昉経
大乗経	五一五部二一七三巻	三三五部　九四四巻
般若部	二一部　七三六巻	一七部　一一四巻
宝積部	三四部　一六九巻	三一部　五〇巻
大集部	二四部　一四二巻	二二部　一三四巻
華厳部	二六部　一八七巻	七部　一五一巻
涅槃部	六部　五八巻	二部　四二巻
五大部外	四〇四部　八八一巻	二五六部　四五三巻
大乗律	二六部　五四巻	一八部　三九巻
大乗論	九七部　五一八巻	八〇部　三六七巻
小乗経	二四〇部　六一八巻	四四部　一〇〇巻
小乗律	五四部　四四六巻	五一部　四〇〇巻
小乗論	三六部　六九八巻	五部　八一巻
賢聖集伝	一〇八部　五四一巻	三一部　二三五巻
（合計）	一〇七六部五〇四八巻	五六四部二一六六巻
不入蔵	一一八部　二四七巻	二六部　九〇巻
録外		二四部　一四五巻
（合計）		六一四部二四〇一巻

もので、訳経の記述は問題のある『長房録』（『隋開皇三宝録〈歴代三宝紀〉』）に依っていること、『大周刊定衆経目録』の場合は、「当レ刊二定此録一、法匠如レ林徳重名高、未二能親覧一、但指二撝未学一令二輯撰成レ之」と述べ編輯の杜撰さを指摘している(17)。

後漢以降、漢訳された経典は夥しい量に及び、中国国内で偽作された偽経や、大部の経典から抄出された別生経などが混在し、正統的な仏教研究を進めるには、経典の訳出者・年代・存否、偽経と別生経の区別、経名の類似する経典の異同等を正確に記述した経録の存在が不可欠であった。その意味で、「経法之譜無レ出二昇之右一矣」とされる『開元釈教録』の出現は、私撰とはいえ、西京内の仏家の注目するところとなり、比較的短期間に流布したものと思われる。開元二十二年（七三四）に帰国の途につく玄昉も、これを手にする機会があったはずで、日本に将来する経典の選択にあたって、巻一九・二〇に載せられる入蔵録を参照していた可能性が高い(18)。「写経請本帳」などに記された入蔵経を中心とする六一四部二四〇一巻の経典は、玄昉が唐から将来したものであったと見なして問題はないだろう。

玄昉所持経典の性格をこのように見ると、次に問題になるのは、入蔵経とされる一〇七六部五〇四八巻のうち、部数で五二・四パーセント、巻数で四二・九パーセントにあたる五六四部二一六六巻しか借請されていない点をどう評価するかである。『続日本紀』天平十八年六月己亥（十八日）条の「玄昉伝」には「経論五千余巻」をもたらしたとあるので、写経所へはその半数弱しか貸し出されなかったことになる。しかし、「五月一日経」の書写が光明皇后の発願であってみれば、宮廷の信任を背景に栄達を遂げようとする玄昉は、この写経の方針、すなわち『開元釈教録』の一切経目録に即した写経計画に協力を惜しまなかったはずであり、入蔵録に含まれる将来経典はすべて提供されていたと思われる。従って、結果的に右のような状況であったということは、玄昉が将来した入蔵経は

一覧表に示した部数・巻数を越えるものではなかったからであろう。「経論五千余巻」の半数余りは『開元釈教録』巻一九・二〇に載せられない経典となるわけで、そこには先に録外経とした二四部一四五巻のような雑経や注釈書、それに章疏といった研究書類が含まれていたと想定される。[19] これらの経典は玄昉の管理下に置かれ、必要に応じて研究や書写に供されていたと見られる。

二　将来経典の特質

玄昉が将来した入蔵経が全体の半数程度であるとすれば、どのような経典が選ばれていたのであろうか。これを一覧表をもとに検討すると、次のような諸点を抽出することができる。

まず第一に、大乗経の五大部について見ると、大集部では必要な経典がほぼ揃っているのに対し、般若部・宝積部では関連経典の充足率が高いものの大本となる経典が存在しないか一部分にとどまり、華厳部・涅槃部では大本の経典はあっても関連のものがわずかしか存在しないことである。このうちの般若部・宝積部の大本経典とは、一『大般若波羅蜜多経』六〇〇巻と二三『大宝積経』一二〇巻を指す。[20]『大般若波羅蜜多経』は大乗の代表的な経典であり、これがないのは不審といわざるをえないが、これには玄昉が乗り込んだ遣唐大使船の積載量が関係している可能性がある。入蔵経の中で一〇〇巻を超える経典は、この他に五四二『大智度論』一〇〇巻・五六三『瑜伽師地論』一〇〇巻・九四二『阿毘達磨大毘婆沙論』二〇〇巻があるが、将来されたのは『大智度論』だけであった。『旧唐書』[21]巻一九九の日本伝に、開元初の遣使が「所レ得錫賚、尽市二文籍一、泛レ海而還」とあるように、帰国に際しては文籍の購入に余念がなく、舶載物は膨大な量に達していたと推測される。それ故、すべてを希望通り船に積み込

めるわけではなく、玄昉の場合は大部の経典を原則として将来の対象からはずしたものと見られる。

般若部に『大般若波羅蜜多経』がなく、宝積部の『大宝積経』が一部分にとどまるのは、右のような事情によるが、いずれの経典も日本国内で流布するものであり、『大宝積経』については天平八年（七三六）八月までに書写された分が「宮一切経」、すなわち「五月一日経」に加えられたことが、天平三年から始まる「写経目録」の中に記されている（続々修十二ノ三、七ノ二四）。般若部・宝積部では関連経典が揃っているので、大本が将来されなかったとしても、この両部と大集部では入蔵経をほぼ充足していると見なすことができる。これに対して華厳部・涅槃部では関連経典が一部分にしか認められないのは、右の三部とは異なった扱いを受けていたからであろう。一覧表には天平八年までの写経の有無（一部は誦経）も示しておいた。限られた史料からのものなので一定の傾向しか読み取ることはできないが、それでも華厳部・涅槃部では大本以外に書写例がないのは、当時の日本にこれらの関連経典がほとんど知られていなかったからであろう。これは大集部の関連経典の場合でも同じであるが、こちらの方は二部八巻を除けば、ほぼ満たされている。このことは、積載量の問題というよりも、玄昉の関心のあり方と関係するものと考えられる。

在唐時の玄昉については、前記の『続日本紀』の伝に「霊亀二年、入唐学問、唐天子、尊レ昉、准二三品一、令レ着二紫袈裟一」と記されている。(21)ここでは学問内容に触れていないが、『七大寺年表』の天平九年条には「法相宗、興福寺、阿力氏、義淵弟子、霊亀二年入唐、遇二智周大師一学二法相宗一」(22)とあり、『三国仏法伝通縁起』巻中の「法相宗」の項では、玄昉を日本への法相宗の第四伝と称え「玄昉法師度レ溟入唐、乃謁二撲揚智周大師一研二法相宗一」(23)と伝えている。

法相宗は、玄奘（六〇二〜六六四）がインドからもたらし、高弟の基（六三二〜六八二）によって一宗として大成

されたもので、玄奘が基とともに訳出した世親（四〇〇頃～四八〇頃）の『唯識三十頌』の注釈である護法（五三〇～五六一）の『成唯識論』の学説を正義としている。[24] 玄昉が師事した智周（六七八～七三三）は、この法相宗の第三祖で、初祖の基の著作『成唯識論述記』二〇巻を注釈した『成唯識論演秘』七巻や、基および第二祖慧沼（六五〇～七一四）の因明（論理学）の学説を大成した『因明入正理論疏前記』三巻・『因明入正理論疏後記』三巻などを著わし、唯識の意義の解明に努めたという。玄昉には著作は残らないが、『八宗綱要』下巻の「法相宗」の項に「日本玄昉僧正、入レ唐受二学撲揚大師一、還授二善珠僧正一」[25]と見える弟子の善珠には、基の『大乗法苑義林章』、慧沼の『成唯識論了義灯』などの注釈書があり、基以来の法相宗の祖述に力が注がれていたとされるので、[26] 玄昉が智周のもとで得たのは、正義とされる護法『成唯識論』をめぐる師資相承の解釈であったといえるだろう。

この法相宗では、五性各別・三乗説のもとに衆生の悟りに先天的な差別を認めている。しかし、これは、『法華経』『涅槃経』『華厳経』などに見られる一切の衆生の成仏を説く一乗思想に対立するものであった。そのため慧沼は、『涅槃経』を重視した法宝の『一乗仏性究竟論』に反駁するため、『能顕中辺慧日論』を著わしたが、仏説である経典に明記される限り、一乗説を排斥することはできなかった。華厳宗の第三祖法蔵（六四三～七一二）は、この一乗説の立場から法相唯識学の取り込みを図り、法相宗で現象世界の雑多な法（存在）の真偽の判定に用いられる三性説を、一元的な縁起の世界の無礙を証する理論へと改造したとされている。[27] この法蔵の学説は弟子の慧苑（六七三?～七四三?）に受け継がれ、華厳宗の卓越性と唯識仏教の限界性が説かれることになる。

玄昉が智周に学んだ頃の法相宗は、こうした一乗説の立場から批判を受けていたわけであるが、玄昉自身がこれに対しどのような所見を抱いていたのか明らかではない。ただ、前記のような師資相承の法相宗を修得していたことからすれば、これは容認されるべきものではなかったはずである。将来経典の大乗五大部のうち、華厳部と涅槃

部の関連経典が少ないのは、一乗説に対する玄昉の姿勢を示すものとして注意される(28)。

一覧表から知られる第二の点は、五大部以外の大乗経では全四〇四部八八一巻のうち二五六部四五三巻が認められるが、入蔵録の配列順に即してみると、最初の四半分に空白が目立つことである。具体的には、一一三『方広大荘厳経』から二一『九色鹿経』までの一〇〇部ではわずか五部しか存在しないのに、二一三『無字宝篋経』から五一五『法常住経』までの三〇四部では二五一部に及んでいるのである。この四半分には雑多な内容の経典が配列されており、法相宗の所依経典である一五五『解深密経』や一六一『入楞伽経』などが含まれているので、玄昉の関心如何で削除されたとは考えにくい。まとまった形で抜けていることから推せば、それは何らかの原因で遣唐大使船への積み込みの過程あるいは帰国の途次で、欠失したのではないかと思われる。

第三は、秘密部の経典（一覧表の＊印）(29)がよく集められていることである。秘密部の経典は、大乗経の般若部や小乗経、賢聖集伝にも存在するが、大半は大乗経の五大部外の中に含まれており、その総数は一二六部二六四巻に及ぶ。このうち将来されたのは八九部一五一巻で、部数では七〇・六パーセント、巻数では五七・二パーセントに相当する。一切経一〇七六部五〇四八巻に対する将来経典の割合は、部数でいえば五二・四パーセントであるから、充足率は高いといえる。

この秘密部では、唐代に訳出された経典が半数以上の六八部を占めており、当時の密教経典の盛況ぶりを伝えている。とりわけ玄宗治下の開元年間（七一三〜七四一）は密教が本格的に伝来した時期で、玄昉が入唐した開元四年に善無畏（六三七〜七三五）が、七年には金剛智（六七一〜七四一）が、それぞれ中インドから来朝し、八年には北インドの不空（七〇五〜七七四）が長安に至り、慈恩寺において瑜伽大法を金剛智に伝えたとされている(30)。これらの密教僧は、皇帝の庇護下に、これまでの中国に欠けていた密教経典の伝訳を精力的に進めていくことになる。

開元十八年撰の『開元釈教録』巻九には、善無畏の訳業として四二一『大毘盧遮那成仏神変加持経（大日経）』七巻・四二三『蘇婆呼童子経』三巻・四二三『蘇悉地羯羅経』三巻・四五五『虚空蔵菩薩能満諸願最勝心陀羅尼求聞持法』一巻、金剛智の場合は三一四『七倶胝仏母准泥大明陀羅尼経』一巻・四二五『金剛頂瑜伽中略出念誦法』四巻・四五六『金剛頂経曼殊室利菩薩五字心陀羅尼品』一巻・四五七『観自在如意輪菩薩瑜伽法要』一巻を挙げるが、いずれも玄昉の在唐中に長安や洛陽の諸寺でなされたものであった(31)。

当時、「天師」（天子の師）として玄宗に仕えていた一行(32)（六八三～七二七）は、善無畏の『大毘盧遮那成仏神変加持経』の訳場に参じ、金剛智のもたらした秘法の伝訳を求めるなど、新来の密教に強い関心を示していた(33)。一行の社会的勢威からすれば、都の人士を中心に密教に対する高揚感が広まっていたと推測される。玄宗から学業を称賛された玄昉も、これを承知していたはずで、将来経典の中に秘密部に属するものがよく集められているのは、こうした当時の仏教事情が反映されているのであろう(34)。

次に律を見ると、これも大乗・小乗ともよく集められており、特に小乗律では五四部四四六巻中の五一部四〇〇巻が認められ、極めて高い充足率になっている。これが第四の点である。大乗仏教では独自に律は作られず、大乗律という部類があっても、そこに収められる経典は戒（自発的に規律を守ろうとする心の働き）を説くものが中心で、他律的な規則としての律は小乗律に依拠していた。その小乗律の中で重要なのが、八七九『摩訶僧祇律』四〇巻・八八〇『十誦律』六一巻・八八五『五分律』三〇巻・八八六『四分律』六〇巻の四律と、その注釈書である九二五『毘尼摩得勒伽』一〇巻・九二七『善見律毘婆沙』一八巻・九二九『毘尼母経』八巻・九三一『薩婆多毘尼毘婆沙』九巻・九三二『律二十二明了論』一巻の五論であるが、これらが、全巻を満たさないものが混じるものの、いずれも認められるのが注意される。

玄昉は律に対して強い関心を持っていたといわねばならないが、これは、玄昉や下道真備らの帰国便となる天平五年（七三三）度の遣唐使に同行した留学僧栄睿と普照らの動きに関連するものであろう。すなわち、彼らには日本への戒師の招請という目的があり、「唐大和上東征伝」に「沙門栄睿普照等随二遣唐大使丹墀真人広成一至二唐国一留学、是年唐開元二十一年也、唐国諸寺三蔵大徳皆以二戒律一為二入道之正門一、若有二不レ持レ戒者一、不レ歯二於僧中一、於レ是方知三本国無二伝戒人一、仍請三東都大福光寺沙門道璿律師一、附二副使中臣朝臣名代之船一、先向二本国一去、擬為二伝戒者一也」(35)とあって、道璿（七〇二～七六〇）の渡日に尽力したことが記されている。一方、「南天竺波羅門僧正碑并序」には遣唐大使多治比真人と学問僧理鏡の要請に応えた波羅門僧正菩提僊那（七〇四～七六〇）と林邑僧仏徹も、道璿と同じ船に乗り日本へ向かったと伝えている(36)。

『東大寺要録』(37)巻二・供養章第三に引載される「大安寺菩提伝来記」には、右の道璿・菩提僊那らの来日について「去天平五年歳次癸酉四月三日、遣唐大使丹治比真人広成、副使大中臣朝臣名代等、幷留学僧玄昉、経二歴唐国一三箇歳也、即同八年歳次丙子七月廿日、還二帰聖崖一、忽乗二件船南天竺婆羅門僧菩提、大唐僧道璿、瞻婆国僧此云林邑北天竺国仏哲等一也」と記されている。ここには、遣唐大使と副使らが留学僧玄昉と唐国を経歴したことが見えるが、在唐歴が一八年に及ぶ玄昉が今回の遣唐使の活動に関与していた可能性は高いといえるだろう。特に栄睿と普照がともに興福寺に住する僧であることからすれば、玄昉との繋がりが想定されるわけで(38)、道璿の日本への招請に一定の役割を果たしていたと思われる。栄睿・普照らの抱いた日本の戒律に対する危惧を、玄昉も共有していたかどうか定かではないが、将来経典の中で大乗・小乗の律が充実しているのは、道璿の来日を意識した上での措置といえそうである。

第五の点は、論の場合、大乗では九七部五一八巻中の八〇部三六七巻と、部数では八割を超える高い充足率にあ

るが、小乗では三六部六九八巻中の五部八一巻にとどまることである。論は、仏説や仏制を載せる経・律とは異なって、仏弟子が教理上の重要事項を解釈・解説したもので、大乗と小乗それぞれの立場から様々な形のものが生み出されている。智昇は、大乗論に分類した経典を釈経論（五四二〜五六二）と集義論（五六三〜六三八）に二分して配列し、小乗論では冒頭に説一切有部の根本（九三三、九三四）を据え、身論・足論（六足論、[39]九三五〜九三九）をそれに続けて支派に及ぶという体裁をとっている。将来経典のあり方からすれば、大乗論ではほぼ網羅的に集められているのに対し、小乗論は限定的で、根本とされる九三三『阿毘曇八揵度論』三〇巻・九三四『阿毘達磨発智論』二〇巻、それに六足論に数えられる九三五『阿毘達磨法蘊足論』一二巻・九三七『阿毘達磨識身足論』一六巻・九三八『阿毘達磨界身足論』三巻が認められるのみである。入蔵録の経典を揃えようとするならば、この小乗論も不可欠なのであるが、それらを除かざるをえない事情があったのであろう。恐らく、そこには前記の遣唐大使船の積載量の問題があり、大乗と小乗を比較したときに、大乗を優先するという玄昉の判断があったものと思われる。

小乗論に対するこうした姿勢は小乗経にも現われている。ここでは二四〇部六一八巻中の四四部一〇〇巻しか認められない。これが第六の点である。入蔵録では、最古の経典群として尊重される四『阿含経』（六三九〜六四二）を冒頭に置き、次いでこれらの抄出本の異訳（六四三〜七四九）を配したあと、その他の経典に及んでいる。このうち、『阿含経』関係の将来は一一部にとどまり、四『阿含経』はいずれもその一部分が存在するにすぎないが、その他の経典の場合は、七九三『仏本行集経』から八一八『孝子経』にかけてのように、一つのまとまりをもって将来されているものがある。入蔵録では、七九七『大安般守意経』から八一八『孝子経』までを同帙としてまとめているので、あるいはこれに従って入手していたのかもしれない。しかし、何故にこの部分だけがもたらされたのかが問題になる。これについては、玄昉が日本での小乗経の流布状況に通じていた可能性があることに留意する必要がある。前記の

ように一覧表には各経典の天平八年までの書写の有無も記しておいたが、これによると小乗経では、大乗経・律・論、小乗律・論などに比して、その書写例が多く認められることが知られる。とりわけ、『阿含経』以外の経典になるとその割合が高くなり、入蔵録で小乗経に分類される経典の相当数がすでに将来されていたことを窺わせる。[40]恐らく玄昉は、このような状況を天平五年度の遣唐使一行から伝えられ、未将来分を中心に舶載すべき経典の選択を行ない、右のような結果になったのではないかと想像される。こうした作業が大乗経ではほとんど行なわれていないのは、小乗経を軽視する姿勢の現われに他ならないであろう。

第七に、賢聖集伝について見ると、かなり限定的に将来すべき経典が選ばれている点が注意される。入蔵録では、梵本翻訳六二部一七三巻を先に配し、此方（中国）撰述四〇部三六八巻をそのあとに続けるが、将来経典三一部二三五巻のうち、中国撰述分が二三部二一〇巻に及んでいる。その内訳は、『開元釈教録』も含めた経録類が六部六三巻（一〇四五、一〇四六、一〇四七、一〇五〇、一〇五一、一〇五二）、音義類が二部二六巻（一〇五三、一〇五四）、地誌類が二部一三巻（一〇五五、一〇六二）、伝記類が三部九巻（一〇五八、一〇六一、一〇七二）、護教類が四部五二巻（一〇五九、一〇六八、一〇六九、一〇七〇）、僧伝類が三部四四巻（一〇六〇、一〇六四、一〇七三）、告白・飲水・放生などの作法を記した実用書類が三部三巻（一〇七四、一〇七五、一〇七六）となる。[41]中国撰述経典の大半は唐代のもので、当時は仏教文献の編纂が盛んであったわけであるが、玄昉自身もこうした唐の実情を把握し、可能な限り日本に伝えようとしたと考えられる。

以上、玄昉が将来した入蔵経を経・律・論・賢聖集伝別に検討を加え、その特質を七点にわたって述べてきた。これを要するに、玄昉は入蔵経をすべて将来する意図を持ち合わせていなかったこと、経典を選ぶにあたっては、自らの依拠する法相宗の立場を尊重し、遣唐大使船の積載量を考慮して大部の経典は原則として除き、小乗よりも大乗の経・論を優先し、戒師の渡日に配慮して大乗・小乗の律を充実させ、唐の仏教事情を伝えるため秘密部の経

典を集め賢聖集伝の主要なものを選んでいたことになるだろう。在唐留学一八年の玄昉の学識が、そこに反映されているといわねばならない。

三 「五月一日経」の書写

玄昉の将来した入蔵経が、部数でいえば全体の半数余りで、その経典の選択にあたっては玄昉の識見が働き、帰国の途中で欠失したものがあったとなると、「五月一日経」の書写方針に、それがどのような影響を与えていたのかが問われることになるだろう。つまり、「五月一日経」が、『開元釈教録』の一切経目録（入蔵録）によって写されたとしても、その底本となる玄昉の将来経典が右のような有様であれば、当初からその欠失部分を補塡する計画を練らねばならないからである。しかし、それはなかなか困難な作業ではなかったかと思われる。この点を、先に挙げた「写経請本帳」から検討を加えておく。

1 経典の借請状況

表2は、「写経請本帳」に示された二九回に及ぶ借請状況を、入蔵録の分類に従い一覧化したものである。これによると、玄昉からの借請経典は、重複分も合わせると七〇二部二六〇三巻になるが、それらは、いわば順序立って借り出されていないのが注意される。たとえば、天平八年（七三六）九月二十九日の一回目を見ると、冒頭に来る賢聖集伝の一〇五二『開元釈教録』は措くとして、二八部の大乗経は入蔵経の記載順に借用されているとはいえず、大乗律・小乗経・賢聖集伝の各一部に加え、不入蔵経四部がそこには含まれているのである。このような傾向は、

表2　玄昉からの借請経典〈天平八年九月二十九日～十三年四月十九日〉

＊「写経請本帳」より作成。数字は「玄昉所持（将来）経典一覧表」で用いた経典番号。●印は重複して借請された経典。

(1)八年九月二十九日「自和上所請事」三六部二〇四巻（七ノ五四～五六）

大乗経	二、七、八、三六、四五、五七、六一、六六、六七、七一、七四、七五、七七～七九、三六八、三六九、三七四、三七五、三八〇、三八一、三八三、三九三、三九七、三九八、四〇五、四一四、四一六
大乗律	五一九
小乗経	七九五
賢聖伝	一〇〇六、一〇五二
不入蔵	一〇七七、一〇九七、一一〇五、一一二六

(2)八年十一月二十四日　一〇一部一〇五巻（七ノ五七～六〇）

大乗経	一六もしくは一七、二七～三二、二五六～二七〇、二七二～二七四、二七六～二八〇、二八二～二八四、二九八、三一七～三一九、三二一～三二三、三二五～三二八、三三一、三五一～三六七、三九五、四一五、四四二、四五二、四五六、四六〇、四七四、四八〇、四九一、四九二、四九四、四九六、四九七、五〇〇、五〇一、五〇五、五〇七、五〇九、五一〇、五一二
大乗律	五三〇～五三三、五三五、五三六、五三八、五四〇、五四一
小乗経	八〇七、八一〇、八一一、八一八
小乗律	九二三
不入蔵	一〇八七、一〇九〇、一一〇三、一一三六
録　外	イ

(3)九年二月二十日　八五部一一八巻（七ノ六〇～六四）

大乗経	五、一八、二〇、四六、四九、五〇、二一三、二一六、二一九、二三二、二三九、二四一、二四三、二四四、二四九、二五六、二九九、三〇〇、三四四、四一二、四二二、四三六、四四五、四四六、四五四、四六三、四七七、四八五～四九〇、四九三、五〇三、五一一
大乗律	五一八

大乗論	五四五、五五一、五五四～五六二、五七二～五七五、五八一、五八二、五九〇、五九二、五九六、六〇二もしくは六〇三、六〇八～六一〇、六一二、六一五～六一八、六二〇、六二三、六二四、六二九～六三一、六三三～六三六
小乗経	七二五、八〇一、八六九
小乗律	九三二
小乗論	九三八
賢聖伝	一〇〇五
不入蔵	一〇九六、一一三三
録　外	ロ

(4)九年二月二十八日　二〇部二一巻（七ノ六五～六六）

大乗経	二三三～二三五、二三七、二三八、二四〇、二四六～二四八、二五〇、二五二、二五四、三一〇、三三二、三三三、三三七、三三八、三四二、三四六
小乗律	九一九

(5)九年三月四日　五七部六三巻（七ノ六六～六八）

大乗経	一〇、一三もしくは一四、一九、五一、六五、九七、二一二、二一五、二一八、二二〇～二二三、二二五、二二六、二二九、二三〇、三七八、四三一～四三三、四四一、四四三、四四八、四四九、四五八、四六一、四六五、四六七、四七一～四七三、四七八、四八一、四八四、四九五、五〇四、五一三
大乗律	五二三
小乗経	七三八、七四二、七九八、八〇二、八〇四、八〇五、八一六
小乗律	八九八、九〇二、九〇三、九一六
賢聖伝	一〇七六
不入蔵	一〇八九、一〇九四、一一〇七、一一一〇、一一二八

録外	ハ

(6)九年三月十二日　六八部二一五巻〔●一三部一三巻〕（七ノ六八～七一）

大乗経	一三もしくは一四、一六もしくは一七、二六、三三～三五、三八、四〇、四一、四七、四八、五二～五四、●六五、七〇、七六、一〇四、一一七、●二二一、二三六、●二六一、二八六、三〇八、●三二五、●三三三、三四九、三五〇、三八九、四一三、四二六、四二七、●四三三、四六四、四六六、四七〇、四七五、●四八〇、●四八一、●四八九、●五〇〇、五〇二
大乗律	五二六、五二八、●五三二
大乗論	五七四、五九八、五九九、●六〇八、●六一六、六二八、六三二、六三七
小乗経	六四一、七九三
小乗律	八八一、八八四、九二九
賢聖伝	一〇四六、一〇五三、一〇五九、一〇七五
不入蔵	一〇八五、一〇八六、一一一九
録外	ニ、ホ、ヘ

(7)九年三月十四日　一七部三六巻（七ノ七一～七二）

大乗経	六〇、二一七、二三一、三〇四、三八八、四三七、四四〇、四五一、四五三、四六二、四八三
小乗経	六四一、八〇六、八六五
小乗律	九一五
賢聖伝	九八九
不入蔵	一一三七

(8)九年三月十五日　九部二六巻（七ノ七三）

大乗経	九、九四、二九〇、三九六

大乗律	五二一
小乗経	七九九
小乗律	九〇七
賢聖伝	九九二
録外	ト

(9)（九年）三月二十四日　三二部六八巻（●一部三巻）（七ノ七三～七五）

大乗経	二三～二五、四四、六三、六四、六八、六九、二四五、二八八、二九六、三〇二、三〇三、三〇五、三一六、三三四、三四〇、三四八、三七〇、三七七、三九〇、●三九八、四〇四、四一七、四一九、四五〇
大乗論	五四八、五四九、五五三
小乗経	六四一
賢聖伝	九八二
不入蔵	一一〇二

(10)（九年）三月二十七日　五部一七巻（七ノ七二）

大乗経	四、六
小乗経	六三九、六四〇、六四二

(11)（九年）三月二十八日　七部八巻（●一部一巻）（七ノ七五）

大乗経	●一六もしくは●一七、二一四、二二七、三三六、四七九、五一四
小乗経	八五七

(12)（九年）三月三十日「自西宅写経所請　和上所」三部一七巻（七ノ七五～七六）

大乗経	三〇六、三八七、四二一

(13)（九年）四月二日「自西宅請　和上所」（四三九・チ・リの三巻）一〇部二四巻（七ノ七六）

大乗経	四三九
大乗論	五七六、五七八、五九五、六一一、六一四、六二七、六三八
録　外	チ、リ

(14)（九年）四月三日　一一部六二巻（七ノ七七）

大乗論	五四四、五六四、五七七、五八〇、五八五、六〇〇、六〇一、六一三、六一九、六二六
賢聖伝	一〇六八

(15)（九年）四月十日　一部一〇巻（七ノ七七）

小乗論	九三四

(16)（九年）四月十日　二四部七三巻（●一部一巻）（七ノ七七～七九）

大乗経	四、一一八、●三〇八
大乗律	五二九
大乗論	五八七もしくは五八八
小乗経	八〇〇、八七〇
小乗律	八八七～八九三、八九九、九〇五、九一〇、九一三、九二一、九二二
賢聖伝	一〇四五
録　外	ヌ、ル、ヲ

(17)（九年）四月十日　七部三二巻（●二部二巻）（七ノ七九）

大乗経	二二、●四九
大乗論	●五五四、五七九、五八四

録外	ワ、カ

(18)（九年）四月十一日　六部九〇巻（七ノ七九～八〇）

小乗律	八七九、八八〇、八八二、八八五、八八六、九二六

(19)（九年）四月十二日「自西宅請来　和上所本経」一二部四〇巻〔●一部六巻〕（七ノ八〇）

大乗経	二二八、三〇九、四二一、四六九
大乗律	五二七
小乗律	八八一、九二五
賢聖伝	●一〇五九
不入蔵	一〇九二、一一三九
録外	ヨ、タ

(20)（九年）四月二十六日「自西宅請中写和上所経」「院」二五部八五巻〔●四部一三巻〕（三ノ一四七～一四九）

大乗経	四三、九八、九九、四二三、四二五、●四三九、四四四
大乗律	五一六
大乗論	●五六四
小乗経	六五八、七〇五、七三三、七六四、八一七、八三一、八五〇、八六七、八七二
小乗律	九二八
小乗論	九三四、九三五
賢聖伝	九七五
録外	●チ、●リ、レ

(21)（九年）四月二十九日　五四部二九六巻〔●八部一八巻〕（七ノ八一～八三）

大乗経	●一〇、六二、二五三、二九四、●二九八、三一三、三二四、三三〇、三四七、●三四九、●三八七、四二四、四五五、四五七
大乗律	五四三、五六五、五六八、五六九、五七一、●五八二、五八六、五八七もしくは五八八、六〇二もしくは六〇三、六二五
小乗経	●七二五、七九四、七九七、八一三、八一四
小乗律	八七九、八八〇、八八二、八八四～八八六、八九五～八九七、九〇一、九〇六、九〇八、●九一〇、九一一、●九一二、九一三、九一四、九二〇、九二七、九三〇
賢聖伝	九九〇、一〇四七、一〇五一、一〇五八
録外	ソ

(22)九年十二月四日　八部一一八巻〔●二部八〇巻〕（七ノ八三～八四）

大乗論	五七〇、五九三、六〇四
小乗律	●八八一、●八八三、八九四
小乗論	九三七
賢聖伝	一〇五八

(23)十年三月十三日　一一部二〇一巻（七ノ八四）

大乗経	三、三七九、三八二、三八五、三八六、三九一
小乗律	八七九、九三二
小乗論	九三三
不入蔵	一〇八一、一〇八四

(24)十一年七月十日「僧上所本経請」一五部一五五巻〔●五部五巻〕（七ノ八四～八五11）

大乗経	一一、一〇六、一〇七、二四二、●二八〇、二九二、三〇七、●三一四、三二四、三三九

大乗論	五四二、●五九八
小乗律	●九〇八、●九一二
賢聖伝	一〇五四

(25)十一年七月十七日　六〇部三二五巻〔●二四部二七巻〕（七ノ八五12～87）

大乗経	●一〇、二六、●三〇、三七、●四五、五六、五九、八一、一二九、●二一一、●二三四、●二三七、●二四一、●二四六、●二五六、●二九八、●三〇〇、●三一三、●三五六、三七二、三八四、四〇九、四三五、●四五五、●四七七、●四七九、四九八、●五〇二、●五〇四、五〇八、●五〇九、●五一四、五一五
大乗論	●六三二
小乗経	八〇三、●八〇七、八〇八、八〇九、●八一〇、●八一一、八一二
小乗律	九一七、九一八
小乗論	九九一
賢聖伝	一〇五〇、一〇五三、一〇五五、一〇六〇～一〇六二、一〇六四、一〇六九、一〇七〇、一〇七二～一〇七四
不入蔵	一一三〇
録　外	ツ、ネ、ナ

(26)十二年二月二十四日　三部一三巻〔●一部一巻〕（七ノ八八）

大乗経	一二二
小乗律	●八九七
録　外	ル

(27)十二年四月七日　二部一一五巻（七ノ八八）

大乗経	八〇

録外	ラ

(28)十三年閏三月二十一日「僧正御所」一〇部五八巻〔●四部一二巻〕（七ノ八九～九〇）

大乗経	五八、●一二九
大乗論	●五七四
小乗経	七四四
小乗律	●八九九、九〇四
不入蔵	一一九〇
録外	●ラ、ム、ウ

(29)十三年四月十九日「従写経司請僧正所本経」三部八巻〔●三部八巻〕（七ノ八八）

小乗経	●八一四
賢聖伝	●九九〇
録外	●ネ

二回目以降でもほぼ同様に認められる。

『開元釈教録』巻一九・二〇の入蔵録には、配列された経典の巻数・紙数に加え、「上九経十三巻同帙」という具合に、経帙にまとめて収納する際の目安が示されている。これは、大量の経典を保管するための有効な手立てであり、天平八年十一月二十四日の二回目の場合には、入蔵経がそれぞれ同帙とする**二五六**『諫王経』～**二八四**『数珠功徳経』と**三五一**『内蔵百宝経』～**三六七**『百仏名経』の各経典が、欠失部があるものの一括して借請されている。このことは、玄昉将来経典も入蔵録に即した整理方法がとられていたことを示しているが、しかし、こうした事例は少数で、多くは**二二二**『無字宝篋経』～**二三二**『転女身経』の各経典のように、同帙であっても複数回にわたって借請され

ている（一覧表参照）。これは、「五月一日経」書写の底本に指定された頃の玄昉将来経典は、入蔵録にあるようなまとまりを持ったものは一部分にとどまり、大多数は帙が解かれた状態、つまり分散していたことを意味する。玄昉の入京から一年半近く経っているので、この間、これらの経典は写経の底本として、あるいは研究用に、適宜諸所へ貸し出されていたらしく、一九回目の分は「西宅」、二〇回目は「院」および「西宅」、二九回目は「写経司」からそれぞれ経典を入手している（**表2**参照）。従って、写経所が借請する場合は、「和上所」にあるものから順次という形になるのである。[42] ただ、それでも大乗経から始まって、三回目は大乗論、一六回目に小乗律、二五回目に賢聖集伝の各経典がまとめて借請されるように、入蔵録の分類順に写経所へ送られるという方針がとられていたようである。

この玄昉の将来経典について、『扶桑略記』の天平七年（七三五）四月辛亥条は「沙門玄昉同以帰朝、持㆓度経論章疏五千余巻幷仏像等㆒、悉献㆓太政官㆒」と記し、『元亨釈書』巻一六の玄昉伝にも「以㆓伝来経論章疏五千余巻及仏像等㆒献㆓尚書省㆒」と見えている。いずれも後世の編纂にかかるものであるが、玄昉と同じ船で帰国した下道真備は書籍・天文観測具・弓箭を、秦大麻呂は『問答』六巻を、それぞれ献上しているので、[43] 右の所伝はあながち不当なものではなさそうである。しかし、太政官（尚書省）に献じられたとしても、写経所が借請するのは「和上所」からであるので、これらの経典は実際には玄昉の手元に置かれ、太政官へは将来した経典の目録だけが提出されたのであろう。玄昉は、天平九年八月に僧正に直任されると宮中の内道場に安置されることになるが、それまでは興福寺に止住していたと推測される。[44] 従って、将来経典が保管される「僧上所」は興福寺内にあり、経典の出納は同寺の実務僧が担当していたものと見られる。[45]

2　未将来経典の探索

写経所は、このような「僧上所」から借用した経典を、『開元釈教録』の入蔵録と照合して整理分類し、次回の借請に備えたはずであるが、何分順序立って送られてくるわけではないので、欠失分の確認には玄昉の将来経典目録が不可欠であった。これがあれば、他所から底本を借請する算段や、次回の借請経典の指定などが可能になるからである。写経の当初からこの目録が写経所にあったのかどうか定かではないが、天平九年（七三七）四月になると、写経所独自の底本探索活動が開始されるようになる。この間の事情を次の二つの史料から検討を加えておく。

A.（天平）十年十一月九日付「本経返送状」（続々修十六ノ二、七ノ一九二〜一九四）

（録外）　大人覚章経一巻
一一九四　高王観世音経一巻
（録外）　仏在金棺上嘱累造経像経一巻
三五四　道樹経一巻
三四一　虚空蔵井問七仏陀羅尼呪一巻
二〇一　第一義法勝経一巻
（録外）　鋏梨経一巻
四〇三　施灯功徳経一巻
三七六　普賢井行法経一巻

（録外）　本行六行蜜経一巻
四六二　文殊利師（師利）般涅槃経一巻
四六八　滅十方冥経一巻
三七八　不思議光菩薩所説経一巻
（録外）　優婆塞廿戒文経一巻
三七三　観世音井受記経一巻
一四八　済諸方等学経一巻
二〇二　火滅登光仙人問疑経一巻
二〇六　太子須達拏経一巻

五二八　井内戒経一巻
一八四　无所悕望経一巻
（録外）　大光明井百卌八願経一巻
八四〇　仏荘厳入如来徳智不思議境界二巻
一〇八九　善臂井所門（問）六波羅蜜経二巻
一五二　大乗同性経二巻
一三三　道神足无極変化経二巻
一三六　阿惟越致（遮脱カ）経三巻
三五〇　請観世音井消伏毒陀羅尼呪経一巻

（録外）　八井四弘誓呪経一巻
一一八九〇　益意経一巻
一八六　大浄法門品経一巻
一五八　縁生初勝分法門経二巻
一八八　如来荘厳智慧光明入一切仏境界経二巻　疑
（録外）　護国井所問経二巻
一〇〇〇　等目井所問経三巻
一八二　月灯三昧経一帙十一巻

合五十五巻

大寺之本

十年十一月九日件本経、返送如前　　請（原脱カ）河人成

付辛国人成　給赤万呂

川原人成（半存）

＊経典名の上の数字と注記は引用者による。

B.　天平九年四月六日付「皇后宮職解」（正集四十四、二ノ二八～二九）

皇后宮職　牒大寺三綱所

（別筆）「川原人成」（半存）

請雑経事　且請五十五巻
右、為本抄写、件経奉請如前、仍付舎人川原
人成、以牒、
天平九年四月六日従八位下守少属出雲（自署）「屋麻呂」
正六位上行大進勲十二等安宿首（自署）「真人」
（別筆）「検　目　録　奉　借　充」

Bは、皇后宮職から大寺三綱所宛に「為本抄写」として雑経五五巻の奉請を求めるもので、少属の出雲屋麻呂と大進の安宿首真人がそれぞれ自署を加えることから、正文と見られる。左側の別筆は、要請に応じた大寺側の判であろう。Aでは、大寺本の経典五五巻の返送を伝える。合点等が付されているので案文であろう。紙面に見える経典のうち、二一部二四巻には筆による囲みが入っているが、これらはこれ以前に返送されたものらしく、皇后宮職宛の天平十年（七三八）九月九日付「大安寺牒」（続々修十六ノ二、七ノ一八九〜一九一）で「以去天平九年四月六日所請於職家」として急送を求められた二一部二四巻の経典に一致する。つまり、AはBによって奉請された経典の返却のために作成されたもので、雑経五五巻の内訳がここに記されているのである。『正倉院文書目録』は、BがAの左に接続することを指摘する。恐らく、Bは経典とともに大安寺（大寺）から皇后宮職へ送られ、写経所ではそれを受け取って保管し、当該経典が返却されるとAの左側に貼り継いだのであろう(46)。

皇后宮職が大安寺から経典の奉請を行なったのは、Bの中で「為本抄写」と述べるように写経の底本に用いるためであった。当時の皇后宮職管下の写経所では、『開元釈教録』の入蔵録所載経典を目標に「五月一日経」の書写が

進められていたが、注意されるのは、この大安寺からの奉請分に玄昉将来経典には含まれないものが多数存在することである。先のAには、各経典名の上に入蔵経・不入蔵経であれば一覧表での番号を、録外経であればその旨を記しておいたが、これでいうと、将来経典と一致するのは**四六二**『文殊師利般涅槃経』・**三五四**『道樹経（私訶昧経）』・**三七八**『不思議光菩薩所説経』・**五二八**『菩薩内戒経』・**一〇八九**『善臂菩薩所問六波羅蜜経』・**三五〇**『請観世音菩薩消伏毒陀羅尼呪経』の六部だけで、残る二九部は未将来の経典に相当する。天平九年から十五年八月にかけて、仕上げの装潢に充当された「五月一日経」を記録する「写一切経充装潢帳」（続々修二十八ノ三裏、二十四ノ五三～五八）には、このAに載せられる**二〇二**『大威灯光仙人経』・**一一八九**『益意経』・**三七三**『観世音受記経』・**一八四**『仏説无所怖望経』などが認められることからすれば、皇后宮職および写経所は、玄昉の未将来分の経典をBによって大安寺に求めていたと解することができる。つまり、今後必要となる底本の探索がこの時期に行なわれていたのである。こうした活動が可能になったのは、写経所が皇后宮職を介して将来経典の目録を入手したからであろう。となると、将来経典と重なる六部の経典をどう見るかが問題になる。これについては憶測の域を出ないが、これらがいずれもBが作成される以前の二・五・六・七回目の借請で写経所に入っている（**表2**参照）ことから推せば、経典の点検を通して何らかの不備が明らかになったからではないかと思われる。想定されるのは、舶載時に被った破損や汚損などである。そこで改めて大安寺にこれらの経典が求められ、玄昉の将来経典と校合しながら書写が進められることになったのであろう。(48)

こうした未将来経典の探索には、大安寺の所蔵する経典目録が使用されたはずであるが、これを伝える記録は残っていない。しかし、天平十八年頃の作成と見られる「経巻奉送注文」（正集四十三裏、二十四ノ三八九～三九〇）には、大井寺・観世音寺の一切経目録や禅院寺の経目録が写経所にあったことが記されている。天平十四年七月二

十四日から始まる「経師充本経幷充装潢帳」の冒頭には「天平十四年七月廿四（日脱カ）禅院本経充」とあるが、これは右の禅院寺経目録をもとに借請された「五月一日経」の底本と見られる[49]。この七月二十四日に経師の阿刀息人ら以下に充当された経典は七五部で、入蔵経は五八部であり、そのうちの四九部は未将来経典に相当する（一覧表参照）。この禅院寺は、『続日本紀』文武天皇四年（七〇〇）三月己未（十日）条の道照伝に「登時船進、還二帰本朝一、於二元興寺東南隅一、別建二禅院一而住焉」、「後遷二都平城一也、和尚弟及弟子等奏聞、徙二建禅院於新京一、今平城右京禅院是也、此院多有二経論一、書迹楷好、並不二錯誤一、皆和上之所二将来一者也」と記される平城右京の禅院に比定されている[50]。これよりすれば、天平十四年（七四二）七月二十四日に経師らに充当された写経用の底本の多くは、唐から道照が将来した経典であったことになるだろう[補註]。先の大安寺には、養老二年（七一八）に唐から帰国した三論宗第三伝と称される道慈がいたが[51]、ここからの借請分も将来経典であった可能性がある。

このように、玄昉将来経典の目録を入手した写経所は、寺院の所蔵経目録を参照しながら未将来経典の探索を進めるが、その結果、相当数の底本を入手したらしく、「五月一日経」の大乗部（経・律・論）の目録とされる「写書布施勘定帳」（続々修十三ノ一、十二ノ九九〜一四七）[52]には、入蔵録に収載される経・律・論六三八部二七四五巻のうちの五六一部二五七八巻に相当する経典が記されている（一覧表参照）。玄昉が将来した大乗経・律・論は四三三部一三五〇巻である（**表1**参照）から、前節で見た『大宝積経』のように既写分を加えた例がいくつかあったとしても、未将来分の補塡に皇后宮職および写経所が尽力していたことが知られる。探索先は、大安寺・禅院寺の他にも多くあったと思われるが、詳細は不明とせざるをえない[53]。

3　写経の方針

「五月一日経」の書写は『開元釈教録』の入蔵経を目標に進められたとされるが、表2に示したように、一回目の借請から不入蔵経が含まれ、二回目以降になると録外経も散見するようになる。この点は、未将来経典の探索においても同様で、先の「本経返送状」（A）には不入蔵経が三部四巻、録外経が八部九巻存在していた。禅院本を充当する「経師充本経幷充装潢帳」でも『常住法花』『注涅槃経』『安楽集』『執部移識経』『礼讃文』『観世音菩薩経』『注維摩経』『釈慧浄』『注金剛般若経』などの録外経が認められる。これは、当初から入蔵経に限定せず、録外経も含めて「五月一日経」の書写が行なわれていたことを示すものであろう。ただし、録外経となると、これを仏説と判定しうるかどうかという困難な問題が生じるが、玄昉自身、二四部の録外経を将来している（一覧表参照）ので、他所からこうした経典を借請する場合には玄昉の識見が働いていたものと考えられる。

「五月一日経」の書写において、こうした方針がとられたのは、玄昉が将来した入蔵経が部数でいえば全体の半数余りにすぎなかったからであろう。つまり、未将来の入蔵経は京内の寺院を中心に探索するとしても、それだけでは不足分は満たせないとの判断があり、書写の対象となる経典の範囲を拡げたのである。このように、「五月一日経」の書写方針は、玄昉の将来経典の内実に即して決められていたわけで、この写経事業が玄昉の強い影響下で進められていたことを伝えている(54)。しかし、皇后宮職や写経所の努力にもかかわらず、書写された経典の巻数は入蔵録の五〇四八巻に及ばず、天平十四年十二月十三日付「一切経納櫃目録」（続修後集二十六、二ノ三二一〜三二三）によれば、大乗経別生（録外経）を含めても総数は四五六一巻であった。先学が指摘するように、この頃には底本の入手が困難となり、入蔵録にもとづく一切経の完成は不可能に近い状態になっていたのである(55)。

玄昉将来経典を底本に据えて進められた「五月一日経」の書写は、結果的には当初の目標を達成できなかったが、反面、当時の日本に伝来していた経典をほぼ網羅し、これまでの帰国留学僧等の経典収集の成果を示すとともに、

未将来経典の存在を明らかにし、今後の課題を提示することになったといえるだろう。

おわりに

「五月一日経」の書写は、天平十五年五月から『開元釈教録』には載せられない章疏も対象にして再開されることになる。この書写方針の変更にも玄昉が関わっていた可能性が高い。「写経請本帳」のような玄昉からの借請を記録する目録は残っていないが、将来経典「五千余巻」のうちの半数近くが章疏類と見られるので、これらが底本に用いられなかったとは考えにくい。天平十二年八月に大宰少弐藤原広嗣から時政の批判を受けて以降、(56)玄昉の権勢は下降線を辿るが、それでも玄昉発願の『千手千眼経』一〇〇〇巻書写が十三年七月から、『法華経』五〇部四〇〇巻・『法華摂釈』一部四巻書写が十五年七月から、それぞれ皇后宮職系統の写経機関で開始されるように、(57)宮廷の信任はなお厚かったと見られる。

玄昉がもたらした『開元釈教録』の入蔵経・不入蔵経等を底本に開始された「五月一日経」の書写は、一定の成果をあげたことで一段落したが、玄昉の将来経典には大量の章疏類が含まれていたので、今度はこれらを底本に「五月一日経」の拡充をはかろうとしたのであろう。もちろんそれは、中国の諸宗派の研究成果を網羅するものではなく、前回と同様に諸寺院等からの底本探索を必要とした。正倉院文書には、こうした章疏類の借請を記録する帳簿類が存在するが、(58)これらの分析を通して、玄昉の将来経典が奈良仏教に与えた影響および当時の教理研究の様相が、より具体的になるものと思われる。

註

（1）「はじめに」で述べる年月日と干支を付した玄昉・下道真備の動向は、『続日本紀』の記事による。

（2）『続日本紀』天平十八年六月己亥条の玄昉伝に「霊亀二年、入唐学問、唐天子、尊レ昉、准二三品一、令レ着二紫袈裟一、天平七年、随二大使多治比真人広成一還帰、賷二経論五千余巻及諸仏像一来、皇朝、亦施二紫袈裟一着レ之、尊為二僧正一、安二置内道場一」と記される。

（3）叙位・任官は『続日本紀』宝亀六年十月壬戌条の薨伝による。

（4）前掲註(2)を参照。

（5）「五月一日経」の書写を担当した皇后宮職管下もしくは皇后宮職系統の写経機関を、以下では写経所と称す。皇后宮職管下の写経機関の変遷については、福山敏男「奈良朝に於ける写経所に関する研究」（福山敏男著作集二『寺院建築の研究』中、中央公論美術出版、一九八二年。初出は一九三二年）、栄原永遠男「初期写経所に関する二三の問題」（同『奈良時代の写経と内裏』塙書房、二〇〇〇年。初出は一九八四年）、山下有美『正倉院文書と写経所の研究』第一章第一節（吉川弘文館、一九九九年）などを参照。

（6）福山前掲註(5)論文、皆川完一「光明皇后願経の書写について」（坂本太郎博士還暦記念会編『日本古代史論集』上巻、吉川弘文館、一九六二年。後に日本古文書学会編『日本古文書学論集』三に再録〈吉川弘文館、一九八八年〉）。山下有美氏は、この写経の開始時期を天平五年に求めている（前掲註(5)著書第三章第二節）が、ここでは福山・皆川両氏の見解に従っておく。なお、山下氏の説については、後掲の註(40)を参照されたい。

（7）皆川前掲註(6)論文。

（8）正倉院文書の種別と『大日本古文書』に収載される巻・頁数を、以下では本文のように表記する。なお、煩を避けるため『大日本古文書』の表記は省略に従う。

（9）東京大学史料編纂所編纂『正倉院文書目録』四（東京大学出版会、一九九九年）。

（10）文面の各経典名には、合点や見せ消ちの他に、「写」「写了」「写送」などの注記が施されており、この目録をもとに借請した経典の返送や書写の有無が確認されていたことを伝えている（この他に、天平十二年四月七日の二七回目の借請記事の左には、未写の底本の所在を記した「未写本経注文」〈七ノ八九〉が見える）。天平八年九月二十

九日付「写経目録」（続々修十四ノ三、七ノ五三～五四）は、第一回目の借請経典を書き上げたもので、ここでも各経典名の右肩に「写」「写了」などが注記されているが、「写経請本帳」とは別にこの目録が作成された理由は明らかではない。なお、「写経請本帳」については**表2**を参照。

(11)　福山前掲註(5)論文、皆川前掲註(6)論文。

(12)　この他に、天平十四年十月二十二日付「闕経目録」（続々修十四ノ四、八ノ一三一～一三二）に『涅槃経』第四帙第一巻、天平十五年頃の「写了内闕并未正経目録」（続々修十四ノ六裏、二十四ノ二〇六～二〇九）に『大乗宝積経論』四巻を、それぞれ「僧上《（正）》所」から請けたことを記すが、これらの経典は、「写経請本帳」では二四回目（七ノ八五）と三回目（七ノ六三）の借請に認められる。

(13)　『大正蔵』五五ノ六八〇上～七〇〇下。

(14)　入蔵録に示された巻数を満たさない経典が散見するが、それらは玄昉からの未借請によるとするよりも、全巻を将来できなかった経典と見た方がよいだろう。大平聡氏によれば、玄昉が将来した『開元釈教録』は一九巻で、一巻欠けていた（同『正倉院文書と古写経の研究による奈良時代政治史の検討』六～七頁、一九九三年～一九九四年度科学研究費補助金一般研究(C)研究成果報告書、一九九五年）。

(15)　『大正蔵』五〇ノ七三三下～七三四上。

(16)　唐代の経録については、鎌田茂雄『中国仏教史』第六巻四八六～四九八頁（東京大学出版会、一九九九年）を参照。山下有美「五月一日経「創出」の史的意義」（正倉院文書研究会編『正倉院文書研究』六、吉川弘文館、一九九九年）では、中国の経録史が概観されている。

(17)　『大正蔵』五五ノ五七四上・中、五七六下～五七九上。

(18)　大平聡氏は、玄昉はできたばかりの『開元釈教録』を入手し、それをもとに経典の収集活動を行なったと指摘する（前掲註(14)報告書七頁）。

(19)　『扶桑略記』天平七年四月辛亥条および『元亨釈書』巻一六の玄昉伝では、玄昉のもたらした経典をいずれも「経論章疏五千余巻」と記している。

(20)　入蔵経・不入蔵経には、一覧表で用いた番号を付すことにする。

(21) 中華書局校点排印本。
(22) 『大日本仏教全書』一一一ノ一二六。
(23) 『大日本仏教全書』一〇一ノ一一三。
(24) 以下で言及する経典の理解は、小野玄妙編『仏書解説大辞典』（大東出版社、一九三二～三五年、一九七五～七八年）、鎌田茂雄・河村孝照・中尾良信・福田亮成・吉元信行編『大蔵経全解説大事典』（雄山閣出版、一九九八年）に、仏教用語は、中村元『仏教語大辞典（縮刷版）』（東京書籍、一九八一年）、中村元・福永光司・田村芳朗・今野達・末木文美士編集『岩波仏教辞典　第二版』（岩波書店、二〇〇二年）に、それぞれ負っている。また、法相宗などの宗派の教学史については、平川彰『仏典講座・三九　八宗綱要』上・下（大蔵出版、一九八〇・八一年）に付された解説を参照した。
(25) 平川前掲註(24)著書三七六～三七九頁参照。
(26) 富貴原章信仏教学選集第三巻『日本唯識思想史』一九一～一九八頁（国書刊行会、一九八九年。初版は一九四四年）。
(27) 木村清孝『中国華厳思想史』一四三～一四五頁（平楽寺書店、一九九二年）。
(28) 玄昉が天平十二年から始まる『華厳経』講説に関与していたことは、堀池春峰「華厳経講説よりみた良弁と審詳」（同『南都仏教の研究』上・東大寺篇、法藏館、一九八〇年。初出は一九七三年）、山本幸男「天平十二年の『華厳経』講説――金鐘寺・元興寺・大安寺をめぐる人々――」（続日本紀研究会編『続日本紀の諸相』塙書房、二〇〇四年。本書第一章）が指摘するところで、法相宗の立場からすれば、それは矛盾する行為といわねばならないが、この講説が聖武天皇や光明皇后の盧舎那仏造立の思いを受けていることからすれば、そこに玄昉の政治的な思惑を読み取ることも可能であろう。
(29) 秘密部の経典は、石田茂作『写経より見たる奈良朝仏教の研究』（㈶東洋文庫、一九六六年再版。初版は一九三〇年）の附録「奈良朝現在一切経疏目録」および『大蔵経全解説大事典』をもとに抽出した。
(30) 『仏祖統紀』巻四〇（『大蔵経』四九ノ三七三中～下）。
(31) 『大正蔵』五五ノ五七一中～五七二上。
(32) 一行については、鎌田茂雄前掲註(16)著書七二六～七三二頁参照。

(33) 前掲註(31)に同じ。

(34) 東野治之「遣唐使の文化的役割」(同『遣唐使と正倉院』岩波書店、一九九二年。初出は一九七九年)では、在唐中の玄昉が秘密教の一大中心地となっていた天台山に参じたことを指摘し、古密教との深い関わりに言及している。玄昉の学問や在唐時の動向については、川崎晃「僧伝覚書二題――玄昉の学問と鑑真の聖武授戒をめぐって――」(『高岡市万葉歴史館紀要』一六、二〇〇六年)を参照。

(35) 『群書類従』五ノ五二七。

(36) 『群書類従』五ノ五六六。

(37) 筒井英俊校訂、再版、国書刊行会、一九七一年。

(38) 『日本高僧伝要文抄』第三に引載される『延暦僧録』の「高僧沙門釈栄叡伝」・「高僧沙門普照伝」には、それぞれ「住二興福寺一」と記されている。玄昉については、『七大寺年表』天平九年条に所属を興福寺と記し、師の義淵も『同』大宝三年・養老元年・神亀五年の各条に興福寺の所属と見える(『大日本仏教全書』一一一ノ一八・二一・二四・二六)ことによる。

(39) 『開元釈教録』巻一三では、六足論のうちの『三施設足論』は未訳とする。『大正蔵』五五ノ六二〇中。

(40) 一覧表の大乗経・小乗経・小乗律・賢聖集伝の項に示した天平八年までの既写分のうち、(▼天平五年)と記したものは、天平三年から九年にかけての写経を記録する「写経目録」(続々修十二ノ三、七ノ五～三二)に見えるもので、天平五年頃に書写された小乗経雑帙一七九巻に相当する。山下有美氏は、この一七九巻が天平九年末頃の集計と見られる「奉写一切経巻数注文案」(続々修一ノ六、十七～五一～五二)の中で、「五月一日経」の一部として扱われていることに注目し、「五月一日経」の書写は天平五年頃から開始され、玄昉が『開元録』をもたらしたのをきっかけに、『開元録』を基準とする一切経に方針変更されたと解し、天平八年九月開始説を否定されている(前掲註(5)著書第三章第二節)。しかし、次節で述べるように、玄昉の将来経典は入蔵経としては不十分なものであったので、不足分を補うために未将来分の探索や既写分の充当などが行なわれており、右の雑経一七九巻も後に「五月一日経」の中に取り込まれたものと解することができる。それ故、従来からいわれている天平八年九月開始説は成り立ちうると考える。

(41)　賢聖集伝の内訳は、実用書類以外は鎌田茂雄前掲註(16)著書四八六～五三〇頁による。
(42)　**表2**に示したように、六回目の借請になると重複して借請される経典（●印）が一三部現われ、これ以降こうした事例が増えてくるが、その多くは書写済み経典の校正用と思われる。これらの経典は、校正終了前に「和上所」から返却を求められ、他所での写経等に供されていたのであろう。
(43)　秦大麻呂の『問答』献上は『続日本紀』天平七年五月壬戌条による。
(44)　前掲註(38)参照。
(45)　玄昉が内道場に安置されたことで、将来経典も宮中に持ち込まれた可能性があるが、「写経請本帳」では僧正直任後の二二回目以降の借請記事（目録）に変化が認められないので、経典は興福寺内に置かれたままであったと解しておく。
(46)　宮内庁正倉院事務所頒布「正倉院古文書マイクロフィルム焼付写真」および宮内庁正倉院事務所編『正倉院古文書影印集成』正集二（八木書店、一九九〇年）によると、Aの左端下とBの右端下にまたがって「川原人成」と記されている。これは、BをAに貼り継いだ川原人成が封として継ぎ目に書き加えた自署と見られる。
(47)　以下で言及する「五月一日経」書写関係の帳簿は、皆川完一前掲註(6)論文での指摘にもとづいている。
(48)　天平十年九月九日付「大安寺牒」（続々修十六ノ二、七ノ一八九～一九一）では、皇后宮職が九年四月八日にも大安寺から『大品般若経』（三『摩訶般若波羅蜜経』）四〇巻を奉請したことが記されている。これも「五月一日経」用の底本と見なせなくもないが、この経典は二三回目に全巻「増上所」から借請されている（**表2**参照）ので、別途の書写に供されたものではないかと思われる。
(49)　続々修二十八ノ三、八ノ一一一～一一五。この「経師充本経幷充装潢帳」では、天平十四年七月二十四日の禅院本経の充当に続き四月十日の充経が記されているが、日付が遡ることから、これらは禅院とは無関係の経本と見られる。
(50)　藤野道生「禅院寺考」（『史学雑誌』六六―九、一九五七年）。
(51)　本書第一章を参照。
(52)　大平聡氏はこれを「天平十三年目録」と称している（前掲註(14)報告書一二～一四頁）。

(53)「写経司雑受書并進書案及返書」（続々修十七ノ二）内の「写経司送経文」（七ノ一七二〜一七三）や「薬師寺三綱写経請送帳」（続々修四十六ノ八、七ノ一七九〜一八一）には、本経として奉請した『无垢称経』（一三三『説無垢称経』）六巻を天平十一年七月二十六日に観音寺へ還送したことが記されているが、これも「五月一日経」の底本であった可能性がある。この他に、「写経請本帳」内の「未写本経注文」（七ノ八九）に見える内堂経や宮本経も、底本に用いられていたようである。

(54) 山下有美前掲註(16)論文では、「五月一日経」の「創出」の背後には、写経事業そのものを全面的に指導した玄昉の絶大な影響が存在したと指摘する。

(55) 皆川完一前掲註(6)論文。

(56)『続日本紀』天平十二年八月癸未条。

(57) 天平十三年七月十五日付「僧正玄昉写経願文」（京都守屋孝蔵氏所蔵、二十四ノ一四四〜一四五）、「写疏料筆墨納帳」（続修三十四裏、八ノ一八三〜一八五）、「雑物収納帳」（正集四十五裏、八ノ二二六〜二二九）。それぞれの写経については、栄原永遠男「千手経一千巻の写経事業」（同『奈良時代写経史研究』塙書房、二〇〇三年。初出は一九八四・八五年）、鷺森浩幸「玄昉発願法華経・法華摂釈の書写について」（『続日本紀研究』二五五、一九八八年）を参照。

(58) たとえば「律論疏集伝等本収納并返送帳」（正集三十三裏、八ノ一八五〜一八八ℓ11、二十四ノ二五八、八ノ一八八ℓ12〜一九三、正集二十一裏、九ノ三六五〜三六七、続修八裏、三ノ一六一〜一六三、〈続ク（中間欠）カ〉、正集一裏、十ノ五五三〜五五四）など。

補註

旧稿では、禅院から借請された写経用の底本は道照が将来した経典、と推測しましたが、その後、大西磨希子氏より、**一三四**『宝雨経』一〇巻は長寿二年（六九三）訳出のため道照の将来とはいえない、とのご指摘をいただきました（「聖語蔵の『寶雨経』――則天文字の一資料――」〈『敦煌寫本研究年報』八、二〇一四年〉）ので、本文のように訂正しました。学恩に深謝致します。

玄昉所持（将来）経典一覧表

1　本表は、『開元釈教録』巻一九・二〇に収載される入蔵録・不入蔵録（『大正蔵』五五ノ六八〇上～六九九下）の経典を掲出順に番号を付して提示し、玄昉所持（将来）経典（「玄昉経」と称す）と対応させたものである。

2　「『開元釈教録』巻一九・二〇」「『開元釈教録』巻二〇」の項に挙げた「経典名・巻数」は、入蔵経・不入蔵経の表記に従っている（別称や異なる巻数のある場合は必要に応じて併記した）が、入蔵経の場合は『開元釈教録』巻一一～一三の有訳有本録（『同』五五ノ五八二上～六二五中）と照合し、経名・巻数を改めたものがある。また、不入蔵経の大半は別生経であるため〔　〕内にその旨を注記した（例〔＝二二〕は二二大宝積経の別生経）。秘密部の経典（＊印）は、石田茂作『写経より見たる奈良朝仏教の研究』（㈶東洋文庫、一九六六年再版。初版は一九三〇年）の附録「奈良朝現在一切経疏目録」の印度撰述・秘密部、および鎌田茂雄・河村孝照・中尾良信・福田亮成・吉本信行編『大蔵経全解説大事典』（雄山閣出版、一九九八年）の密教部をもとに抽出した。「訳出年代・訳者」の項は、上記の有訳有本録をもとに、適宜、小野玄明編『仏書解説大辞典』（大東出版社、一九三三～三五年、一九七五～七八年）、『大蔵経全解説大事典』を参照し注記した。

3　「玄昉経」は、皇后宮職系統の写経所が玄昉から借請した経典を記録する「写経請本帳」（『大日本古文書』七ノ五四～八〇、三ノ一四七～四九、七ノ八〇～九〇）および天平十五年三月十一日付「僧上所請経文」（『同』八ノ一六五～一六六）をもとに表記している。（　）内の数字は、「写経請本帳」での借請順（※印は「僧上所請経文」によるもの）で、複数回借請されたもののうち、経典名の表記が異なる場合は、両者を並記した。○印は全巻借請、△印は部分借請を示すが、一部推測に及ぶものがある。各経典と入蔵経・不入蔵経との対応については、「奈良朝現在一切経疏目録」および『大蔵経全解説大事典』を参照したが、一三と一四、一六と一七のように経名類似のため特定できない場合は、その旨を注記した。

4　「天平八年以前の書写」の項には、『大日本古文書』より抽出した事例（□印は誦経）を示し、年紀のみを記した（　）内は推定。このうち、（▼天平五年）とあるのは、「写経目録」（『同』七ノ五～三二）に見える小乗経雑帙一七九巻に相当する（本文の註(40)を参照）。名称の類似から経典を特定できない場合は、｝を付して示した。

5　「備考」の項には、天平十年十一月九日付「本経返送状」（『大日本古文書』七ノ一九二～一九四）、「経師充本経并充装潢帳」（『同』八ノ一一一～一一五）をもとに、写経用の底本を大安寺や禅院寺から借請した場合は、それぞれ大寺、禅院と記した。

6　「目録」の項の◎印は、「写経布施勘定帳」（天平十三年目録、『大日本古文書』十二ノ九九～一四七。大平聡『正倉院文書と古写経の研究による奈良時代政治史の検討』一二～一四頁〈一九九三～一九九四年度科学研究費補助金一般(C)研究成果報告書、一九九五年〉参照）に挙げられた経典であることを示す。

7　目録外経は、借請順にイ～ウの記号を示すにとどめた。

◇入蔵経

〔大乗経〕

『開元釈教録』巻一九・二〇 経典名・巻数（＊印は秘密部）	訳出年代・訳者	玄昉経 （ ）内の数字は借請順。○は全巻、△は部分借請	天平八年以前の書写 （『大日本古文書』）	備考	目録
（般若部二一部七三六巻）					
一　大般若波羅蜜多経六〇〇巻	唐　玄奘		和銅五年　二四-二		◎
二　放光般若波羅蜜経三〇巻	西晋　無羅叉・竺叔蘭	○(1)放光般若経三〇巻			◎
三　摩訶般若波羅蜜経四〇巻	姚秦　鳩摩羅什・僧叡等	○(23)摩訶般若経四〇巻	（天平五年）　七-六	禅院	◎
四　光讃般若波羅蜜経一五巻	西晋　竺法護	△(10)光讃般若二巻（第五・一〇） (16)光讃般若一〇巻			◎
五　摩訶般若波羅蜜鈔経五巻	苻秦　曇摩蜱・竺仏念	○(3)摩訶般若波羅蜜長安品経五巻			◎
六　道行般若波羅蜜経一〇巻	後漢　支婁迦讖	△(10)道行般若一巻（第六）			◎
七　小品般若波羅蜜経一〇巻	姚秦　鳩摩羅什	○(1)小品般若経一〇巻			◎
八　大明度無極経四巻	呉　支謙	○(1)大明度无極経四巻			◎
九　勝天王般若波羅蜜経七巻	陳　月婆首那	△(8)勝天王般若経第一巻			◎
一〇　文殊師利所説摩訶般若波羅蜜経二巻	梁　曼陀羅仙	○(5)文殊師利所説摩訶般若一巻 (21)(25)文殊般若経二巻、二巻			◎
一一　文殊師利所説般若波羅蜜経一巻	梁　僧伽婆羅	○(24)文殊師利所説般若波羅蜜経一巻			◎
一二　濡首菩薩無上清浄分衛経二巻	宋　翔公				◎
一三　金剛般若波羅蜜経一巻	姚秦　鳩摩羅什	○(5)金剛般若経一巻 or (6)金剛若経一巻	（天平三年）　一-四四四		◎
一四　金剛般若波羅蜜経一巻	北魏　菩提流支	○(5)金剛般若経一巻 or (6)金剛若経一巻			◎
一五　金剛般若波羅蜜経一巻	陳　真諦				

一六　能断金剛般若波羅蜜多経一巻	唐　玄奘	○ (2)能断金剛般若経一巻or(6)能断金剛般若経一巻 (11)能断金剛般若二巻	天平八年　七-二六		◎
一七　能断金剛般若波羅蜜多経一巻	唐　義浄	○ (2)能断金剛般若経一巻or(6)能断金剛般若経一巻 (11)能断金剛般若二巻			◎
*一八　実相般若波羅蜜経一巻	唐　菩提流志	○(3)実相般若波羅蜜経一巻	天平三年　一-四四二		◎
一九　仁王護国般若波羅蜜経二巻	姚秦　鳩摩羅什	○(5)仁王護国般若二巻	(天平五年)　七-一九		◎
*二〇　摩訶般若波羅蜜大明呪経一巻	姚秦　鳩摩羅什	○(3)摩訶般若波羅蜜大明呪経一巻			◎
二一　般若波羅蜜多心経一巻	唐　玄奘		□天平四年　一-四四七		◎
(宝積部三四部一六九巻)					
二二　大宝積経一二〇巻	唐　菩提流志等	△(17)宝積経四巻	(天平五年)　二四-一五		◎
二三　大方広三戒経三巻	北涼　曇無讖	○(9)大方広三戒経三巻			◎
二四　無量清浄平等覚経二巻	後漢　支婁迦讖	○(9)无量浄清平等覚経二巻			◎
二五　阿弥陀経二巻	呉　支謙	○(9)阿弥陀経二巻	(神亀四年)　一-三八三		◎
二六　無量寿経二巻	曹魏　康僧鎧	○ (6)无量寿経一巻 (25)無量寿経一巻			◎
二七　阿閦仏国経二巻	後漢　支婁迦讖	○(2)阿閦仏国経二巻			◎
二八　大乗十法経一巻	梁　僧伽婆羅	○(2)大乗十法一巻			◎
二九　普門品経一巻	西晋　竺法護	○(2)普門品経一巻			◎
三〇　胞胎経一巻	西晋　竺法護	○(2)(25)胞胎経一巻、一巻	(▼天平五年)　七-九		◎
三一　文殊師利仏土厳浄経二巻	西晋　竺法護	○(2)仏土厳浄経二巻			◎
三二　法鏡経二巻	後漢　安玄・厳仏調	△(2)法鏡経上巻			◎
三三　郁迦羅越問菩薩行経一巻	西晋　竺法護	○(6)郁迦羅越問菩薩行経一巻			◎
三四　幻士仁賢経一巻	西晋　竺法護	○(6)幻士仁賢経一巻			◎
三五　決定毘尼経一巻	(燉煌)	○(6)決定毗尼経一巻			◎

三六 発覚浄心経二巻	隋　闍那崛多等	○(1)発覚浄心経二巻			◎
三七 優塡王経一巻	西晋　法炬	○(25)憂塡王経一巻	(▼天平五年)　七-一〇		◎
三八 須摩提経一巻	西晋　竺護法	○(6)須摩提経一巻			◎
三九 須摩提菩薩経一巻	姚秦　鳩摩羅什				◎
四〇 阿闍貰王女阿術達菩薩経一巻	西晋　竺護法	○(6)阿闍貰王女阿術達菩薩経一巻			◎
四一 離垢施女経一巻	西晋　竺護法	○(6)離垢施女経一巻			◎
四二 得無垢女経一巻	北魏　瞿曇般若流支				◎
四三 文殊師利所説不思議仏境界経二巻	唐　菩提流志	○(20)文殊師利所説経二巻			◎
四四 如幻三昧経二巻（四巻）	西晋　竺法護	○(9)如幻三昧経四巻			◎
四五 聖善住意天子所問経三巻	北魏　瞿曇般若流支	○(1)善住意天子所問経三巻 (25)聖善住意天子経二巻			◎
四六 太子刷護経一巻	西晋　竺法護	○(3)太子刷護経一巻			◎
四七 太子和休経一巻	〈失　訳〉	○(6)太子和休経一巻			◎
四八 慧上菩薩問大善権経二巻	西晋　竺法護	○(6)慧上菩薩経二巻			◎
四九 大乗顕識経二巻	唐　地婆訶羅	○(3)大乗顕識経二巻 (17)大乗顕識経下巻			◎
五〇 大乗方等要慧経一巻	後漢　安世高	○(3)大乗方等要慧経一巻			◎
五一 弥勒菩薩所問本願経一巻	西晋　竺法護	○(5)弥勒菩薩所問本願経一巻			◎
五二 仏遺日摩尼宝経一巻	後漢　支婁迦讖	○(6)仏遺日摩尼宝経一巻			◎
五三 摩訶衍宝厳経一巻	晋　〈失　訳〉	○(6)摩訶衍宝厳経一巻			◎
五四 勝鬘師子吼一乗大方便方広経一巻	宋　求那跋陀羅	○(6)勝鬘師子吼経一巻	天平三年　一-四四五		◎
五五 毘耶婆問経二巻	北魏　瞿曇般若流支		(▼天平五年)　七-一六		◎
（大集部二四部一四二巻）					
五六 大方等大集経三〇巻	北涼　曇無讖	○(25)大方等大集経三〇巻	天平四～五年　一-四七六		◎
五七 大方等大集日蔵経一〇巻	隋　那連提耶舎	○(1)大集経日蔵分一〇巻			◎
五八 大集月蔵経一〇巻	北斉　那連提耶舎	○(28)大集月蔵分一〇巻			◎

五九 大乗大集地蔵十輪経一〇巻	唐　玄奘	○(25)大乗地蔵十輪経一〇巻			◎
六〇 大方広十輪経八巻	〈失　訳〉	○(7)大方広十輪経八巻			◎
六一 大集須弥蔵経二巻(三巻)	北斉　那連提耶舎	○(1)大集須弥蔵経二巻			◎
六二 虚空蔵菩薩経一巻	姚秦　仏陀耶舎	○(21)虚空蔵菩薩経一巻			◎
六三 虚空蔵菩薩神呪経一巻	宋　曇摩蜜多	○(9)虚空蔵菩薩神呪経一巻			◎
六四 虚空孕菩薩経二巻	隋　闍那崛多等	○(9)虚空蔵菩薩孕経二巻			◎
六五 観虚空蔵菩薩経一巻	宋　曇摩蜜多	○(5)観虚空蔵経一巻 (6)観虚蔵菩薩経(一巻)			◎
六六 菩薩念仏三昧経六巻	宋　功徳直・玄暢	○(1)菩薩念仏三昧経六巻			◎
六七 大方等大集菩薩念仏三昧経一〇巻	隋　達摩笈多	○(1)菩薩念仏三昧経一〇巻			◎
六八 般舟三昧経三巻	後漢　支婁迦讖	○(9)般舟三昧経三巻			◎
六九 抜陂菩薩経一巻	〈失　訳〉	○(9)抜陂菩薩経一巻			◎
七〇 大方等大集賢護経五巻	隋　闍那崛多等	○(6)賢護経五巻			◎
七一 阿差末経七巻	西晋　竺法護	○(1)阿差末経七巻			◎
七二 無尽意菩薩経六巻	宋　智厳・宝雲				◎
七三 大集譬喩王経二巻	隋　闍那崛多等				◎
七四 大哀経八巻	西晋　竺法護	○(1)大哀経八巻			◎
七五 宝女所問経三巻	西晋　竺法護	○(1)宝女経三巻			◎
七六 無言童子経二巻	西晋　竺法護	○(6)无言童子経二巻			◎
七七 自在王菩薩経二巻	姚秦　鳩摩羅什	○(1)自在王菩薩経二巻			◎
七八 奮迅王問経二巻	北魏　瞿曇般若流支等	○(1)奮迅王問経二巻			◎
七九 宝星陀羅尼経一〇巻	唐　波羅頗蜜多羅	○(1)宝星陀羅経一〇巻			◎
(華厳部二六部一八七巻)					
八〇 大方広仏華厳経六〇巻	晋　仏陀跋陀羅等	○(27)旧花厳経六〇巻	(天平三年)　二四-一一二	禅院	◎
八一 大方広仏華厳経八〇巻	唐　実叉離陀等	○(25)大方広仏華厳経八〇巻	(天平五年)　七-七		◎
八二 信力入印法門経五巻	北魏　曇摩流支				◎

八三 度諸仏境界智光厳経一巻	〈失訳〉				◎
八四 仏華厳入如来徳智不思議境界経二巻	隋　闍那崛多等			大寺	◎
八五 大方広入如来智徳不思議経一巻	唐　実叉離陀				
八六 大方広仏華厳経不思議仏境界分一巻	唐　提雲般若				
八七 大方広如来不思議境界経一巻	唐　実叉離陀				
八八 大乗金剛髻珠菩薩修行分一巻	唐　菩提流志				
八九 大方広仏華厳経修慈分一巻	唐　提雲般若				
九〇 大方広普賢所説経一巻	唐　実叉離陀				
九一 荘厳菩提心経一巻	姚秦　鳩摩羅什				◎
九二 大方広菩薩十地経一巻	北魏　吉迦夜・曇曜				◎
九三 兜沙経一巻	後漢　支婁迦讖				◎
九四 菩薩本業経一巻	呉　支謙	○(8)菩薩本業経一巻			◎
九五 諸菩薩求仏本業経一巻	西晋　聶道真			禅院	
九六 菩薩十住行道品一巻	西晋　竺法護				
九七 菩薩十住経一巻	東晋　祇多蜜	○(5)菩薩十住経一巻			◎
九八 漸備一切智徳経五巻	西晋　竺法護	○(20)漸備一切智徳経一帙五巻			◎
九九 十住経四巻	姚秦　鳩摩羅什・仏陀耶舎	○(20)十住経四巻			◎
一〇〇 等目菩薩所問三昧経	西晋　竺法護			大寺	◎
一〇一 顕無辺仏土功徳経一巻	唐　玄奘				◎
一〇二 如来興顕経四巻	西晋　竺法護				◎
一〇三 度世品経六巻	西晋　竺法護				◎
一〇四 羅摩迦経三巻	西秦　聖堅	○(6)羅摩伽経三巻			◎
一〇五 大方広仏華厳経続入法界品一巻	唐　地婆訶羅				
（涅槃部六部五八巻）					
一〇六 大般涅槃経四〇巻	北涼　曇無識	○(24)大般涅槃経四〇巻 ※涅槃経第四帙第一巻	天平一一～一三年　一-四四二		◎

一〇七 大般涅槃経後訳荼毘分二巻	唐　若那跋陀羅・会寧	○(24)大般涅槃後訳荼毗分二巻			◎
一〇八 大般泥洹経六巻	東晋　法顕・覚賢				◎
一〇九 方等般泥洹経二巻	西晋　竺法護				◎
一一〇 四童子三昧経三巻	隋　闍那崛多等				◎
一一一 大悲経五巻	北斉　那連提耶舎・法智				◎
（五大部外四〇四部八八一巻）					
一一二 方広大荘厳経一二巻	唐　地婆訶羅				
一一三 普曜経八巻	西晋　竺法護		（▼天平五年）　七-一九		◎
一一四 法華三昧経一巻	宋　智厳				◎
一一五 無量義経一巻	南斉　曇摩伽陀耶舎				◎
一一六 薩曇分陀利経一巻	〈失　訳〉				
一一七 妙法蓮華経八巻	姚秦　鳩摩羅什	△(6)法花経二巻	神亀四年　一-三八一		◎
一一八 正法華経一〇巻	西晋　竺法護	○(16)正法花経一〇巻	（天平三年）　一-四四三		◎
一一九 添品妙法蓮華経七巻	隋　闍那崛多・達摩笈多				◎
一二〇 維摩詰所説経三巻	姚秦　鳩摩羅什				◎
一二一 維摩詰経二巻	呉　支謙	○(26)維摩経二巻	□天平六年　一-五八三		◎
一二二 説無垢称経六巻	唐　玄奘		（天平五年）　七-一九		◎
一二三 大方等頂王経一巻	西晋　竺法護				◎
一二四 大乗頂王経一巻	梁　月婆首那			禅院	
一二五 善思童子経二巻	隋　闍那崛多等				◎
一二六 大悲分陀利経八巻	〈失　訳〉				◎
一二七 悲華経一〇巻	北涼　曇無讖		天平四～五年　一-四七六		◎
一二八 金光明最勝王経一〇巻	唐　義浄		（天平三年）　一-四四三		
一二九 合部金光明経八巻	隋　宝貴等	○(25)(28)金光明経八巻、第五巻	天平七年　七-二一一		◎
一三〇 伅真陀羅所問経二巻	後漢　支婁迦讖				◎
一三一 大樹緊那羅王所問経四巻	姚秦　鳩摩羅什			禅院	◎

一三二 仏昇忉利天為母説法経二	西晋　竺法護				◎
一三三 道神足無極変化経四巻	西晋　安法欽			大寺	◎
一三四 宝雨経一〇巻	唐　達摩流支等			禅院	◎
一三五 宝雲経七巻	梁　曼陀羅仙・僧伽婆羅				◎
一三六 阿惟越致遮経三巻	西晋　竺法護			大寺	◎
一三七 不退転法輪経四巻	〈失　訳〉				◎
一三八 広博厳浄不退転法転経四巻	宋　智厳・宝雲				◎
一三九 不必定入印経一巻	北魏　瞿曇般若流支				◎
一四〇 入定不定印経一巻	唐　義浄				
一四一 等集衆徳三昧経三巻	西晋　竺法護				◎
一四二 集一切福徳三昧経三巻	姚秦　鳩摩羅什				
一四三 持心梵天経四巻	西晋　竺法護				◎
一四四 思益梵天所問経四巻	姚秦　鳩摩羅什				◎
一四五 勝思惟梵天所問経六巻	北魏　菩提流支				◎
一四六 持人菩薩経四巻	西晋　竺法護				◎
一四七 持世経四巻	姚秦　鳩摩羅什				◎
一四八 済諸方等学経一巻	西晋　竺法護			大寺	◎
一四九 大乗方広総持経一巻	隋　毘尼多流支				
一五〇 文殊師利現宝蔵経三巻	西晋　竺法護				
一五一 大方広宝篋経三巻	宋　求那跋陀羅				◎
一五二 大乗同性経二巻	北周　闍那耶舎等			大寺	◎
一五三 証契大乗経二巻	唐　地婆訶羅				
一五四 深密解脱経五巻	北魏　菩提流支				◎
一五五 解深密経五巻	唐　玄奘		（天平五年）　七-七		◎
一五六 解節経一巻	陳　真諦				◎
一五七 相続解脱地波羅蜜了義経一巻	宋　求那跋陀羅				◎

一五八 縁生初勝分法本経二巻	隋　達摩笈多			大寺	◎
一五九 分別縁起初勝法門経二巻	唐　玄奘				◎
一六〇 楞伽阿跋多羅宝経四巻	宋　求那跋陀羅		（天平五年）七-八		◎
一六一 入楞伽経一〇巻	北魏　菩提流支		天平四～五年　一-四七六	禅院	◎
一六二 大乗入楞伽経七巻	唐　実叉難陀				
一六三 菩薩行方便境界神通変化経三巻	宋　求那跋陀羅			禅院	
一六四 大薩遮尼乾子所説経一〇巻	北魏　菩提流支		（天平五年）七-七		◎
一六五 大方等大雲経六巻	北涼　曇無讖				
＊一六六 大曇請雨経一巻	北周　闍那耶舎等				◎
＊一六七 大雲輪請雨経二巻	隋　那連提耶舎				◎
＊一六八 大方等大雲請雨経一巻	隋　闍那崛多等				
一六九 諸法無行経二巻	姚秦　鳩摩羅什				◎
一七〇 諸法本無経三巻	隋　闍那崛多等			禅院	
一七一 無極宝三昧経一巻	西晋　竺法護				
一七二 宝如来三昧経二巻	東晋　祇多蜜				◎
一七三 慧印三昧経一巻	呉　支謙				◎
一七四 如来智印経一巻	〈失訳〉			禅院	
＊一七五 大灌頂経一二巻	東晋　帛尸梨蜜多羅		天平四～五年　一-四七六		◎
一七六 薬師如来本願経一巻	隋　達摩笈多		天平五年　七-六		
＊一七七 薬師琉璃光如来本願功徳経一巻	唐　玄奘		天平五年　七-六		◎
＊一七八 薬師琉璃光七仏本願功徳経二巻	唐　義浄				◎
一七九 阿闍世王経二巻	後漢　婁迦讖				◎
一八〇 普超三昧経三巻	西晋　竺法護				◎
一八一 放鉢経一巻	〈失訳〉				◎
一八二 月灯三昧経一一巻	北斉　那連提耶舎			大寺 禅院	◎

一八三 月灯三昧経一巻	宋 先公				◎
一八四 無所希望経一巻	西晋 竺法護			大寺	◎
一八五 象腋経一巻	宋 曇摩蜜多				◎
一八六 大浄法門経一巻	西晋 竺法護			大寺	◎
一八七 大荘厳法門経二巻	隋 那連提耶舎			禅院	
一八八 如来荘厳智慧光明入一切仏境界経二巻	北魏 曇摩流支			大寺 禅院	
一八九 度一切諸仏境界智厳経一巻	梁 僧伽婆羅等				
一九〇 後出阿弥陀仏偈経一巻	後漢 〈失訳〉				◎
一九一 観無量寿仏経一巻	宋 畺良耶舎				◎
一九二 阿弥陀経一巻	姚秦 鳩摩羅什	○※阿弥陀経一巻			
一九三 称讃浄土仏摂受経一巻	唐 玄奘				◎
*一九四 観弥勒菩薩上生兜率天経一巻	宋 沮渠京声				◎
一九五 弥勒成仏経一巻	姚秦 鳩摩羅什		□天平四年 一-四四七		
一九六 弥勒来時経一巻	〈失訳〉				◎
*一九七 弥勒下生経一巻	姚秦 鳩摩羅什				
一九八 弥勒下生成仏経一巻	唐 義浄				◎
一九九 諸法勇王経一巻	宋 曇摩蜜多				◎
二〇〇 一切法高王経一巻	北魏 瞿曇般若流支				◎
二〇一 第一義法勝経一巻	北魏 瞿曇般若流支			大寺	◎
二〇二 大威灯光仙人問疑経一巻	隋 闍那崛多等			大寺	◎
二〇三 順権方便経二巻	西晋 竺法護				◎
二〇四 楽瓔珞荘厳方便品経一巻	姚秦 曇摩耶舎				◎
二〇五 六度集経八巻	呉 康僧会				
二〇六 太子須大拏経一巻	前秦 聖堅			大寺	◎
二〇七 菩薩睒子経一巻	〈失訳〉				◎

二〇八	睒子経一巻	前秦　聖堅				
二〇九	太子慕魄経一巻	後漢　安世高				◎
二一〇	太子沐魄経一巻	西晋　竺法護				
二一一	九色鹿経一巻	呉　支謙		(▼天平五年)　七－一七		◎
二一二	無字宝篋経一巻	北魏　菩提流支	○(5)无字宝篋経一巻			◎
二一三	大乗離文字普光明蔵経一巻	唐　地婆訶羅	○(3)大乗離文字普光明蔵経一巻			◎
二一四	大乗遍照光明蔵無字法門経一巻	唐　地婆訶羅	○(11)大乗遍昭光明蔵無字法問経(一巻)			◎
二一五	老女人経一巻	呉　支謙	○(5)老女人経一巻			◎
二一六	老母経一巻	〈失訳〉	○(3)老母経一巻			◎
二一七	老母女六英経一巻	宋　求那跋陀羅	○(7)老母六史経一巻			◎
二一八	月光童子経一巻	西晋　竺法護	○(5)月光童子経一巻			◎
二一九	申日児本経一巻	宋　求那跋陀羅	○(3)申日児本経一巻			◎
二二〇	徳護長者経二巻	隋　那連提耶舎	○(5)徳護長者経二巻			◎
二二一	文殊師利問菩提経一巻	姚秦　鳩摩羅什	○(5)(25)文殊師利問菩提経一巻、一巻 (6)文殊師利問提経一巻			◎
二二二	伽耶山頂経一巻	北魏　菩提流支	○(5)伽耶山頂経一巻			◎
二二三	象頭精舎経一巻	隋　毘尼多流支	○(5)象頭精舎経一巻			◎
二二四	大乗伽耶山頂経一巻	唐　菩提流志				
二二五	長者子制経一巻	後漢　安世高	○(5)長者子制経一巻			◎
二二六	菩提逝経一巻	西晋　白法祖	○(5)菩薩逝経一巻			◎
二二七	逝童子経一巻	西晋　支法度	○(11)逝童子経(一巻)			◎
二二八	犢子経一巻	呉　支謙	○(19)犢子経一巻			◎
二二九	乳光仏経一巻	西晋　竺法護	○(5)乳光仏経一巻			◎
二三〇	無垢賢女経一巻	西晋　竺法護	○(5)无垢賢女経一巻			◎
二三一	腹中女聴経一巻	北涼　曇無讖	○(7)腹中女聴経一巻			◎
二三二	転女身経一巻	宋　曇摩蜜多	○(3)転女身経一巻			◎

二三三 無上依経二巻	梁　真諦	◯(4)無上依経二巻			◎
二三四 未曾有経一巻	後漢〈失　訳〉	◯(4)(25)未曾有経一巻	(▼天平五年) 七−一三		◎
二三五 甚希有経一巻	唐　玄奘	◯(4)甚希有経(一巻)			◎
二三六 決定総経(決定総持経)一巻	西晋　竺法護	◯(6)決捻持経一巻			◎
二三七 謗仏経一巻	北魏　菩提流支	◯(4)(25)謗仏経一巻、一巻			◎
二三八 宝積三昧文殊問法身経一巻	後漢　安世高	◯(4)宝積三昧文殊師利菩薩問法身経一巻			◎
二三九 入法界体性経一巻	隋　闍那崛多等	◯(3)入法界体性経一巻			◎
二四〇 如来師子吼経一巻	北魏　仏陀扇多	◯(4)(25)如来師子吼経一巻、一巻			◎
二四一 大方広師子吼経一巻	唐　地婆訶羅	◯(3)大方広師子吼経一巻			◎
二四二 大乗百福相経一巻	唐　地婆訶羅	◯(24)大乗百福相経一巻			◎
二四三 大乗百福荘厳相経一巻	唐　地婆訶羅	◯(3)大乗百福荘厳相経一巻			◎
二四四 大乗四法経一巻	唐　地婆訶羅	◯(3)※大乗四法経一巻、一巻(**四八五**参照)			◎
二四五 菩薩修行四法経一巻	唐　地婆訶羅	◯(9)菩薩修行四法経一巻			◎
二四六 希有希有校量功徳経一巻	隋　闍那崛多等	◯(4)(25)希有希有校量功徳経(一巻)、一巻			◎
二四七 最無比経一巻	唐　玄奘	◯(4)最无比経一巻			◎
二四八 前世三転経一巻	西晋　法炬	◯(4)前世三転経一巻			◎
二四九 銀色女経一巻	北魏　仏陀扇多	◯(3)銀色女経一巻			◎
二五〇 阿闍世王受決経一巻	西晋　法炬	◯(4)阿闍世王受決経一巻			◎
二五一 採蓮違王上仏授決号妙華経一巻	東晋　曇無蘭				◎
二五二 正恭敬経一巻	北魏　仏陀扇多	◯(4)正恭敬経一巻			◎
二五三 善敬経一巻	隋　闍那崛多等	◯(21)善恭敬経一巻			◎
二五四 称讃大乗功徳経一巻	唐　玄奘	◯(4)称讃大乗功徳経一巻			◎
二五五 説妙法決定業障経一巻	唐　智厳	◯(3)妙法決定業障経一巻			◎
二五六 諫王経	宋　沮渠京声	◯(2)(25)諫王経一巻、一巻	(▼天平五年) 七−一一		◎
二五七 如来示教勝軍王経一巻	唐　玄奘	◯(2)如来示教勝軍経一巻			◎
二五八 仏為勝光天子説王法経一巻	唐　義浄	◯(2)仏為勝経一巻			

二五九 大方等修多羅王経一巻	北魏　菩提流支	○(2)大方等脩多経一巻			◎
二六〇 転有経一巻	北魏　仏陀扇多	○(2)転有経一巻			◎
二六一 文殊師利巡行経一巻	北魏　菩提流支	○(2)(6)文殊師利巡行一巻、一巻			◎
二六二 文殊尸利行経一巻	隋　闍那崛多等	○(2)文殊尸利行経一巻			◎
二六三 貝多樹下思惟十二因縁経一巻	呉　支謙	○(2)貝多樹下経一巻			◎
二六四 縁起聖道経一巻	唐　玄奘	○(2)縁起聖道経一巻			◎
二六五 稲芋経一巻	〈失　訳〉	○(2)稲芋経一巻			◎
二六六 了本生死経一巻	呉　支謙	○(2)本生死経一巻			◎
二六七 自誓三昧経一巻	後漢　安世高	○(2)自誓三昧経一巻			◎
二六八 如来独証自誓三昧経一巻	西晋　竺法護	○(2)如来独証三昧経一巻			◎
二六九 灌洗仏形像経一巻	西晋　法炬	○(2)灌仏経一巻			◎
二七〇 摩訶刹頭経一巻	西秦　聖堅	○(2)摩訶刹頭経一巻			
二七一 造立形像福報経一巻	〈失　訳〉				
二七二 作仏形像経一巻	〈失　訳〉	○(2)作仏形像経一巻			
二七三 龍施女経一巻	呉　支謙	○(2)龍施女経一巻			◎
二七四 龍施菩薩本起経一巻	西晋　竺法護	○(2)龍施菩薩本起経一巻			◎
二七五 八吉祥神呪経一巻	呉　支謙				◎
二七六 八陽神呪経一巻	西晋　竺法護	○(2)仏説八陽経一巻			◎
二七七 八吉祥経一巻	梁　僧伽婆羅	○(2)八吉祥経一巻			◎
二七八 八仏名号経一巻	隋　闍那崛多等	○(2)八仏名号経一巻			◎
二七九 盂蘭盆経一巻	西晋　竺法護	○(2)仏説盂蘭盆経一巻			◎
二八〇 報恩奉盆経一巻	〈失　訳〉	○(2)(24)報恩奉盆経一巻、一巻	(▼天平五年)　七―一七	禅院	
二八一 仏説浴像功徳経一巻	唐　宝思惟				
二八二 浴像功徳経一巻	唐　義浄	○(2)浴像功徳経一巻			◎
*二八三 校量数珠功徳経一巻	唐　宝思惟	○(2)持珠校量功徳経一巻			◎
*二八四 数珠功徳経一巻	唐　義浄	○(2)校量数経一巻			◎

*二八五 不空羂索神変真言経三〇巻	唐　菩提流志				
*二八六 不空羂索呪経一巻	隋　闍那崛多等	◯(6)不空羂索呪経一巻			◎
*二八七 不空羂索神呪心経一巻	唐　玄奘		天平八年　七—一—六		◎
*二八八 不空羂索陀羅尼自在王呪経三巻	唐　宝思惟	△(9)不空陀羅尼自在王呪上巻			◎
*二八九 不空羂索陀羅尼経一巻	唐　李無諂				
*二九〇 千眼千臂観世音菩薩陀羅尼神呪経二巻	唐　智通	◯(8)千眼千臂観世音菩薩陀羅尼神呪経二巻			◎
*二九一 千手千眼観世音菩薩姥陀羅尼神経一巻	唐　菩提流志				
*二九二 千手千眼観世音菩薩広大円満無礙大悲心陀羅尼経一巻	唐　伽梵達摩	◯(24)千手千眼観世音菩薩広大円満无礙大悲心陀羅尼経一巻	天平七年　七—一—一		
*二九三 観世音菩薩秘密蔵神呪経一巻	唐　実叉難陀				◎
*二九四 観世音菩薩如意摩尼陀羅尼経一巻	唐　宝思惟	◯(21)観世音菩薩如意摩尼一巻			◎
*二九五 観自在菩薩如意心陀羅尼呪経一巻	唐　義浄				◎
*二九六 如意輪陀羅尼経一巻	唐　菩提流志	◯(9)如意輪陀羅尼一巻			◎
*二九七 文殊師利根本一字陀羅尼経一巻	唐　宝思惟				
*二九八 曼殊室利菩薩呪蔵中一字呪王経一巻	唐　義浄	(2)曼殊室利呪蔵経一巻 ◯(21)一字呪王経一巻 (25)一字呪経一巻			◎
*二九九 十二仏名神呪経一巻	隋　闍那崛多等	◯(3)十二仏名神呪校量功徳除障滅罪経一巻			◎
*三〇〇 称讃如来功徳神呪経一巻	唐　義浄	◯(3)(25)称讃如来功徳神呪経一巻、一巻			◎
*三〇一 孔雀王呪経一巻	姚秦　鳩摩羅什				
*三〇二 大金色孔雀王呪経一巻	〈失訳〉	◯(9)大金色孔雀王呪経一巻			◎
*三〇三 仏説大金色孔雀王呪経一巻	〈失訳〉	◯(9)大金色孔雀王呪経一巻			◎
*三〇四 孔雀王呪経二巻	梁　僧伽婆羅	◯(7)孔雀王呪経二巻			◎
*三〇五 大孔雀王呪経三巻	唐　義浄	△(9)大孔雀王呪経二巻			◎
*三〇六 陀羅尼集経一二巻	唐　阿地瞿多	△(12)陀羅尼集経五巻(第一・四・五・六・一〇)			◎
*三〇七 十一面観世音神呪経一巻	北周　耶舎崛多	◯(24)十一面観世音神呪経一巻			◎

*三〇八 十一面神呪心経一巻	唐 玄奘	○(6)(16)十一面神呪心経（一巻）、一巻	（天平五年） 七–一九		◎
*三〇九 摩利支天経一巻	〈失 訳〉	○(19)摩利支天経一巻			◎
*三一〇 呪五首経一巻	唐 玄奘	○(4)呪五首（一巻）			◎
*三一一 千囀陀羅尼観世音菩薩呪経一巻	唐 智通				
*三一二 六字神呪経一巻	唐 菩提流志				
*三一三 七倶胝仏大心准提陀羅尼経一巻	唐 地婆訶羅	○(21)(25)七倶胝仏母心大准提陀羅尼経一巻、一巻	（天平五年） 七–八		◎
*三一四 七倶胝仏母准泥大明陀羅尼経一巻	唐 金剛智	○(21)(24)七倶胝仏母准泥大明陀羅尼一巻、一巻			◎
*三一五 観自在菩薩随心呪経一巻	唐 智通				
*三一六 種種雑呪経一巻	北周 闍那崛多	○(9)種々雑呪一巻			◎
*三一七 仏頂尊勝陀羅尼経一巻	唐 杜行顗	○(2)仏頂尊勝陀羅尼一巻			◎
*三一八 仏頂最勝陀羅尼経一巻	唐 地婆訶羅	○(2)仏頂勝陀羅尼一巻			
*三一九 仏頂尊勝陀羅尼経一巻	唐 仏陀波利	○(2)仏頂尊勝陀羅尼一巻			◎
*三二〇 最勝仏頂陀羅尼浄除業障経一巻	唐 地婆訶羅				◎
*三二一 仏頂尊勝陀羅尼経一巻	唐 義浄	○(2)仏頂尊勝陀羅尼経一巻			◎
*三二二 無量門微密持経一巻	呉 支謙	○(2)无量門微密持経一巻			◎
*三二三 出生無量門持経一巻	東晋 仏陀跋陀羅	○(2)出生无量門持経一巻			◎
*三二四 阿難陀目佉尼呵離陀経一巻	宋 求那跋陀羅	○(24)阿難陀目佉尼阿離陀経一巻			◎
*三二五 無量門破魔陀羅尼経一巻	宋 功徳直・玄暢	○(2)无量門破経一巻 (6)无量門破魔陀羅経一巻			◎
*三二六 阿難陀目佉尼訶離陀隣尼経一巻	北魏 仏陀扇多	○(2)阿難陀目佉尼訶経一巻			◎
*三二七 舎利弗陀羅尼経一巻	梁 僧伽婆羅	○(2)舎利弗陀羅尼経一巻			◎
*三二八 一向出生菩薩経一巻	隋 闍那崛多等	○(2)一向出生菩薩経一巻			◎
*三二九 出生無辺門陀羅尼経一巻	唐 智厳				
*三三〇 勝幢臂印陀羅尼経一巻	唐 玄奘	○(21)勝幢臂印陀羅尼一巻			

*三三一　妙臂印幢陀羅尼経一巻	唐　実叉難陀	○(2)妙臂印幢陀羅尼一巻			◎
*三三二　無崖際持法門経一巻	西秦　聖堅	○(4)無崖際持法門経一巻			◎
*三三三　尊勝菩薩所問一切法入無量門陀羅尼経一巻	北斉　万天懿	○(4)尊勝菩薩陀羅尼経一巻　(6)尊勝菩薩所問无量門陀羅尼経一巻			◎
*三三四　金剛上味陀羅尼経一巻	北魏　仏陀扇多	○(9)金剛上味陀羅尼一巻			◎
*三三五　金剛場陀羅尼経一巻	隋　闍那崛多等		天武天皇十四年　二四-一		◎
*三三六　師子奮迅菩薩所問経一巻	〈失　訳〉	○(11)師子奮迅菩薩所問経(一巻)			◎
*三三七　華聚陀羅尼呪経一巻	〈失　訳〉	○(4)華聚陀羅尼呪経一巻			◎
*三三八　華積陀羅尼神呪経一巻	呉　支謙	○(4)華積陀羅尼神経一巻			◎
*三三九　六字呪王経一巻	〈失　訳〉	○(24)六字呪王経一巻			
*三四〇　六字神呪王経一巻	〈失　訳〉	○(9)六字神呪王経一巻			◎
*三四一　虚空蔵菩薩問仏経一巻	〈失　訳〉			大寺	◎
*三四二　如来方便善巧呪経一巻	隋　闍那崛多等	○(4)如来方便善巧呪経(一巻)			◎
*三四三　持句神呪経一巻	呉　支謙				
*三四四　陀隣尼鉢経一巻	東晋　曇無蘭	○(3)陀隣尼鉢経一巻			◎
*三四五　東方最勝灯王如来経一巻	隋　闍那崛多等				◎
*三四六　善法方便陀羅尼経一巻	〈失　訳〉	○(4)善法方便陀羅尼(一巻)			◎
*三四七　金剛秘密善門陀羅尼経一巻	〈失　訳〉	○(21)金剛密秘善門陀羅尼一巻			◎
*三四八　護命法門神呪経一巻	唐　菩提流志	○(9)護命法門神呪経一巻			◎
*三四九　無垢浄光大陀羅尼経一巻	唐　弥陀山等	○(6)(21)无垢浄光大陀羅尼経一巻、一巻			◎
*三五〇　請観世音菩薩消伏毒害陀羅尼呪経一巻	東晋　竺難提	○(6)請観世音菩薩消伏毒害(一巻)		大寺	◎
三五一　内蔵百宝経一巻	後漢　支婁迦讖	○(2)内蔵百宝経一巻			◎
三五二　温室洗浴衆僧経一巻	後漢　安世高	○(2)温室洗浴経一巻			◎
三五三　須頼経一巻	前涼　支施崙	○(2)須頼経一巻			◎
三五四　私訶味経(菩薩道樹経)一巻	呉　支謙	○(2)私可三昧経一巻		大寺	◎
三五五　菩薩生地経一巻	呉　支謙	○(2)菩薩生地経一巻			◎

三五六	四不可得経一巻	西晋　竺法護	○(2)(25)四不可得経一巻、一巻			◎
三五七	梵女首意経一巻	西晋　竺法護	○(2)梵女首意経一巻			◎
三五八	成具光明定意経一巻	後漢　支曜	○(2)成具光明定意経一巻			◎
三五九	宝網経一巻	西晋　竺法護	○(2)宝網経一巻			◎
三六〇	菩薩行五十縁身経一巻	西晋　竺法護	○(2)菩薩行五十縁身経一巻			◎
三六一	菩薩修行経一巻	西晋　帛法祖	○(2)菩薩修行経一巻			◎
三六二	諸徳福田経一巻	西晋　法立・法炬	○(2)諸福田経一巻			◎
三六三	大方等如来蔵経一巻	東晋　仏陀跋陀羅	○(2)大方等如来蔵経一巻			◎
三六四	仏語経一巻	北魏　菩提流支	○(2)仏語経一巻			◎
三六五	金色王経一巻	北魏　瞿曇般若流支	○(2)金色王経一巻			◎
三六六	演道俗業経一巻	西秦　聖堅	○(2)寅道俗業経一巻			◎
三六七	百仏名経一巻	隋　那連提耶舎	○(2)百仏名経一巻			◎
三六八	称揚諸仏功徳経三巻	北魏　吉迦夜・曇曜	○(1)称揚諸仏功徳経三巻			◎
三六九	須真天子経三巻	西晋　竺法護	○(1)須真天子経三巻			◎
三七〇	摩訶摩耶経一巻	蕭斉　曇景	○(9)摩訶摩耶経一巻	天平三年　二四-一一		◎
三七一	除恐災患経一巻	西秦　聖堅				◎
三七二	孛経一巻	呉　支謙	○(25)仏説孛経一巻	(▼天平五年)　七-九		◎
三七三	観世音菩薩受記経一巻	宋　曇無竭		天平六年　二四-四五	大寺	◎
三七四	海龍王経四巻	西晋　竺法護	○(1)海龍王経四巻	天平七年　七-一一		◎
三七五	首楞厳三昧経三巻	姚秦　鳩摩羅什	○(1)首楞厳三昧経三巻			◎
三七六	観普賢菩薩行法経一巻	宋　曇摩蜜多			大寺	◎
*三七七	観薬王薬上二菩薩経一巻	宋　畺良耶舎	○(9)観薬王薬上二菩薩経一巻			◎
三七八	不思議光菩薩所問経一巻	姚秦　鳩摩羅什	○(5)不思議光菩薩経一巻		大寺	◎
三七九	十住断結経一〇巻	姚秦　竺仏念	○(23)十住断結経一〇巻	(天平五年)　七-七		◎
三八〇	諸仏要集経二巻	西秦　竺法護	○(1)諸仏要集経二巻			◎
三八一	未曾有因縁経二巻	蕭斉　曇景	○(1)未曾有因縁経二巻			◎

三八二 菩薩瓔珞経一二巻(一四巻)	姚秦　竺仏念	○(23)菩薩瓔珞経一四巻	(天平五年)　七-七		◎
三八三 超日明三昧経二巻	西晋　聶承遠	○(1)仏説超日明経二巻			◎
三八四 賢劫経一三巻	西晋　竺法護	○(25)賢劫経一三巻	(天平五年)　七-六		◎
*三八五 大法炬陀羅尼経二〇巻	隋　闍那崛多等	○(23)大法炬陀羅尼経二〇巻	天平四~五年　一-四七六		◎
*三八六 大威徳陀羅尼経二〇巻	隋　闍那崛多等	○(23)大威徳陀羅尼経二〇巻	天平四~五年　一-四七六		◎
三八七 仏名経一二巻	北魏　菩提流支	○(12)(21)仏名経九巻、三巻	(天平五年)　七-八		◎
三八八 三劫三千仏名経三巻	〈失　訳〉	△(7)三千三劫仏名経二巻			◎
三八九 五千五百仏名経八巻	隋　闍那崛多等	○(6)五千五百仏名経八巻			◎
三九〇 不思議功徳諸仏所護念経二巻	魏　〈失　訳〉	○(9)不思議功徳諸仏所護念経二巻			◎
三九一 華手経一三巻	姚秦　鳩摩羅什	○(23)華手経一五巻	天平四~五年　一-四七六		◎
三九二 大方等陀羅尼経四巻	北涼　法衆				◎
三九三 僧伽吒経四巻	北魏　月婆首那	○(1)僧伽宅経四巻	□天平六年　二四-四二		◎
三九四 力荘厳三昧経三巻	隋　那連提耶舎				◎
三九五 大方広円覚修多羅了義経一巻	唐　仏陀多羅	○(2)大方円広覚経一巻			◎
三九六 観仏三昧海経一〇巻	東晋　仏陀跋陀羅	○(8)観仏三昧経一〇巻	天平七年　七-三九		◎
三九七 大方便仏報恩経七巻(一〇巻)	〈失　訳〉	○(1)報恩経七巻			◎
三九八 菩薩本行経三巻	〈失　訳〉	○(1)(9)菩薩本行経三巻、三巻			◎
三九九 法集経六巻	北魏　菩提流支				◎
四〇〇 観察諸法行経四巻	隋　闍那崛多等				◎
四〇一 菩薩処胎経五巻	姚秦　竺仏念				◎
四〇二 弘道広顕三昧経四巻	西晋　竺法護				◎
四〇三 施灯功徳経一巻	北斉　那連提耶舎			大寺	◎
四〇四 央崛魔羅経四巻	宋　求那跋陀羅	○(9)央掘魔羅経四巻			◎
四〇五 無所有菩薩経四巻	隋　闍那崛多等	○(1)無所有菩薩経四巻			◎
四〇六 明度五十校計経二巻	後漢　安世高				◎
四〇七 中陰経二巻	姚秦　竺仏念				◎

四〇八 大法鼓経二巻	宋　求那跋陀羅				◎
四〇九 文殊師利問経二巻	梁　僧伽婆羅	○(25)文殊師利問経二巻			◎
四一〇 月上女経二巻	隋　闍那崛多等				◎
四一一 大方広如来秘密蔵経二巻	〈失　訳〉				◎
四一二 大乗密厳経三巻	唐　地婆訶羅	○(3)大乗蜜厳経三巻			◎
四一三 占察善悪業報経二巻	（年代不明）　菩提登	○(6)占察善悪業報経二巻			◎
四一四 蓮華面経二巻	隋　那連提耶舎	○(1)蓮華面経二巻			◎
四一五 文殊師利問菩薩署経一巻	後漢　支婁迦讖	○(2)文殊師利問菩薩署経一巻			◎
四一六 大乗造像功徳経二巻	唐　提雲般若	○(1)大乗造像功徳経二巻			◎
*四一七 広大宝楼閣善住秘密陀羅尼経三巻	唐　菩提流志	○(9)広大宝楼閣陀羅尼経三巻			◎
*四一八 一字仏頂輪王経（五仏頂経）五巻	唐　菩提流志				◎
*四一九 大陀羅尼末法中一字心呪経一巻	唐　宝思惟	○(9)大陀羅尼末法中一字呪経一巻			◎
*四二〇 大仏頂如来密因修証了義諸菩薩万行首楞厳経一〇巻	唐　懐迪・梵僧		天平八年　七-一五		
*四二一 大毘盧遮那成仏神変加持経（大日経）七巻	唐　輪波迦羅（善無畏）・一行	△(12)(19)大毗盧遮那経三巻、三巻			◎
*四二二 蘇婆呼童子経三巻（二巻）	唐　輪波迦羅（善無畏）	○(3)蘇磨呼童子経二巻			◎
*四二三 蘇悉地羯羅経三巻	唐　輪波迦羅（善無畏）	○(20)蘇悉地経三巻			◎
*四二四 牟梨曼陀羅呪経一巻	〈失　訳〉	○(21)牟梨曼陀羅呪一巻			◎
*四二五 金剛頂瑜伽中略出念誦法四巻	唐　金剛智	○(20)金剛頂瑜伽中略出念誦経四巻			◎
*四二六 七仏諸説神呪経四巻	晋　〈失　訳〉	○(6)七仏諸説神呪経四巻			◎
*四二七 大吉義神呪経二巻	北魏　曇曜	（○）(6)大吉義呪（二巻?・）			◎
*四二八 文殊師利宝蔵陀羅尼経一巻	唐　菩提流志				
*四二九 金剛光焔止風雨陀羅尼経一巻	唐　菩提流志				
*四三〇 阿吒婆拘鬼神大将上仏陀羅尼経一巻	〈失　訳〉				
*四三一 阿弥陀鼓音声王陀羅尼経一巻	〈失　訳〉	○(5)阿弥陀鼓音声王陀羅尼一巻			◎

*四三二 大普賢陀羅尼経一巻	〈失訳〉		○(5)大普賢陀羅尼一巻			◎
*四三三 大七宝陀羅尼経一巻	〈失訳〉		○(5)(6)大七宝陀羅尼一巻、一巻			◎
*四三四 六字大陀羅尼呪経一巻	〈失訳〉					
*四三五 安宅神呪経一巻	後漢	〈失訳〉	○(25)安宅神呪経一巻	（▼天平五年） 七-一八		◎
*四三六 摩尼羅亶経一巻	東晋	曇無蘭	○(3)摩尼羅亶経一巻			◎
*四三七 玄師颰陀所説神呪経一巻	東晋	曇無蘭	○(7)玄師颰陀所説神呪経一巻			◎
*四三八 護諸童子陀羅尼呪経一巻	北魏	菩提流支				◎
*四三九 諸仏心陀羅尼経一巻	唐	玄奘	○(13)(20)諸仏心陀羅尼一巻、一品			◎
*四四〇 抜済苦難陀羅尼経一巻	唐	玄奘	○(7)抜済苦難陀羅尼経一巻			◎
*四四一 八名普密陀羅尼経一巻	唐	玄奘	○(5)八名普蜜陀羅尼一巻	（天平五年） 七-八		◎
*四四二 持世陀羅尼経一巻	唐	玄奘	○(2)持世陀羅尼経一巻			◎
*四四三 六門陀羅尼経一巻	唐	玄奘	○(5)六門陀羅尼経一巻			◎
*四四四 清浄観世音普賢陀羅尼経一巻	唐	智通	○(20)浄清観世音菩薩普賢陀羅尼経一巻			◎
*四四五 智炬陀羅尼経一巻	唐	提雲般若	○(3)智炬陀羅尼経一巻			◎
*四四六 諸仏集会陀羅尼経一巻	唐	提雲般若	○(3)諸仏集会陀羅尼経一巻			◎
*四四七 随求即得大自在陀羅尼神呪経一巻	唐	宝思惟		天平五年 七-二〇		◎
*四四八 百千印陀羅尼経一巻	唐	実叉難陀	○(5)百千印陀羅尼一巻			◎
*四四九 救面燃餓鬼陀羅尼神呪経一巻	唐	実叉難陀	○(5)救面然餓鬼陀羅尼一巻			◎
*四五〇 荘厳王陀羅尼経一巻	唐	義浄	○(9)荘厳王陀羅尼経一巻			◎
*四五一 香王菩薩陀羅尼呪経一巻	唐	義浄	○(7)香王菩薩陀羅呪一巻			◎
*四五二 一切功徳荘厳王経一巻	唐	義浄	○(2)一切功徳荘厳経一巻			◎
*四五三 抜除罪障呪王経一巻	唐	義浄	○(7)抜除罪障呪王経一巻			◎
*四五四 善夜経	唐	義浄	○(3)善夜経一巻			◎
*四五五 虚空蔵菩薩能満諸願最勝心陀羅尼求聞持法一巻	唐	輪波迦羅（善無畏）	○(21)虚空蔵菩薩能満諸願最勝心陀羅尼一巻 (25)虚空蔵菩薩能満諸願最勝陀羅尼求聞持法一巻			◎

*四五六 金剛頂経曼殊室利菩薩五字心陀羅尼品一巻	唐　金剛智	○(2)金剛頂経一巻			◎
*四五七 観自在如意輪菩薩瑜伽法要一巻	唐　金剛智	○(21)観自在如意輪菩薩瑜伽法要一巻			◎
四五八 仏地経一巻	唐　玄奘	○(5)仏地経一巻			◎
四五九 仏垂般涅槃略説教誡経一巻	姚秦　鳩摩羅什		(▼天平五年)七―一〇		◎
四六〇 出世菩提心経一巻	隋　闍那崛多等	○(2)出世菩提心経一巻			◎
四六一 仏印三昧経一巻	後漢　安世高	○(5)仏印三昧経一巻			◎
四六二 文殊師利般涅槃経一巻	西晋　聶道真	○(7)文殊師利般涅槃経一巻		大寺	◎
四六三 異出菩薩本起経一巻	西晋　聶道真	○(3)異出菩薩本起経一巻			◎
四六四 千仏因縁経一巻	姚秦　鳩摩羅什	○(6)千仏因縁経一巻			◎
四六五 賢首経一巻	西秦　聖堅	○(5)賢首経一巻			◎
四六六 月明菩薩経一巻	呉　支謙	○(6)月明菩薩経一巻			◎
四六七 心明経一巻	西晋　竺法護	○(5)心明経一巻			◎
四六八 滅十方冥経	西晋　竺法護			大寺	◎
四六九 鹿母経一巻	西晋　竺法護	○(19)鹿母子経一巻			◎
四七〇 魔逆経一巻	西晋　竺法護	○(6)魔逆経一巻			◎
四七一 徳光太子経一巻	西晋　竺法護	○(5)徳光太子経一巻			◎
四七二 大意経一巻	宋　求那跋陀羅	○(5)大意経一巻			◎
四七三 堅固女経一巻	隋　那連提耶舎	○(5)堅固女経一巻			◎
四七四 商主天子所問経一巻	隋　闍那崛多等	○(2)商主天子所問経一巻			◎
四七五 諸法最上王経一巻	隋　闍那崛多等	○(6)諸法最上王経一巻			◎
四七六 師子荘厳王菩薩請問経	唐　那提				◎
四七七 離垢慧菩薩所問礼仏法経一巻	唐　那提	○(3)(25)離垢慧菩薩所問礼仏経一巻、一巻			◎
四七八 受持七仏名号所生功徳一巻	唐　玄奘	○(5)受持七仏名号所生功経一巻			◎
四七九 仏臨涅槃記法住経一巻	唐　玄奘	○(11)(25)仏臨涅槃記法住経(一巻)、一巻			◎
四八〇 寂照神変三摩地経一巻	唐　玄奘	○(2)(6)寂照神変三摩地経一巻、一巻			◎

四八一 差摩婆帝受記経一巻	北魏 菩提流支	○(5)(6)差摩婆帝受記経一巻、一巻			◎
四八二 不増不減経一巻	北魏 菩提流支				◎
四八三 造塔功徳経一巻	唐 地婆訶羅	○(7)造塔功徳経一巻			◎
四八四 右繞仏塔功徳経一巻	唐 実叉難陀	○(5)右繞仏塔功徳経一巻			◎
四八五 大乗四法経一巻	唐 実叉難陀	○(3)※大乗四法経一巻、一巻(二四四参照)			
四八六 有徳女所問大乗経一巻	唐 菩提流志	○(3)有徳女所問大乗経一巻			◎
四八七 大乗流転諸有経一巻	唐 義浄	○(3)大乗流転諸有経一巻			◎
四八八 妙色王因縁経一巻	唐 義浄	○(3)妙色王因縁経一巻			◎
四八九 仏為海龍王説法印経一巻	唐 義浄	○(3)(6)海龍王説法印経一巻、一巻			◎
四九〇 師子素駄娑王断肉経一巻	唐 智厳	○(3)師子素駄娑王断宍経一巻			◎
四九一 般泥洹後灌臘経一巻	西晋 竺法護	○(2)般泥洹後灌臘経一巻			◎
四九二 八部仏名経一巻	北魏 瞿曇般若流支	○(2)八部仏名一巻			◎
四九三 菩薩内習六波羅蜜経一巻	後漢 厳仏調	○(3)菩薩内習六波羅蜜経一巻			◎
四九四 菩薩投身餓虎起塔因縁経一巻	北涼 法盛	○(2)菩薩投身経一巻			◎
四九五 金剛三昧本性清浄不壊不滅経一巻	〈失訳〉	○(5)金剛三昧本性清浄経一巻			◎
四九六 師子月仏本生経一巻	〈失訳〉	○(2)師子月仏経一巻			◎
四九七 長者法志妻経一巻	〈失訳〉	○(2)長者法志妻経一巻			◎
四九八 薩羅国経一巻	〈失訳〉	○(25)薩羅国経一巻	(▼天平五年) 七―一二		◎
四九九 十吉祥経一巻	〈失訳〉				◎
五〇〇 長者女菴提遮師子吼了義経一巻	〈失訳〉	○(2)長者女菴提経一巻 (6)長者女菴孔経一巻			◎
五〇一 一切智光明仙人慈心因縁不食肉経一巻	〈失訳〉	○(2)一切智光明経一巻			◎
五〇二 金剛三昧経二巻	北涼〈失訳〉	○(6)(25)金剛三昧経一巻、二巻			◎
五〇三 法滅尽経一巻	〈失訳〉	○(3)滅法尽経一巻			◎
五〇四 甚深大廻向経一巻	〈失訳〉	○(5)甚深大廻経一巻 (25)甚深大廻向経一巻			◎

経典名・巻数	訳出年代・訳者	玄昉経（( )内の数字は借請順。○は全巻、△は部分借請）	天平八年以前の書写（『大日本古文書』）	備考	目録
五〇五　天王太子辟羅経一巻	〈失　訳〉	○(2)天王太子経一巻			◎
五〇六　優婆夷浄行法門経二巻	〈失　訳〉				◎
五〇七　八大人覚経一巻	後漢　安世高	○(2)八大人覚経一巻			◎
五〇八　三品弟子経一巻	呉　支謙	○(25)三品弟子経一巻	(▼天平五年)　七－一三		◎
五〇九　四輩経一巻	西晋　竺法護	○(2)(25)四輩経一巻、一巻	(▼天平五年)　七－一三		◎
五一〇　当来変経一巻	西晋　竺法護	○(2)当来変経一巻			◎
五一一　過去仏分衛経一巻	西晋　竺法護	○(3)過世仏分衛経一巻			◎
五一二　十二頭陀経一巻	宋　求那跋陀羅	○(2)十二頭陀経一巻			◎
五一三　樹提伽経一巻	宋　求那跋陀羅	○(5)樹提伽経一巻			◎
五一四　長寿王経一巻	〈失　訳〉	○(11)(25)長寿王経一巻、一巻	(▼天平五年)　七－一六		◎
五一五　法常住経一巻	〈失　訳〉	○(25)法常住経一巻	(▼天平五年)　七－一五		◎
〔大乗律〕『開元釈教録』巻一九・二〇					
五一六　菩薩地持経一〇巻	北涼　曇無讖	○(20)菩薩地持論一〇巻			◎
五一七　菩薩善戒経九巻	宋　求那跋摩等				◎
五一八　浄業障経一巻	〈失　訳〉	○(3)浄業障経一巻			◎
五一九　優婆塞戒経七巻（一〇巻）	北涼　曇無讖	○(1)優婆塞戒経一〇巻			◎
五二〇　梵網経二巻	姚秦　鳩摩羅什		(天平五年)　七－一九		◎
五二一　受十善戒経一巻	後漢〈失　訳〉	○(8)受十善戒経一巻			◎
五二二　菩薩瓔珞本業経二巻	姚秦　竺仏念				◎
五二三　仏蔵経四巻	姚秦　鳩摩羅什	○(5)仏蔵経四巻			◎
五二四　菩薩戒本一巻	北涼　曇無讖			禅院	◎
五二五　菩薩戒本一巻	唐　玄奘				
五二六　菩薩戒羯磨文一巻	唐　玄奘	○(6)菩薩戒羯磨文（一巻）			◎
五二七　菩薩善戒経一巻	宋　求那跋摩	○(19)菩薩善戒経一巻			◎

五二八　菩薩内戒経一巻	宋　求那跋摩	○(6)菩薩内戒経一巻		大寺	◎
五二九　優婆塞五戒威儀経一巻	宋　求那跋摩	○(16)優婆塞五戒法一巻			◎
五三〇　文殊師利浄律経一巻	西晋　竺法護	○(2)文殊師利浄律経一巻			◎
五三一　清浄毘尼方広経一巻	姚秦　鳩摩羅什	○(2)清浄毗尼経一巻			◎
五三二　寂調音所問経一巻	宋　法海	○(2)(6)寂調音所問経一巻、一巻			◎
五三三　大乗三聚懺悔経一巻	隋　闍那崛多等	○(2)大乗三聚経一巻			◎
五三四　菩薩五法懺悔文一巻	〈失　訳〉				◎
五三五　菩薩蔵経一巻	梁　僧伽婆羅	○(2)菩薩蔵経一巻			◎
五三六　三曼陀颰陀羅菩薩経一巻	西晋　聶道真	○(2)三曼陀颰陀羅菩薩経一巻			◎
五三七　菩薩受斎経一巻	西晋　聶道真				◎
五三八　文殊悔過経一巻	西晋　竺法護	○(2)文殊悔過経一巻			◎
五三九　舎利弗悔過経一巻	後漢　安世高				◎
五四〇　法律三昧経一巻	呉　支謙	○(2)法律三昧経一巻			◎
五四一　十善業道経一巻	唐　実叉難陀	○(2)十善業道経一巻			◎

〔大乗論〕

『開元釈教録』巻一九・二〇 経典名・巻数	訳出年代・訳者	玄　昉　経 （）内の数字は借請順。○は全巻、△は部分借請）	天平八年以前の書写 （『大日本古文書』）	備考	目録
五四二　大智度論一〇〇巻	姚秦　鳩摩羅什	○(24)大智度論一〇〇巻	天平六年　二四-四四		◎
五四三　十地経論一二巻	北魏　菩提流支	○(21)十地論一二巻			◎
五四四　弥勒菩薩所問経論五巻（六巻）	北魏　菩提流支	○(14)弥勒菩薩所問論六巻			◎
五四五　大乗宝積経論四巻	北魏　菩提流支	○(3)※大乗宝積経論四巻、二巻			◎
五四六　宝髻菩薩四法経論一巻	北魏　毘目智仙等				◎
五四七　仏地経論七巻	唐　玄奘				◎
五四八　金剛般若論二巻	隋　達摩笈多	○(9)金剛般若論二巻			
五四九　能断金剛般若波羅蜜多経論頌一巻	唐　義浄	○(9)能断金剛般若論頌一巻			◎
五五〇　金剛般若波羅蜜経論	北魏　菩提流支				◎

五五一 能断金剛般若波羅蜜多経論釈三巻	唐 義浄	◯(3)能断金剛般若経論三巻			◎
五五二 金剛般若波羅蜜経破取著不壊仮名論二巻	唐 地婆訶羅				
五五三 文殊師利菩薩問菩提経論二巻	北魏 菩提流支	△(9)文殊師利問菩提経論一巻			◎
五五四 妙法蓮華経論一巻	北魏 勒那摩提・僧朗	◯(3)(17)妙法蓮華経論上巻、一巻			◎
五五五 法華経論二巻	北魏 菩提流支・曇林	△(3)法華経論一巻			◎
五五六 勝思惟梵天所問経論四巻(三巻)	北魏 菩提流支	◯(3)勝思惟梵天所問経論四巻			◎
五五七 涅槃論一巻	(年代不明) 達磨菩提	◯(3)涅槃論一巻			◎
五五八 涅槃経本有今無偈論一巻	梁 真諦	◯(3)涅槃経本有今無偈論一巻			◎
五五九 遺教経論一巻	陳 真諦	◯(3)遺教経論一巻			◎
五六〇 無量寿経論一巻	北魏 菩提流支	◯(3)無量寿経論一巻			◎
五六一 三具足経論一巻	北魏 毘目智仙等	◯(3)三具足翻訳記経論一巻			◎
五六二 転法輪経論一巻	北魏 毘目智仙等	◯(3)転法輪経論一巻			◎
五六三 瑜伽師地論一〇〇巻	唐 玄奘		天平七年 七―三九		◎
五六四 顕揚聖教論二〇巻	唐 玄奘	◯(14)顕揚聖教論一〇巻 (20)顕揚論一〇巻			◎
五六五 瑜伽師地論釈一巻	唐 玄奘	◯(21)瑜伽師地論釈一巻			◎
五六六 顕揚聖教論頌一巻	唐 玄奘				
五六七 王法正理論一巻	唐 玄奘				
五六八 大乗阿毘達磨集論七巻	唐 玄奘	◯(21)阿毗達磨集論七巻			◎
五六九 大乗阿毘達磨雑集論一六巻	唐 玄奘	◯(21)大乗雑集論一六巻	神亀五年 一―三八一		◎
五七〇 中論四巻	姚秦 鳩摩羅什	△(22)中論二巻		禅院	◎
五七一 般若灯論釈一五巻	唐 波羅頗蜜多羅	◯(21)般若灯論一五巻			◎
五七二 十二門論一巻	姚秦 鳩摩羅什	◯(3)十二門論品目一巻			◎
五七三 十八空論一巻	陳 真諦	◯(3)十八空論一巻			◎
五七四 百論二巻	姚秦 鳩摩羅什	◯(3)(6)(28)百論一巻、一巻、上巻			◎

五七五 広百論本一巻	唐	玄奘	○(3)広百論本一巻			◎
五七六 大乗広百論釈論一〇巻	唐	玄奘	○(13)広百論一部一〇巻			◎
五七七 十住毘婆沙論一四巻	姚秦	鳩摩羅什	○(14)十住毗沙論一四巻		禅院	◎
五七八 菩提資糧論六巻	隋	達摩笈多	○(13)菩提資粮論六巻			◎
五七九 大乗荘厳経論一三巻	唐	波羅頗蜜多羅	○(17)大荘厳経論一三巻			◎
五八〇 大荘厳論経一五巻(一〇巻)	姚秦	鳩摩羅什	○(14)大荘厳論一〇巻			◎
五八一 順中論二巻	北魏	瞿曇般若流支	○(3)順中論二巻			◎
五八二 摂大乗論三巻	陳	真諦	○(3)(21)摂大乗論三巻、三巻			◎
五八三 摂大乗論二巻	北魏	仏陀扇多				◎
五八四 摂大乗論本三巻	唐	玄奘	○(17)摂大乗論本三巻			◎
五八五 摂大乗論釈一五巻	陳	真諦	○(14)摂大乗論釈一五巻			◎
五八六 摂大乗論釈論一〇巻	隋	達摩笈多	○(21)摂大乗論釈論一〇巻			◎
五八七 摂大乗論釈一〇巻(世親)	唐	玄奘	(○)(16)摂大乗論一〇巻? or (21)摂大乗釈論八巻?			◎
五八八 摂大乗論釈一〇巻(無性)	唐	玄奘	(○)(16)摂大乗論一〇巻? or (21)摂大乗釈論八巻?			◎
五八九 仏性論四巻	陳	真諦				◎
五九〇 決定蔵論三巻	梁	真諦	○(3)決定蔵論三巻			◎
五九一 弁中辺論頌一巻	唐	玄奘				
五九二 中辺分別論二巻	陳	真諦	○(3)中辺分別論二巻			◎
五九三 弁中辺論三巻	唐	玄奘	○(22)弁中辺論三巻	神亀五年　一-三八一		◎
五九四 究竟一乗宝性論四巻	北魏	勒那摩提				
五九五 業成就論一巻	北魏	毘目智仙等	○(13)業成就論一巻			◎
五九六 大乗成業論一巻	唐	玄奘	○(3)大乗成業論一巻			◎
五九七 因明正理門論本一巻	唐	玄奘				
五九八 因明正理門論一巻	唐	義浄	○(6)(24)因明正理門論一巻、一巻	天平七年　七-一三		◎
五九九 因明入正理論一巻	唐	玄奘	○(6)因明入正論(一巻)			◎
六〇〇 顕識論一巻	陳	真諦	○(14)顕識論一巻			◎

六〇一 転識論一巻	陳 真諦	◯⒁転識論一巻			◎
六〇二 唯識論一巻	北魏 瞿曇般若流支	◯⑶大乗唯識論一巻 or (21)唯識論一巻	神亀五年 一-三八一		◎
六〇三 唯識論一巻	陳 真諦	◯⑶大乗唯識論一巻 or (21)唯識論一巻			◎
六〇四 唯識宝生論五巻	唐 義浄	◯(22)唯識宝生論五巻			◎
六〇五 唯識三十論一巻	唐 玄奘				
六〇六 唯識二十論一巻	唐 玄奘				
六〇七 成唯識論一〇巻	唐 玄奘				◎
六〇八 大丈夫論二巻	北涼 道泰	◯⑶⑹大丈夫論二巻、一巻			◎
六〇九 入大乗論二巻	北涼 道泰	◯⑶入大乗論二巻			◎
六一〇 大乗掌珍論二巻	唐 玄奘	◯⑶大乗掌弥論二巻			◎
六一一 大乗五蘊論一巻	唐 玄奘	◯⒀大乗五蘊論一巻	天平七年 七-一二三		◎
六一二 大乗広五蘊論一巻	唐 地婆訶羅	◯⑶大乗広五蘊論一巻			◎
六一三 宝行王正論一巻	陳 真諦	◯⒁宝行王正論一巻			◎
六一四 大乗起信論一巻	梁 真諦	◯⒀起信論一巻			◎
六一五 大乗起信論二巻	唐 実叉難陀	◯⑶大乗起信論二巻			◎
六一六 発菩提心論(経)二巻	姚秦 鳩摩羅什	◯⑶⑹発菩提心経二巻、一巻			◎
六一七 三無性論二巻	陳 真諦	◯⑶三無荘論二巻			◎
六一八 方便心論一巻	北魏 吉迦夜・曇曜	◯⑶方便心論一巻			◎
六一九 如実論一巻	梁 真諦	(◯)⒁如宝論一巻？			◎
六二〇 無相思塵論一巻	陳 真諦	◯⑶无相思塵論一巻			◎
六二一 観所縁論一巻	唐 玄奘				
六二二 観所縁論釈一巻	唐 義浄				
六二三 廻諍論一巻	北魏 毘目智仙等	◯⑶廻諍論一巻			◎
六二四 縁生論一巻	隋 達摩笈多	◯⑶縁生論一巻			◎
六二五 十二因縁論一巻	北魏 菩提流支	◯(21)十二因縁論一巻			◎
六二六 一輪盧迦論一巻	北魏 瞿曇般若流支	◯⒁壱輪盧迦論一巻			◎

『開元釈教録』巻一九・二〇 経典名・巻数（＊印は秘密部）	訳出年代・訳者	玄昉経（( )内の数字は借請順。○は全巻、△は部分借請）	天平八年以前の書写（『大日本古文書』）	備考	目録
六二七 大乗百法明門論一巻	唐　玄奘	○(13)大乗百法明門論一巻	□天平六年　二四-四三		◎
六二八 百字論一巻	北魏　菩提流支	○(6)百字論一巻			◎
六二九 解挙（捲）論一巻	陳　真諦	○(3)解捲論一巻			◎
六三〇 掌中論一巻	唐　義浄	○(3)掌中論一巻			◎
六三一 取因仮設論一巻	唐　義浄	○(3)取因仮設論一巻			◎
六三二 観総相論頌一巻	唐　義浄	○(6)(25)観総相論頌一巻、一巻			◎
六三三 止観門論頌一巻	唐　義浄	○(3)止観門論頌（一巻）			◎
六三四 手杖論一巻	唐　義浄	○(3)手杖論一巻			◎
六三五 六門教授習定論一巻	唐　義浄	○(3)六門教授習定論一巻			◎
六三六 大乗法界無差別論一巻	唐　提雲般若	○(3)大乗法界無差別論一巻			◎
六三七 破外道小乗四宗論一巻	北魏　菩提流支	○(6)破外道小乗四宗論（一巻）			◎
六三八 破外道小乗涅槃論一巻	北魏　菩提流支	○(13)破外道小乗涅槃論一巻			◎
〔小乗経〕					
六三九 長阿含経二二巻	姚秦　仏陀耶舎・竺仏念	△(10)長阿含経二巻（第二一、第二二）			
六四〇 中阿含経六〇巻	東晋　瞿曇僧伽提婆	△(10)中阿含経第一帙一〇巻	（▼天平五年）七-一八		
六四一 増壱阿含経五一巻	東晋　瞿曇僧伽提婆	△(6)(7)増壱阿鋡経第二帙一〇巻、第四帙一〇巻 (9)曾壱阿含第一帙一〇巻			
六四二 雑阿含経五〇巻	宋　求那跋陀羅	△(10)雑阿含経二巻（第五、第一〇）	（▼天平五年）七-一八		
六四三 別訳雑阿含経二〇巻	〈失　訳〉				
六四四 仏般泥洹経二巻	西晋　白法祖				
六四五 大般涅槃経三巻	東晋　法顕				
六四六 般泥洹経二巻	〈失　訳〉			禅院	
六四七 人本欲生経一巻	後漢　安世高				

六四八 尸迦羅越六向拝経一巻	後漢　安世高		(▼天平五年)　七—一六		
六四九 梵志阿颰経一巻	呉　支謙				
六五〇 梵網六十二見経一巻	呉　支謙				
六五一 寂志果経一巻	東晋　曇無蘭				
六五二 起世経一巻	隋　闍那崛多等				
六五三 起世因本経一〇巻	隋　達摩笈多				
六五四 楼炭経六巻	西晋　法立・法炬				
六五五 長阿含十報法経二巻	後漢　安世高				
六五六 中本起経二巻	後漢　曇果・康孟詳		(▼天平五年)　七—一六		
六五七 七知経一巻	呉　支謙				
六五八 鹹水喩経一巻	〈失　訳〉	○(20)鹹水喩経一巻			
六五九 一切流摂守因経一巻	後漢　安世高		(▼天平五年)　七—九		
六六〇 四諦経一巻	後漢　安世高		(▼天平五年)　七—九		
六六一 恒水経一巻	西晋　法炬		(▼天平五年)　七—一一		
六六二 本相倚致経一巻	後漢　安世高		(▼天平五年)　七—一三		
六六三 縁本致経一巻	〈失　訳〉			禅院	
六六四 頂生王故事経一巻	西晋　法炬		(▼天平五年)　七—一七		
六六五 文陀竭王経一巻	北涼　曇無讖			禅院	
六六六 閻羅王五天使者経一巻	宋　慧簡				
六六七 鉄城泥犂経一巻	東晋　曇無蘭				
六六八 古来世時経一巻	〈失　訳〉		(▼天平五年)　七—一六		
六六九 阿那律八念経一巻	後漢　支曜		(▼天平五年)　七—一七		
六七〇 離睡経一巻	西晋　竺法護				
六七一 是法非法経一巻	後漢　安世高			禅院	
六七二 求欲経一巻	西晋　法炬		(▼天平五年)　七—一八		
六七三 受歳経一巻	西晋　竺法護				

六七四 梵志計水浄経一巻	〈失　訳〉				
六七五 苦陰経一巻	〈失　訳〉				
六七六 釈摩男本経一巻	呉　支謙			禅院	
六七七 苦陰因事経一巻	西晋　法炬				
六七八 楽想経一巻	西晋　竺法護				
六七九 漏分布経一巻	後漢　安世高		(▼天平五年)　七－一七		
六八〇 阿耨風経一巻	東晋　曇無讖				
六八一 諸法本経一巻	呉　支謙		(▼天平五年)　七－一八		
六八二 瞿曇弥記果経一巻	宋　慧蘭		(▼天平五年)　七－一八		
六八三 瞻婆比丘経一巻	西晋　法炬				
六八四 伏婬経一巻	西晋　法炬				
六八五 魔嬈乱経一巻	〈失　訳〉			禅院	
六八六 弊魔試目連経一巻	呉　支謙		(▼天平五年)　七－九		
六八七 頼吒和羅経一巻	呉　支謙				
六八八 善生子経一巻	西晋　支法度				
六八九 数経一巻	西晋　法炬				
六九〇 梵志頞羅延問尊重経一巻	東晋　曇無蘭				
六九一 三帰五戒慈心厭離功徳経一巻	〈失　訳〉				
六九二 須達経一巻	蕭斉　求那毘地				
六九三 仏為黄竹園老婆羅門説学経一巻	〈失　訳〉				
六九四 梵摩喩経一巻	呉　支謙				
六九五 尊上経一巻	西晋　竺法護				
六九六 鸚鵡経一巻	宋　求那跋陀羅				
六九七 兜調経一巻	〈失　訳〉				
六九八 意経一巻	西晋　竺法護				
六九九 応法経一巻	西晋　竺法護				

七〇〇 泥犁経一巻	東晋　曇無蘭		（▼天平五年）七-九		
七〇一 優婆夷堕舎迦経一巻	〈失　訳〉				
七〇二 斎経一巻	呉　支謙			禅院	
七〇三 鞞摩粛経一巻	宋　求那跋陀羅				
七〇四 婆羅門子命終愛念不離経一巻	後漢　安世高				
七〇五 十支居士八城人経一巻	後漢　安世高	○(20)十支居士経一巻			
七〇六 邪見経一巻	〈失　訳〉				
七〇七 箭喩経一巻	〈失　訳〉				
七〇八 普法義経一巻	後漢　安世高				
七〇九 広義法門経一巻	陳　真諦				
七一〇 戒徳香経一巻	東晋　曇無蘭		（▼天平五年）七-一七		
七一一 四人出現世間経一巻	宋　求那跋陀羅				
七一二 波斯匿王太后崩塵土坌身経一巻	西晋　法炬				
七一三 須摩提女経一巻	呉　支謙			禅院	
七一四 婆羅門避死経一巻	後漢　安世高				
七一五 施食獲五福報経一巻	〈失　訳〉				
七一六 頻毘婆羅王詣仏供養経一巻	西晋　法炬				
七一七 長者子六過出家経一巻	宋　慧簡				
七一八 鴦崛摩経一巻	西晋　竺法護				
七一九 鴦崛鬘経一巻	西晋　法炬				
七二〇 力士移山経一巻	西晋　竺法護				
七二一 四未曾有法経一巻	西晋　竺法護				
七二二 舎利弗摩訶目揵連遊四衢経一巻	後漢　康孟詳		（▼天平五年）七-一四		
七二三 七仏父母姓字経一巻	魏　〈失　訳〉				
七二四 放牛経一巻	姚秦　鳩摩羅什				

七二五 縁起経一巻	唐　玄奘	○(3)十二縁起経一巻 (21)縁起経二巻			
七二六 十一想思念如来経一巻	宋　求那跋陀羅				
七二七 四泥犁経一巻	東晋　曇無蘭				
七二八 阿那邠邸化七子経一巻	後漢　安世高		(▼天平五年)　七―一七		
七二九 大愛道般泥洹経一巻	西晋　白法祖				
七三〇 仏母般泥洹経一巻	宋　慧簡				
七三一 国王不犁先尼十夢経一巻	東晋　曇無蘭				
七三二 舎衛国王夢見十事経一巻	〈失　訳〉				
七三三 阿難同学経一巻	後漢　安世高	○(20)阿難同学経一巻			
七三四 五蘊皆空経一巻	唐　義浄				
七三五 七処三観経一巻	後漢　安世高				
七三六 聖法印経一巻	西晋　竺法護				
七三七 雑阿含経一巻	〈失　訳〉				
七三八 五陰譬喩経一巻	後漢　安世高	○(5)五陰譬喩経一巻			
七三九 水沫処漂経一巻	東晋　曇無蘭				
七四〇 不自守意経一巻	呉　支謙				
七四一 満願子経一巻	晋　〈失　訳〉				
七四二 転法輪経一巻	後漢　安世高	○(5)転法輪経一巻			
七四三 三転法輪経一巻	唐　義浄				
七四四 八正道経一巻	後漢　安世高	○(28)八正道経一巻			
七四五 難提釈経一巻	西晋　法炬		(▼天平五年)　七―一一		
七四六 馬有八態譬人経	後漢　支曜		(▼天平五年)　七―一七		
七四七 馬有三相経一巻	後漢　支曜		(▼天平五年)　七―一八		
七四八 相応相可経一巻	西晋　法炬				
七四九 治禅病秘要経一巻	宋　沮渠京声				

*七五〇 摩鄧女経一巻	後漢　安世高				
七五一 摩登女解形中六事経一巻	〈失　訳〉				
七五二 摩登伽経三巻	呉　竺律炎・支謙		(▼天平五年) 七―一六		
七五三 舎頭諫経一巻	西晋　竺法護				
七五四 鬼問目連経一巻	後漢　安世高		(▼天平五年) 七―一二		
七五五 雑蔵経一巻	東晋　法顕				
七五六 餓鬼報応経一巻	〈失　訳〉		(▼天平五年) 七―一〇		
七五七 阿難問事仏吉凶経一巻	後漢　安世高				
七五八 慢法経一巻	西晋　法炬				
七五九 阿難分別経一巻	西秦　聖堅		(▼天平五年) 七―九		
七六〇 五母子経一巻	呉　支謙			禅院	
七六一 沙弥羅経一巻	〈失　訳〉		(▼天平五年) 七―一五		
七六二 玉耶女経一巻	〈失　訳〉			禅院	
七六三 玉耶経一巻	東晋　曇無蘭			禅院	
七六四 阿遬達経一巻	宋　求那跋陀羅	○(20)阿敕達経一巻			
七六五 修行本起経二巻	後漢　竺大力・康孟詳				
七六六 太子瑞応本起経二巻	呉　支謙				
七六七 過去現在因果経四巻	宋　求那跋陀羅		(▼天平五年) 七―一九		
七六八 法海経一巻	西晋　法炬				
七六九 海八徳経一巻	姚秦　鳩摩羅什				
七七〇 四十二章経一巻	後漢　迦葉摩騰・竺法蘭				
七七一 奈女耆域因縁経一巻	後漢　安世高		(▼天平五年) 七―九		
七七二 罪業応報教化地獄経一巻	後漢　安世高		(▼天平五年) 七―一八		
七七三 龍王兄弟経一巻	呉　支謙		(▼天平五年) 七―一三		
七七四 長者音悦経一巻	呉　支謙				
七七五 禅秘要経三巻	姚秦　鳩摩羅什				

七七六 七女経一巻	呉　支謙		(▼天平五年) 七-一三		
七七七 八師経一巻	呉　支謙		(▼天平五年) 七-一一		
七七八 越難経一巻	西晋　聶承遠		(▼天平五年) 七-一四		
七七九 所欲致患経一巻	西晋　竺法護		(▼天平五年) 七-一〇		
七八〇 阿闍世王問五逆経一巻	西晋　法炬				
七八一 五苦章句経一巻	東晋　曇無蘭				
七八二 堅意経一巻	後漢　安世高		(▼天平五年) 七-一四		
七八三 浄飯王涅槃経一巻	宋　沮渠京声		天平三年　二四-一一		
七八四 進学経一巻	宋　沮渠京声				
七八五 得道梯橙錫杖経一巻	〈失　訳〉				
七八六 貧窮老公経一巻	宋　慧簡		(▼天平五年) 七-一三		
七八七 三摩竭経一巻	呉　竺律炎				
七八八 蓱沙王五願経一巻	呉　支謙				
七八九 瑠璃王経一巻	西晋　竺法護				
七九〇 生経五巻	西晋　竺法護		(▼天平五年) 七-一六		
七九一 義足経二巻	呉　支謙		(▼天平五年) 七-一六		
七九二 正法念処経七〇巻	北魏　瞿曇般若流支				
七九三 仏本行集経六〇巻	隋　闍那崛多等	△(6)仏本行集経第一帙(一〇巻)			
七九四 本事経七巻	唐　玄奘	○(21)本事経七巻			
七九五 興起行経二巻	後漢　康孟詳	○(1)興起行経二巻			
七九六 業報差別経一巻	隋　瞿曇法智		(▼天平五年) 七-九		
七九七 大安般守意経二巻(一巻)	後漢　安世高	○(21)大安般守意経一巻			
七九八 陰持入経二巻(一巻)	後漢　安世高	○(5)陰持入経一巻			
七九九 処処経一巻	後漢　安世高	○(8)処処経一巻			
八〇〇 罵意経一巻	後漢　安世高	○(16)罵意経一巻			
八〇一 分別善悪所起経一巻	後漢　安世高	○(3)分別善悪所起経一巻			

八〇二 出家縁経一巻	後漢　安世高	○(5)出家縁経一巻	(▼天平五年)七–一四		
八〇三 阿鋡正行経一巻	後漢　安世高	○(25)阿含正行経一巻	(▼天平五年)七–一二		
八〇四 十八泥犁経一巻	後漢　安世高	○(5)十八泥梨経一巻			
八〇五 法受塵経一巻	後漢　安世高	○(5)法受塵経一巻	(▼天平五年)七–一五		
八〇六 禅行法想経一巻	後漢　安世高	○(7)禅行法想経一巻			
八〇七 長者子懊悩三処経一巻	後漢　安世高	○(2)長者子懊惚経一巻 (25)長者子懊悩三処経一巻	(▼天平五年)七–一二		
八〇八 揵陀国王経一巻	後漢　安世高	○(25)揵陀国王経一巻	(▼天平五年)七–一五		
八〇九 須摩提長者経一巻	呉　支謙	○(25)須摩提長者経一巻	(▼天平五年)七–九		
八一〇 阿難四事経一巻	呉　支謙	○(2)(25)阿難四事経一巻	(▼天平五年)七–一二		
八一一 未生怨経一巻	呉　支謙	○(2)(25)未生怨経一巻、一巻	(▼天平五年)七–一二		
八一二 四願経一巻	呉　支謙	○(25)四願経一巻	(▼天平五年)七–一一		
八一三 黒氏梵志経一巻	呉　支謙	○(21)黒氏梵志経一巻			
八一四 猘狗経一巻	呉　支謙	○(21)(29)猘狗経一巻、一巻			
八一五 分別経一巻	西晋　竺法護				
八一六 八関斎経一巻	宋　沮渠京声	○(5)八関斉経一巻			
八一七 阿鳩留経一巻	〈失　訳〉	○(20)阿鳩留経一巻			
八一八 孝子経一巻	〈失　訳〉	○(2)孝子経一巻			
八一九 五百弟子自説本起経一巻	西晋　竺法護				
八二〇 大迦葉本経一巻	西晋　竺法護		(▼天平五年)七–一〇		
八二一 四自侵経一巻	西晋　竺法護		(▼天平五年)七–一一		
八二二 羅云忍辱経一巻	西晋　法炬		(▼天平五年)七–一二		
八二三 仏為年少比丘説正事経一巻	西晋　法炬		(▼天平五年)七–一五		
八二四 沙曷比丘功徳経一巻	西晋　法炬		(▼天平五年)七–一二		
八二五 時非時経一巻	(年代不明)　若羅厳				
八二六 自愛経一巻	東晋　曇無蘭		(▼天平五年)七–一〇		

八二七 中心経一巻	東晋　曇無蘭		（▼天平五年）七―一〇		
八二八 正見経（見正経）一巻	東晋　曇無蘭		（▼天平五年）七―一一		
八二九 大魚事経一巻	東晋　曇無蘭		（▼天平五年）七―一四		
八三〇 阿難七夢経一巻	東晋　曇無蘭		（▼天平五年）七―一五		
八三一 阿鵰阿那含経一巻	東晋　曇無蘭		（▼天平五年）七―一四		
八三二 灯指因縁経一巻	姚秦　鳩摩羅什	○⑳灯指因縁経一巻			
八三三 婦人遇辜経一巻	西秦　聖堅		（▼天平五年）七―一五		
八三四 四天王経一巻	宋　智厳・宝雲		（▼天平五年）七―一二		
八三五 摩訶迦葉度貧母経一巻	宋　求那跋陀羅				
八三六 十二品生死経一巻	宋　求那跋陀羅		（▼天平五年）七―一四		
八三七 罪福報応経一巻	宋　求那跋陀羅		（▼天平五年）七―一一		
八三八 五無返復経一巻	宋　沮渠京声		（▼天平五年）七―一三		
八三九 仏大僧大経一巻	宋　沮渠京声				
八四〇 邪祇経一巻	宋　沮渠京声		（▼天平五年）七―一四		
八四一 末羅王経一巻	宋　沮渠京声		（▼天平五年）七―一五		
八四二 摩達国王経一巻	宋　沮渠京声		（▼天平五年）七―一五		
八四三 旃陀越国王経一巻	宋　沮渠京声		（▼天平五年）七―一五		
八四四 五恐怖世経一巻	宋　沮渠京声		（▼天平五年）七―一二		
八四五 弟子死復生経一巻	宋　沮渠京声				
八四六 懈台耕者経一巻	宋　慧簡		（▼天平五年）七―一五		
八四七 弁意長者子経一巻	北魏　法場		（▼天平五年）七―一一		
八四八 無垢優婆夷問経一巻	北魏　瞿曇般若流支		（▼天平五年）七―一三		
八四九 賢者五福経一巻	西晋　白法祖				
八五〇 天請問経一巻	唐　玄奘	○⑳天請問経一巻			
八五一 僧護経一巻	〈失　訳〉		（▼天平五年）七―九		
八五二 護浄経一巻	〈失　訳〉		（▼天平五年）七―一三		

八五三 木槵子経一巻	〈失訳〉		(▼天平五年) 七—一五		
八五四 無上処経一巻	〈失訳〉		(▼天平五年) 七—一四		
八五五 盧志長者因縁経一巻	〈失訳〉				
八五六 五王経一巻	〈失訳〉				
八五七 出家功徳経一巻	〈失訳〉	○⑾出家経功徳(一巻)			
八五八 旃檀樹経一巻	〈失訳〉		(▼天平五年) 七—一三		
八五九 頞多和多耆経一巻	〈朱訳〉		(▼天平五年) 七—一四		
八六〇 普達王経一巻	〈失訳〉		(▼天平五年) 七—一一		
八六一 仏滅度後棺歛葬送経一巻	〈失訳〉		(▼天平五年) 七—一四		
*八六二 鬼子母経一巻	〈失訳〉				
八六三 梵摩難国王経一巻	〈失訳〉		(▼天平五年) 七—一一		
八六四 父母恩難報経一巻	後漢　安世高				
八六五 孫多耶致経一巻	呉　支謙	○⑺孫多耶致経一巻			
八六六 新蔵経一巻	東晋　曇無蘭		(▼天平五年) 七—一〇		
八六七 群牛譬経一巻	西晋　法炬	○⑳群牛辟経一巻			
八六八 九横経一巻	後漢　安世高				
八六九 禅行三十七経一巻	後漢　安世高	○⑶禅行卅七品経一巻	(▼天平五年) 七—一七		
八七〇 比丘避女悪名欲自殺経一巻	西晋　方炬	○⒃比丘避女悪名欲自殺経一巻			
八七一 比丘聴施経一巻	東晋　曇無蘭				
八七二 身観経一巻	西晋　竺法護	○⑳身観経一巻			
八七三 無常経一巻	唐　義浄				
八七四 八無暇有暇経一巻	唐　義浄				
八七五 長爪梵志請問経一巻	唐　義浄				
八七六 譬喩経一巻	唐　義浄				
八七七 略教誡経一巻	唐　義浄				
*八七八 療痔病経一巻	唐　義浄				

〔小乗律〕

『開元釈教録』巻一九・二〇 経典名・巻数	訳出年代・訳者	玄昉経（〔 〕内の数字は借請順。○は全巻、△は部分借請）	天平八年以前の書写（『大日本古文書』）	備考	目録
八七九 摩訶僧祇律四〇巻	東晋　仏陀跋陀羅・法顕	○(18)(21)(23)僧祇律一〇巻、二〇巻、第四帙一〇巻			
八八〇 十誦律六一巻	姚秦　弗若多羅等・鳩摩羅什　東晋　卑摩羅叉	△(18)(19)(21)十誦律一〇巻、第六帙一〇巻、四〇巻		禅院	
八八一 根本説一切有部毘奈耶五〇巻	唐　義浄	○(6)(22)根本毗奈耶五〇巻、五〇巻			
八八二 根本説一切有部苾芻尼毘奈耶二〇巻	唐　義浄	○(18)根本説一切有部比奈邪苾蒭泥律一〇巻　(21)根本苾蒭尼一〇巻			
八八三 根本説一切有部毘奈耶雑事四〇巻	唐　義浄	○(6)根本雑事三〇巻　(22)根本毗奈耶雑事四〇巻	天平二年　二四-八		
八八四 根本説一切有部尼陀那目得迦一〇巻	唐　義浄	○(21)根本目得迦五巻、根本尼陀那五巻			
八八五 五分律三〇巻	宋　仏陀什・竺道生等	○(18)(21)五分律二〇巻、一〇巻			
八八六 四分律六〇巻	姚秦　仏陀耶舎・竺仏念等	△(18)(21)四分律三〇巻、二〇巻			
八八七 僧祇比丘戒本一巻	東晋　仏陀跋陀羅	○(16)僧祇戒本一巻			
八八八 僧祇比丘尼戒本一巻	東晋　法顕・覚賢	○(16)摩訶僧祇比丘尼戒本一巻			
八八九 十誦比丘戒本一巻	姚秦　鳩摩羅什	○(16)十誦比丘戒本一巻			
八九〇 十誦比丘尼戒本一巻	宋　法顕	○(16)十誦比丘尼戒本一巻			
八九一 根本説一切有部戒経一巻	唐　義浄	○(16)根本説一切有部戒経一巻			
八九二 根本説一切有部苾芻尼戒経一巻	唐　義浄	○(16)根本苾蒭尼戒本一巻			
八九三 五分比丘戒本（弥沙塞戒本）一巻	宋　仏陀什等	○(16)弥沙塞戒本一巻			
八九四 五分比丘尼戒本一巻	梁　明徽（集）	○(22)五分比丘尼戒本一巻			
八九五 四分比丘戒本一巻	唐　懐素（集）	○(21)四分戒本一巻			
八九六 四分比丘尼戒本一巻	唐　懐素（集）	○(21)四分尼戒本一巻			

八九七 四分僧戒本一巻	姚秦　仏陀耶舎	○⑵⑴⑵⑹四分戒本一巻、一巻			
八九八 解脱戒本一巻	北魏　瞿般若流支	○⑸解脱戒経一巻			
八九九 沙弥十戒法幷威儀一巻	〈失　訳〉	○⑴⑹沙弥十戒法幷威儀一巻 ⑵⑻出家沙弥十戒威儀七十二法一巻			
九〇〇 沙弥威儀一巻	宋　求那跋摩				
九〇一 沙弥尼離戒文一巻	〈失　訳〉	○⑵⑴沙弥尼離戒文一巻			
九〇二 沙弥尼戒経一巻	〈失　訳〉	○⑸沙弥尼戒経一巻			
九〇三 舎利弗問経一巻	〈失　訳〉	○⑸舎利弗問経一巻			
九〇四 根本説一切有部百一羯磨一〇巻	唐　義浄	○⑵⑻根本百一羯磨一〇巻			
九〇五 大沙門百一羯磨法一巻	〈失　訳〉	○⑴⑹大沙門百一羯磨法一巻			
九〇六 十誦羯磨比丘要用一巻	宋　僧璩（撰）	○⑵⑴十誦羯磨比丘要用一巻			
九〇七 優波離問仏経一巻	〈失　訳〉	○⑻優婆離問経一巻			
九〇八 五分羯磨（弥沙塞羯磨本）一巻	唐　愛同（集）	○⑵⑴弥沙塞羯磨本一巻 ⑵⑷五分羯磨一巻			
九〇九 一分（四分）雑羯磨一巻	魏　康僧鎧				
九一〇 曇無徳羯磨一巻	魏　曇諦	○⑴⑹曇無徳羯磨一巻 ⑵⑴曇無徳律部羯磨一巻			
九一一 四分比丘尼羯磨法一巻	宋　求那跋摩	○⑵⑴四分比丘尼羯磨一巻			
九一二 四文律刪補随機羯磨一巻	唐　道宣（集）	○⑵⑴⑵⑷四分律那補随機羯磨一巻、一巻			
九一三 四分僧羯磨三巻	唐　懐素（集）	○⑴⑹羯磨下巻 ⑵⑴四分僧羯磨二巻			
九一四 四分尼羯磨三巻	唐　懐素（集）	○⑵⑴四分尼羯磨三巻			
九一五 大愛道比丘尼経二巻	〈失　訳〉	○⑺大愛道比丘尼経二巻			
九一六 迦葉禁戒経（真偽沙門経）一巻	宋　沮渠京声	○⑸迦葉禁戒経一巻	（▼天平五年）七－一三		
九一七 犯戒報応軽重経一巻	後漢　安世高	○⑵⑸犯戒応軽重経一巻	（▼天平五年）七－一四	禅院	
九一八 戒銷災経一巻	呉　支謙	○⑵⑸仏説戒消災経一巻	（▼天平五年）七－一二		

経典名・巻数	訳出年代・訳者	玄昉経（ ）内の数字は借請順。○は全巻、△は部分借請	天平八年以前の書写（『大日本古文書』）	備考	目録
九一九 優婆塞五戒相経一巻	宋　求那跋摩	○(4)優婆塞五戒相経一巻			
九二〇 根本説一切有部毘奈耶頌五巻	唐　義浄	○(21)根本説一切毗奈耶頌五巻			
九二一 根本説一切有部毘奈耶雑事摂頌一巻	唐　義浄	○(16)根本雑事摂頌一巻			
九二二 根本説一切有部毘奈耶尼陀那目得迦摂頌一巻	唐　義浄	○(16)根本尼陀那摂頌一巻			
九二三 五百問事経一巻	〈失　訳〉	○(2)五百問事経一巻			
九二四 根本薩婆多部律摂二〇巻	唐　義浄				
九二五 毘尼摩得勒伽一〇巻	宋　僧伽跋摩	○(19)毗尼摩得勒伽一帙一〇巻			
九二六 鼻奈耶律一〇巻	符秦　竺仏念	○(18)鼻奈邪律一〇巻			
九二七 善見律毘婆沙一八巻	蕭斉　僧伽跋陀羅	○(21)善見律一八巻			
九二八 仏阿毘曇経二巻	陳　真諦	○(20)仏阿毗曇二巻			
九二九 毘尼母経八巻	〈失　訳〉	○(6)毗尼母経八巻			
九三〇 大比丘三千威儀経二巻	後漢　安世高	○(21)大比丘三千威儀二巻			
九三一 薩婆多毘尼毘婆沙九巻	〈失　訳〉	△(23)薩婆多毗尼毗婆沙八巻			
九三二 律二十二明了論一巻	陳　真諦	○(3)律廿二明了論一巻			

〔小乗論〕

『開元釈教録』巻一九・二〇

経典名・巻数	訳出年代・訳者	玄昉経（ ）内の数字は借請順。○は全巻、△は部分借請	天平八年以前の書写（『大日本古文書』）	備考	目録
九三三 阿毘曇八揵度論三〇巻	符秦　僧伽提婆・竺仏念	○(23)阿毗曇八揵度三〇巻			
九三四 阿毘達磨発智論二〇巻	唐　玄奘	○(15)(20)発智論第二帙一〇巻、一〇巻			
九三五 阿毘達磨法蘊足論一二巻	唐　玄奘	○(20)法蘊足論一二巻			
九三六 阿毘達磨集異門足論二〇巻	唐　玄奘				
九三七 阿毘達磨識身足論一六巻	唐　玄奘	○(22)阿毗達磨識身足論一六巻		禅院	
九三八 阿毘達磨界身足論三巻	唐　玄奘	○(3)界身足論三巻			
九三九 阿毘達磨品類足論一八巻	唐　玄奘				

九四〇 衆事分阿毘曇論一二巻	宋　求那跋陀羅・菩提耶舎			禅院	
九四一 阿毘曇毘婆沙論六〇巻	北涼　浮陀跋摩・道泰等			禅院	
九四二 阿毘達磨大毘婆沙論二〇〇巻	唐　玄奘				
九四三 阿毘達磨倶舎釈論二二巻	陳　真諦				
九四四 阿毘達磨倶舎論本頌一巻	唐　玄奘				
九四五 阿毘達磨倶舎論三〇巻	唐　玄奘			禅院	
九四六 阿毘達磨順正理論八〇巻	唐　玄奘			禅院	
九四七 阿毘達磨顕宗論四〇巻	唐　玄奘				
九四八 阿毘曇心論四巻	東晋　瞿曇僧伽提婆			禅院	
九四九 法勝阿毘曇心論経六巻	高斉　那連提耶舎・法智				
九五〇 雑阿毘曇心論一一巻	宋　僧伽跋摩等			禅院	
九五一 阿毘曇甘露味論二巻	魏　〈失　訳〉			禅院	
九五二 隋相論一巻	陳　真諦			禅院	
九五三 尊婆須蜜菩提所集論一〇巻	符秦　僧伽跋澄等				
九五四 三法度論二巻	東晋　瞿曇僧伽提婆			禅院	
九五五 入阿毘達磨論二巻	唐　玄奘				
九五六 成実論二〇巻	姚秦　鳩摩羅什			禅院	
九五七 立世阿毘曇論一〇巻	陳　真諦			禅院	
九五八 解脱道論一二巻	梁　僧伽婆羅			禅院	
九五九 舎利弗阿毘曇論二二巻	姚秦　曇摩耶舎・曇摩崛多			禅院	
九六〇 五事毘婆沙論二巻	唐　玄奘			禅院	
九六一 鞞婆沙論一四巻	符秦　僧伽跋澄				
九六二 三弥底部論三巻	〈失　訳〉			禅院	
九六三 分別功徳論四巻	〈失　訳〉				

経典名・巻数（＊印は秘密部）	訳出年代・訳者	玄昉経（（ ）内の数字は借請順。○は全巻、△は部分借請）	天平八年以前の書写（『大日本古文書』）	備考	目録
九六四 四諦論四巻	陳 真諦			禅院	
九六五 辟支仏因縁論二巻	〈失訳〉				
九六六 十八部論一巻	〈失訳〉				
九六七 部執異論一巻	陳 真諦				
九六八 異部宗輪論一巻	唐 玄奘				
〔賢聖集伝〕					
『開元釈教録』巻一九・二〇					
九六九 仏所行讃経伝五巻	北涼 曇無讖			禅院	
九七〇 仏本行経七巻	宋 宝雲			禅院	
九七一 撰集百縁経一〇巻	呉 支謙				
九七二 出曜経二〇巻	符秦 竺仏念			禅院	
九七三 賢愚経一三巻	北魏 慧覚等		（▼天平五年） 七―一九		
九七四 道地経一巻	後漢 安世高				
九七五 修行道地経六巻	西晋 竺法護	○⒇脩行道地経六巻			
九七六 僧伽羅刹所集経三巻	符秦 僧伽跋澄等			禅院	
九七七 百喩経四巻	蕭斉 求那毘陀			禅院	
九七八 菩薩本縁経三巻	呉 支謙			禅院	
九七九 大乗修行菩薩行門諸経要集三巻	唐 智厳				
九八〇 付法蔵因縁伝六巻	北魏 吉迦夜・曇曜			禅院	
九八一 坐禅三昧経三巻	姚秦 鳩摩羅什		（▼天平五年） 七―一六		
九八二 仏医経一巻	呉 竺律炎・支越	○⑼仏医経一巻			
九八三 惟日雑難経一巻	呉 支謙				
九八四 仏般泥洹摩訶迦葉赴仏経一巻	東晋 竺曇無蘭		（▼天平五年） 七―一四		
九八五 菩薩呵色欲法一巻	姚秦 鳩摩羅什				
九八六 四品学法一巻	宋 求那跋陀羅				

九八七 仏入涅槃密迹金剛力士哀恋経一巻	〈失　訳〉		(▼天平五年)　七―一〇		
九八八 迦旃延説法没尽偈経一巻	〈失　訳〉				
九八九 仏治身経一巻	〈失　訳〉	○(7)仏治身経一巻			
九九〇 治意経一巻	〈失　訳〉	○(21)(29)治意経一巻、一巻			
九九一 雑宝蔵経八巻	北魏　吉迦夜・曇曜	○(25)雑宝蔵経八巻	(▼天平五年)　七―一九		
九九二 那先比丘経二巻	〈失　訳〉	○(8)那先比丘経二巻			
九九三 五門禅経要用法一巻	宋　曇摩蜜多			禅院	
九九四 達摩多羅禅経二巻	東晋　仏陀跋陀羅				
九九五 禅法要解二巻	姚秦　鳩摩羅什				
九九六 禅要呵欲経一巻	後漢　〈失　訳〉				
九九七 内身観章句経一巻	後漢　〈失　訳〉				
九九八 法観経一巻	西晋　竺法護				
九九九 思惟略要法一巻	姚秦　鳩摩羅什				
一〇〇〇 十二遊経一巻	東晋　迦留陀伽		(▼天平五年)　七―一〇		
一〇〇一 旧雑譬喩経二巻	呉　康僧会				
一〇〇二 雑譬喩経一巻	後漢　支婁迦讖				
一〇〇三 雑譬喩経(菩薩度人経)二巻	〈失　訳〉			禅院	
一〇〇四 雑譬喩経(比丘道略集)一巻(二巻)	姚秦　鳩摩羅什				
一〇〇五 阿育王譬喩経一巻	〈失　訳〉	○(3)天尊説阿育王譬喩経一巻			
一〇〇六 阿育王経一〇巻	梁　僧伽婆羅	△(1)阿育王経五巻			
一〇〇七 阿育王伝七巻	西晋　安法欽				
一〇〇八 阿育王息壊目因縁経一巻	姚秦　曇摩難提			禅院	
一〇〇九 四阿含暮抄解二巻	苻秦　鳩摩羅什仏提等				
一〇一〇 法句経二巻	呉　維祇難等				
一〇一一 法句譬喩経四巻	西晋　法立・法炬			禅院	
一〇一二 迦葉結経一巻	後漢　安世高				

一〇一三 撰集三蔵及雑蔵伝一巻	〈失　訳〉			禅院	
一〇一四 三慧経一巻	〈失　訳〉				
一〇一五 阿毘曇五法行経一巻	後漢　安世高				
一〇一六 阿含口解十二因縁経一巻	後漢　安玄・厳仏調		(▼天平五年)　七―一一		
一〇一七 小道地経一巻	後漢　支曜				
一〇一八 文殊師利発願経一巻	東晋　仏陀跋陀羅				
一〇一九 六菩薩名一巻	後漢〈失　訳〉				
一〇二〇 一百五十讃仏頌一巻	唐　義浄				
一〇二一 讃観世音菩薩頌一巻	唐　慧智				
一〇二二 無明羅刹集一巻	〈失　訳〉			禅院	
一〇二三 馬鳴菩薩伝一巻	姚秦　鳩摩羅什			禅院	
一〇二四 龍樹菩薩伝一巻	姚秦　鳩摩羅什				
一〇二五 提婆菩薩伝一巻	姚秦　鳩摩羅什			禅院	
一〇二六 婆藪盤豆法師伝一巻	陳　真諦			禅院	
一〇二七 龍樹菩薩為禅陀迦王説法要偈一巻	宋　求那跋摩				
一〇二八 勧発諸王要偈一巻	宋　僧伽跋摩				
一〇二九 龍樹菩薩勧誡王頌一巻	唐　義浄				
一〇三〇 賓頭盧突羅闍為優陀延王説法経一巻	宋　求那跋陀羅				
一〇三一 請賓頭盧法一巻	宋　慧簡			禅院	
一〇三二 分別業報略一巻	宋　僧伽跋摩				
一〇三三 迦丁比丘説当来変経一巻	〈失　訳〉				
一〇三四 大阿羅漢難提蜜多羅所説法住記一巻	唐　玄奘				
一〇三五 金七十論三巻	陳　真諦				
一〇三六 勝宗十句義論一巻	唐　玄奘				
一〇三七 釈迦譜一〇巻	蕭斉　僧祐(撰)				
一〇三八 釈迦氏略譜一巻	唐　道宣(撰)				

一〇三九 釈迦方誌二巻	唐　道宣(撰)				
一〇四〇 経律異相五〇巻	梁　宝唱等(撰)				
*一〇四一 陀羅尼雑集一〇巻	(撰者未詳)			禅院	
一〇四二 諸経要集二〇巻	唐　玄惲(撰)				
一〇四三 出三蔵記集一五巻	梁　僧祐(撰)				
一〇四四 衆経目録七巻	隋　法経等(撰)				
一〇四五 開皇三宝録(歴代三宝記)一五巻	隋　費長房(撰)	△(16)開皇三宝録一四巻			
一〇四六 衆経目録五巻	隋　彦悰等(撰)	〇(6)衆経目録五巻			
一〇四七 大唐内典録一〇巻	唐　道宣(撰)	〇(21)大唐内典録一〇巻			
一〇四八 続大唐内典録一巻	唐　智昇(撰)				
一〇四九 古今訳経図紀四巻	唐　靖邁(撰)				
一〇五〇 続古今訳経図紀一巻	唐　智昇(撰)	〇(25)続古今訳経図紀一巻			
一〇五一 大周刊定衆経目録一五巻	唐　明佺等(撰)	△(21)大周刊定衆経目録一四巻			
一〇五二 開元釈教録二〇巻	唐　智昇(撰)	△(1)一切経目録・開元釈教一九巻			
一〇五三 一切経音義二五巻	唐　玄応(撰)	△(6)(25)一切経音義第一帙一〇巻、一四巻			
一〇五四 新訳大方広仏華厳経音義二巻	唐　慧苑(撰)	〇(24)新訳花厳音義二巻			
一〇五五 大唐西域記一二巻	唐　玄奘(撰)	〇(25)大唐西域記一二巻			
一〇五六 集古今仏道論衡四巻	唐　道宣(撰)				
一〇五七 続集古今仏道論衡一巻	唐　智昇(撰)				
一〇五八 東夏三宝感通録三巻	唐　道宣(撰)	〇(21)(22)感通録二巻、一巻			
一〇五九 集沙門不拝俗議六巻	唐　彦悰(撰)	〇(6)(19)集沙門不応拝(祥)俗事六巻、六巻			
一〇六〇 大唐慈恩寺三蔵法師伝一〇巻	唐　慧立等(撰)	〇(25)大唐三蔵法師伝一〇巻			
一〇六一 大唐西域求法高僧伝二巻	唐　義浄(撰)	〇(25)求法高僧伝二巻			
一〇六二 法顕伝一巻	東晋　法顕(記)	〇(25)法顕伝一巻			
一〇六三 高僧伝一四巻	梁　慧皎(撰)				
一〇六四 続高僧伝三〇巻	唐　道宣(撰)	〇(25)続高僧伝三〇巻			

一〇六五 弁正論八巻	唐 法琳(撰)				
一〇六六 破邪論二巻	唐 法琳(撰)				
一〇六七 甄正論三巻	唐 玄嶷(撰)				
一〇六八 十門弁惑論二巻	唐 復礼(撰)	○(14)十門弁惑論二巻			
一〇六九 弘明集一四巻	梁 僧祐(撰)	○(25)弘明集一四巻			
一〇七〇 広弘明集三〇巻	唐 道宣(撰)	○(25)広弘明集三〇巻			
一〇七一 集諸経礼懺儀二巻	唐 智昇(撰)				
一〇七二 大唐南海寄帰内法伝四巻	唐 義浄(撰)	○(25)南海寄帰内法伝四巻			
一〇七三 比丘尼伝四巻	梁 宝唱(撰)	○(25)比丘尼伝四巻			
一〇七四 別説罪要行法一巻	唐 義浄(撰)	○(25)説罪要行法一巻			
一〇七五 受用三水要法一巻	唐 義浄(撰)	○(6)受用三水要行法(一巻)			
一〇七六 護命放生軌儀一巻	唐 義浄(撰)	○(5)護命放生軌儀法経一巻			

◇不入蔵経

『開元釈教録』巻二〇		玄昉経	天平八年以前の書写	備考	目録
経典名・巻数(〔 〕内は本経)	訳出年代・訳者	(○内の数字は借請順。○は全巻、△は部分借請)	(『大日本古文書』)		
一〇七七 密迹金剛力士経七巻(五巻)〔＝二三〕	西晋 竺法護	○(1)密迹金剛力士経五巻			◎
一〇七八 菩薩夢経二巻〔＝二三〕	西晋 竺法護				◎
一〇七九 法界体性無分別経二巻〔＝二三〕	梁 曼陀羅仙				
一〇八〇 十法経一巻〔＝二三〕	北魏 仏陀扇多				
一〇八一 大菩薩蔵経二〇巻〔＝二三〕	唐 玄奘	○(23)大菩薩蔵経二〇巻	天平四～五年 一―四七六		◎
一〇八二 仏為難陀説出家入胎経二巻	唐 義浄				
一〇八三 文殊師利授記経二巻〔＝二三〕	唐 実叉難陀				
一〇八四 菩薩見実三昧経一六巻(一四巻)〔＝二二〕	北斉 那連提耶舎	○(23)菩薩見実三昧経一四巻	(天平五年) 七―六		◎
一〇八五 菩薩蔵経三巻〔＝二三〕	姚秦 鳩摩羅什	○(6)菩薩蔵経三巻			◎

一〇八六　護国菩薩経二巻〔=二三〕	隋　闍那崛多	△(6)護国菩薩経上巻			◎
一〇八七　郁伽長者所問経一巻〔=二三〕	魏　康僧鎧	○(2)郁伽長者経一巻			◎
一〇八八　迦葉経二巻〔=二三〕	北魏　月婆首那				◎
一〇八九　善臂菩薩所問経二巻〔=二三〕	姚秦　鳩摩羅什	△(5)善辟菩薩問六波羅蜜経一巻		大寺	◎
一〇九〇　無畏徳女経一巻〔=二三〕	北魏　仏陀扇多	○(2)無畏徳女経一巻			◎
一〇九一　無垢施菩薩分別応弁経一巻〔=二三〕	西晋　聶道真				
一〇九二　大方等善住意天子問経四巻〔=二三〕	隋　達磨笈多	○(19)大方等善住意天子所聞経四巻			◎
一〇九三　大乗方便経三巻〔=二三〕	東晋　竺難提				◎
一〇九四　移識経二巻〔=二三〕	隋　闍那崛多	○(5)移識経二巻			◎
一〇九五　弥勒菩薩所問経〔=二三〕	北魏　菩提流支				◎
一〇九六　大宝積経一巻〔=二三〕	〈失　訳〉	○(3)大宝積経一巻			◎
一〇九七　宝梁経二巻〔=二三〕	北涼　道龔	○(1)宝梁経二巻			◎
一〇九八　宝髻菩薩所問経二巻〔=二三〕	西晋　竺法護				◎
一〇九九　金光明経四巻	北涼　曇無讖				◎
一一〇〇　金光明経七巻	陳　真諦				
一一〇一　新道行経七巻	西晋　竺法護				◎
一一〇二　大方等大集経八巻〔=五六〕	（北涼　曇無讖）	○(9)大方大集経八巻			◎
一一〇三　阿耨達龍王経二巻〔=四〇二〕	（西晋　竺護法）	○(2)阿耨達龍王経二巻			◎
一一〇四　合道神足経三巻〔=一三三〕	（西晋　安法欽）				
一一〇五　哀泣経三巻〔=一〇九〕	（西晋　竺護法）	○(1)哀泣経三巻			◎
一一〇六　宝田慧印三昧経一巻〔=一七三〕	（呉　支謙）				
一一〇七　鹿子経一巻〔=四六九〕	（西晋　竺法護）	○(5)鹿子経一巻			
一一〇八　小無量寿経一巻〔=一九二〕	宋　求那跋陀羅				
一一〇九　胎蔵経一巻〔=二三〇〕	（西晋　竺法護）				
一一一〇　聞城十二因縁経一巻〔=二六三〕	（呉　支謙）	○(5)聞城十二因縁経一巻			◎
一一一一　大安般経一巻〔=七九七〕	（後漢　安世高）				

一一一二　申日経一巻〔＝二一八〕	（西晋　竺法護）				
一一一三　輪転五道罪福報応経一巻〔＝八三七〕	（宋　求那跋陀羅）				
一一一四　旃陀越経一巻〔＝八四三〕	（宋　祖渠京声）				
一一一五　真偽沙門経一巻〔＝九一六〕	（宋　祖渠京声）				
一一一六　転法輪経一巻〔＝五六二〕	（北魏　毘目智仙等）				
一一一七　賓頭盧為王説法経一巻〔＝一〇三〇〕	（宋　求那跋陀羅）				◎
一一一八　阿闍若習禅法経一巻〔＝九八一〕	（姚秦　鳩摩羅什）				
一一一九　禅秘要経五巻	宋　曇摩蜜多	○(6)禅秘要経五巻			◎
一一二〇　無畏徳女経一巻〔＝一〇九〇〕	北魏　仏陀扇多				
一一二一　第一義法勝経一巻〔＝二〇一〕	北魏　瞿曇般若流支				
一一二二　弥勒菩薩所問本願経一巻〔＝五一〕	西晋　竺法護				
一一二三　発菩提心経二巻〔＝六一六〕	姚秦　鳩摩羅什				
一一二四　法句経二巻〔＝一〇一〇〕	呉　維祇難等				
一一二五　摂大乗釈論一二巻（一五巻）〔＝五八五〕	（陳　真諦）				
一一二六　虚空蔵所問経八巻〔＝五六〕	（北涼　曇無讖）	○(1)虚空蔵経八巻			◎
一一二七　虚空蔵菩薩問持経得幾福経一巻〔＝五六〕	（北涼　曇無讖）				◎
一一二八　一切施王所行檀波羅蜜経一巻〔＝二〇五〕	（呉　康僧会）	○(5)一切施王所行檀波羅蜜経一巻			◎
一一二九　大方広如来性起微密蔵経二巻〔＝八〇〕	（東晋　仏陀跋陀羅等）				◎
一一三〇　隋願往生経一巻〔＝一七五〕	（東晋　帛尸梨蜜多羅）	○(25)随願往生経一巻	天平五年　七－六		◎
一一三一　旧薬師経一巻〔＝一七五〕	（東晋　帛尸梨蜜多羅）				
一一三二　密迹金剛力士経二巻〔＝一〇七七〕	（西晋　竺法護）				◎
一一三三　増一阿含経一巻〔＝六四一〕	（東晋　瞿曇僧伽提婆）	○(3)増一阿含経一巻			◎
一一三四　行七行現報経一巻〔＝六四一〕	（東晋　瞿曇僧伽提婆）				
一一三五　十二因縁経一巻〔＝六四一〕	（東晋　瞿曇僧伽提婆）				◎
一一三六　戒相応法経一巻〔＝六四二〕	（宋　求那跋陀羅）	○(2)戒相応経一巻			◎
一一三七　比丘問仏多優婆塞命終経一巻〔＝六四二〕	（宋　求那跋陀羅）	○(7)比丘問仏多優婆塞命経一巻			◎

一一三八 独富長者経一巻（＝六四二）	（宋 求那跋陀羅）				
一一三九 有衆生三世作悪経一巻（＝九七二）	（符秦 竺仏念）	○⑲有衆生三世作悪経一巻			◎
一一四〇 出家功徳経一巻（＝九七三）	（北魏 慧覚等）				◎
一一四一 摩竭魚因縁経一巻（＝八八一）	（唐 義浄）				
一一四二 尊者鄔陀夷引導諸人礼仏僧経一巻（＝八八一）	（唐 義浄）				
一一四三 還本国度父王経一巻（＝八八一）	（唐 義浄）				
一一四四 水生太子経一巻（＝八八一）	（唐 義浄）				
一一四五 施物法非法経一巻（＝八八一）	（唐 義浄）				
一一四六 教誡羅怙羅経一巻（＝八八一）	（唐 義浄）				
一一四七 五趣生死輪転経一巻（＝八八一）	（唐 義浄）				
一一四八 善来苾芻因縁経一巻（＝八八一）	（唐 義浄）				
一一四九 七有事無事福業経一巻（＝八八一）	（唐 義浄）				
一一五〇 火生長者受報経二巻（一巻）（＝八八三）	（唐 義浄）				
一一五一 尊者善和好声経一巻（＝八八三）	（唐 義浄）				
一一五二 五種水羅経一巻（＝八八三）	（唐 義浄）				
一一五三 勝鬘夫人本縁経一巻（＝八八三）	（唐 義浄）				
一一五四 勝光王信仏経一巻（＝八八三）	（唐 義浄）				
一一五五 誅釈種受報経二巻（＝八八三）	（唐 義浄）				
一一五六 大世主苾芻尼入涅槃経一巻（＝八八三）	（唐 義浄）				
一一五七 敬法捨身経一巻（＝八八三）	（唐 義浄）				
一一五八 度二邪見童子得果経一巻（＝八八三）	（唐 義浄）				
一一五九 清浄威儀経一巻（＝八八三）	（唐 義浄）				
一一六〇 大目連受報経一巻（＝八八三）	（唐 義浄）				
一一六一 初誕生現大瑞応経一巻（＝八八三）	（唐 義浄）				
一一六二 度迦多演那経一巻（＝八八三）	（唐 義浄）				

一一六三 浄鑒羅鉢龍王業報因縁経一巻(=八八三)	(唐　義浄)				
一一六四 安楽夫人因縁経一巻(=八八三)	(唐　義浄)				
一一六五 増養因縁経三巻(=八八三)	(唐　義浄)				
一一六六 妙光因縁経一巻(=八八三)	(唐　義浄)				
一一六七 浄大薬善巧方便経二巻(=八八三)	(唐　義浄)				
一一六八 降伏外道現大神通経一巻(=八八三)	(唐　義浄)				
一一六九 浄度痩瞿答弥経一巻(=八八三)	(唐　義浄)				
一一七〇 仏従天下贍部洲経一巻(=八八三)	(唐　義浄)				
一一七一 浄法与尼在家得果経一巻(=八八三)	(唐　義浄)				
一一七二 訶利底母因縁経一巻(=八八三)	(唐　義浄)				
一一七三 弟子事師経一巻(=八八三)	(唐　義浄)				
一一七四 樹生婆羅門憍慢経(=八八三)	(唐　義浄)				
一一七五 仏為長者説放逸経一巻(=八八三)	(唐　義浄)				
一一七六 七種不退転経一巻(=八八三)	(唐　義浄)				
一一七七 四種黒白法印経一巻(=八八三)	(唐　義浄)				
一一七八 地動因縁経一巻(=八八三)	(唐　義浄)				
一一七九 仏般涅槃行雨大臣告王経一巻(=八八三)	(唐　義浄)				
一一八〇 仏将入涅槃度善賢経二巻(=八八三)	(唐　義浄)				
一一八一 八大国王分舎利経一巻(=八八三)	(唐　義浄)				
一一八二 幻師阿夷鄒呪経一巻	東晋　曇無蘭				
一一八三 宝性論四巻	北魏　菩提流支				
一一八四 宝積経論四巻	北魏　菩提流支				
一一八五 浄度三昧経三巻(偽経)					
一一八六 法社経二巻(偽経)			(▼天平五年)　七―一五		
一一八七 毘羅三昧経二巻(偽経)					
一一八八 決定罪福経一巻(偽経)					

一一八九 益意経二巻(偽経)				大寺	◎
一一九〇 救護身命済人病苦厄経一巻(偽経)		○(28)救護身命済人疾病苦厄経一巻	(▼天平五年) 七–一二		
一一九一 最妙勝定経一巻(偽経)					
一一九二 観世音三昧経一巻(偽経)			天平四年　一–四四九		
一一九三 清浄法行経一巻(偽経)					
一一九四 高王観世音経一巻(偽経)				大寺	

◇**録外経**

玄昉経(( )内の数字は借請順)

イ　(2)功徳経一巻
ロ　(3)五仏頂三昧陀羅尼経四巻
ハ　(5)月仏菩薩経一巻
ニ　(6)勝鬘師子吼経一巻
ホ　(6)因生
ヘ　(6)現在賢劫千仏名経中巻
ト　(8)新道行般若経七巻
チ　(13)(20)観世(音)如意輪含薬品一巻、一巻
リ　(13)(20)文殊師利菩薩六字呪功能法経一巻、一巻
ヌ　(16)沙弥五戒及威儀一巻
ル　(16)(26)注大般涅槃経一〇巻、第三帙一〇巻
ヲ　(16)妙法蓮花経度量品一巻

ワ　(17)注楞伽経七巻
カ　(17)一乗仏性権実論三巻
ヨ　(19)宝髻経一巻
タ　(19)分界経一巻
レ　(20)持世陀羅尼四巻
ソ　(21)読誦大孔雀呪王経一巻
ツ　(25)開皇三宝実録巻捴目一巻
ネ　(25)(29)注維摩経八巻、六巻
ナ　(25)高僧伝序録一巻
ラ　(27)(28)注涅槃経五五巻、二五巻
ム　(28)注法華経七巻
ウ　(28)浄土讃本一巻

あとがき

各章に配した論文の掲載誌等を示すと次のようになる（章名は原題をそのまま使用している）。

第一章　天平十二年の『華厳経』講説――金鐘寺・元興寺・大安寺をめぐる人々――
（続日本紀研究会編『続日本紀の諸相――創立五十周年記念――』、塙書房、二〇〇四年）

第二章　『華厳経』講説を支えた学僧たち――正倉院文書からみた天平十六年の様相――
（南都仏教研究会『南都仏教』第八七号、二〇〇六年）

第三章　東大寺華厳宗の教学と実践――天平勝宝三年の「章疏目録」を通して――
（『南都仏教』第九一号、二〇〇八年）

付論1　華厳宗関係章疏目録――勝宝録・円超録を中心に――
（相愛大学人文科学研究所『年報』第三号、二〇〇九年）

第四章　慈訓と内裏――「花厳講師」の役割をめぐって――
（仏教史学会『仏教史学研究』第五〇巻第二号、二〇〇八年）

第五章　天平宝字二年の『金剛般若経』書写――入唐廻使と唐風政策の様相――
（大阪市立大学日本史学会『市大日本史』第四号、二〇〇一年）

第六章　孝謙太上天皇と道鏡――正倉院文書からみた政柄分担宣言期の仏事行為――
（続日本紀研究会『続日本紀研究』第三五二号、二〇〇四年）

付論2　法華寺と内裏――孝謙太上天皇の居所をめぐって――
（日本歴史学会『日本歴史』第六二一号、二〇〇〇年）

第七章　早良親王と淡海三船――奈良末期の大安寺をめぐる人々――
（高野山大学密教文化研究所『紀要』別冊1『弘法大師の思想とその展開』、一九九九年）

第八章　文室浄三の無勝浄土信仰――「沙門釈浄三菩薩伝」と「仏足石記」を通して――
（相愛大学『研究論集』第二七巻、二〇一一年）

第九章　道璿・鑑真と淡海三船――阿弥陀浄土信仰の内実をめぐって――
（『仏教史学研究』第五五巻第一号、二〇一二年）

第十章　石上宅嗣と『維摩経』――仏教、老荘思想との交渉――
（新　稿）

第十一章　玄昉将来経典と「五月一日経」の書写
（相愛大学『研究論集』第二二・二三号、二〇〇六・二〇〇七年）

仏教には、院生の頃から関心を持っていた。それは、日本の古代史を理解する上で、仏教的な素養は不可欠との認識があったからで、国家制度や政治に関わる分野のものを中心に学んでいた。その後、正倉院文書の研究に本格的に取り組むようになった頃から、序章で書いたように、仏教教学そのものへの関心が高まり、また宗門立校に奉職したこともあって、信仰のあり方にも心を惹かれるようになった。もっとも、生来不信心者の私にとって、信仰も研究の対象であって、そこに魂の救済を求める姿勢は未だとれていないが、仏教の最終目標が成仏、すなわち仏陀になることにあるわけだから、少なからず、その究極の真理（仏陀）の所在については心を動かされるものが

あった。

私の専攻する奈良時代の仏教信仰を知る上で、逸文ながら『延暦僧録』の占める位置は大きい。なかなか難解な僧伝であるが、後藤昭雄氏の「『延暦僧録』考」「『延暦僧録』「淡海居士伝」佚文」（同『平安朝漢文文献の研究』吉川弘文館、一九九三年）や藏中しのぶ氏の『『延暦僧録』注釈』（大東文化大学東洋研究所、二〇〇八年）が出るに及び、その理解度は飛躍的に向上したといえるであろう。この『延暦僧録』の「居士伝」には、当時の貴族層の信仰の営みが具体的に描かれている。そこには、日本での仏教信仰の盛行を願う中国僧思託の思いが込められているので、実態として捉えるには相応の差し引きが必要となるが、それでも当時の信仰の様相を伝える貴重な記事であることにはかわりはない。

「居士伝」に見える信仰形態は一様ではなく、めざす浄土も異なる場合が多かったように思われる（本書第八章～第十章参照）。しかし、そこに共通するのは、死後の成仏の確証を得るための生者としての仏事作善であり修行であった。もちろん、それは現世利益を兼ねたものであったが、そこには、先を見据えた真摯な信仰が込められていたように思われる。一体、奈良時代は日本仏教の揺籃期にあたり、信仰儀礼も未確立の状態にあったと推測されるが、反面、そうであるからこそ、そこには信仰の本来性を求める人々の熱い思いがみなぎり、真理への深い憧憬が読み取れるのである。

「居士伝」に描かれるのは、社会の上層にある貴族の仏教信仰であり、当時の日本からすれば、ほんの一握りの人々の営みにすぎない。その意味でいえば、特殊な世界の事例として扱えないこともないが、しかし特殊であるが故に、世俗化されない純真な信仰がそこにはあったはずである。依拠する宗派（学派）は異にしても、仏陀をめざす日常性は、恐らく各自の人格を高める作用をなしたことであろう。ただ単に救済にすがるというのではなく、仏

の教え（実は、それは普遍性を帯びている）を自らの生活の中に組み込み、来るべき往生に備えて自己を鍛錬することは、まさに哲学的な生き方そのものである。それは、貴族であるが故に可能になった作法かもしれないが、仏教と人間の関係を見る上で、あるいは生きる目的を探求する上で、重要な課題を今日に提示してくれているように思われる。この点は、不信心者の私にも、深刻に受けとめることができる。

本書に収めた論文は、この一五年余りの間に書きためたものであるが、その中で最近になって仕上げたのが、この信仰のあり方を扱った第八章・第九章・第十章の三論文である。身の程を弁えずの所業であるが、自らの内にふつふつとわき上がってくる思いを、何らかの形で残しておきたかったというのが正直なところである。そのような折に、釈徹宗先生と直林不退先生が同僚として奉職され、親しく接する機会を得たことは幸運であった。宗教者として研究者として優れたお二人からは、信仰が人の生き様をいかに磨き上げるかを身をもって教えていただくことができた。右の三論文は、両先生の後押しがあって書けたようなものである。末筆ながら、その学恩に深く感謝申し上げます。

二〇一五年五月九日

泉州信太の返景斎にて

山本幸男